תלמוד בבלי

מהדורת נאה

חגיגה חלק א

Steinsaltz
Center

ירושלים

KOREN

תלמוד בבלי

הוצאת קורן ירושלים

— מהדורת נאה —

חגיגה
דף ב. עד דף יא:

COMMENTARY BY

Rabbi Adin Even-Israel Steinsaltz

EDITOR-IN-CHIEF

Rabbi Dr Tzvi Hersh Weinreb

EXECUTIVE EDITOR

Rabbi Joshua Schreier

STEINSALTZ CENTER

KOREN PUBLISHERS JERUSALEM

Please note that the number ranges that appear at the bottom of each daf of the Vilna pages indicate the corresponding pages of the Koren Talmud Bavli translation and commentary.

הַכֹּל

*חַיָּיבִין בִּרְאִיָּיה, חוּץ מֵחֵרֵשׁ, שׁוֹטֶה, וְקָטָן, וְטוּמְטוּם, וְאַנְדְּרוֹגִינוֹס, וְנָשִׁים, וַעֲבָדִים שֶׁאֵינָם מְשׁוּחְרָרִים, הַחִיגֵּר, וְהַסּוּמָא, וְהַחוֹלֶה, וְהַזָּקֵן, וּמִי שֶׁאֵינוֹ יָכוֹל לַעֲלוֹת בְּרַגְלָיו. אֵיזֶהוּ קָטָן — כָּל שֶׁאֵינוֹ יָכוֹל לִרְכּוֹב עַל כְּתֵפָיו שֶׁל אָבִיו וְלַעֲלוֹת מִירוּשָׁלַיִם לְהַר הַבַּיִת, דִּבְרֵי בֵּית שַׁמַּאי. וּבֵית הִלֵּל אוֹמְרִים: כָּל שֶׁאֵינוֹ יָכוֹל לֶאֱחוֹז בְּיָדוֹ שֶׁל אָבִיו וְלַעֲלוֹת מִירוּשָׁלַיִם לְהַר הַבַּיִת, שֶׁנֶּאֱמַר: °"שָׁלֹשׁ רְגָלִים" (שמות כג). בֵּית שַׁמַּאי אוֹמְרִים: הָרְאִיָּיה שְׁתֵּי כֶסֶף, וְהַחֲגִיגָה מָעָה כֶסֶף. וּבֵית הִלֵּל אוֹמְרִים: הָרְאִיָּיה מָעָה כֶסֶף, וְהַחֲגִיגָה שְׁתֵּי כֶסֶף.§ **גמ'** *"הַכֹּל" לְאַתּוּיֵי מַאי? לְאַתּוּיֵי *מִי שֶׁחֶצְיוֹ עֶבֶד וְחֶצְיוֹ בֶּן חוֹרִין. וּלְרָבִינָא, דְּאָמַר: מִי שֶׁחֶצְיוֹ עֶבֶד וְחֶצְיוֹ בֶּן חוֹרִין פָּטוּר מִן הָרְאִיָּיה, "הַכֹּל" לְאַתּוּיֵי מַאי? לְאַתּוּיֵי חִיגֵּר בְּיוֹם רִאשׁוֹן וְנִתְפַּשֵּׁט בְּיוֹם שֵׁנִי. הָנִיחָא לְמַאן דְּאָמַר *כּוּלָּן תַּשְׁלוּמִין זֶה לָזֶה, אֶלָּא לְמַאן דְּאָמַר כּוּלָּן תַּשְׁלוּמִין דְּרִאשׁוֹן — "הַכֹּל" לְאַתּוּיֵי מַאי? לְאַתּוּיֵי סוּמָא בְּאַחַת מֵעֵינָיו. וּדְלָא כִּי הַאי תַּנָּא. דְּתַנְיָא, *יוֹחָנָן בֶּן דַּהֲבַאי אוֹמֵר מִשּׁוּם ר' יְהוּדָה*: סוּמָא בְּאַחַת מֵעֵינָיו פָּטוּר מִן הָרְאִיָּיה, שֶׁנֶּאֱמַר: °"יִרְאֶה" (שם) "יֵרָאֶה" — כְּדֶרֶךְ שֶׁבָּא לִרְאוֹת כָּךְ בָּא לֵירָאוֹת, מַה לִּרְאוֹת בִּשְׁתֵּי עֵינָיו — אַף לֵירָאוֹת בִּשְׁתֵּי עֵינָיו, וְאִיבָּעֵית אֵימָא: לְעוֹלָם כִּדְאָמְרִי מֵעִיקָּרָא, וּדְקָא קַשְׁיָא לָךְ הָא דְּרָבִינָא — לָא קַשְׁיָא; כָּאן — כְּמִשְׁנָה רִאשׁוֹנָה, כָּאן — כְּמִשְׁנָה אַחֲרוֹנָה. דְּתְנַן: *מִי שֶׁחֶצְיוֹ עֶבֶד וְחֶצְיוֹ בֶּן חוֹרִין — עוֹבֵד אֶת רַבּוֹ יוֹם אֶחָד וְאֶת עַצְמוֹ יוֹם אֶחָד, דִּבְרֵי בֵּית הִלֵּל. אָמְרוּ לָהֶם בֵּית שַׁמַּאי: תִּקַּנְתֶּם

רש"י

הכל חייבין בראייה. במצות ראיית "כל זכורך" (שמות כג), שצריכים להתראות בעזרה ברגל: חוץ מחרש שוטה וקטן. דלאו בני דעה נינהו, ופטורין ממצות: החיגר והסומא. כולהו יליף מקראי בגמרא: ומי שאינו יכול לעלות ברגליו. מירושלים לעזרה. ובגמרא מפרש להו: אי זהו קטן כו'. אבל תורה אור מכאן ואילך, אף על פי שאינו חייב מן התורה — הטילו חכמים על אביו ועל אמו לחנכו במצות: שלש רגלים. הראוי לעלות ברגליו חייב הכתוב. וכיון דגדול פטור מן התורה — קטן לאו בר חינוך הוא: בית שמאי אומרים הראייה שתי כסף. גדול הבא להיראות צריך להביא עולה, ואינה פחותה משתי כסף, שתי מעות כסף שהן שליש דינר, שנאמר: "ולא יראו פני ריקם" (שם), ויליף בגמרא שצריך להביא עולה, אף על פי שלא נתנה בו תורה שיעור — חכמים נתנו שיעור: והחגיגה. שלמי חגיגה חייבין היחידים להביא ברגל, דילפינן לה בשלהי פירקין (דף ט.) מ"וחגותם אותו חג לה'": **גמ'** ולרבינא דאמר כו'. לקמן אמרינן בפירקין (דף ד.): הניחא למאן דאמר כו'. לקמן אמרינן בפירקין (דף ט.) שיש לקרבנות החג תשלומין כל ז'. ואיפליגו בה אמוראי, איכא למאן דאמר תשלומין זה לזה ואיכא למאן דאמר (א) תשלומין דראשון הן, ואמרינן: מאי בינייהו — חיגר ביום ראשון ונתפשט ביום שני איכא בינייהו. מאן דאמר כולן תשלומין לראשון, מי שמחויב בראשון ולא הביא — יביא באחד משאר הימים, ומי שאינו מחויב — אינו צריך תשלומין. ומאן דאמר תשלומין זה לזה, קסבר: החובה מוטלת על כל אחד מן שאר הימים, ולא על הראשון לבדו. הלכך, אף מי שפטור בראשון ונראה בשני — חייב להביא, ואם לא יביא בו ביום — יביא למחר: (ב) יראה יראה. [יראה] כתיב, וקרינן יראה, "יראה כל זכורך את פני האדון" דמשמע שהאדם רואה את השכינה, "יראה כל זכורך את פני האדון" משמע שהאדון בא לראותך. הקיש הכתוב ראייתך לראייתו: כדרך שבא (ג) לראותך. כך הוא בא ליראות ממך: מה לראותך. בשתי עיניו: אף. כאן ליראות מן האדם — בשתי עיניו של אדם: משנה ראשונה. קודם שחזרו ב"ה להורות כדברי ב"ש. סיפא דמתני' דקתני חוץ מן העבדים שאינן משוחררים דאוקמא רבינא במי שחציו עבד וחציו בן חורין דפטור — נשנית קודם שחזרו ב"ה, אבל לאחר שהודו לב"ש שיש על ב"ד לכוף את אדונו לשחררו, והוה ליה כאלו משוחרר כבר, וחייב. ומשנה שנשנית לא זזה ממקומה: תקנתם

תוספות

הכל חייבין בראייה. פירש רש"י: במצות "יראה כל זכורך". והקשה הר"ר אלחנן: דהא תני בסמוך, ב"ש אומרים: הראייה שתי כסף, משמע דבקרבן מיירי. ועו, תניא בגמרא*: הערל וטמא פטורין מן הראייה. בשלמא טמא — דכתיב (דברים יב): "ובאת שמה" (ד) כל שישנו בביאה ישנו בהבאה. ועוד אמרינן בירושלמי ריש מכילתין: בד"א — בראיית קרבן, אבל בראיית פנים בעזרה — הכל חייבין כמו בהקהל, האנשים והנשים והטף. ועו: תניא בגמרא*, רבי יוסי אומר: שלש מצות נצטוו ישראל בעלייתן לרגל: ראייה ושמחה וחגיגה. יש בראייה שאין בשתיהן — שהראייה כולה כליל. משמע דסתם ראייה בקרבן מיירי! ע"כ נראה לר"ת דמתני' מיירי בקרבן ובעזרה. ורש"י דנקט בראיית פנים בעזרה — נקט חדא דמשמע תרי, ולפטורא דכולהו אתא, דאף בראיית פנים בעזרה פטירי, וכל שכן בראיית פנים בקרבן. וגם יש לייסב, דמתני' משמע ליה דבראיית פנים (ה) נמי איירי, דקתני בסמוך: איזהו קטן — כל שאין יכול לילך כו' (ו), משמע דבקטן דאיירי ביה קאמר, אלמא: בראיית פנים בעזרה איירי, שאינו יכול לילך לשם. ומיהו, שיטת הירושלמי לא יתכן לפי שיטת שמעתא שלנו מפני דברים הרבה. דהתם יליף מהקהל לחיוב ואנן לא ילפינן מיניה רק לפטור דחרש. ואע"ג דאמרינן לקמן*: ס"ד אמינא נילף ראיה ראיה מהקהל — מה להלן נשים חייבות כו', מ"מ מהתם שמעינן דלפי האמת דלא ילפינן מהקהל לחיוב. ועוד: היכי מחייבינן נשים בראיית פנים בעזרה מראייה דהקהל? דהא "ולא יראו" הוא דמוקמינן לקמן בראיית פנים לקרבן, וממעטינן נשים מ"זכורך". ועוד קשיא ליה: דאמרינן לקמן (דף ו.) (ז) מאן אייתי' — אמו דמחייב' בשמחה אייתיה, ולא קאמר דמחייבא בראיית עזרה. משמע דפטורה! ועוד: בגמרא דקאמר שפטורה מראייה וחייבת בשמחה, לפי שיטת הירושלמי הוה מצי למימר שחייבת בראיית עזרה. אלא ודאי כולי שמעתין מוכח דפטירי בכולי ראייה, כדפרישית: **חוץ** מחרש שוטה וקטן. אין למדין מן הכללות אפילו במקום שנאמר בו חוץ, כדאמרינן בריש "בכל מערבין" (עירובין דף כז.) דהא תנא ושייר מקמץ (ח) ובורסי ומי שאין לו קרקע*. ומיהו, אי משום הני — לאו שיורא הוא; דפסול דגופא קחשיב, לאפוקי הני דפסולן מחמת דבר אחר הוא, משום אומנותו. וכי תימא: הא איכא חרש באזנו אחת וחיגר ברגלו אחת, ובעלי קבין! כל הני מכללא אתיין. וטמא פשיטא ליה לפי שאינו בביאה — אינו בהבאה. וערל מרבינן בגמרא* כי טמא, ואליבא דרבי עקיבא, אבל כל הני דמתני' — רבותא אשמעינן, דבעינן מעוטא מקרא: **איזהו** קטן כל שאינו יכול לרכוב. מכאן והלאה הוה ליה הגיע לחינוך, ומדרבנן הוא דמחויב, וצריך להביא קרבנותיו נדבה. ולמ"ד (ביצה יט.) אין קריבין ביו"ט — אין קריבין עד למחר בחול המועד. אך קשה למורי: למ"ד תשלומין דראשון נינהו, כיון דלא מצי קריב בראשון — לא קרבי תו, כדאמרינן לקמן (דף ט.) גבי חיגר שנתפשט בשני! וי"ל: דהתם גברא לא חזי, הלכך כיון דלא חזי (ט) בראשונה — לא חזי בשני. אבל הכא — כל חיוב שיש בשני ישנו בראשונה, אלא משום שאינו היום ראוי עכשיו. ודומה לו מצינו בפסחים בפרק "אלו דברים" (דף ע: ושם) גבי חגיגה פעמים ו' פעמים ז', חל יו"ט הראשון להיות בשבת — קרב בששה. אלמא, אע"ג דלא קרב בראשון קרב בשני, כיון דמחמת יום הוא דאתי, כדפרישית. וליכא למימר דלמ"ד דנדרים ונדבות אינן קריבין ביו"ט דרבנן הוא והכא דרבנן תקינו לה שיוכל להביא אף ביו"ט, דהא בפ"ק דבילה א] (דף יב. ושם) משמע דמדאורייתא הוא, דהא שתי הלחם (*ולחם הפנים) לא דחו יו"ט! וכי תימא: מ"מ, כי מייתי להם נדבה היכי סמיך עלה? דקטן אינו סומך, כדאיתא במנחות בפרק "שתי מדות" (דף צג.)! וי"ל: אע"ג דלא סמיך עליה — מ"מ דמיא לחינוך בנו. ורש"י פירש דאיזהו קטן לא קאי (י) לראייה בראיית קרבן, רק לראיית פנים בעזרה:

הכל לאתויי מאי לאתויי מי שחציו עבד וכו'. ואליבא דמשנה אחרונה. אע"ג (כ) דמתניתין קאמר איפכא, כדדייק בגמרא (דף ד.) מלשון שאינן משוחררים דחצי עבד פטור, מ"מ מתרץ רישא לחיוב לפי מה דסבירא ליה השתא. ואדיוקא לא חש אליבא דעבדים שאינן משוחררים:

תשלומין דראשון. ואע"ג דגבי חגיגה הוא דכתיב תשלומין — מ"מ ילפינן ראייה מיניה: כולן תשלומין דראשון. והכא גברא לא חזי הוא וכיון דלא חזי בראשון לא חזי בשני. ולא הוה מצי למימר חיגר בשעה ראשונה ונתפשט בשניה! דהא — פשיטא הוא:

יראה יראה כדרך שבא לראות. פרש"י: כדרך שבא הקב"ה לראותך, דהיינו בשתי עיניו — אף אתה בא (ל) לראותו בשתי עיניך. ולא יתכן לר"ת, דהא לא שייך ביאה גבי שכינה, שבכל מקום הוא! ועוד: דדריש מסורת קודם, אדרבה היו לנו לדרוש המקרא קודם! ע"כ גריס ר"ת: יראה יראה, מה לראות בשתי עיניו, שאדם בא להתראות לפני המקום בשתי עיניו של מקום, אף האדם בא לראות המקום בשתי עיניו. ולא דמי לעובד ועבד (פסחים דף כו:) דדרשינהו תרוייהו, מקרא ומסורת, דהכא כי הדדי נינהו, אבל התם כל חדא חלוק מחבריה: תקנתם

רבינו חננאל

הכל חייבין בראיה חוץ מחרש שוטה וקטן כו'. אתינן לאוקומה למתני' הכל חייבין הכל לאתויי מאי מי שחציו עבד וחציו בן חורין שחייב בראיה. ודחינן ולרבינא דפוטר בהאי מאי ומוקים לה הכל לאתויי מי שהיה חיגר ביום ראשון ולא היה יכול לעלות בהר הבית שפטור ואם נתפשט כלומר נתרפא ביום שני חייב. ואמרינן הניחא לר' אושעי' דאמר כולן תשלומין זה לזה וכיון שהוא יכול לעלות ביום ב' של חג [חייב] בשאר הימים אלא לר' יוחנן דאמר כולן תשלומין דראשון הן כדבעינן למימר לקמן האי הכל דקתני במתניתין לאתויי מאי

עין משפט נר מצוה

א א מיי' פ"ב מהלכות חגיגה הלכה א סמג עשין רכז רכח רכט:

ב ב מיי' שם הל' ג:

ג ג מיי' פ"א שם הל' ב סמג שם:

ד ד מיי' שם פ"ב הלכה א סמג שם:

ה ה מיי' שם פ"א הלכה ז סמג שם:

ו ו מיי' שם פ"ב הלכה א סמג שם:

מסורת הש"ס

ערכין ב: | [שם] | [כגון שהיו שני אחין או שני שותפין ושחרר אחד את חלקו רש"י גיטין מא.] | [בסנהדרין ד: הו' בן תימא] | פסחים פח. ב"ב יג. ערכין ב: עדיות פ"א מי"ג

[לקמן ד:] [לקמן ו:] [לקמן ד.] [דף ד.] [לקמן ט.] [לקמן ד: סנהדרין ד: ערכין ב: תוספתא פ"א ע"ש] [פסחים ח:] [לקמן דף ד:] [ליתא בבילה כ: ולא במנחות ק:]

הגהות מהר"ב רנשבורג

א] תום' ד"ה איזהו קטן וכו'. דהא בפ"ק דבילה דף יב ושם. נמחק תיבות בפ"ק דבילה וצ"ב בפ"ב דבילה דף כ ע"ב כצ"ל וכן הגיה בשער המלך פ"א מהלכות חגיגה הלכה ח דף ס"ג ע"א יעו"ש:

הגהות הב"ח

(א) רש"י ד"ה הניחא וכו' ואיכא למאן דאמר כולם תשלומין דראשון הן ואמרינן: (ב) ד"ה יראה יראה כתיב וקרינן יראה יראה כל זכורך וכו' השכינה יראה כל: (ג) ד"ה כדרך שבא לראותך כך הוא בא לראות ממך מה לראותך בשתי עיניו אף בא לראות מן האדם: (ד) תום' ד"ה הכל חייבין וכו' ובאת שמה והבאתם שמה כל שישנו וכו' רבי יוסי הגלילי אומר: (ה) בא"ד וגם יש לייסב דמתניתין משמע ליה דבראיית פנים בעזרה איירי כצ"ל ותיבת נמי נמחק: (ו) בא"ד כל שאין יכול לילך כו' אלמא משמע דבקטן דאיירי ביה בראיית פנים בעזרה איירי מדקאמר שאינו יכול לילך כצ"ל ותיבות קאמר אלמא נמחק: (ז) בא"ד דאמרינן לקמן עד הכא מאן איתיה אמו וכו' דמחייבא בראיית פנים בעזרה וכו' ולאו שיטת הירוש' וכו' שחייבת בראיית פנים בעזרה אלא: (ח) ד"ה חוץ וכו' ושייר מקמץ ומצרף נחשת ובורסי: (ט) ד"ה איזהו וכו' כיון דלא חזי בראשון לא חזי וכו' ישנו בראשון אלא משום שאין היום ראוי: (י) בא"ד לא קאי לראיית פנים בקרבן רק לראיית פנים בעזרה: (כ) ד"ה הכל לאתויי וכו' אע"ג דסיפא דמתניתין קאמר: (ל) ד"ה יראה וכו' אף אתה בא לראותו לו מה הוא רואה אותך בשתי עיניו אף אתה רואה אותו בשתי עיניך ולא יתכן וכו' ע"כ גריס ר"ת יראה יראה מה לראות:

תִּקַּנְתֶּם אֶת רַבּוֹ, וְאֶת עַצְמוֹ לֹא תִּקַּנְתֶּם; לִישָּׂא שִׁפְחָה — אֵינוֹ יָכוֹל, בַּת חוֹרִין — אֵינוֹ יָכוֹל, לִיבָּטֵיל? וַהֲלֹא לֹא נִבְרָא הָעוֹלָם אֶלָּא לִפְרִיָּה וּרְבִיָּה, שֶׁנֶּאֱמַר: °"לֹא תֹהוּ בְרָאָהּ לָשֶׁבֶת יְצָרָהּ"! (ישעיה מה) [א]אֶלָּא, מִפְּנֵי תִיקּוּן הָעוֹלָם כּוֹפִין אֶת רַבּוֹ וְעוֹשֶׂה אוֹתוֹ בֶּן חוֹרִין, וְכוֹתֵב לוֹ שְׁטָר עַל חֲצִי דָמָיו. וְחָזְרוּ בֵּית הִלֵּל לְהוֹרוֹת כְּדִבְרֵי בֵית שַׁמַּאי. § "חוּץ מֵחֵרֵשׁ שׁוֹטֶה וְקָטָן" כו'. § קָתָנֵי חֵרֵשׁ דּוּמְיָא דְּשׁוֹטֶה וְקָטָן, מָה שׁוֹטֶה וְקָטָן — *דְּלָאו בְּנֵי דֵעָה, אַף חֵרֵשׁ — דְּלָאו בַּר דֵּעָה הוּא. וְקָא מַשְׁמַע לָן כְּדִתְנַן: *חֵרֵשׁ שֶׁדִּיבְּרוּ חֲכָמִים בְּכָל מָקוֹם — שֶׁאֵינוֹ שׁוֹמֵעַ וְאֵינוֹ מְדַבֵּר. הָא מְדַבֵּר וְאֵינוֹ שׁוֹמֵעַ, שׁוֹמֵעַ וְאֵינוֹ מְדַבֵּר — חַיָּיב. תְּנֵינָא לְהָא, דְּתָנוּ רַבָּנַן: *הַמְדַבֵּר וְאֵינוֹ שׁוֹמֵעַ — זֶהוּ חֵרֵשׁ, שׁוֹמֵעַ וְאֵינוֹ מְדַבֵּר זֶהוּ אִלֵּם, [ב]זֶה וָזֶה הֲרֵי הֵן כְּפִקְחִין לְכָל דִּבְרֵיהֶם. וּמִמַּאי דִּמְדַבֵּר וְאֵינוֹ שׁוֹמֵעַ זֶהוּ חֵרֵשׁ, שׁוֹמֵעַ וְאֵינוֹ מְדַבֵּר זֶהוּ אִלֵּם — דִּכְתִיב: °"וַאֲנִי כְחֵרֵשׁ לֹא אֶשְׁמָע וּכְאִלֵּם לֹא יִפְתַּח פִּיו" (תהלים לח). וְאִיבָּעֵית אֵימָא, כִּדְאָמְרֵי אֱנָשֵׁי: אִישְׁתַּקִּיל מִילּוּלֵיהּ. § "מְדַבֵּר וְאֵינוֹ שׁוֹמֵעַ שׁוֹמֵעַ וְאֵינוֹ מְדַבֵּר חַיָּיב". § וְהַתַּנְיָא: [ג]מְדַבֵּר וְאֵינוֹ שׁוֹמֵעַ, שׁוֹמֵעַ וְאֵינוֹ מְדַבֵּר — פָּטוּר! אָמַר רָבִינָא וְאִיתֵימָא רָבָא: חַסּוּרֵי מִיחַסְּרָא, וְהָכִי קָתָנֵי: הַכֹּל חַיָּיבִין בְּרְאִיָּיה וּבְשִׂמְחָה, חוּץ מֵחֵרֵשׁ הַמְדַבֵּר וְאֵינוֹ שׁוֹמֵעַ, שׁוֹמֵעַ וְאֵינוֹ מְדַבֵּר, שֶׁפָּטוּר מִן הָרְאִיָּיה. וְאַע"פ שֶׁפָּטוּר מִן הָרְאִיָּיה — חַיָּיב בְּשִׂמְחָה. [ד]וְאֶת שֶׁאֵינוֹ לֹא שׁוֹמֵעַ וְלֹא מְדַבֵּר, וְשׁוֹטֶה וְקָטָן — פָּטוּר אַף מִן הַשִּׂמְחָה, הוֹאִיל וּפְטוּרִים מִכָּל מִצְוֹת הָאֲמוּרוֹת בַּתּוֹרָה. תַּנְיָא נַמִי הָכִי: הַכֹּל חַיָּיבִין בִּרְאִיָּיה וּבְשִׂמְחָה — חוּץ מֵחֵרֵשׁ הַמְדַבֵּר וְאֵינוֹ שׁוֹמֵעַ, שׁוֹמֵעַ וְאֵינוֹ מְדַבֵּר — שֶׁפְּטוּרִין מִן הָרְאִיָּיה. וְאַף עַל פִּי שֶׁפָּטוּר מִן הָרְאִיָּיה — חַיָּיב

רש"י

תִּקַּנְתֶּם אֶת רַבּוֹ וְאֶת עַצְמוֹ לֹא תִּקַּנְתֶּם. כָּל תַּקָּנַת רַבּוֹ כָּאן הִיא, אֲבָל תַּקָּנַת הָעֶבֶד אֵין כָּאן. אִם נִתַּקֵּן בְּמִשְׁפַּט הַמָּמוֹן — לֹא נִתַּקֵּן בִּפְרִיָּה וּרְבִיָּה: לִישָּׂא שִׁפְחָה אֵינוֹ יָכוֹל. מִפְּנֵי צַד הַחֵירוּת שֶׁבּוֹ, וּכְתִיב: "לֹא יִהְיֶה קָדֵשׁ" וגו' (דברים כג): בַּת חוֹרִין אֵינוֹ יָכוֹל. מִפְּנֵי צַד עַבְדוּת שֶׁבּוֹ: לֹא תֹהוּ בְּרָאָהּ. לֹא בָּרָא הקב"ה אֶת הָאָרֶץ לִהְיוֹת בְּלֹא יִשּׁוּב, אֶלָּא "לָשֶׁבֶת יְצָרָהּ": כְּדִתְנַן. בְּרֵישׁ מַסֶּכֶת תְּרוּמוֹת (מ"ב): חֵרֵשׁ שֶׁדִּבְּרוּ בּוֹ חֲכָמִים בְּכָל מָקוֹם. שֶׁהִשְׁווּ אוֹתוֹ לְשׁוֹטֶה לְפוֹטְרוֹ, לֹא דִּבְּרוּ אֶלָּא בְּמִי שֶׁאֵינוֹ שׁוֹמֵעַ וְאֵינוֹ מְדַבֵּר. הָכִי קִים לְהוּ לְרַבָּנַן, דְּמִי שֶׁאֵינוֹ שׁוֹמֵעַ וְאֵינוֹ מְדַבֵּר — דְּלָאו בְּנֵי דֵעָה נִינְהוּ: מְדַבֵּר וְאֵינוֹ שׁוֹמֵעַ. תְּחִילָּתוֹ הָיָה פִּקֵּחַ עַד שֶׁלָּמַד לְדַבֵּר, וְאַחַ"כ נִתְחָרֵשׁ: תְּנֵינָא. בְּמַתְנִיתִין: לְהָא דְּתָנוּ רַבָּנַן. בַּבָּרַיְיתָא, וְלָמַדְנוּ שֶׁהַבָּרַיְיתָא הַזֹּאת עִיקָּר, וְסוֹמְכִין עָלֶיהָ: זֶה וָזֶה כְּפִקְחִים. הַיְינוּ כְּמַתְנִיתִין, דְּלֹא פָּטַר אֶלָּא חֵרֵשׁ הַדּוֹמֶה לְשׁוֹטֶה: וְאִי בָּעֵית אֵימָא. אֲלֵם כְּמַשְׁמָעוֹ, נוֹטְרִיקוֹן: אִישְׁתַּקִּיל מִלּוּלֵיהּ = נִיטַּל דִּבּוּרוֹ: פָּטוּר. מִן הָרְאִיָּיה. קַשְׁיָין אַהֲדָדֵי מַתְנִיתִין וּבָרַיְיתָא: אָמַר רָבָא. מַתְנִיתִין דְּתָנֵי אֵצֶל רְאִיָּיה חֵרֵשׁ דּוּמְיָא דְּשׁוֹטֶה: חַסּוּרֵי מִיחַסְּרָא וְהָכִי קָתָנֵי. (א) דְּאַע"פ דְּלָא דּוֹמֶה לְשׁוֹטֶה — פָּטוּר. וְכִי תַּנְיָא מַתְנִיתִין דּוּמְיָא דְּשׁוֹטֶה — גַּבֵּי שִׂמְחָה הוּא דְּתָנֵי. וּתְרֵי מִינֵי חֵרֵשׁ תָּנָא מַתְנִיתִין, וְחַסּוּרֵי מִיחַסְּרָא מַתְנִיתִין וְהָכִי קָתָנֵי: הַכֹּל חַיָּיבִין בִּרְאִיָּיה חוּץ מֵחֵרֵשׁ כָּל דְּהוּ; אוֹ שׁוֹמֵעַ וְאֵינוֹ מְדַבֵּר אוֹ מְדַבֵּר וְאֵינוֹ שׁוֹמֵעַ: וְאַף עַל פִּי שֶׁהוּא פָּטוּר. בְּעוֹלַת רְאִיָּיה לֵירָאוֹת:

תוספות

תקנתם את רבו. במה שהיה לו מעיקרא יש לו עכשיו, שזהו העבדות. ואת עצמו לא תקנתם — שאינו יכול לישא אשה. ואי משום עבדות הא לא איכפת ליה כלל, כיון דמעיקרא היה כולו לרב ועכשיו ביומו לעצמו. והר"ר משולם גרים: תקנתם את עצמו ואת רבו לא תקנתם כלל, שגם הרב מפסיד הוולדות:

לישא שפחה אינו יכול. ולמכור עצמו לא מצי כדי לישא שפחה, דהא גר אינו נמכר בעבד עברי, דבעינן "ושב אל משפחתו" (ויקרא כה) וליכא, כדאיתא ב"איזהו נשך" (ב"מ דף עא.). ועוד: מאחר דלא קיים פריה ורביה ביהדות — לא נסבינן ליה כנענית לצד חירות שבו. ודכוותיה מצינו בפ"ק דקדושין (דף כ.): אין לו אשה ובנים — אין רבו מוסר לו שפחה כנענית. וא"ת: ישא בת מינו — ליתי צד חירות ולישתמש בצד חירות, וצד עבדות בצד עבדות, דומיא דפרידה שתבעה אין מרביעין עליה לא סוס ולא חמור אלא מינה, בפרק "אותו ואת בנו" (חולין דף עט.)! וי"ל: דהתם לא קפיד קרא אלא בכלאים דתרי מינים, והא ליכא. אבל הכא, אמאן קפיד קרא — אצד חירות, דלא לישתמש צד חירות בעבדות, והא איתא. ומטעם דשרי הרבעה — שרי גם לרכוב על הפרידה. ובתוספתא דמסכת כלאים (פ"ה ובירושלמי פ"ח) תניא: אמר רבי איסי בן יהודה: אסור לרכוב על הפרידה מק"ו: ומה במקום שמותר ללבוש שתי חלוקין — אסור בתערובתו. מקום שאסור לנהוג שני מינים — אינו דין שאסור בתערובתו! אמרו ליה: והא כתיב(ב) "והרכבתם את שלמה בני על הפרדה" (מלכים א א)! אמר להם: אין למדים תורה מן *התקועה. א"ל: והא כתיבא) "ויעש הישר בעיני ה'"ב):

לישא שפחה אינו יכול. וממזרת לא ישא אע"ג דעבד מותר בממזרת לפי שקדש ועומד, כדתנן פרק "האומר" (קדושין דף סט.): יכולין ממזרים ליטהר, כיצד? ממזר נושא שפחה. ולצד חירות שרי בה, כדתנן פרק "עשרה יוחסין" (שם) שחרורי וממזרי שרו לבא זה בזה. דהא י"ל: דאין לנו לתקן כדי להרבות ממזרים בעולם. ועוד: כיון דתפסי בה קדושין — אתי צד עבדות ומשתמש באשת איש. ונתינה נמי לא ישא, דאע"ג דממזרת ונתינה ושחרורי מותרין לבא זה בזה, דהא הוה התפסת קדושין — ואתי צד עבדות ומשתמש באשת איש. אי נמי: נתינה אסור בצד עבדות, דלאו קדש ועומד הוא. אע"ג דמותר בממזרת, משום דלא מקרי קהל — מוזהר בלאו ד"לא יהיה קדש" (דברים כג) וא"ת: וליתי עשה [ד"לשבת יצרה"] ולידחי לאו ד"לא יהיה קדש"! וי"ל: דהכא אפשר לקיים שניהם על ידי כפייה. אי נמי: דלא אתי עשה ודחי לא תעשה אלא כגון מילה בצרעת, דבעידנא דמעקר לאו מקיים עשה. אבל הכא, משעת העראה עובר ליה בלאו — ועשה ליכא עד גמר ביאה:

לא תהו בראה. האי עשה אלים טפי מפרו ורבו, כדאמר במגילה בפרק בתרא (דף כז.): מוכר אדם ס"ת לישא אשה וללמוד תורה, ומייתי "לא תהו בראה". אבל י"מ: משום דעבד לא מיפקיד אפריה ורביה, דאמר: *היו לו בנים בעבדותו ונשתחרר — לא קיים פריה ורביה. ולאו מילתא היא, דאמר בירושלמי דמו"ק (פ"א): עבד מהו שישא אשה במועד? אמר להון: נשמעינן מן הָדֵין מתניתין יבטל — והלא לא נברא העולם אלא בשביל פריה ורביה. ואמר שמעון בר אבא משום רבי יוחנן: כל שהוא מצוּוֶּה על פריה ורביה — לא ישא אשה במועד. *ועוד: לישנא דנקט הכא "והלא לא נברא העולם אלא בשביל פריה ורביה" משמע דאתרוייהו קאי. והא דאמרינן לא קיים פריה ורביה — היינו מטעם דבעינן זרעו מיוחס אחריו, ואפילו ישראל שיש לו בן מן השפחה אינו קרוי(ג) "אחריו". ועוד: פרו ורבו אכולהו בני נח כתיב, אף לכנען:

כופין את רבו. אפילו לשמואל, דאמר (גיטין דף לח.): המפקיר עבדו יוצא לחירות וא"צ גט שחרור, הכא דטבא ליה עבדו ליה לעשות שחרור גמור. ואע"ג דאמרינן (ברכות דף מז:): המשחרר עבדו עובר בעשה — ניחא לן דליעבד הרב איסורא זוטא ולא ליעבד העבד איסורא רבה, כדאמר בעירובין בפ' "בכל מערבין" (דף לג: ושם). ולא דמי להאיא דריש שבת (דף ד. ושם): וכי אמרינן לו לאדם עמוד וחטא בשביל שיזכה חבירך? דהתם פושע בדבר הוי, שלא היה לו לאפות הפת. תדע, דשרינן ריש "תמיד נשחט" (פסחים דף נט. ושם) להקריב לכהן אַחַר תמיד של בין הערבים כפרת חבירו, כדי שיאכל קרבן פסח לערב, אע"ג דליכא עשה דהשלמה*:

*__נשים__ ועבדים. לא שייך לאקשויי: אמאי תני נשים לשון רבים, ותנא קטן(ד) חרש לשון יחיד! כדדייק בפרק קמא דנדה (דף ח.) גבי קטנות, והכא תנא אשה! דהכא תרי עניני, ולא דמי חד לאידך. דחרש ושוטה פטור מכל המצות כדאמר לקמן. וקטן לא ידעינן דפטור מקרא רק מק"ו, דנשים פטורות דכתיב "זכורך" טפלים לא כל שכן, דהכי דייקינן בפרק קמא דקדושין (דף לד: ושם), טפלים חייבין נשים לא כל שכן:

*__ומי__ שאינו יכול לעלות ברגליו. פרש"י: מירושלים לעזרה. ורבותא נקט, דלא מיבעיא מעירו דלא מצי סליק לעזרה. וה"ה נמי אם הוא אינו יכול לעלות מעירו לירושלים דפטור, כדמשמע בגמרא: עד הכא מאן אייתי: **חרש** דומיא דשוטה וקטן. במגילה פ"ב (דף יט:): "הכל כשרין לקרות את המגילה חוץ מחרש שוטה וקטן" כו' לא דייק הכי, דהתם ע"כ במדבר קיימינן, מדקרא את המגילה. וברמיזה לא הוה מפיק אחרים. וכן בחולין (דף ב.): "חוץ מחרש שוטה וקטן שמא יקלקלו את שחיטתן" לא דייק הכי, דהתם הטעם תלוי בכיון, שיוכל לאמן את ידו לשחוט: **המדבר** ואינו שומע זהו חרש. בג"ר מפיק ליה אינו מדבר ואינו שומע דכתיב "מי שם פה לאדם או מי ישום אלם או חרש" (שמות ד), "מי [שם] פה" קאי לתרוייהו:

שומע ואינו מדבר פטור מן הראייה וחייב בשמחה. והא דלא קתני נשים דמחייבי בשמחה בתר הכי — לא חש להכי, למיתני סורסא. וכיוצא בזה מצינו בכמה מקומות. וההיא דלקמן (דף ו:) דאמר: יש בשמחה שאין בשתיהן שנוהגת באנשים ובנשים, מה שאין כן בשתיהן, ולא קחשיב חרש מדבר ואינו שומע — דהתם בחגיגה נמי מיחייב, ולא בעי למיתני יש בשתיהן שאין באחת — כגון חרש מדבר ואינו שומע, דלא נחית למיתני הך כללא רק מה שבאחת שאין בשתים. והכא, כי קאמר דמיחייב בשמחה — הוא הדין בחגיגה, כדפירשתי. אלא שמחה נקט, דנשים חייבות וחרש שוטה וקטן פטירי. וכי תנינן לעיל זה וזה כפיקחין לכל דבריהן — להתחייב בשמחה ובחגיגה קאמר:

גמר

רבינו חננאל

ואמרינן (לאתויי מאי) לאתויי סומא באחת מעיניו שחייב בראייה ודלא כיוחנן בן דהבאי שהיה פוטרו ואסיקנא לעולם לאתויי חציו עבד וחציו בן חורין שחייב ומתני' כמשנה אחרונה דתנן כופין את רבו ועושהו בן חורין וחזרו ב"ה להודות לדברי בית שמאי דכיון דודאי לשחרור קאי אע"פ שעדיין לא נשתחרר חייב בראייה: **ירושלמי** מתניתין בראיית קרבן אבל בראיית פנים אפילו קטן אביו חייב להעלותו שנאמר הקהל את העם האנשים והנשים והטף. וסיפא דקתני עבדים שאינן משוחררין לגמרי פטורין כמשנה ראשונה היא שנויה. דרש ר' אלעזר בן עזריה אנשים באין ללמד ונשים באות לשמוע וטף ליתן שכר למביאיהן. חוץ מחרש אתינן לאוקומא בחרש שאינו לא שומע ולא מדבר הא החרש המדבר ואינו שומע או שומע ואינו מדבר חייב. וא' תנינא להא דתנו רבנן חרש מדבר ואינו שומע זהו חרש שומע ואינו מדבר זהו אלם זה וזה הרי הן כפקחין לכל דבריהם. ואקשינן איני והתניא מדבר ואינו שומע שומע ואינו מדבר פטור מן הראייה ואתא רבינא ותרצה ואמר חסורי מחסרא והכי קתני הכל חייבין בראייה ובשמחה חוץ מחרש

עין משפט נר מצוה

ז א מיי' פ"ז מהלכות עבדים הלכה ז סמג עשין פז טוש"ע י"ד סימן רסז סעיף סב:
ח ב מיי' פ"ב מהלכות אישות הלכה טו ופ"ב מהלכות גירושין הלכה טז ופכ"ט מהלכות מכירה הלכה ב ג טוש"ע א"ה סימן קכא סעיף ו ובח"מ סימן רלה סעיף יח:
ט ג מיי' פ"ב מהלכות חגיגה הלכה א סמג עשין רכו:
י ד מיי' שם הלכה ד סמג שם:

מסורת הש"ס

[יבמות לג: גטין כג. מנחות לג. ערכין ה:]
[נדה יג: תרומות פ"א מ"ב]
גטין עא. [תוספתא תרומות פ"א]
פי' תוקע עצמו לדבר הלכה
א) [נ"ל אשר עשה דוד את הישר וכו' מלכים א טו ה] ב) ומשני (בירושלמי שם) כרי' מסכת ימי ברכיות היתה) ובתוספתא לא משני כלום ע"ז
[יבמות סב. וע"ש בתו' ד"ה הכל מודין בעבד שאין לו חייס]
[עיין תוספות גטין מא: ד"ה לא תהו]
[ועי' תוספות פסחים פח: ד"ה כופין]
[שייך לעיל במשנה ועיין תוי"ט]
[שייך למתני']

הגהות הב"ח

(א) רש"י ד"ה חסורי מחסרא והכי קתני דגבי ראייה אע"פ דלא: (ב) תוס' ד"ה לישא שפחה אינו יכול ולמכור וכו' אמר ליה והא כתיב אשר עשה דוד את הישר בעיני ה' ולא סר מכל אשר צוהו כל ימי חייו רק בדבר אוריה החתי הס"ד ונ"ב עיין בר"ש פ' ח' דכלאים פי' תקוע תוקע עצמו לדבר הלכה ולי נראה שדוד [עשה זאת על פי] רבו עירא היאירי שהיה מעיר תקוע: (ג) ד"ה לא תהו וכו' בן מן השפחה אינו קרוי מיוחס אחריו: (ד) ד"ה נשים וכו' ותנא קטן שוטה חרש לשון יחיד:

רש"י

חַיָּיב בְּשִׂמְחָה. לִשְׁמוֹחַ בֶּחָג, דִּכְתִיב "וְשָׂמַחְתָּ בְּחַגֶּךָ" (דברים טז), וְאָמְרִינַן לְקַמָּן (דף ח.) דְּשִׂמְחָה בִּשְׁלָמִים לֶאֱכוֹל אֶת הַבָּשָׂר, וְיָלְפִינַן לָהּ (פסחים דף קט.) מִ"וְזָבַחְתָּ שְׁלָמִים וְאָכַלְתָּ שָּׁם וְשָׂמַחְתָּ". וּלְקַמָּן פָּרֵיךְ: מ"ש לְעִנְיַן רְאִיָּיה דְּפָטוּר, וּלְעִנְיַן שִׂמְחָה דִּמְחַיֵּיב: וְשֶׁאֵינוֹ לֹא שׁוֹמֵעַ וְלֹא מְדַבֵּר. הַיְינוּ חֵרֵשׁ דְּמַתְנִיתִין, שֶׁסְּמָכוֹ לְשׁוֹטֶה וְקָטָן: רְאִיָּיה מֵהַקְהֵל. דִּכְתִיב בְּפָרָשַׁת הַקְהֵל: "בְּבוֹא כָל יִשְׂרָאֵל לֵרָאוֹת" וגו', וּפָרָשַׁת הַקְהֵל הַמֶּלֶךְ הָיָה קוֹרֵא מִשְׁנֵה תוֹרָה בָּעֲזָרָה בְּכָל מוֹצָאֵי שְׁמִטָּה, דִּכְתִיב "מִקֵּץ שֶׁבַע שָׁנִים בְּמוֹעֵד שְׁנַת הַשְּׁמִטָּה" וגו' (דברים לא): פְּרָט לְשׁוֹמֵעַ וְאֵינוֹ מְדַבֵּר. הַשְׁתָּא מַשְׁמַע שֶׁאֵין זֶה רָאוּי לִלְמוֹד: הִלְכְתָא. מִשְׁנָיוֹת: לְמַעַן יִלְמְדוּ. וְאֵין זֶה רָאוּי לְלַמֵּד אֲחֵרִים: רַב אַשִׁי אָמַר וַדַּאי לְמַעַן יִלְמְדוּ. כְּלוֹמַר, בְּלָאו קוּשְׁיָא דְּהָנָךְ תְּרֵי אִילְמֵי לֵיכָּא לְאוֹקְמֵי לִדְרָשָׁה דְּתַנָּא דְּמָעֵיט מֵהָכָא שׁוֹמֵעַ וְאֵינוֹ מְדַבֵּר, אֶלָּא מִ"לְמַעַן יִלְמְדוּ": דְּאִי סָלְקָא דַּעְתָּךְ מִלְּמַעַן יִלְמְדוּ. הוּא דְּמַשְׁמַע לֵיהּ, אַלְמָא סְבִירָא לֵיהּ לְתַנָּא דְּכֵיוָן דְּלָא מִישְׁתָּעֵי – לָא גָּמִיר לְנַפְשֵׁיהּ: וְכֵיוָן דְּלֹא שָׁמַע. אֲנַן סָהֲדֵי דְּלָא גָּמִיר, וְכֵיוָן דְּתָנֵן "לְמַעַן יִשְׁמְעוּ" פְּרָט לִמְדַבֵּר וְאֵינוֹ שׁוֹמֵעַ, וַאֲנַן סָהֲדֵי דְּטַעְמָא מִשּׁוּם דְּלָא גָּמִיר הוּא, שֶׁלֹּא יָבִין כָּל מַה שֶּׁאוֹמְרִים לְפָנָיו – לָמָּה לִי לְמֶהְדַּר תּוּ "לְמַעַן יִלְמְדוּ" פְּרָט לְשׁוֹמֵעַ וְאֵינוֹ מְדַבֵּר? כֵּיוָן דִּסְבִירָא לֵיהּ דְּמַאן דְּלָא מִשְׁתָּעֵי נַמִי לָא גָּמִיר, מִ"לְמַעַן יִשְׁמְעוּ" מְמַעֵט לֵיהּ! אֶלָּא וַדַּאי סְבִירָא לֵיהּ דְּמַאן דְּלָא מִשְׁתָּעֵי נַמִי גָּמִיר, וְלָא מִ"לְמַעַן יִשְׁמְעוּ" מְמַעֵט, הִלְכָּךְ הֲדַר וּמְמַעֲטֵיהּ מִ"לְמַעַן יִלְמְדוּ", הִלְכָּךְ וַדַּאי "לְמַעַן יִלְמְדוּ" הוּא דְּדָרֵישׁ: פְּרָט לְבַעֲלֵי קַבִּין. כְּשֶׁנֶּחְתְּכוּ רַגְלֵיהֶם נָתְנוּ קַב קָטָן בְּסוֹף שׁוֹקוֹ, וְנוֹתְנִים בּוֹ מוֹכִין, וְסוֹמֵךְ סוֹף שׁוֹקוֹ עָלָיו: אֶלָּא רַגְלַיִם. אָדָם שֶׁיֵּשׁ לוֹ רַגְלַיִם: פְּעָמַיִךְ בַּנְּעָלִים. אַלְמָא: בְּבַעֲלֵי מִנְעָלִים שַׁיְּיכֵי פְּעָמִים. וּבִרְאִיָּיה כְּתִיב "שָׁלֹשׁ פְּעָמִים בַּשָּׁנָה יֵרָאֶה כָּל זְכוּרְךָ" וגו': שֶׁנִּקְרָא נָדִיב. עַל שֵׁם שֶׁנִּדְּבוֹ לִבּוֹ לְהַכִּיר בּוֹרְאוֹ: נְדִיבֵי עַמִּים. הֵם הַגֵּרִים, הַמִּתְנַדְּבִין מִבֵּין הָעַמִּים לְקַבֵּל עֲלֵיהֶן עוֹל מִצְוֹת: וְהַבּוֹר רֵק. מִשּׁוּם דְּרַבִּי תַּנְחוּם אֲמָרָהּ נָקַט לָהּ הָכָא גַּבֵּי שְׁמַעְתְּתָא דְּרַבִּי תַּנְחוּם: אֲבָל נְחָשִׁים וְעַקְרַבִּים יֵשׁ בּוֹ. לֹא הָיָה רֵק אֶלָּא מִמַּיִם: לְהַקְבִּיל פָּנָיו. יוֹם טוֹב הָיָה, שֶׁחַיָּיב אָדָם לְכַבֵּד אֶת רַבּוֹ בְּהַקְבָּלַת פָּנִים, כִּדְאָמְרִינַן בְּמַסֶּכֶת רֹאשׁ הַשָּׁנָה (דף טז:): "מַדּוּעַ אַתְּ הוֹלֶכֶת אֵלָיו הַיּוֹם, לֹא חֹדֶשׁ וְלֹא שַׁבָּת" (מלכים ב ד): תַּלְמִידֶיךָ אָנוּ. וְאֵין לָנוּ לְדַבֵּר בְּפָנֶיךָ: הֶאֱמַרְתָּ. שִׁבַּחְתָּ, כְּמוֹ "יִתְאַמְּרוּ כָּל פּוֹעֲלֵי אָוֶן" (תהלים צד) – יִשְׁתַּבְּחוּ שֶׁדַּרְכָּן נָאָה: חֲטִיבָה אַחַת. שֶׁבַח אֶחָד, שֶׁבַח מְיוּחָד, לוֹמַר: אֵין כָּמוֹךְ, לְכָךְ בְּחַרְנוּךְ לֶאֱלוֹהַּ:

וְאַף

גמרא

חַיָּיב בְּשִׂמְחָה. וְאֶת שֶׁאֵינוֹ לֹא שׁוֹמֵעַ וְלֹא מְדַבֵּר, וְשׁוֹטֶה וְקָטָן – פְּטוּרִין אַף מִן הַשִּׂמְחָה, הוֹאִיל וּפְטוּרִין מִכָּל מִצְוֹת הָאֲמוּרוֹת בַּתּוֹרָה. מַאי שְׁנָא לְעִנְיַן רְאִיָּה דִּפְטִירִי, וּמַאי שְׁנָא לְעִנְיַן שִׂמְחָה דִּמְחַיְּיבִי? לְעִנְיַן רְאִיָּה גָּמַר "רְאִיָּה" "רְאִיָּה" [א]מֵהַקְהֵל, דִּכְתִיב: °"הַקְהֵל אֶת הָעָם הָאֲנָשִׁים וְהַנָּשִׁים וְהַטַּף" וּכְתִיב: °"בְּבֹא כָל יִשְׂרָאֵל לֵרָאוֹת". וְהָתָם מְנָלַן? דִּכְתִיב: °"לְמַעַן יִשְׁמְעוּ וּלְמַעַן יִלְמְדוּ", וְתַנְיָא: "לְמַעַן יִשְׁמְעוּ" – פְּרָט לִמְדַבֵּר וְאֵינוֹ שׁוֹמֵעַ, "וּלְמַעַן יִלְמְדוּ" – פְּרָט לְשׁוֹמֵעַ וְאֵינוֹ מְדַבֵּר. לְמֵימְרָא דְּכִי לָא מִשְׁתָּעֵי לָא גָּמַר? וְהָא הָנְהוּ תְּרֵי אִילְמֵי דַּהֲווּ בְּשִׁבָבוּתֵיהּ דְּרַבִּי, בְּנֵי בְרַתֵּיהּ דְּרַבִּי יוֹחָנָן בֶּן גּוּדְגְּדָא, וְאָמְרִי לָהּ בְּנֵי אַחְתֵיהּ דְּרַבִּי יוֹחָנָן, דְּכָל אֵימַת דַּהֲוָה עָיֵיל רַבִּי לְבֵי מִדְרְשָׁא הֲווּ עָיְילִי וְיָתְבִי *קַמַּיְיהוּ, וּמְנַיְידִי בְּרֵישַׁיְיהוּ *וּמְרַחֲשִׁין שִׂפְוָותַיְיהוּ. וּבָעֵי רַבִּי רַחֲמֵי עֲלַיְיהוּ וְאִיתַּסּוּ, וְאִשְׁתַּכַּח דַּהֲווּ גְּמִירִי הִלְכְתָא וְסִפְרָא וְסִפְרֵי וְכוּלֵּהּ תַּלְמוּדָא! אָמַר מָר זוּטְרָא: קְרִי בֵּיהּ "לְמַעַן (א) יְלַמְּדוּ" רַב אַשִׁי אָמַר: וַדַּאי "לְמַעַן יִלְמְדוּ" הוּא, דְּאִי סָלְקָא דַּעְתָּךְ "לְמַעַן יְלַמְּדוּ" וְכֵיוָן דְּלָא מִשְׁתָּעֵי לָא גָּמַר, וְכֵיוָן דְּלָא שָׁמַע לָא גָּמַר – הַאי מִ"לְמַעַן יִשְׁמְעוּ" נָפְקָא! אֶלָּא וַדַּאי "לְמַעַן יִלְמְדוּ" הוּא. אָמַר ר' תַּנְחוּם: [ב]חֵרֵשׁ בְּאָזְנוֹ אַחַת פָּטוּר מִן הָרְאִיָּה, שֶׁנֶּאֱמַר: °"בְּאָזְנֵיהֶם". וְהַאי "בְּאָזְנֵיהֶם" מִבְּעֵי לֵיהּ: בְּאָזְנֵיהֶם דְּכוּלְּהוּ יִשְׂרָאֵל! הַהוּא מִ"נֶּגֶד כָּל יִשְׂרָאֵל" נָפְקָא. אִי מִ"נֶּגֶד כָּל יִשְׂרָאֵל" הֲוָה אָמֵינָא: אַף עַל גַּב דְּלָא שָׁמְעִי, כְּתַב רַחֲמָנָא "בְּאָזְנֵיהֶם" – וְהוּא דְּשָׁמְעִי! הַהוּא מִ"לְמַעַן יִשְׁמְעוּ" נָפְקָא. אָמַר רַבִּי תַּנְחוּם: [ג]חִיגֵּר בְּרַגְלוֹ אַחַת – פָּטוּר מִן הָרְאִיָּה, שֶׁנֶּאֱמַר: "רְגָלִים". וְהָא "רְגָלִים" מִבְּעֵי לֵיהּ *פְּרָט לְבַעֲלֵי קַבִּין! הַהוּא מִ"פְּעָמִים" נָפְקָא. דְּתַנְיָא: "פְּעָמִים", אֵין פְּעָמִים אֶלָּא רַגְלַיִם, וְכֵן הוּא אוֹמֵר: °"תִּרְמְסֶנָּה רָגֶל רַגְלֵי עָנִי פַּעֲמֵי דַלִּים" וְאוֹמֵר: °"מַה יָּפוּ פְעָמַיִךְ בַּנְּעָלִים בַּת נָדִיב". *דָּרַשׁ רָבָא: מַאי דִּכְתִיב "מַה יָּפוּ פְעָמַיִךְ בַּנְּעָלִים בַּת נָדִיב" – כַּמָּה נָאִין רַגְלֵיהֶן שֶׁל יִשְׂרָאֵל בְּשָׁעָה שֶׁעוֹלִין לָרֶגֶל, "בַּת נָדִיב" – בִּתּוֹ שֶׁל אַבְרָהָם אָבִינוּ שֶׁנִּקְרָא נָדִיב, שֶׁנֶּאֱמַר: °"נְדִיבֵי עַמִּים נֶאֱסָפוּ עַם אֱלֹהֵי אַבְרָהָם". אֱלֹהֵי אַבְרָהָם וְלֹא אֱלֹהֵי יִצְחָק וְיַעֲקֹב? אֶלָּא: אֱלֹהֵי אַבְרָהָם שֶׁהָיָה תְּחִילָּה לַגֵּרִים. אָמַר רַב כָּהֲנָא, דָּרַשׁ *רַב נָתָן בַּר מִנְיוֹמִי מִשּׁוּם ר' תַּנְחוּם: מַאי דִּכְתִיב °"וְהַבּוֹר רֵק אֵין בּוֹ מָיִם" מִמַּשְׁמַע שֶׁנֶּאֱמַר "וְהַבּוֹר רֵק" אֵינִי יוֹדֵעַ שֶׁאֵין בּוֹ מָיִם? אֶלָּא: מַיִם אֵין בּוֹ, אֲבָל נְחָשִׁים וְעַקְרַבִּים – יֵשׁ בּוֹ. ת"ר: *מַעֲשֶׂה בְּרַבִּי יוֹחָנָן בֶּן בְּרוֹקָה וְרַבִּי אֶלְעָזָר (*בֶּן) חִסְמָא שֶׁהָלְכוּ לְהַקְבִּיל פְּנֵי ר' יְהוֹשֻׁעַ בִּפְקִיעִין, אָמַר לָהֶם: מַה חִידּוּשׁ הָיָה בְּבֵית הַמִּדְרָשׁ הַיּוֹם? אָמְרוּ לוֹ: תַּלְמִידֶיךָ אָנוּ, וּמֵימֶיךָ אָנוּ שׁוֹתִין. אָמַר לָהֶם: אַף עַל פִּי כֵן, אִי אֶפְשָׁר לְבֵית הַמִּדְרָשׁ בְּלֹא חִידּוּשׁ, *שַׁבָּת שֶׁל מִי הָיְתָה? שַׁבָּת שֶׁל ר' אֶלְעָזָר בֶּן עֲזַרְיָה הָיְתָה. וּבַמֶּה הָיְתָה הַגָּדָה הַיּוֹם? אָמְרוּ לוֹ: בְּפָרָשַׁת הַקְהֵל. וּמַה דָּרַשׁ בָּהּ? °"הַקְהֵל אֶת הָעָם הָאֲנָשִׁים וְהַנָּשִׁים וְהַטַּף" אִם אֲנָשִׁים בָּאִים לִלְמוֹד, נָשִׁים בָּאוֹת לִשְׁמוֹעַ, טַף לָמָּה בָּאִין? כְּדֵי לִיתֵּן שָׂכָר לִמְבִיאֵיהֶן. אָמַר לָהֶם: מַרְגָּלִית טוֹבָה הָיְתָה בְּיֶדְכֶם וּבִקַּשְׁתֶּם לְאַבְּדָהּ מִמֶּנִּי! וְעוֹד דָּרַשׁ: °"אֶת ה' הֶאֱמַרְתָּ הַיּוֹם וַה' הֶאֱמִירְךָ הַיּוֹם" *אָמַר לָהֶם הַקָּדוֹשׁ בָּרוּךְ הוּא לְיִשְׂרָאֵל: אַתֶּם עֲשִׂיתוּנִי חֲטִיבָה *)אַחַת בָּעוֹלָם, וַאֲנִי אֶעֱשֶׂה אֶתְכֶם חֲטִיבָה אַחַת בָּעוֹלָם – אַתֶּם עֲשִׂיתוּנִי חֲטִיבָה אַחַת בָּעוֹלָם דִּכְתִיב: °"שְׁמַע יִשְׂרָאֵל ה' אֱלֹהֵינוּ ה' אֶחָד", וַאֲנִי אֶעֱשֶׂה אֶתְכֶם חֲטִיבָה אַחַת בָּעוֹלָם שֶׁנֶּאֱמַר:

וּמִי

*) [פי' ציור אחד בעולם כלומר דבר הניכר שאין כמותו. ערוך בשם רב האי בערך אמר]

(מראי מקומות בגליון הגמרא: דברים לא; שם; שם; ישעיה כו; שיר ז; תהלים מז; בראשית לז)

מסורת הש"ס

[בע"י הגי' קמיה] · [מנחות סג.] · [לקמן ז. יבמות קג. ערכין יט:] · סוכה מט: · שבת כב. · [מכילתא פ' בא פר' יז ואדר"נ פרק יח [תוספתא סוטה פ"ז]] · ברכות כח. · דברים לא · שם ט · ברכות ו. · דברים ו

תוספות

גמר ראיה ראיה מהקהל. ונשים ליכא לחיובי, דקא ממעטו ליה לקמן מ"זכורך" וכן אמרינן לקמן: הא למה לי קרא? תיפוק לי דמלות עשה שהזמן גרמא, מהו דתימא נילף ראיה מהקהל, מה להלן נשים חייבות. וטפלים לא מחייבינן כמו ב"הקהל" וליתן שכר למביאיהם, כי התם, דמקל וחומר פטרינן ליה, כדפרישית לעיל דנשים פטורות – טפלים לא כל שכן, (ב) ולקמן דמרבינן קטן שהגיע לחינוך מדכתיב "כל" ולא גמרינן מהקהל – התם אסמכתא בעלמא הוא, כדמסיק. ומהאי ק"ו נמי פטור. וכי פריך דרבנן הוא – מצי לאקשויי: למה לי קרא ליגמר מהקהל, אלא עדיפא מינה פריך:

מלמען ישמעו נפקא. דפשטיה דקרא משמע האזינה והבין, שיבין מה שילמדהו. הלכך מה לנו שישמע, כיון דלא גמיר – ממעטינן ליה שפיר:

אלא קרי ביה למען ילמדו. ואף על גב דלא משתעי – גמיר, ולהכי לא נפקא להו מ"למען ישמעו". וכן מדבר ואינו שומע, אפילו שמע עד השתא, דמצי גמיר לאחריני, כיון דלא מצי גמיר בהאי הליכה – מה לו ללכת? וכיון דלא שמע – לא גמיר מכאן ולהבא, אע"ג דגמיר לאחריני עד האידנא, לא יזיל השתא כיון דלא יועיל לו הליכה זו. דהא לא קאמר קרא הקהל אלא שישמעו בקריאת המלך ויבינו מהשתא, ויבאו לידי יראת הבורא, דכתיב בסיפיה דקרא "ויראו את ה'" והתלמוד לא חש להביאו, דפשיטא ליה דמשתעי בהכי. אבל מ"למען ילמדו" לא מצי מפיק (ג) ב"לא ישמעו" דלא הוינא מפיק מדבר ואינו שומע כיון דשמע מקמי הכי, ושפיר גמיר אף לאחריני וגם יבין למה נקהלו עכשיו וגם (ד) יצטרך ישמעו כדאמרינן לקמן:

חרש באזנו אחת. בירושלמי אמר: ר' יוחנן בעי, חרש באזנו אחת מהו? א"ר יוסי בר בון: פלוגתא דרבי יוסי ורבנן. דתני רבי יוסי: "ולבני אהרן תעשה כתנות" (שמות כח) רבנן אמרי: שתי כתונות לכל אחד, רבי יוסי אמר: אפילו כתונת (ה) לכל אחד ואחד. הכי נמי, רבנן אמרי "באזניהם" – שתי אזנים לכל אחד, ורבי יוסי אמר °אזן לכל אחד ואחד:

אף על גב דלא שמעי. מחמת שהן רחוקים, אבל אם היו חרשין – ממעטינן מבאזניהם:

מפעמים נפקא. וכי אמרינן לקמן: רגלים פרט לבעלי קבין – אסמכתא בעלמא הוא, °דמ"פעמים" נפקא. וכי פריך ב"מצות חליצה" (יבמות דף קג. ושם) ובערכין פרק "האומר משקלי" (דף יט: ושם) ורמינהי: רגלים פרט לבעלי קבין – ההיא (ו) מדסמכיה רגלים קאמר, ולא משום שהוא עיקר דרשה*:

תחילה לגרים. שנצטווה על המילה טפי מכל אותם שלפניו:

נשים לשמוע. אמר בירושלמי: דלא כבן עזאי, *דאמר: חייב אדם ללמד לבתו תורה:

כדי ליתן שכר למביאיהן. ועל זה סמכו *להביא קטנים בבית הכנסת:

ומי

[ועי' תוי"ט סוף פ"ג דאבות] · [וע"ע תוספות בכורות ו: ד"ה רוטב] · [סוטה כ.] · [כ"ה במסכת סופרים פי"ח הלכה ו]

עין משפט נר מצוה

יא א מיי' פ"ג מהלכות חגיגה הלכה ב:

יב ב ג מיי' שם פ"ב הלכה א סמג עשין רכו:

רבינו חננאל

מחרש המדבר ואינו שומע או שומע ואינו מדבר שפטור ואף על פי שפטור מן הראיה חייב בשמחה וחרש שאינו שומע ולא מדבר ושוטה וקטן פטורין אף מן השמחה הואיל ופטורין מכל מצות האמורות בתורה. ומנא לן דהני פטורין מן הראיה דגמר ראיה ראיה מהקהל וכתיב ביה בהקהל למען ישמעו ולמען ילמדו ותניא למען ישמעו פרט למדבר ואינו שומע שפטור למען ילמדו פרט לשומע ואינו מדבר. ומקשינן איני דכל מאן דלא ממלל לא גמר והא הנהו תרי אילמי דבעא רבי רחמי עלייהו ואתפתחו ואשתכחו דהוו גמירי הלכתא וסיפרי וסיפרא ותוספתא וכולה תלמודא ופריק מר זוטרא קרי ביה למען יְלַמְּדוּ הן לאחרים ורב אשי קאי כוותיה דודאי ילמדו פשטיה וכיון דאילמא הוא אע"ג דגמירי לא מצי לאגמורי הוא לאחריני. הא דא"ר תנחום חיגר ברגלו אחת וחרש באזנו אחת פטורין מן הראיה פשוטות הן. בת נדיב בת אברהם שנקרא נדיב כו'. והבור רק אין בו מים מים אין בו אבל נחשים ועקרבים יש בו: ת"ר מעשה בר' יוחנן בן ברוקה ור' אלעזר חסמא שהלכו להקביל פני ר' יהושע בפקיעין ואמרו כי ר' אלעזר בן עזריה דרש הקהל את העם האנשים והנשים והטף הא תינח אנשים ונשים וטף למה לי כו'. ועוד דרש את ה' האמרת היום וכו'. אתם עשיתוני חטיבה אחת

הגהות הב"ח

(א) גמ' [illegible] מר זוטרא קרי ביה למען יְלַמְּדוּ וכו' למען יְלַמְּדוּ הוא דאי ס"ד למען ילמדו: (ב) תוס' ד"ה גמר ראיה וכו' ולקמן דמרבינן. נ"ב וק"ק דהא אצטריך כל דלא תימא נשים פטורין טפלים לכ"ש וי"ל דה"פ הא אי לאו [ק"ו מהקהל שפיר משמע אף קטן שלא] הגיע לחינוך כדקאמר ליתן שכר למביאיהם וכיון דאית לן ריבויא דכל איתרע ק"ו ושפיר נילף מהקהל אף בלא הגיע לחינוך וזה שכתבו התוספות ולקמן דמרבינן קטן שהגיע לחינוך מדכתיב כל ולא גרמינן מהקהל אף בלא הגיע לחינוך כיון דאיתרע ליה ק"ו והאי תירנו התם אסמכתא בעלמא הוא כדמסיק ומהאי ק"ו נמי פטור בלא הגיע לחינוך ומסיים התוס' וכי פריך לקמן דף ד' קודם דידע מתירוץ אסמכתא דרבנן הוא הוה מצי לאקשויי ליגמר מהקהל אף בלא הגיע לחינוך: (ג) ד"ה אלא וכו' לא מצי מפיק בלאו למען ישמעו דלא: (ד) בא"ד וגם אצטריך למען ישמעו כדאמרינן לקמן: (ה) ד"ה חרש וכו' ואפי' כתונת אחד לכל אחד וכו' ור' יוסי אומר אפי' אזן אחת לכל אחד: (ו) ד"ה מפעמים וכו' ההיא מדאסמכיה רגלים:

גליון הש"ס

תוספות ד"ה חרש וכו' אזן לכל אחד ואחד. עיין יומא דף לז ע"א וביבמות דף קא ע"ב תוספות ד"ה ש"מ: **ד"ה** מפעמים נפקא וכו' דמפעמים נפקא. עיין תוס' ר"ה דף ה ע"א ד"ה [illegible]:

"וּמִי כְּעַמְּךָ יִשְׂרָאֵל גּוֹי אֶחָד בָּאָרֶץ". וְאַף הוּא פָּתַח וְדָרַשׁ: "דִּבְרֵי חֲכָמִים כַּדָּרְבוֹנוֹת וּכְמַסְמְרוֹת נְטוּעִים בַּעֲלֵי אֲסוּפוֹת נִתְּנוּ מֵרוֹעֶה אֶחָד". לָמָּה נִמְשְׁלוּ דִּבְרֵי תוֹרָה לְדָרְבָן? לוֹמַר לָךְ: מַה דָּרְבָן זֶה מְכַוֵּין אֶת הַפָּרָה לְתַלְמֶיהָ לְהוֹצִיא חַיִּים לָעוֹלָם, אַף דִּבְרֵי תוֹרָה מְכַוְּונִין אֶת לוֹמְדֵיהֶן מִדַּרְכֵי מִיתָה לְדַרְכֵי חַיִּים. [א]אִי מַה דָּרְבָן זֶה מִטַּלְטֵל אַף דִּבְרֵי תוֹרָה מִטַּלְטְלִין — ת"ל: "מַסְמְרוֹת". [ב]אִי מַה מַּסְמֵר זֶה חָסֵר וְלֹא יָתֵר אַף דִּבְרֵי תוֹרָה חֲסֵירִין וְלֹא יְתֵירִין — ת"ל: "נְטוּעִים", מַה נְּטִיעָה זוֹ פָּרָה וְרָבָה — אַף דִּבְרֵי תוֹרָה פָּרִין וְרָבִין. "בַּעֲלֵי אֲסוּפוֹת" — אֵלּוּ תַּלְמִידֵי חֲכָמִים שֶׁיּוֹשְׁבִין אֲסוּפוֹת אֲסוּפוֹת וְעוֹסְקִין בַּתּוֹרָה, הַלָּלוּ מְטַמְּאִין וְהַלָּלוּ מְטַהֲרִין, הַלָּלוּ אוֹסְרִין וְהַלָּלוּ מַתִּירִין, הַלָּלוּ פּוֹסְלִין וְהַלָּלוּ מַכְשִׁירִין. שֶׁמָּא יֹאמַר אָדָם: הֵיאָךְ אֲנִי לָמֵד תּוֹרָה מֵעַתָּה? תַּלְמוּד לוֹמַר(א): כּוּלָּם "נִתְּנוּ מֵרוֹעֶה אֶחָד" — אֵל אֶחָד נְתָנָן, פַּרְנָס אֶחָד אֲמָרָן, מִפִּי אֲדוֹן כָּל הַמַּעֲשִׂים בָּרוּךְ הוּא, דִּכְתִיב: "וַיְדַבֵּר אֱלֹהִים אֶת כָּל הַדְּבָרִים הָאֵלֶּה". אַף אַתָּה עֲשֵׂה אָזְנֶיךָ כַּאֲפַרְכֶּסֶת, וּקְנֵה לְךָ לֵב מֵבִין לִשְׁמוֹעַ אֶת דִּבְרֵי מְטַמְּאִים וְאֶת דִּבְרֵי מְטַהֲרִים, אֶת דִּבְרֵי אוֹסְרִין וְאֶת דִּבְרֵי מַתִּירִין, אֶת דִּבְרֵי פּוֹסְלִין וְאֶת דִּבְרֵי מַכְשִׁירִין. בַּלָּשׁוֹן הַזֶּה אָמַר לָהֶם: אֵין דּוֹר יָתוֹם שֶׁר' אֶלְעָזָר בֶּן עֲזַרְיָה שָׁרוּי בְּתוֹכוֹ. וְלֵימְרוּ לֵיהּ בְּהֶדְיָא? מִשּׁוּם מַעֲשֶׂה שֶׁהָיָה. דְּתַנְיָא: מַעֲשֶׂה בְּר' יוֹסֵי בֶּן דּוּרְמַסְקִית שֶׁהָלַךְ לְהַקְבִּיל פְּנֵי ר' אֱלִיעֶזֶר בְּלוֹד, אָמַר לוֹ: מַה חִידּוּשׁ הָיָה בְּבהמ"ד הַיּוֹם? אָמַר לֵיהּ, נִמְנוּ וְגָמְרוּ: עַמּוֹן וּמוֹאָב מְעַשְּׂרִין מַעְשַׂר עָנִי בַּשְּׁבִיעִית. אָמַר לוֹ: יוֹסֵי! פְּשׁוֹט יָדֶיךָ וְקַבֵּל עֵינֶיךָ. פָּשַׁט יָדָיו וְקִבֵּל עֵינָיו. בָּכָה ר' אֱלִיעֶזֶר וְאָמַר: "סוֹד ה' לִירֵאָיו וּבְרִיתוֹ לְהוֹדִיעָם". אָמַר לוֹ: לֵךְ אֱמוֹר לָהֶם: אַל תָּחוּשׁוּ לְמִנְיַינְכֶם, כָּךְ מְקוּבְּלַנִי מֵרַבָּן יוֹחָנָן בֶּן זַכַּאי, שֶׁשָּׁמַע מֵרַבּוֹ, וְרַבּוֹ מֵרַבּוֹ: [א]הִלְכְתָא לְמֹשֶׁה מִסִּינַי, עַמּוֹן וּמוֹאָב מְעַשְּׂרִין מַעְשַׂר עָנִי בַּשְּׁבִיעִית. מַה טַּעַם? [ב]הַרְבֵּה כְּרַכִּים כְּבָשׁוּ עוֹלֵי מִצְרַיִם וְלֹא כְּבָשׁוּם עוֹלֵי בָבֶל, מִפְּנֵי שֶׁקְּדוּשָּׁה רִאשׁוֹנָה קִדְּשָׁה לִשְׁעָתָהּ [ג]וְלֹא קִדְּשָׁה לֶעָתִיד לָבֹא, וְהִנִּיחוּם כְּדֵי שֶׁיִּסְמְכוּ עֲלֵיהֶן עֲנִיִּים בַּשְּׁבִיעִית. תָּנָא: לְאַחַר שֶׁנִּתְיַישְּׁבָה דַּעְתּוֹ, אָמַר: יְהִי רָצוֹן שֶׁיַּחְזְרוּ עֵינֵי יוֹסֵי לִמְקוֹמָן. וְחָזְרוּ. ת"ר: [ד]אֵיזֶהוּ שׁוֹטֶה? הַיּוֹצֵא יְחִידִי בַּלַּיְלָה, וְהַלָּן בְּבֵית הַקְּבָרוֹת, וְהַמְקָרֵעַ אֶת כְּסוּתוֹ. אִיתְּמַר, רַב הוּנָא אָמַר: עַד שֶׁיְּהוּ כּוּלָּן בְּבַת אַחַת. ר' יוֹחָנָן אָמַר: [ה]אֲפִי' בְּאַחַת מֵהֶן. הֵיכִי דָּמֵי? אִי דְּעָבֵיד לְהוּ דֶּרֶךְ שְׁטוּת — אֲפִי' בַּחֲדָא נַמִי. אִי דְּלָא עָבֵיד לְהוּ דֶּרֶךְ שְׁטוּת — אֲפִילּוּ כּוּלְּהוּ נַמִי לָא! לְעוֹלָם דְּקָא עָבֵיד לְהוּ דֶּרֶךְ שְׁטוּת, וְהַלָּן בְּבֵית הַקְּבָרוֹת — אֵימוּר כְּדֵי שֶׁתִּשְׁרֶה עָלָיו רוּחַ טוּמְאָה הוּא דְּקָא עָבֵיד, וְהַיּוֹצֵא יְחִידִי בַּלַּיְלָה — אֵימוּר גַּנְדְּרִיפַּס אַחֲדֵיהּ, וְהַמְקָרֵעַ אֶת כְּסוּתוֹ — אֵימוּר בַּעַל מַחֲשָׁבוֹת הוּא, כֵּיוָן דְּעָבְדִינְהוּ לְכוּלְּהוּ — הֲוָה לְהוּ כְּמִי

וְאַף הוּא. ג]רַבִּי אֶלְעָזָר בֶּן עֲזַרְיָה: לְתַלְמֶיהָ. שׁוּרוֹת הַמַּעֲנָה: פּוֹסְלִין וּמַכְשִׁירִין. שַׁיָּיךְ לוֹמַר לְעִנְיַן פְּסוּל עֵדוּת וּפְסוּל כְּהוּנָּה: (ב) כּוּלָּן אֵל אֶחָד אֲמָרָן. אֵין לְךָ מִבְּנֵי הַמַּחֲלוֹקֶת מֵבִיא רְאָיָה מִתּוֹרַת אֱלוֹהַּ אַחֵר, אֶלָּא מִתּוֹרַת אֱלֹהֵינוּ: פַּרְנָס אֶחָד אֲמָרָן. אֵין לְךָ מֵבִיא רְאָיָה מִדִּבְרֵי נָבִיא הַבָּא לַחֲלוֹק עַל מֹשֶׁה רַבֵּינוּ: עֲשֵׂה אָזְנֶיךָ כַּאֲפַרְכֶּסֶת. מֵאַחַר שֶׁכּוּלָּן לְכַוֵּן לַשָּׁמַיִם — עֲשֵׂה אָזְנְךָ שׁוֹמַעַת וּלְמוֹד, וְדַע דִּבְרֵי כּוּלָּן, וּכְשֶׁתֵּדַע לְהַבְחִין אֵי זֶה יִכְשַׁר — קְבַע הֲלָכָה כְּמוֹתוֹ. אֲפַרְכֶּסֶת = טירמוי"א שֶׁעַל הָרֵיחַיִם: מַה מַּסְמֵר זֶה. כְּשֶׁנּוֹעֲצִין אוֹתוֹ בַּכּוֹתֶל הוּא מְחַסְּרוֹ, יָכוֹל אַף זֶה כֵּן — תַּלְמוּד לוֹמַר: "נְטוּעִים", כִּנְטִיעָה שֶׁדַּרְכָּהּ לִפְרוֹת וְלִרְבּוֹת: וְלֵימְרוּ לֵיהּ בְּהֶדְיָא. מִיָּד, לָמָּה הוּזְקְקוּ לוֹמַר "תַּלְמִידֶיךָ אָנוּ": נִמְנוּ וְגָמְרוּ. וְהִתְקִינוּ שֶׁיְּהוּ יִשְׂרָאֵל הַדָּרִין בְּעֵבֶר הַיַּרְדֵּן, בְּמַה שֶּׁכָּבְשׁוּ מִסִּיחוֹן וְעוֹג, אֶרֶץ עַמּוֹן וּמוֹאָב: מְעַשְּׂרִין. עַכְשָׁיו מַעֲשַׂר עָנִי בַּשְּׁבִיעִית. שֶׁהֵן הָיוּ זוֹרְעִין בַּשְּׁבִיעִית, כִּדְאָמְרִינַן לְקַמָּן שֶׁלֹּא קִידְּשׁוּהָ עוֹלֵי גוֹלָה כִּקְדוּשַּׁת הָאָרֶץ: פְּשׁוֹט יָדֶיךָ וְקַבֵּל עֵינֶיךָ. הוּקְשָׁה בְּעֵינָיו שֶׁנָּתַן עֲטָרָה לְאוֹתוֹ דּוֹרֵשׁ, וַהֲלֹא מִימוֹת אַנְשֵׁי כְנֶסֶת הַגְּדוֹלָה הָיְתָה תַּקָּנָה זוֹ: אַל תָּחוּשׁוּ לְמִנְיַינְכֶם. אַל יְהִי לָכֶם שׁוּם חֲשָׁשׁ וְגִמְגּוּם בְּמַה שֶּׁמְּנִיתֶם וְתִיקַּנְתֶּם, שֶׁהֲרֵי הִסְכַּמְתֶּם לַהֲלָכָה: כָּךְ מְקוּבְּלַנִי. שֶׁקְּדוּשָּׁה רִאשׁוֹנָה שֶׁקִּידְּשָׁהּ יְהוֹשֻׁעַ לִשְׁעָתָהּ לֹא קִידְּשָׁהּ לֶעָתִיד לָבֹא, אֲבָל קְדוּשָּׁה שְׁנִיָּה — נִתְקַדְּשָׁה לְעוֹלָם, כִּדְתַנְיָא בִּיבָמוֹת (דף פב:): קְדוּשָּׁה רִאשׁוֹנָה וּשְׁנִיָּה יֵשׁ לָהֶן, שְׁלִישִׁית — אֵין לָהֶן. לְפִיכָךְ בִּשְׁאָר אֶרֶץ יִשְׂרָאֵל אֵין זְרִיעָה בַּשְּׁבִיעִית, אֲבָל עַמּוֹן וּמוֹאָב הִנִּיחוּ מִלְּקַדְּשָׁן כְּדֵי שֶׁיִּסְמְכוּ עֲלֵיהֶן עֲנִיִּים בַּשְּׁבִיעִית בְּלֶקֶט שִׁכְחָה וּפֵאָה וּבְמַעֲשַׂר עָנִי, לְכָךְ תִּקְּנוּ לָהֶן שֶׁיְּהוּ מְעַשְּׂרִין מַעֲשַׂר עָנִי. וּבִרְשׁוּת הַחֲכָמִים הָיָה לְהַטִּיל עֲלֵיהֶן אֵיזֶה מַעֲשֵׂר שֶׁיִּרְצוּ, לְפִי שֶׁאֵין חַיָּיבִין מִן הַתּוֹרָה: אֵיזֶהוּ שׁוֹטֶה. הָאָמוּר בְּכָל מָקוֹם, שֶׁפָּטוּר מִן הַמִּצְוֹת וּמִן הָעוֹנֶשׁ, וְאֵין קִנְיָנוֹ קִנְיָן, וְאֵין מִמְכָּרוֹ מִמְכָּר: וְהַלָּן בְּבֵית הַקְּבָרוֹת. בַּלַּיְלָה: לְעוֹלָם דְּקָא עָבֵיד לְהוּ דֶּרֶךְ שְׁטוּת. וַאֲפִילּוּ הָכִי לָא מַחְזְקִינַן לֵיהּ בַּחֲדָא. דְּהַיּוֹצֵא יְחִידִי בַּלַּיְלָה אֵימוּר גַּנְדְּרִיפַּס אַחֲדֵיהּ — אֲנִי שָׁמַעְתִּי: חוֹלִי הָאוֹחֵז מִתּוֹךְ דְּאָגָה. וְלִי נִרְאֶה: שֶׁנִּתְחַמֵּם גּוּפוֹ וְיוֹצֵא לִמְקוֹם הָאֲוִיר: שֶׁתִּשְׁרֶה עָלָיו רוּחַ טוּמְאָה. רוּחַ שֵׁדִים, שֶׁיְּסַיְּיעוּהוּ לִהְיוֹת מְכַשֵּׁף: כְּמוֹ

ומי כעמך ישראל גוי אחד בארץ. אמרינן במדרש: שלשה מעידין זה על זה: ישראל, ושבת, והקדוש ב"ה. ישראל והקדוש ברוך הוא מעידים על השבת שהוא יום מנוחה, ישראל ושבת – על הקדוש ב"ה שהוא אחד, הקב"ה ושבת – על ישראל שהם יחידים באומות. ועל זה סמכינן לומר "אתה אחד" במנחה בשבת, אע"פ שאינו מדבר מענינא דיומא דשבת *כמו תפלת ערבית ושחרית:

עמון ומואב מעשרין מעשר עני בשביעית. לפי סדר השנים היה להם להפריש מעשר שני, שהוא שנה ראשונה, ומעשר עני נוהג בששית, ולא מלינו מעשר עני שתי שנים רצופים. אלא תקנה תקנו בה, כדי שיסמכו עליהם עניים בשביעית. ובדין הוא דאפי' תרומה גדולה לא ניתקן אלא יהא הכל מעשר עני. אלא שלא רצו לחלק כל כך משאר שנים. פרש"י: דהיינו ארץ סיחון ועוג, כדאמרינן בחולין (דף ס:): עמון ומואב טהרו בסיחון. כלומר, על ידי כבוש סיחון ועוג הותר לישראל ליכבש. והקשה ר"ת: דאמרינן בפרק "מקום שנהגו" (פסחים דף נג: ושם): שלש ארצות לביעור: יהודה, ועבר הירדן, והגליל. ועבר הירדן היינו ארץ סיחון ועוג. (ג)וכ"ת דקדושה ראשונה לא קידשה לעתיד לבא – אם כן תיפשוט מיניה דלרבי אליעזר לא קידשה, אלמה מיבעי' לן בפ"ק דמגילה (דף י. ושם) ובשבועות (דף טז. ושם): מאי סבירא ליה, אי קידשה אי לא קידשה? (ד)ותירץ ר"ת: דיש לחלק, דהכא בעמון ומואב דלא כבשו סיחון ועוג, ולא נתקדשו כלל בקדושת הארץ. ועוד מתרץ: דלא קידשה עבר הירדן רק לארץ סיחון ממש, אבל מה שכבש מעמון – לא נתקדשה:

דרך שטות אפילו בחד נמי. וכי תימא: דלא היה מועד לשטות, רק לאותו דבר, ובעינן תלתא כדי להחזיקו כשוטה לכל מילי, כמו נגח שור וחמור וגמל נעשה מועד לכל. (ה)דהכא לא דמי, דהכא כיון שהוא שוטה באחת – ודאי יש להחזיקו בחזקת שוטה לכל דבר. בירושלמי בפ"ק דתרומות אומר: סימני שוטה היוצא בלילה, והלן בבית הקברות, והמקרע כסותו, (ו)והוא מאבד מה שנותנים לו. א"ר הונא: והוא שיהו כולן בו, דלא כן אומר אני היוצא בלילה יחידי – אימור גנדריפס אחדיה, והלן בבית הקברות – *)לשדים, והמקרע כסותו – אימר בעל מחשבות. מאבד מה שנותנים לו – *קוניקוס. רבי יוחנן אמר: אפילו אחת מהן. אמר ר' אבין: מסתברא כר' יוחנן, בלבד ממאבד מה שנותנין לו, דאפילו שוטה שבשוטים אינו מאבד מה שנותנין לו. קוניקוס – אין בו אחת מכל אלו:

כיון דעבדינהו לכולהו נעשה כמי שנגח כו'. ומאחר בשלשה זימנא לא איתחזק, דתלינן בהך דקאמר התלמוד: אימא בעל מחשבות, או אינך: או

*) [מקטיר לשדים כצ"ל]

יג א מיי' פ"ו מהלכות מתנות עניים הלכה ה סמג עשין קסא:

יד ב ג מיי' פ"א מהל' תרומות הלכה ה ופ"ו מהלכות בית הבחירה הלכה טז:

בע"י הגרסא כולי האי

טו ד ה מיי' פ"ט מהל' עדות הלכה ט טוש"ע י"ד סימן א סעיף ה וטוש"ע ח"מ סימן לה סעיף ח:

[אבות דר"נ פי"ח תוספתא סוטה פ"ז]

[ברכות סח.]

מכילתא פ' בא פי"ז

[תוספ' ידים פ"ב ידים פ"ד מ"ג]

מכילתא פ' בא פי"ז יו טז.

כלומר דבר ברור כהלכה למשה מסיני עי' רא"ש בהל' מקואות (סוף נדה) סימן א

מגילה י. [מכות יט. שבועות טז. זבחים סב: קז: חולין ז. תמורה כא. ערכין לב:]

[תוספתא תרומות פ"א]

הגהות מהר"ב רנשבורג

א] אי מה דרבון זה מטלטל. נ"ב ר"ל שאינו מתקיים במקומו מהרש"א ח"א: ב] שם אי מה מסמר זה חסר. נ"ב ר"ל מחסר ומנקב בכותל מהרש"א שם וכן הוא בלשון רש"י ד"ה מה מסמר וכו': ג] רש"י ד"ה ואף הוא ר' אלעזר בן עזריה. נ"ב ומהרש"א בח"א פי' שר' יהושע פתח ודרש ויעו"ש:

הערוך גרס כארפכסת

רבינו חננאל

כו': אף ר' יהושע פתח ודרש דברי חכמים כדרבונות וכמסמרות נטועים בעלי אסופות. אלו ת"ח שיושבין אסופות אסופות ועוסקין בתורה הללו מטהרין והללו מטמאין הללו אוסרין והללו מתירין כו'. וא"ת הואיל וכן היאך אני למד תורה מעתה ת"ל נתנו מרועה אחד כולן מפי אל אחד אמורין שנאמר וידבר אלהים את כל הדברים האלה אלא עשה אזנך כארפכסת וקנה לב לשמוע אלו ואלו שכולן מתבררין לך באיזה מהן הלכה ברורה שאע"פ שנראין כמו חולקין חוזרין ונמנין וגומרין ומסכימין בסוף כדכתיב את והב בסופה כלשון הזה אמר אין דור יתום שר' אלעזר בן עזריה שרוי בתוכו. ומעשה בר' יוסי בן דורמסקית שהלך להקביל פני ר' אלעזר וא"ל בבהמ"ד נמנו וגמרו עמון ומואב מעשרין מעשר שני בשביעית. א"ל ר' אלעזר יוסי פשוט ידיך וקבל עיניך פשט ידיו וקבל עיניו. כעס ר' אלעזר בשביל שא"ל נמנו וגמרו כלומר למה נמנו והלא הלכה למשה מסיני הוא ובכה ואמר סוד ה' ליראיו ובריתו להודיעם ואין בריתו אלא תורה. תנא אחר שנתיישבה דעתו בקש רחמים ואמר יהי רצון שיחזרו עיני יוסי למקומן וחזרו. אמר צא ואמור אל תחושו למניינכם כך מקובלני מריב"ז שקיבל מרבו ורבו מרבו הלכה למשה מסיני עמון ומואב מעשרין מעשר שני בשביעית. מה טעם הרבה כרכים כבשום עולי מצרים ולא כבשו עולי בבל מפני שקדושה ראשונה קדשה לשעתה ולא קדשה לעתיד לבוא

הגהות הב"ח

(א) גמרא תלמוד לומר נתנו מרועה אחד כולם אל אחד: (ב) רש"י ד"ה פוסלין וכו' כהונה הס"ד ואח"כ מה"ד מה מסמר וכו' ולרבות הס"ד ואח"כ מה"ד כולן אל אחד וכו' שעל הרחיים הס"ד ואחר כך מה"ד ולימרו: (ג) תום' ד"ה עמון וכו' ארץ סיחון ועוג וכן תימה דקאמר הכא דקדושה ראשונה: (ד) בא"ד ותירץ ר"ת. נ"ב ועל קושיא שהקשו אם כן תפשוט אין התירוץ מפורש אבל בפרק קמא דמגילה מפורש בתוס' ע"ש דף י: (ה) ד"ה דרך וכו' נעשה מועד לכל דלא דמי כצ"ל ותיבת דהכא נמחק: (ו) בא"ד והמקרע כסותו והמאבד:

כמי שנגח שור חמור וגמל, ונעשה מועד לכל. אמר רב פפא: אי שמיע ליה לרב הונא הא דתניא: *איזהו שוטה – זה המאבד כל מה שנותנים לו, הוה הדר ביה. איבעיא להו: כי הוה הדר ביה – ממקרע כסותו הוא דהוה הדר ביה, דדמיא להא, או דלמא מכולהו הוה הדר? תיקו. § "וטומטום ואנדרוגינוס כו'". תנו רבנן: *"זכור", להוציא את הנשים, "זכורך", להוציא טומטום ואנדרוגינוס, "כל זכורך" – לרבות את הקטנים. אמר מר: "זכור" – להוציא את הנשים. הא – למה לי קרא? מכדי מצות עשה שהזמן גרמא הוא, *א וכל מצות עשה שהזמן גרמא נשים פטורות! אצטריך; סלקא דעתך אמינא: ניליף ראייה ראייה מהקהל; ב מה להלן נשים חייבות – אף כאן נשים חייבות, קא משמע לן. אמר מר: "זכורך" – להוציא טומטום ואנדרוגינוס. בשלמא אנדרוגינוס – איצטריך, סלקא דעתך אמינא: הואיל ואית ליה צד זכרות – ליחייב, קא משמע לן דבריה בפני עצמו הוא, אלא טומטום ספיקא הוא, מי איצטריך *קרא למעוטי ספיקא? אמר אביי: כשביציו מבחוץ. אמר מר: "כל זכורך" – לרבות את הקטנים. והתנן: חוץ מחרש שוטה וקטן! אמר אביי: לא קשיא; ג כאן – בקטן שהגיע לחינוך, כאן – בקטן שלא הגיע לחינוך. קטן שהגיע לחינוך *דרבנן היא! אין ה"נ, וקרא אסמכתא בעלמא. ואלא קרא למאי אתא? לכדאחרים. (*דתנן), *אחרים אומרים: ד המקמץ, והמצרף נחשת, והבורסי – פטורין מן הראייה, משום שנאמר: ○"כל זכורך" מי שיכול לעלות עם כל זכורך, יצאו אלו שאינן ראויין לעלות עם כל זכורך. § "נשים ועבדים שאינן משוחררים וכו'". בשלמא נשים – כדאמרן, אלא עבדים מנלן? אמר רב הונא, אמר קרא: ○"אל פני האדון ה'" – מי שאין לו אלא אדון אחד יצא זה שיש לו אדון אחר. הא למה לי קרא? מכדי, ה כל *מצוה שהאשה חייבת בה – עבד חייב בה, כל מצוה שאין האשה חייבת בה – אין העבד חייב בה, *דגמר 'לה' 'לה' מאשה! אמר רבינא: *לא נצרכה אלא ו למי שחציו עבד וחציו בן חורין. דיקא נמי, דקתני: נשים ועבדים שאינן משוחררין, מאי שאינן משוחררין? אילימא שאינן משוחררין כלל – ליתני עבדים סתמא! אלא לאו: שאינן משוחררין לגמרי, ומאי נינהו – מי שחציו עבד וחציו בן חורין, שמע מינה. § "והחיגר והסומא וחולה והזקן". תנו רבנן: ○"רגלים" – *פרט לבעלי קבין. דבר אחר: "רגלים" – ז פרט לחיגר, ולחולה, ולסומא, ולזקן, ולשאינו יכול לעלות ברגליו. ושאינו יכול לעלות ברגליו לאתויי מאי? אמר רבא: לאתויי מפנקי

רש"י

כמו שנגח שור חמור וגמל. דבבא קמא (דף לז.), דנעשה מועד לכל. ולא אמרינן עד שיהא מועד בשלשה בכל מין ומין, דהואיל והועד שלשה נגיחותיו בשלשה מינין – אין זה מקפיד על מין אחר. אף כאן, לא באו שלשה דברים לידו בבת אחת, אלא כולן משום שטות: **אי שמיעא** ליה. הא דתניא, דמשמע בדבר אחד מחזיקין אותו בשוטה – הוה הדר ביה: זכור. אם נאמר "זכור", אין לך להוציא אלא את הנשים. עכשיו שנאמר "זכורך" – בא להוציא אף טומטום ואנדרוגינוס עם הנשים: נשים פטורות. בפ"ק דקדושין (דף לד:) ילפינן לה: מהקהל. דהוי נמי מצות עשה שהזמן גרמא, ונשים חייבות: **אתא קרא למעוטי ספיקא.** בתמיה: למה לי קרא, מהיכא תיתי לן לחיוביה? כשביציו מבחוץ. אלא שהגיד טמון, דהא ודאי זכר הוא, הלכך איצטריך קרא למעוטי: המקמץ. מפרש במסכת כתובות (דף עז.): המקמץ בידו צואת כלבים. ואומר אני: כי לתקן בהן עורות, שקורין קורדוו"ן, שמעבדין אותן בצואת כלבים*: והמצרף נחשת. שמצרפו במקום שחופרין אותו מן הקרקע, כדמפרש במסכת כתובות (שם). וכל אלו ריחן רע, ואין יכולין לעלות עם חביריהם: כדאמרן. "זכור" – להוציא את הנשים: לה לה מאשה. כתיב הכא "וכתב לה" (דברים כד), וכתיב התם "או חפשה לא נתן לה" (ויקרא יט): **לא** נצרכה כו'. מיהו, למשנה אחרונה, הואיל ובידינו לכוף את רבו – חייב, דאין לו אלא אדון אחד: דבר אחר כו'. פרט לבעלי קבין מ"פעמים" נפקא, כדאמרינן לעיל. הלכך: "רגלים" למעוטי מי שצריך משענת אחרת לבד מרגליו: מפנקי

תוספות

או דלמא מכולהו. מי אמרינן דכיון (א) דמקרע דדמי להאי הדר ביה – גם לאינך דחשיב בהדי מקרע הדר ביה, או דלמא מהאי לחודיה:

זכורך להוציא טומטום ואנדרוגינוס. בירושלמי בעי: מה אמר רבי יהודה באנדרוגינוס, דשמעינן ליה *דמתיר דמחללין עליו שבת? נשמענא מן הדא, רבי יוחנן בן דהבאי בשם רבי יהודה אומר: אף הסומא*. ולית בר נש אמר אף אלא דהוה מודה על קדמייתא כו'. ומוקי טעמא דהתם גבי שבת* דריש "זכר", מה תלמוד לומר "ערל" – אפילו מקצת ערל, והכא "כל זכורך" – פרט לטומטום ואנדרוגינוס:

אלא טומטום ספיקא הוא. ואע"ג דאנדרוגינוס נמי ספיקא הוא – [אפ"ה מחייבי] מטעם "מקצת זכורך" כדאמר התלמוד. *אלא טומטום, הואיל ונשים פטורות. והאי אימא אשה הוה – ממילא הוה פטרינן ליה, כי היכי דלא לייתי חולין לעזרה. וא"ת: בנדה פרק "המפלת" (דף כח: ושם) מפקינן "מזכר [עד נקבה תשלחו]" (במדבר ה) [זכר] ודאי, נקבה ודאית, ולא טומטום ואנדרוגינוס. ולא פריך מידי! אומר הר"י: דהתם איכא תרי קראי, ומפיק ליה מייתורא דקרא, אבל הכא ליכא אלא חד קרא, הלכך יש לאוקומא באנדרוגינוס, מטעם דקאמר. ולהכי פריך ליה בבכורות בפ' "על אלו מומין" (דף מא: ושם) בגמרא (ב) דרבי ישמעאל אין לך מום גדול מזה, אנדרוגינוס – ספיקא הוא, איצטריך קרא למעוטי ספיקא? וכן בפרק "דם שחיטה" (כריתות כא.) גבי כוי. ובריש פרק בתרא דיומא (דף עד.). דבכל הני ליכא רק מחדא קרא, ובהכי יתכן ההיא דשילהי "הערל" (יבמות דף פא.) קאמר רבי שמעון: אנדרוגינוס זכר אוכל בתרומה. ואלו בפרק "על אלו מומין" (בכורות דף מב.) אמר רבי שמעון בן יהודה בשם רבי שמעון: הרי הוא אומר "הזכר" – להוציא טומטום ואנדרוגינוס. אלא ודאי התם קרא יתירא "הזכר".(ג) ובפרק קמא דב"מ (דף ז.): "העשירי" ודאי אמר רחמנא, ולא ספק. ולא פריך: אצטריך קרא למעוטי ספק, דכולא קרא יתירא להכי. ובשילהי פ"ק דחולין (דף כב: ושם) גבי תחילת הציהוב שבזה ושבזה שפסול, פריך ליה: אצטריך קרא למעוטי ספיקא מתורים ובני יונה? ממה נפשך, או קטן או גדול הוי וכשר לחדא מינייהו, וקמי שמיא גליא היא, ולא למעוטי רק אחד, וליתכשר גבי אידך, בשם רבי יצחק בן ברוך *נ"ע. ויש להקשות: לייתי על תנאי, ואם הוא אשה – ליהוי נדבה. ואפילו למ"ד נדרים ונדבות אין קריבין ביו"ט – ליקרבו למחר, דשפיר (ד) עדיף אפילו למאן דאמר תשלומין דראשון, כדפי' לעיל (דף ב.)! וי"ל: דמבטל ליה מסמיכה. ואע"ג דסמיכה לא מיעכבא, כדאיתא ביומא (דף ה.) – מכל מקום לכתחילה אין לנו לתקן קרבן כדי לבטלו מסמיכה, דהכי קאמר התלמוד פרק "האשה" בפסחים (דף פט.) גבי ה' שנתערבו פסחיהן ונמצא יבלת באחד מהן, ולא דמי לערל וטמא משלחין קרבנותיהן. וגם לקמן ממעטינן ליה, משום דכל שישנו בביאה ישנו בהבאה ולא משום סמיכה – דהתם גברא בר חיובא, ואריא הוא דרביעא עליה שאינו יכול לסמוך. אבל האי – לאו בר חיובא הוי, דאימא איתתא הוא. אבל הא ק"ל: דתיפשוט מהכא דסמיכה בכל כחו בעינן, דאי באקפויי ידיו – לייתי וליתני, ולסמוך. דהכי פריך לקמן פרק שני (דף טז:)! ואיכא למימר: דבכל ענין ממעט ליה קרא:

לא נצרכה **אלא** לחציו עבד וחציו בן חורין. ולא תימא דקאי עליה ג"ש ד"לה" "לה" מאשה. וקשה: דעליה כתיב "או חופשה לא ניתן לה" (ה)ומוקי לה רבי עקיבא ב"השולח" (גיטין דף מג:* ושם) ובכריתות (דף יא.) בחציה שפחה וחציה בת חורין! וי"ל: מכל מקום אצל עבדות כתיב כדמוכח קרא "או חופשה לא ניתן לה". אך קשה: הכא משמע בחציו עבד לפי משנה אחרונה חייב דלפי משנה ראשונה קיימא הכא כדאיתא לעיל ריש מכילתין, ואלו בגיטין ריש "השולח" (דף מג:*) מיבעי ליה מי שחציו עבד אם יש לו קנס או לא, "שלשים שקלים יתן לאדניו" אמר רחמנא והאי אדון הוא, ולפי משנה אחרונה קאי, דקאמר התם: מאי לאו לפי משנה אחרונה, ואילו הכא פשיטא לן דאין לו אלא אדון אחד, ויש לדחות: **דעד כאן לא** מחייבי ליה הכא אלא משום דעומד לכוף את רבו כמאן דשיחרר דמי, אבל התם כיון דמית אגליא מילתא דלא הוה עומד לשחרור. והתם בכריתות (דף יא.) מתרץ הר"י בענין אחר:

כי

מסורת הש"ס

[תוספ' תרומות פ"א]
[קדושין לד:]
[ברכות כ: עירובין כז. קדושין כט.]
[ועי' ברכות כה. וברש"י שם ד"ה בזמן וברש"י כתובות עז. ד"ה המקמץ כו' ול"ע]
[בכורות מה: חולין כב:]
[סוכה כח:]
[נ"ל דתניא]
לקמן ז:
שמות כג
שם
[נזיר סא. כריתות ז:]
[קדושין לה. גיטין לט: מא:]
[לעיל ב. ערכין ב:]
שמות כג
לעיל ג. יבמות קג. ערכין יט:
[צ"ל נ"ע]
[ע"ש דלא נזכר ר' עקיבא]
[ע"ש דמיבעי ליה במעוכב גט שחרור ופשיט הש"ס מחצי עבד ועי' דתוס' ערכין ב: ד"ה במשנה ראשונה וכו' העתיקו על נכון]

עין משפט נר מצוה

טז א מיי' פי"ב מהל' ע"ז הלכה ג:
[שבת קלד:]
[פטור מן הראיה]
[שבת קלו:]
יז ב מיי' שם ופ"ג מהל' חגיגה הל' ב:
יח ג מיי' פ"ב מהלכות חגיגה הלכה ג:
יט ד מיי' שם הל' ב:
כ ה ו ז מיי' שם הלכה א:
[א"נ כל"ל מהרש"א]

רבינו חננאל

לבוא והניחם כדי לסמוך עניים בשביעית. שוטה פטור מן הראייה: ת"ר איזהו שוטה זה היוצא יחידי בלילה והלן בבית הקברות והמקרע את כסותו רב הונא אמר עד דעבדינהו כולהו ר' יוחנן אמר ואפילו אחד מהן והוא דעבדינהו דרך שטות וקיי"ל כר' יוחנן דתניא איזהו שוטה זה המאבד כל מה שנותנין לו. טומטום ואנדרוגינוס פטורין: ת"ר זכור להוציא הנשים שהן פטורות. זכורך להוציא הנשים שהן פטורות. זכורך להוציא טומטום ואנדרוגינוס כל לרבות הקטנים אתינן לאוקומה בקטן שהגיע לחינוך ונדחה דקטנים שהגיעו לחינוך מדרבנן נינהו וקרא לא אתא [אלא] לכדתניא דתניא אחרים אומרים המקמץ והמצרף נחושת והבורסקי פטורין מן הראייה שנא' כל זכורך כל מי שיכול לעלות עם כל זכורך יצאו אלו שאינן יכולין לעלות עם כל זכורך. נשים ועבדים אוקימנה מי שחציו עבד וחציו בן חורין פטורין במשנה ראשונה היא שנויה סיפא במשנה ראשונה ורישא דקתני לאיתויי מי שחציו עבד וחציו בן חורין חייב [כמשנה אחרונה] ומשנה לא זזה ממקומה כל מצוה שהאשה חייבת עבד חייב בה דגמר לה לה כתיב בשפחה או חופשה לא ניתן לה וכתיב באשה וכתב לה ספר כריתות ונתן. ושאינו יכול לעלות

הגהות הב"ח

(א) תוס' ד"ה או דלמא וכו' דכיון דממקרע: (ב) ד"ה אלא וכו' בגמרא אדרבי ישמעאל דאמר אין לך וכו' הני ליכא רק חדא קרא וכו' דקאמר רבי שמעון: (ג) בא"ד קרא יתירא הזכר כדריש ובפרק קמא דב"מ וכו' שבזה ושבזה שפסול פריך ליה שפיר איצטריך קרא למעוטי ספיקא שאם הביא מתורים ובני יונה נפיק ממה נפשך וכו' גליא היא ולא אתא למעוטי: (ד) בא"ד ליקרבו למחר דשפיר עביד אפילו: (ה) ד"ה לא נצרכה וכו' דמוקי לה רבי עקיבא וכו' אלא משום דכיון דעומד לכוף:

גליון הש"ס

גמרא הא למה לי קרא. עיין שיטה מקובלת רפ"ב דב"מ ד"ה מצא פירות בשם הרמב"ן:

עין משפט נר מצוה

כא א ב מיי' פ"ב מהלכות חגיגה הלכה א סמג עשין רכו:
כב ג מיי' פ"ז מהל' תרומות הלכה י:

גמרא

תורה אור

אמְפַנְקֵי, דִּכְתִיב °"כִּי תָבֹאוּ לֵרָאוֹת פָּנָי מִי בִקֵּשׁ זֹאת מִיֶּדְכֶם רְמֹס חֲצֵרָי". תָּנָא: *בהֶעָרֵל וְהַטָּמֵא פְּטוּרִין מִן הָרְאִיָּה. בִּשְׁלָמָא טָמֵא — דִּכְתִיב: °"וּבָאתָ שָּׁמָּה" "וַהֲבֵאתֶם שָׁמָּה", כָּל שֶׁיֶּשְׁנוֹ בְּבִיאָה — יֶשְׁנוֹ בַּהֲבָאָה, וְכָל שֶׁאֵינוֹ בְּבִיאָה — אֵינוֹ בַּהֲבָאָה. אֶלָּא עָרֵל מְנָלַן? הָא מַנִּי — רַבִּי עֲקִיבָא הִיא, דִּמְרַבֵּי (א) לְעָרֵל כְּטָמֵא. *דְּתַנְיָא, ר' עֲקִיבָא אוֹמֵר: °"אִישׁ אִישׁ" — גלְרַבּוֹת אֶת הֶעָרֵל. ת"ר: *טָמֵא פָּטוּר מִן הָרְאִיָּה, דִּכְתִיב: "וּבָאתָ שָׁמָּה" "וַהֲבֵאתֶם שָׁמָּה" כָּל שֶׁיֶּשְׁנוֹ בְּבִיאָה — יֶשְׁנוֹ בַּהֲבָאָה, וְכָל שֶׁאֵינוֹ בְּבִיאָה — אֵינוֹ בַּהֲבָאָה. *רַבִּי יוֹחָנָן בֶּן דַּהֲבַאי אוֹמֵר מִשּׁוּם ר' יְהוּדָה: סוּמָא בְּאַחַת מֵעֵינָיו פָּטוּר מִן הָרְאִיָּה, שֶׁנֶּאֱמַר: "יִרְאֶה" "יֵרָאֶה" — כְּדֶרֶךְ שֶׁבָּא (ב) לִרְאוֹת כָּךְ בָּא לֵירָאוֹת, מַה בָּא לִרְאוֹת בִּשְׁתֵּי עֵינָיו — אַף לֵירָאוֹת בִּשְׁתֵּי עֵינָיו.§ רַב הוּנָא, כִּי מָטֵי לְהַאי קְרָא "יִרְאֶה" "יֵרָאֶה" בָּכֵי, אָמַר: עֶבֶד שֶׁרַבּוֹ מְצַפֶּה לוֹ לִרְאוֹתוֹ יִתְרַחֵק מִמֶּנּוּ? דִּכְתִיב: "כִּי תָבוֹאוּ לֵרָאוֹת פָּנָי מִי בִקֵּשׁ זֹאת מִיֶּדְכֶם רְמוֹס חֲצֵרָי". רַב הוּנָא כִּי מָטֵי לְהַאי קְרָא בָּכֵי: °"וְזָבַחְתָּ שְׁלָמִים וְאָכַלְתָּ שָּׁם", עֶבֶד שֶׁרַבּוֹ מְצַפֶּה לֶאֱכוֹל עַל שֻׁלְחָנוֹ יִתְרַחֵק מִמֶּנּוּ? דִּכְתִיב: °"לָמָּה לִּי רֹב זִבְחֵיכֶם יֹאמַר ה'". ר' אֶלְעָזָר כִּי מָטֵי לְהַאי קְרָא בָּכֵי: °"וְלֹא יָכְלוּ אֶחָיו לַעֲנוֹת אֹתוֹ כִּי נִבְהֲלוּ מִפָּנָיו". וּמָה תּוֹכָחָה שֶׁל בָּשָׂר וָדָם — כָּךְ, תּוֹכָחָה שֶׁל הַקָּדוֹשׁ בָּרוּךְ הוּא — עַל אַחַת כַּמָּה וְכַמָּה! רַבִּי אֶלְעָזָר כִּי מָטֵי לְהַאי קְרָא בָּכֵי: °"וַיֹּאמֶר שְׁמוּאֵל אֶל שָׁאוּל לָמָּה הִרְגַּזְתַּנִי לְהַעֲלוֹת אוֹתִי". וּמַה שְּׁמוּאֵל הַצַּדִּיק הָיָה מִתְיָירֵא מִן הַדִּין, אָנוּ — עַל אַחַת כַּמָּה וְכַמָּה! שְׁמוּאֵל מַאי הִיא? דִּכְתִיב: °"וַתֹּאמֶר הָאִשָּׁה אֶל שָׁאוּל אֱלֹהִים רָאִיתִי עוֹלִים", "עוֹלִים" — תְּרֵי מַשְׁמַע, חַד — שְׁמוּאֵל, וְאִידָךְ — דַּאֲזַל שְׁמוּאֵל וְאַתְיֵיהּ לְמֹשֶׁה בַּהֲדֵיהּ. אֲמַר לֵיהּ: דִּלְמָא חַס וְשָׁלוֹם לְדִינָא מִתְבָּעֵינָא, קוּם בַּהֲדַאי דְּלֵיכָּא מִילְּתָא דִּכְתַבְתְּ בְּאוֹרַיְיתָא דְּלָא קַיֵּימְתִּיהָ. רַבִּי אַמִי כִּי מָטֵי לְהַאי קְרָא בָּכֵי: °"יִתֵּן בֶּעָפָר פִּיהוּ אוּלַי יֵשׁ תִּקְוָה", אָמַר: כּוּלֵּי הַאי — וְאוּלַי?! רַבִּי אַמִי כִּי מָטֵי לְהַאי קְרָא בָּכֵי: °"בַּקְּשׁוּ צֶדֶק בַּקְּשׁוּ עֲנָוָה אוּלַי תִּסָּתְרוּ בְּיוֹם אַף ה'", אָמַר: כּוּלֵּי הַאי — וְאוּלַי?! רַבִּי אַסִי, כִּי מָטֵי לְהַאי קְרָא בָּכֵי: °"שִׂנְאוּ רָע וְאֶהֱבוּ טוֹב וְהַצִּיגוּ בַשַּׁעַר מִשְׁפָּט אוּלַי יֶחֱנַן ה' [אֱלֹהֵי] צְבָאוֹת", כּוּלֵּי הַאי — וְאוּלַי?! רַב יוֹסֵף כִּי מָטֵי לְהַאי קְרָא בָּכֵי: °"וְיֵשׁ נִסְפֶּה בְּלֹא מִשְׁפָּט" (ג) אָמַר: מִי אִיכָּא דְּאָזֵיל בְּלָא זִמְנֵיהּ? אִין, כִּי הָא דְּרַב בֵּיבָי בַּר אַבָּיֵי הֲוָה שְׁכִיחַ גַּבֵּיהּ מַלְאַךְ הַמָּוֶת. אֲמַר לֵיהּ לִשְׁלוּחֵיהּ: זִיל אַיְיתִי לִי מִרְיָם מְגַדְּלָא שֵׂיעַר נְשַׁיָּא. אֲזַל אַיְיתִי לֵיהּ מִרְיָם מְגַדְּלָא דַּרְדְּקֵי. אֲמַר לֵיהּ: אֲנָא מִרְיָם מְגַדְּלָא שֵׂיעַר נְשַׁיָּא אֲמָרִי לָךְ! אֲמַר לֵיהּ: אִי הָכִי אַהַדְרַהּ! אֲמַר לֵיהּ: הוֹאִיל וְאַיְיתִיתַהּ — לֶיהֱוֵי לְמִנְיָינָא. אֶלָּא הֵיכִי יְכַלְתְּ לָהּ? הֲוַת נְקִיטָא *מְתָארָא בִּידַהּ, וַהֲוַת קָא שָׁגְרָא וּמַחְרְיָא

רש"י

מְפַנְקֵי. שֶׁאֵין הוֹלְכִין בְּלֹא מִנְעָל, דְּאֵין אָדָם נִכְנָס לְהַר הַבַּיִת בְּמִנְעָלוֹ, דִּכְתִיב: "מִי בִקֵּשׁ זֹאת מִיֶּדְכֶם רְמוֹס חֲצֵרָי": פְּטוּרִים מִן הָרְאִיָּה. אֵין חַיָּיבִין לִשְׁלוֹחַ עוֹלוֹת רְאִיּוֹתֵיהֶן עַל יְדֵי שָׁלִיחַ: טָמֵא אֵינוֹ (חַיָּיב) בְּבִיאָה, שֶׁאֵינוֹ יָכוֹל לִיכָּנֵס לַמִּקְדָּשׁ, דִּכְתִיב "(*כִּי מִקְדַּשׁ) ה' טִמֵּא וְנִכְרְתָה" (במדבר יט): עָרֵל. יִשְׂרָאֵל שֶׁמֵּתוּ אֶחָיו מֵחֲמַת מִילָה: הָכִי גָּרְסִינַן: דִּמְרַבֵּי לֵיהּ עָרֵל כְּטָמֵא: "אִישׁ אִישׁ. מִזֶּרַע אַהֲרֹן וְהוּא צָרוּעַ אוֹ זָב": לְרַבּוֹת אֶת הֶעָרֵל. שֶׁהוּא כְּטָמֵא, שֶׁלֹּא יֹאכַל תְּרוּמָה אִם כֹּהֵן הוּא: עֶבֶד. שֶׁהוּא חָבִיב לְרַבּוֹ עַד שֶׁרַבּוֹ מְלַפֵּף וְשׁוֹאֵף מָתַי יִרְאֵהוּ, יִתְרַחֵק מֵעָלָיו?! יִתְרַחֵק מֵעָלָיו. אֵיךְ הִגִּיעַ יוֹם שֶׁנֶּהְפַּךְ לוֹ לְשׂוֹנֵא וְרִחֲקוֹ וְצִוָּה שֶׁלֹּא יִרְאֵהוּ שֶׁנֶּאֱמַר: "כִּי תָבֹאוּ" וגו': תּוֹכָחָה. שֶׁמּוֹכִיחַ פִּשְׁעוֹ בְּפָנָיו: מַאי הִיא. מְנָא לָן דְּמִתְיָירֵא: כּוּלֵּי הַאי וְאוּלַי. כָּל הַיִּסּוּרִין הַלָּלוּ יְקַבֵּל, וְעוֹדֶנּוּ בְּסָפֵק אִם תִּהְיֶה לוֹ תִּקְוָה: וְיֵשׁ נִסְפֶּה בְּלֹא מִשְׁפָּט. יֵשׁ כָּלֶה וְאֵין עָוֹן בְּיָדוֹ, וְלֹא הָיָה מִשְׁפָּט לִסְפּוֹת: וּמִי אִיכָּא דְּאָזִיל כו'. הַתַּלְמוּד קָא בָּעֵי לָהּ: אָמַר לֵיהּ. מַלְאָךְ לִשְׁלוּחוֹ: אַיְיתִי לִי מִרְיָם מְגַדְּלָא נְשַׁיָּא. הֲרוֹג אֶת מִרְיָם הַמְקַלַּעַת שֵׂיעַר הַנָּשִׁים: הֵיכִי יָכְלַתְּ לָהּ. מֵאַחַר שֶׁלֹּא הִגִּיעַ זְמַנָּהּ: הֲוַת נְקִיטָא מְתָארָא בִּידַהּ. הָיְתָה אוֹחֶזֶת בְּיָדָהּ הָאוּד שֶׁל תַּנּוּר, שֶׁקּוֹרִין פרגו"ן: וְקָא

תוספות

כי תבואו לראות פני. פירש רש"י דנפקא ליה מדכתיב "רמוס חצרי" דמשמע דהולך במנעליו. ותימה הוא: דבפרק "הרואה" (ברכות דף סב:) מפיק ליה מדכתיב "של נעלך"! ויש לומר: דהתם עיקר. אבל הכא ניחא ליה לאתויי ראייה כדכתיב "כי תבאו לראות" וכו':

דכתיב ובאת שמה והבאתם שמה. והא דאמרינן (פסחים דף סב.): ערל וטמא משלחין קרבנותיהן, (ד) דאע"ג דליתנהו בביאה — התם איירי בנדרים ונדבות שאין קבועין זמן בהבאת רגלים, והאי קרא לא משתעי אלא בעולת ראייה, דבעינן ביאה. אך קשה, לרבי שמעון דאמר פרק בתרא דמו"ק (דף טו. ושם): "וביום באו יקריב" (יחזקאל מד) בזמן שהוא ראוי לביאה — יקריב, בזמן שאינו ראוי לביאה — לא יקריב. ופשיט מהתם דמצורע לא ישלח קרבנותיו. וכי לית ליה ההוא דלעיל דערל (ה) וטמא? דמשמע דליכא מאן דפליג! ולא מסתבר לחלק דהתם במצורע לחוד והיא בשאר טמאים — דהאי קרא בסתמא כתיב, משמע דְּהַכָּל טמאים קאי. וכי תימא: משום דכתיב לעיל מינה "שבעת ימים יספרו לו" (שם) דמשמע בימי ספורו, דקאי דוקא אמצורע — הא אפסקיה למילתיה "וביום באו אל הקודש אל החצר הפנימית" דדרשינן מיניה: זו עשירית האיפה. ועוד: (ו) התם הוה ליה לאתויי ההוא ערל וטמא למיפשט מינה דמשלח שפיר! ונראה בעיני דהתם בקרבנות מצורע מצרעתו איירי, ובשמיני לרפואה כי בעי לאתויי קרבנותיו חזר ונצטרע, הלכך האי קרבן דמחוייב — לא מצי מייתי, כיון דלאו בר ביאה הוא. אבל בנדרים ונדבות — מביא שפיר אף מצורע כמו שאר טמאים. והתם הארכתי בדבר לפרש מההיא דערל וטמא משלחין קרבנותיהן, ולא בעינן סמיכה, כמו בההיא דהשולח חטאתו ממדינת הים ד"כל הגט" (גיטין דף כח: ושם) דפריך לה: והא בעי סמיכה! ומוקי לה בקרבן נשים, או בחטאת העוף, דהתם בערל שמתו אחיו מחמת מילה, וטמא כמו מצורע או זב דאין טהרתו תלויה רק ברפואה, ואפשר שלא יתרפא לעולם, והוה ליה מחוייב קרבן — הלכך טוב לנו שיביא בלא סמיכה. אבל התם בגיטין — יש לנו להמתין עד שיביא. עוד הארכתי התם בפרק ג' דגיטין (שם):

דמרבה ערל כי טמא. אמר הרב ר' אלחנן, דהא דאיצטריך קרא דלעיל למעוטי ליה טומטום ואנדרוגינוס, ולא למעוטי מספק ערל — התם אליבא דרבנן הוא, דלרבי עקיבא לא צריך. ומיהו אך קשה, אמאי איצטריך מיעוט לערל גבי פסח? תיפוק ליה מטמא! וי"ל: (ז) דהתם ממעטינן ערל שמתו אחיו מחמת מילה דלאו כטמא. ומיהו, זהו דוקא לפרש"י דמפרש התם* *ערל, שמתו אחיו מחמת מילה, יש להעמיד הכי, אבל לפר"ת *דמפרש שדואג מחמת הצער, אבל מתו אחיו מחמת מילה הוי אנוס, יש להקשות לרבי עקיבא דמרבה ערל כי טמא: אמאי איצטריך קרא לערל דפסח? תיפוק ליה מטמא! ויש לומר: דמהתם ידעינן ליה בעלמא כיון דמדמה ערל לטמא בפסח — דרשינן נמי מ"איש איש" לרבות ערל כטמא. אבל ליכא למימר דאי ליכא קרא אלא דערל כטמא הייתי אומר דפסח בא בערלות, דאי הוה רובן ערלים כמו בטומאה, דהא מנא ידעינן לרבות ערל כי טמא — מ"איש איש כי יהיה צרוע או זב", והתם לא כתיב רק טומאת צרעת וזיבות, ואנן אמרינן בריש "אלו דברים" (פסחים דף סו.) דלא דחי רק טומאת מת בלבד. והשתא סוגיא דהכא פליגא אדרבא דריש "הערל" (יבמות דף עב:) דקאמר: דלא לישתמיט תנא דמרבה ערל כי טמא, ונוקמא כרבי עקיבא. ופריך ליה מהכא דערל וטמא פטורין מן הראייה, ומשני: שאני התם משום דמאיס. ומשמע דאפילו רבנן מודו. כלומר, לאו משום דמרבה ליה כי טמא, אלא משום דמאיס! ומיהו, י"ל דה"פ: שאני התם משום דמאיס, להכי מרבה ערל כי טמא אליבא דרבי עקיבא, אבל לא שיהא ערל מטמא בנגיעה כטמא, להכי לא תנינהו גבי הדדי:

של הקדוש ברוך הוא על אחת כמה וכמה. שלא יוכל להשיב תשובה מעלייתא להיפטר לגמרי. דמכמה דברים מצי לפטור עצמו קצת, כדאיתא בפרק "הדר" (עירובין דף סה.): יכולני לפטור כל העולם מדין של תפלה:

דליכא מילתא דכתיב באורייתא דלא קיימתיה. לא בעי למימר שיעיד לו שקיים הכל דמנא ידע, והא לא היה בדורו! אלא היה אומר: כך וכך דרשתי ועשיתי מעשה, בוא והעידני שכן למדת גם אתה:

אמר מי איכא איניש דאזיל בלא זימניה. ל"ג אמר. שהרי רב יוסף לא היה שואל כך, שעל זה לא מתרץ לו התלמוד כלום, אלא התלמוד קא פריך ליה:

הוה שכיח גביה מלאך המות. דמספר מה שאירע לו כבר. דהאי עובדא דמרים מגדלא נשייא בבית שני היה, דהיתה אמו של פלוני, כדאיתא בשבת (דף קד: ושם):

מוסיפתא

רבינו חננאל

ברגליו לאתויי מפנקי שנאמר כי תבאו לראות פני. תנא הערל והטמא פטורין מן הראיה אוקימנא לרבי עקיבא דמרבי ליה לערל מן הטמא שנאמר איש איש מזרע אהרן והוא צרוע ודחי ליה לערל מן התרומה כטמא ומפורש ביבמות פרק הערל בתחלתו. טמא פטור [מן הראיה] שנאמר ובאת שמה והבאתם שמה כל שישנו בביאה ישנו בהבאה כו' ר' אלעזר כי מטי להאי קרא בכי לכו נא ונוכחה אמר ומה אחי יוסף לא יכלו לענות אותו בתוכחה כי נבהלו מפניו תוכחה של הקב"ה על אחת כמה וכמה. ועוד היה בוכה ואומר ומה שמואל הצדיק היה מתיירא מן הדין שנאמר ויאמר שמואל אל שאול למה הרגזתני להעלות אותי ולא עוד אלא שביקש מרבינו משה לבא עמו שנאמר ותאמר האשה אל שמואל אלהים ראיתי עולים מן הארץ. עולים תרי משמע וכו'. אנו על אחת כמה וכמה. ר' אמי הוה בכי אמר כתיב יתן בעפר פיהו אולי יש תקוה וכתיב בקשו צדק בקשו ענוה אולי תסתרו ביום אף ה' וכתיב שנאו רע ואהבו טוב והציגו בשער משפט אולי יחנן וגו' כולי האי ואולי

מסורת הש"ס

[את מקדש] · [יבמות עב:] · שם ע. · [תוספתא פ"א] · לעיל ב. סנהדרין ל: ע"ש ערכין ב: [תוספתא שם ע"ש] · ישעיה א · בראשית מה · שמואל א כח · שם · איוב ג · צפניה ב · עמוס ה · משלי יג · [עיין תוספות בכורות כז. ד"ה כרים] · [פסחים נז.] · [יבמות ע.]

[עיין תוספות זבחים כב: ושייך למשנה דף טו: ערל]

הגהות הב"ח

(א) גמ' ר' עקיבא היא דמרבי ליה לערל: (ב) שם כדרך שבא לראות כך בא לראות מה בא לראות בשתי עיניו אף לראות: (ג) שם בלא משפט ומי איכא כצ"ל ותיבת אמר נמחק: (ד) תום' ד"ה דכתיב וכו' ואע"ג וכו' קבועים להם זמן: (ה) בא"ד דלעיל דערל וטמא משלחין קרבנותיהן דמשמע דליכא: (ו) בא"ד ועוד דהתם הוה ליה לאתויי ההוא דערל וטמא וכו' דמשלחין קרבנותיהן שפיר ונראה: (ז) ד"ה דמרבה וכו' וי"ל דמהתם ידעינן ליה בעלמא דכיון דמדמה ערל לטמא דדרשינן נמי מאיש איש לרבות ערל כטמא אבל ליכא למימר דאי ליכא קרא דערל גבי פסח הייתי אומר דפסח בא בערלות אי הוה:

הכל חייבין פרק ראשון חגיגה

וּמְחַרְיָא תַנּוּרָא. שְׁקַלְתָּא וְאַנַּחְתָּא אַגַּבָּהּ דְּכַרְעָהּ, *קְדַחָא וְאִיתְרַע מַזָּלָהּ, וְאַיְיתִיתָהּ. אֲמַר לֵיהּ רַב בֵּיבַי בַּר אַבַּיֵי: אִית לְכוּ רְשׁוּתָא לְמֶיעֱבַד הָכִי? אֲמַר לֵיהּ: וְלָא כְּתִיב "וְיֵשׁ נִסְפֶּה בְּלֹא מִשְׁפָּט"? אֲמַר לֵיהּ: וְהָכְתִיב °"דּוֹר הוֹלֵךְ וְדוֹר בָּא"! אֲמַר: דְּרָעֵינָא לְהוּ אֲנָא עַד דְּמָלוּ לְהוּ לְדָרָא, וַהֲדַר מַשְׁלִימְנָא לֵיהּ לְדוּמָה. אֲמַר לֵיהּ: סוֹף סוֹף, שְׁנֵיהּ מַאי עָבְדַתְּ? אֲמַר: אִי אִיכָּא צוּרְבָא מֵרַבָּנַן דְּמַעֲבִיר בְּמִילֵּיהּ מוֹסִיפְנָא לְהוּ לֵיהּ, וְהָוְיָא חִלּוּפֵיהּ. רַבִּי יוֹחָנָן כִּי מָטֵי לְהַאי קְרָא בָּכֵי: °"וַתְּסִיתֵנִי בוֹ לְבַלְּעוֹ חִנָּם" עֶבֶד שֶׁרַבּוֹ מְסִיתִין לוֹ וְנִיסַּת, תַּקָּנָה יֵשׁ לוֹ? רַבִּי יוֹחָנָן כִּי מָטֵי לְהַאי קְרָא בָּכֵי: °"הֵן בִּקְדֹשָׁיו לֹא יַאֲמִין", אִי בִּקְדוֹשָׁיו לֹא יַאֲמִין — בְּמַאן יַאֲמִין? יוֹמָא חַד הֲוָה קָא אָזֵיל בְּאוֹרְחָא, חַזְיֵיהּ לְהַהוּא גַּבְרָא דַּהֲוָה מְנַקִּיט תְּאֵנֵי, שָׁבֵיק הָנָךְ דְּמָטוּ, וְשָׁקֵיל הָנָךְ דְּלָא מָטוּ. אֲמַר לֵיהּ: לָאו הָנֵי מְעַלָּן טְפֵי? אֲמַר לֵיהּ: הָנֵי לְאוֹרְחָא בָּעֵינַן לְהוּ, הָנֵי — נַטְרָן, וְהָנֵי — לָא נַטְרָן. אֲמַר: הַיְינוּ דִּכְתִיב "הֵן בִּקְדֹשָׁיו לֹא יַאֲמִין". אִינִי? וְהָא הַהוּא תַּלְמִידָא דַּהֲוָה בְּשִׁיבָבוּתֵיהּ דְּרַבִּי אֲלֶכְּסַנְדְּרִי וְשָׁכֵיב אַדְּזוּטָר, וַאֲמַר: *אִי בָּעֵי הַאי מֵרַבָּנַן הֲוָה חַיֵּי. וְאִם אִיתָא — דִּלְמָא מֵ"הֵן בִּקְדוֹשָׁיו לֹא יַאֲמִין" הֲוָה? הַהוּא מְבַעֵט בְּרַבּוֹתָיו הֲוָה. רַבִּי יוֹחָנָן כִּי מָטֵי לְהַאי קְרָא בָּכֵי: °"וְקָרַבְתִּי אֲלֵיכֶם לַמִּשְׁפָּט וְהָיִיתִי עֵד מְמַהֵר בַּמְכַשְּׁפִים וּבַמְנָאֲפִים וּבַנִּשְׁבָּעִים לַשָּׁקֶר וּבְעֹשְׁקֵי שְׂכַר שָׂכִיר", עֶבֶד שֶׁרַבּוֹ מְקָרְבוֹ לְדוּנוֹ, וּמְמַהֵר לְהַעִידוֹ, תַּקָּנָה יֵשׁ לוֹ? אָמַר רַבִּי יוֹחָנָן בֶּן זַכַּאי: אוֹי לָנוּ שֶׁשָּׁקַל עָלֵינוּ הַכָּתוּב קַלּוֹת כַּחֲמוּרוֹת. אָמַר רֵישׁ לָקִישׁ: כָּל הַמַּטֶּה דִּינוֹ שֶׁל גֵּר — כְּאִילּוּ מַטֶּה דִּינוֹ שֶׁל מַעְלָה, שֶׁנֶּאֱמַר: °"וּמַטֵּי גֵר" — וּמַטֵּי כְּתִיב. א"ר חֲנִינָא בַּר פָּפָּא: כָּל הָעוֹשֶׂה דָּבָר וּמִתְחָרֵט בּוֹ — מוֹחֲלִין לוֹ מִיָּד, שֶׁנֶּאֱמַר: °"וְלֹא יְרֵאוּנִי", הָא יְרֵאוּנִי — מוֹחֲלִין *לָהֶם מִיָּד. רַבִּי יוֹחָנָן כִּי מָטֵי לְהַאי קְרָא בָּכֵי: °"כִּי אֶת כָּל מַעֲשֶׂה הָאֱלֹהִים יָבִיא בְמִשְׁפָּט עַל כָּל נֶעְלָם", עֶבֶד שֶׁרַבּוֹ שׁוֹקֵל לוֹ שְׁגָגוֹת כִּזְדוֹנוֹת תַּקָּנָה יֵשׁ לוֹ? מַאי "עַל כָּל נֶעְלָם"? אָמַר רַב: זֶה הַהוֹרֵג כִּינָּה בִּפְנֵי חֲבֵרוֹ וְנִמְאָס בָּהּ. וּשְׁמוּאֵל אָמַר: זֶה הָרָק *בִּפְנֵי חֲבֵירוֹ וְנִמְאָס. מַאי "אִם טוֹב וְאִם רָע"? אָמְרִי דְּבֵי ר' יַנַּאי: זֶה הַנּוֹתֵן צְדָקָה לְעָנִי בְּפַרְהֶסְיָא. כִּי הָא דְּרַבִּי יַנַּאי חַזְיֵיהּ לְהַהוּא גַּבְרָא דְּקָא יָהֵיב זוּזָא לְעָנִי בְּפַרְהֶסְיָא, אֲמַר לֵיהּ: מוּטָב דְּלָא יְהַבַתְּ לֵיהּ מֵהַשְׁתָּא דִּיהַבְתְּ לֵיהּ וְכַסַּפְתֵּיהּ. דְּבֵי ר' שֵׁילָא אָמְרִי: זֶה הַנּוֹתֵן צְדָקָה לְאִשָּׁה בַּסֵּתֶר, דְּקָא מַיְיתֵי לַהּ לִידֵי חֲשָׁדָא. רָבָא אָמַר: זֶה הַמְשַׁגֵּר לְאִשְׁתּוֹ בָּשָׂר שֶׁאֵינוֹ מְחוּתָּךְ בְּעַרְבֵי שַׁבָּתוֹת. *וְהָא רָבָא *מְשַׁגֵּר! שָׁאנֵי בַּת רַב חִסְדָּא דְּקִים לֵיהּ בְּגַוָּוהּ דִּבְקִיאָה. רַבִּי יוֹחָנָן כִּי מָטֵי לְהַאי קְרָא בָּכֵי: °"וְהָיָה כִּי תִמְצֶאןָ אוֹתוֹ רָעוֹת רַבּוֹת וְצָרוֹת" עֶבֶד שֶׁרַבּוֹ מַמְצִיא לוֹ רָעוֹת וְצָרוֹת תַּקָּנָה יֵשׁ לוֹ? מַאי "רָעוֹת וְצָרוֹת"? אָמַר רַב: רָעוֹת שֶׁנַּעֲשׂוֹת צָרוֹת זוֹ לָזוֹ, כְּגוֹן זִיבּוּרָא וְעַקְרַבָּא. וּשְׁמוּאֵל אָמַר: זֶה הַמַּמְצִיא לוֹ מָעוֹת לְעָנִי בִּשְׁעַת דּוֹחֲקוֹ. אָמַר רָבָא: הַיְינוּ דְּאָמְרִי אֱינָשֵׁי "זוּזָא לְעַלְלָא לָא שְׁכִיחָא, לְתָלִיתָא — שְׁכִיחַ". °"וְחָרָה אַפִּי בוֹ בַיּוֹם הַהוּא וַעֲזַבְתִּים וְהִסְתַּרְתִּי פָנַי מֵהֶם", אָמַר רַב בַּרְדְּלָא בַּר טַבְיוּמֵי אָמַר רַב: כָּל שֶׁאֵינוֹ בְּהֶסְתֵּר פָּנִים — אֵינוֹ מֵהֶם, כָּל שֶׁאֵינוֹ בִּ"וְהָיָה לֶאֱכֹל" אֵינוֹ

תורה אור: קהלת ח; איוב ב; שם טו; מלאכי ג; שם; שם; קהלת יב; דברים לא; שם

רש"י

וְקָא מְחַרְיָא תַנּוּרָא. מְכַבֶּדֶת אֶת הַתַּנּוּר: אוֹתִיבְתֵּיהּ אַגַּבָּהּ דְּכַרְעָהּ. הוֹשִׁיבַתּוּ עַל גַּב רַגְלָהּ, וְנִכְוֵית וְהוּרַע מַזָּלָהּ: דְּרָעֵינָא לְהוּ אֲנָא. אֲנִי מוֹסְרָן לְשׁוֹמֵר הַמֵּתִים שֶׁשְּׁמוֹ דּוּמָה, אֶלָּא מִתְגַּלְגְּלִין עִמִּי וְשָׂטִין בָּעוֹלָם עַד שֶׁיִּתְמַלְּאוּ שְׁנוֹתָיו, וְהוּא קָרוּי דּוֹר: דְּמַעֲבִיר בְּמִילֵּיהּ. מַעֲבִיר עַל מִדּוֹתָיו: דְּמָטוּ. נִתְבַּשְּׁלוּ: הָנֵי מִינַּטְרָן. אוֹתָן שֶׁלֹּא בִּישְּׁלוּ כָּל צָרְכָּן אֵין מְמַהֲרוֹת לֵירָקֵב: הַיְינוּ דִּכְתִיב כו'.(א) הַטּוֹבוֹת יָרֵא פֶּן יִרְקְבוּ, אַף הַבַּחוּרִים הַצַּדִּיקִים נֶאֱחָזִין לְמִיתָה, פֶּן יְקַלְקְלוּ: אַדְּזוּטָר. בְּעוֹדוֹ בָּחוּר: אִי בָּעֵי הַאי מֵרַבָּנַן. לִהְיוֹת הוֹלֵךְ בְּדֶרֶךְ טוֹבִים הֲוֵי חַיֵּי: מְבַעֵט בְּרַבּוֹתָיו הֲוָה. רַבִּי אֲלֶכְּסַנְדְּרִי הָיָה מַכִּיר בּוֹ שֶׁלֹּא הָיָה מִן הַקְּדוֹשִׁים, וּכְתִיב: "וְטוֹב לֹא יִהְיֶה לָרָשָׁע, וְלֹא יַאֲרִיךְ יָמִים כַּצֵּל, אֲשֶׁר אֵינֶנּוּ יָרֵא מִלִּפְנֵי הָאֱלֹהִים" (קהלת ח), וְתַנְיָא בְּמַסֶּכֶת קִדּוּשִׁין (דף לג:): מוֹרָא זוֹ אֵינִי יוֹדֵעַ מַהוּ, כְּשֶׁהוּא אוֹמֵר "וְהָדַרְתָּ פְּנֵי זָקֵן וְיָרֵאתָ מֵאֱלֹהֶיךָ" (ויקרא יט) הֱוֵי אוֹמֵר: מוֹרָא זוֹ כְּבוֹד חֲכָמִים: קַלּוֹת כַּחֲמוּרוֹת. עוֹשְׁקֵי שְׂכַר שָׂכִיר כִּמְנָאֲפִים וּמְכַשְּׁפִים: וּמַטֵּי גֵר. בְּהַאי קְרָא כְּתִיב: וְלֹא יְרֵאוּנִי. וּבְהַאי קְרָא כְּתִיב: כִּי אֶת כָּל מַעֲשֶׂה הָאֱלֹהִים יָבִיא בְמִשְׁפָּט עַל כָּל נֶעְלָם. וְאַף עַל הַנֶּעֱלָמוֹת מִמֶּנּוּ, שֶׁעָשָׂה שׁוֹגֵג, הוּא מְבִיאוֹ בְּמִשְׁפָּט: עַל כָּל. אֲפִי' דָּבָר מוּעָט בְּמַשְׁמַע: וְנִמְאָס. קָלָה דַּעַת חֲבֵירוֹ בַּדָּבָר: מַאי אִם טוֹב. דְּמַשְׁמַע: אַף עַל הַטּוֹבָה מְבִיאוֹ בְּמִשְׁפָּט: שֶׁאֵינוֹ מְחוּתָּךְ. שֶׁאֵינוֹ מְנוּקָּר מִן הַחֵלֶב וּמִן הַגִּידִין הָאֲסוּרִים: בְּעַרְבֵי שַׁבָּתוֹת. שֶׁמִּתּוֹךְ שֶׁמְּמַהֲרִין לַעֲשׂוֹת צָרְכֵי שַׁבָּת אֵינָן נוֹתְנִין לֵב אִם מְנוּקָּר הוּא: צָרוֹת. סְמוּכוֹת זוֹ לָזוֹ, לְשׁוֹן "וְכִעֲסַתָּה צָרָתָהּ" (שמואל א א), שְׁתֵּי נָשִׁים יַחַד: זִיבּוּרָא וְעַקְרַבָּא. *נָקֵיט הָכִי, מִשּׁוּם דְּאָמְרִינַן בְּמַסֶּכֶת ע"ז בְּפֶרֶק "אֵין מַעֲמִידִין" (דף כח:): חַמִּימֵי לְעַקְרַבָּא וְקְרִירֵי לְזִיבּוּרָא, וְחִילּוּפָא סַכַּנְתָּא. הִלְכָּךְ, הֵיכָא דְּנַכְתֵּיהּ זִיבּוּרָא וְעַקְרַבָּא — נַעֲשׂוֹת צָרוֹת זוֹ לָזוֹ, דְּלֵית לֵיהּ תַּקַּנְתָּא לֹא בִּקְרִירֵי — דְּקָשֶׁה לְעַקְרָב. וְלֹא בַּחֲמִימֵי — דְּקָשֶׁה לְזִיבּוּרָא: זֶה הַמַּמְצִיא מָעוֹת לְעָנִי בִּשְׁעַת דּוֹחְקוֹ. אַלְּעֵיל קָאֵי "אִם טוֹב וְאִם רָע", הָרָגִיל לְהַמְצִיא לִדְקָתוֹ לְעָנִי בִּשְׁעַת דּוֹחְקוֹ וְלֹא קוֹדֶם שְׁעַת הַדּוֹחַק, שֶׁיָּכוֹל לְבַקֵּשׁ מְזוֹנוֹתָיו וְלִקְנוֹתָן בִּשְׁעַת הַזּוֹל: לְעַלְלָא. לִקְנוֹת הַתְּבוּאָה*, דְּמִתַּרְגֵּם וְעַלְלַת אַרְעָא (ויקרא כה): לְתָלִיתָא. לְהֶפְסֵד וְלְאִיבּוּד, כָּךְ שָׁמַעְתִּי. וְלִי נִרְאֶה: לִקְנוֹת בִּשְׁעַת הַדְּחָק מָזוֹן שֶׁהוּא תּוֹלֶה בְּסַלּוֹ, כִּדְאָמַר מָר (פסחים דף קיא:): תָּלָא סִילְתָּא — תָּלָא מְזוֹנֵי, תְּלַאי בְּבֵיתָא קָשֶׁה לַעֲנִיּוּתָא:

תוספות

מוסיפנא לו והוה חלופיה. יש להקשות: לרבי עקיבא דלית ליה בשילהי "החולץ" (יבמות דף נ. ושם): משלו הוסיפו לו לחזקיהו, ולית ליה זכה מוסיפין לו, הא משמע הכא דמוסיפין לו! צ"ע:

מבעט ברבותיו הוה. וכן איכא למימר בההיא דפ"ק דשבת, (דף יג.) באחד שמת והיתה אשתו מולכת תפיליו בבית המדרש. אמרה: כתיב "כי היא חייך ואורך ימיך", בעלי שקרא הרבה ושנה הרבה היכי מת בחצי ימיו! ולא השיבו לה דבר, ולא היו אומרים מהני הוה ד"בקדושיו לא יאמין". *אי נמי: לא היה תשובה נלחת:

הא יראוני מוחלין. גבי עושק שכר שכיר כתיב, דהוה ליה לא תעשה. ופליגא] דרבי ישמעאל בפרק בתרא דיומא (דף פו.), דאמר: תשובה תולה ויוה"כ מכפר. ואיכא ברייתא אחרת דאמר: על עשה ולא תעשה תשובה מכפרת. (ב)ועוד יש לחלק בין עניני תשובה: יש שב ומוחלין לו מיד, ויש שב דמוחלין לו אבל לא מחילה גמורה ועדיין יש עונש, ואותו עונש תולין. והא דאמרינן בשבועות (דף יב: ושם): העובר על מצות עשה ונתחרט לא זז משם עד שמוחלין לו — היינו מחילה גמורה, ואם שב בכל לבו ע"י יסורין — יתכפרו לו עונותיו:

שנעשות צרות זו לזו כגון זיבורא ועקרבא. פר"ת: רפואה לנשיכה זו קשה לנשיכה זו. וכן אמרינן ריש פרק ב' דע"ז (דף כח: ושם): חמימי לעקרבא קרירי לזיבורא:

זה הממציא מעות לעני בשעת דוחקו. פרש"י דקאי אדלעיל, אם טוב ואם רע, שממתין לו עד שעת היוקר ונמצא קונה ביוקר. לתליתא — לקנות פת לפי שעה, כמו שקונהו בסלו, כדאמרינן תלא לסילתי תלא למזוניה. וקשיא לר"ת: חדא, למה *נקט כולי האי ואפסקיה באידך קרא "והיה כי תמצאן אותו רעות רבות וצרות"! ועוד: דאמרינן המלוה לעני בשעת דוחקו — עליו נאמר "אז תקרא וה' יענה" (ישעיה נח) בפרק "הבא על יבמתו" (יבמות דף סג. ושם)! מיהו, התם מחלק הריב"ן בין מלוה לממציא. ועוד: דנקט התלמוד מילתא דלא שכיח לתלות הלחם, דאמר ב"ערבי פסחים" (דף קיא: ושם) תלאי בביתא — קשי לעניותא! ומפרש ר"ת: צרות רבות ורעות — זהו הממציא מעות לעני בשעת דוחקו, כגון שתפסו המושל ובא זה ואמר לו שילוה לו מעות על קרקעותיו. ואם לא היה זה בא — המושל היה מיקל בפדיונו, לפי שהוא דחוק ועני. זוזי לעללתא לא שכיח, אם היה רוצה לקנות תבואה להאכילו לביתו — אין (ג)מוציאין לו מעות, לתליתא. כמו תלא וזבין (ב"ב דף מז:), כשדוחקין אותו למכור משלו, לתלותו כדי שיפדה עצמו. [וע"ע תוס' סנהדרין דף עו: ד"ה "והמלוה"]:

שדור

רבינו חננאל

יש נספה בלא משפט מעשה דמרים מגדלא נשיא ומרים [מגדלא] דרדקי דאתחלף ליה לשליחא ואייתי מרים מגדלא שער נשיא ויש מי שאומר כענין חלום ראה דברים הללו. ולא עוד אלא רב ביבי בן אביי היה מתעסק בראיית השדים לפיכך יש לומר כדרך הזה ראה ואין סומכין עליו ופתרון יש נספה בלא וגו' כגון אדם שהרג חבירו. ותסיתני בו. אתה מעלה ברעתך כיון שאתה בא בדבריך הללו בעקיפין אתה מדמה להסית ואינך יכול להסית אלא (ברבוי מור) מיכן שהשטן של איוב אדם היה. הן בקדושיו לא יאמין כלומר אינו מאמין להם לחיות הרבה שמא בזקנותם יטו מן הדרך הטובה [וקשיא לי דהא אמרינן ביומא כיון שאדם עבר שלשים וששה שנה ולא חטא שוב אינו חוטא] וההוא תלמיד דהוה בשיבבותיה דר' יוחנן ושכיב זוטר. ואמר ר' יוחנן אי בעי להוטובי ארחתיה דלא לבעוט ברבותיו היה חיי. ר' יוחנן הוה בכי אמר כתיב וקרבתי אתכם למשפט והייתי עד ממהר וגו' עבד שרבו מקרבו לדין וממהר להעידו כלום יש בו תקנה. אריב"ז אוי לנו ששקל הקלות עושק שכר שכיר וכיוצא בו הקישו למנאף ולמכשף ר"ל אמר וממה גר ומטי גר כתיב כלומר כאלו מטה דין של מעלה וכל העושה דבר ומתחרט בו מוחלין לו שנאמר ולא יראוני הא יראוני אני מוחל להם. כי את כל מעשה האלהים יביא במשפט על כל נעלם. היה ר' יוחנן אומר עבד שרבו שוקל שגגות כזדונות תקנה יש לו. על כל נעלם זה שהורג כינה לפני חבירו ונמאס אם טוב ואם רע כלומר אפילו רצה לעשות טוב ועלה בידו רע כגון שנתן צדקה לעני בפרהסיא שנמצא מביישו ר' שילא אמר הנותן צדקה לאשה בסתר ומייתי לה חשדא שמשיאה שם רע רבא אמר זה המשגר לאשתו בשר בע"ש שאינו מחותך אלא אי קים ליה בגווא ובהימנותא *) כרבא בר רב חסדא: והיה כי תמצאן אותו רעות רבות וצרות. אמר רב רעות שנעשות צרות זו לזו כגון זיבורא ועקרבא כגון שעקצו זיבורא ועקרב ביחד לאדם מי שעקצו עקרב [אינו] רוצה דברים קרים נמצא המועיל לאחד מזיק לאחר. שמואל אמר זה הממציא מעות לעני בשעה שהנוגשים עליו ומלוה אותו והנוגשים באין ולוקחין אותו הממון שהלוהו וכי מסתלקי והוא בא ונושה בו בכל יום היינו דאמרי אינשי זוזא לעללא לא שכיח לתוליתא שכיח. פי' זוזא לקנות בו תבואה אינו מצוי ולמי שתולין אותו הנוגשים מצוי. כתיב והסתרתי פני מהם והיה לאכול. אמר רב כל שאין בו והסתרתי פני מהם כלומר שהתפלל **) ואין נענה אין בו והיה לאכול כלומר שמענישין אותו העובדי

*) נראה דצ"ל כמו בת רב חסדא אשתו של רבה. **) נראה דצ"ל ואינו נענה אינו מישראל כל שאין בו והיה לאכול וכו'.

הגהות והערות בגליון

[פי' נשרפה רגלה. ערוך]

[כתובות קיא.]

[כל זה הדיבור אינו מפרש"י ושייך לתוספות וכ"ה בעי"ן]

[נ"ל לו וכ"א בילקוט ובעי"ן]

[איני]

[נ"ל משדר]

הגהות מהר"ב רנשבורג

א] תום' ד"ה הא יראוני כו' ופליגא דר' ישמעאל. נ"ב עי' בסוף ספר מים חיים להפר"ח דף מ"ד ע"ב ד"ה נתקשיתי וכו' וד"ה אמר וכו'.

הגהות הב"ח

(ב) תום' ד"ה הא יראוני וכו' ועוד יש לחלק. נ"ב כלומר ... (ג) ד"ה זה הממציא וכו' אין מוציאין לו מעות ...

גליון הש"ס

תום' ד"ה הא יראוני וכו' דהוה ליה ל"ת. עיין תשובת פנים מאירות ח"א סימן כ"ו ובספר מים חיים להפר"ח בתשובה האחרונה.

בג א מיי' פ"ה מהל' דעות הלכה ד סמג לאוין פא טוש"ע א"ח סימן רמ סעיף ט [ובאה"ע סימן כה סעיף ב]:

אֵינוֹ מֵהֶן. מִזֶּרַע יִשְׂרָאֵל, דִּכְתִיב: "וְהִסְתַּרְתִּי פָּנַי מֵהֶם" (דברים לא), שֶׁצּוֹעֵק מִצָּרוֹת הַבָּאוֹת עָלָיו, וְאֵינוֹ נַעֲנֶה שֶׁלֹּא יָבוֹאוּ: וְהָיָה לֶאֱכוֹל. שֶׁהַגּוֹיִם שׁוֹלְלִין מָמוֹנוֹ: וּגְרַבוּהוּ. שְׁלָלוּהוּ: בַּחֲלוֹם אֲדַבֶּר בּוֹ. *"בַּיּוֹם הַהוּא" קָא דָּיֵיק: בַּיּוֹם וְלֹא בַּלַּיְלָה, שֶׁמַּרְאִין לוֹ חֲלוֹם כְּדֵי שֶׁיִּתְפַּלֵּל עַל הַדָּבָר: יָדוֹ נְטוּיָה. לְהָגֵן עָלָיו: אַפִּיקוֹרְסִים. שֶׁאֵינָם מַאֲמִינִים לְדִבְרֵי רז"ל, כְּגוֹן צְדוֹקִים: אַחֲוֵי לֵיהּ. עַל יְדֵי סִימָן, רָמַז לוֹ: הֶחֱזִיר פָּנָיו: בְּמָחוֹג. בְּרֶמֶז: נִסְרְחָה חָכְמָתָם. כְּאֱלוֹס כְּתִיב: "הַאֵין עוֹד חָכְמָה בְּתֵימָן, אָבְדָה עֵצָה מִבָּנִים" – מִיִּשְׂרָאֵל: לְנֶגְדְּךָ. כְּשָׁוֶה: שִׂיחָה יְתֵירָה. דִּבְרֵי שְׂחוֹק שֶׁלִּפְנֵי תַּשְׁמִישׁ: כִּדְלָא טָעֵים תַּבְשִׁילָא. שֶׁרָעֵב לֶאֱכוֹל. כְּלוֹמַר, מִתְאַוֶּה לְתַשְׁמִישׁ: בְּבָתֵּי גַוָּאֵי. חִיכָא, דִּכְתִיב: "בְּמִסְתָּרִים": הָכִי גָּרְסִינַן: וּבְבָתֵּי בָרָאֵי לֵיכָּא? וְהָכְתִיב וַיִּקְרָא. וְכָל קְרִיאָה הַשְׁמָעַת קוֹל הִיא: מֵאִיגְּרָא רָם לְבֵירָא עֲמִיקְתָּא. כַּמָּה גְּדוֹלָה נְפִילָה זוֹ! אֵין לְךָ גָּבוֹהַּ וּבוֹר עָמוֹק כְּמִשָּׁמַיִם לָאָרֶץ: תַּקְפֵיהּ. רַבִּי לר' חִיָּיא, וַאֲזַל רַבִּי בַּהֲדֵיהּ: כִּי הָווּ מִיפַּטְרֵי מִקַּמֵּיהּ. שֶׁנָּטְלוּ מִמֶּנּוּ רְשׁוּת: אִיכּוּ הָשְׁתָּא. אִם לֹא בָּאתִי עִמְּךָ, וְהֶאֱמַנְתִּי לְךָ – מְנַעֲתִּנִי מִבְּרָכָה זוֹ: מְנָא לָךְ. שֶׁכָּל כָּךְ גְּדוֹלָה הַקְבָּלַת פָּנִים: כִּדְקָשׁ. כְּשֶׁהִזְקִין (ג) רַבִּי יַעֲקֹב: הָיָה רָגִיל כו'. מְהַלֵּךְ שְׁלֹשָׁה חֳדָשִׁים הָיָה מִבֵּיתוֹ לְבֵית הַמִּדְרָשׁ, וְנוֹסֵעַ מִבֵּיתוֹ אַחַר הַפֶּסַח וְלוֹמֵד יוֹם אֶחָד, וְחוֹזֵר לְבֵיתוֹ לְשַׂמֵּחַ אֶת אִשְׁתּוֹ בְּחַג הַסּוּכּוֹת:

עַד

הטעיקר חסר מן הספר ובע"י מפני קא דייק וכ"ה שם אע"פ שהסתרתי פני מהם כדכתיב ודבר ה' אל משה פנים וגו' אותן הפנים אסתיר אבל בחלום אדבר בו ע"כ מחילופי גרס'

שדור כי שבור מלכא וגרבוהו. אומר הר"י דהיינו ההוא דבפרק בתרא דברכות (דף נו.), גבי פטריה דבר הדיא שפתר לו שתמות אשתו ויאבד כל אשר לו מאת המלך:

הן אראלם צעקו חוצה. פשטיה דקרא בישעיה כתיב על המזבח, וכתיב "הוי אריאל" (ישעיה כט):

ויחי עוד לנצח לא יראה השחת. פשטיה דקרא בתמיה הוא: וכי הרשע לא ימות כמו שהחכמים ימותו? דמתייבא

תורה אור

אֵינוֹ מֵהֶם. אֲמָרוּ לֵיהּ רַבָּנַן לְרָבָא: מָר לָא בְּהֶסְתֵּר פָּנִים אִיתֵיהּ, וְלָא בְּ"וְהָיָה לֶאֱכוֹל" אִיתֵיהּ! אֲמַר לְהוּ: מִי יָדְעִיתוּ כַּמָּה מְשַׁדַּרְנָא בִּצְנְעָא בֵּי שָׁבוּר מַלְכָּא? אֲפִי' הָכִי יְהַבוּ בֵּיהּ רַבָּנַן עֵינַיְיהוּ. אַדְּהָכִי שְׁדוּר דְּבֵי שָׁבוּר מַלְכָּא וּגְרַבוּהוּ. אֲמַר, הַיְינוּ דְּתַנְיָא, אָמַר רַבָּן שִׁמְעוֹן בֶּן גַּמְלִיאֵל: *כָּל מָקוֹם שֶׁנָּתְנוּ חֲכָמִים עֵינֵיהֶם – אוֹ מִיתָה אוֹ עוֹנִי. °"וְאָנֹכִי הַסְתֵּר אַסְתִּיר פָּנַי בַּיּוֹם הַהוּא", אָמַר *רָבָא, אָמַר הַקָּדוֹשׁ בָּרוּךְ הוּא: אַף עַל פִּי שֶׁהִסְתַּרְתִּי פָּנַי מֵהֶם – בַּחֲלוֹם אֲדַבֵּר בּוֹ. רַב יוֹסֵף אָמַר: יָדוֹ נְטוּיָה עָלֵינוּ, שֶׁנֶּאֱמַר: °"וּבְצֵל יָדִי כִּסִּיתִיךָ". ר' יְהוֹשֻׁעַ בֶּן חֲנַנְיָה הֲוָה קָאֵי בֵּי קֵיסָר, אַחֲוֵי לֵיהּ הַהוּא מִינָא: עַמָּא דְּאַהַדְרִינְהוּ מָרֵיהּ לְאַפֵּיהּ מִינֵּיהּ. אַחֲוֵי לֵיהּ: יָדוֹ נְטוּיָה עָלֵינוּ. אֲמַר לֵיהּ קֵיסָר לר' יְהוֹשֻׁעַ: מַאי אַחֲוֵי לָךְ? עַמָּא דְּאַהַדְרִינְהוּ מָרֵיהּ לְאַפֵּיהּ מִינֵּיהּ, וַאֲנָא מַחֲוֵינָא לֵיהּ: יָדוֹ נְטוּיָה עָלֵינוּ. אֲמַרוּ לֵיהּ לְהַהוּא מִינָא: מַאי אַחֲוֵית לֵיהּ? עַמָּא דְּאַהַדְרִינְהוּ מָרֵיהּ(א) מִינֵּיהּ. וּמַאי אַחֲוֵי לָךְ? לָא יָדַעְנָא. אֲמַרוּ: גַּבְרָא דְּלָא יָדַע מַאי *מַחֲווּ לֵיהּ, בְּמָחוֹג יַחֲוֵי קַמֵּי מַלְכָּא?! אַפְּקוּהוּ וְקַטְלוּהוּ. כִּי קָא נָיְחָא נַפְשֵׁיהּ דְּרַבִּי יְהוֹשֻׁעַ בֶּן חֲנַנְיָה אֲמַרוּ לֵיהּ רַבָּנַן: מַאי תֶּיהֱוֵי עֲלַן מִמִּינָאֵי? אֲמַר לָהֶם: °"אָבְדָה עֵצָה מִבָּנִים נִסְרְחָה חָכְמָתָם". כֵּיוָן שֶׁאָבְדָה עֵצָה מִבָּנִים – נִסְרְחָה חָכְמָתָן שֶׁל אוּמּוֹת הָעוֹלָם. וְאִי בָּעֵית אֵימָא מֵהָכָא: °"וַיֹּאמֶר נִסְעָה וְנֵלֵכָה וְאֵלְכָה לְנֶגְדֶּךָ". רַבִּי אִילָא הֲוָה סָלֵיק בְּדַרְגָּא דְּבֵי רַבָּה בַּר שֵׁילָא, שְׁמָעֵיהּ לְיָנוּקָא דַּהֲוָה קָא קָרֵי: °"כִּי הִנֵּה יוֹצֵר הָרִים וּבוֹרֵא רוּחַ וּמַגִּיד לְאָדָם מַה שֵּׂחוֹ". אֲמַר: עֶבֶד שֶׁרַבּוֹ מַגִּיד לוֹ מַה שֵּׂיחוֹ, תַּקָּנָה יֵשׁ לוֹ?! מַאי "מַה שֵּׂיחוֹ"? אָמַר רַב: אֲפִילּוּ [א]שִׂיחָה יְתֵירָה שֶׁבֵּין אִישׁ לְאִשְׁתּוֹ מַגִּידִים לוֹ לְאָדָם בִּשְׁעַת מִיתָה. אִינִי? וְהָא *רַב כָּהֲנָא הֲוָה גְּנֵי תּוּתֵי פּוּרְיֵיהּ דְּרַב, וּשְׁמָעֵיהּ דְּסָח וְצָחַק וְעָשָׂה צְרָכָיו, אָמַר: דָּמֵי פּוּמֵיהּ דְּרַב כְּמַאן דְּלָא טְעֵים לֵיהּ תַּבְשִׁילָא, אֲמַר לֵיהּ: כָּהֲנָא, פּוֹק, לָאו אוֹרַח אַרְעָא! לָא קַשְׁיָא; כָּאן – דִּצְרִיךְ לְרַצּוּיַהּ, הָא – דְּלָא צְרִיךְ לְרַצּוּיַהּ. °"וְאִם לֹא תִשְׁמָעוּהָ בְּמִסְתָּרִים תִּבְכֶּה נַפְשִׁי מִפְּנֵי גֵוָה" אָמַר רַב שְׁמוּאֵל בַּר אִינְיָא מִשְּׁמֵיהּ דְּרַב: מָקוֹם יֵשׁ לוֹ לְהקב"ה וּמִסְתָּרִים שְׁמוֹ. מַאי "מִפְּנֵי גֵוָה"? אָמַר רַב שְׁמוּאֵל בַּר יִצְחָק: מִפְּנֵי גַּאֲוָותָן שֶׁל יִשְׂרָאֵל שֶׁנִּיטְּלָה מֵהֶם וְנִתְּנָה לַגּוֹיִם. ר' שְׁמוּאֵל בַּר נַחְמָנִי אָמַר: מִפְּנֵי גַּאֲוָותָהּ שֶׁל מַלְכוּת שָׁמַיִם (ב). וּמִי אִיכָּא בְּכִיָּה קַמֵּיהּ הַקָּדוֹשׁ בָּרוּךְ הוּא? וְהָאָמַר רַב פָּפָּא: אֵין עֲצִיבוּת לִפְנֵי הַקָּדוֹשׁ בָּרוּךְ הוּא, שֶׁנֶּאֱמַר: °"הוֹד וְהָדָר לְפָנָיו עֹז וְחֶדְוָה בִּמְקוֹמוֹ"! לָא קַשְׁיָא: א) הָא – בְּבָתֵּי גַוָּאֵי, הָא – בְּבָתֵּי בָרָאֵי. וּבְבָתֵּי בָרָאֵי לָא? וְהָא כְּתִיב: °"וַיִּקְרָא אֲדֹנָי ה' צְבָאוֹת בַּיּוֹם הַהוּא לִבְכִי וּלְמִסְפֵּד וּלְקָרְחָה וְלַחֲגוֹר שָׂק"! – שָׁאנֵי חֻרְבַּן בֵּית הַמִּקְדָּשׁ, דַּאֲפִילּוּ מַלְאֲכֵי שָׁלוֹם בָּכוּ, שֶׁנֶּאֱמַר: °"הֵן אֶרְאֶלָּם צָעֲקוּ חֻצָה מַלְאֲכֵי שָׁלוֹם מַר יִבְכָּיוּן". § °"וְדָמֹעַ תִּדְמַע וְתֵרַד עֵינִי דִּמְעָה כִּי נִשְׁבָּה עֵדֶר ה'" אָמַר ר' אֶלְעָזָר: שָׁלֹשׁ דְּמָעוֹת הַלָּלוּ לָמָּה? אַחַת – עַל מִקְדָּשׁ רִאשׁוֹן, וְאַחַת – עַל מִקְדָּשׁ שֵׁנִי, וְאַחַת – עַל יִשְׂרָאֵל שֶׁגָּלוּ מִמְּקוֹמָן. וְאִיכָּא דְּאָמְרִי: אַחַת עַל בִּיטּוּל תּוֹרָה. בִּשְׁלָמָא לְמַאן דְּאָמַר עַל יִשְׂרָאֵל שֶׁגָּלוּ – הַיְינוּ דִּכְתִיב: "כִּי נִשְׁבָּה עֵדֶר ה'". אֶלָּא לְמַאן דְּאָמַר עַל בִּיטּוּל תּוֹרָה, מַאי "כִּי נִשְׁבָּה עֵדֶר ה'"! כֵּיוָן שֶׁגָּלוּ יִשְׂרָאֵל מִמְּקוֹמָן – אֵין לְךָ בִּיטּוּל תּוֹרָה גָּדוֹל מִזֶּה. תָּנוּ רַבָּנַן: שְׁלֹשָׁה הַקָּדוֹשׁ בָּרוּךְ הוּא בּוֹכֶה עֲלֵיהֶן בְּכָל יוֹם: עַל שֶׁאֶפְשָׁר לַעֲסוֹק בַּתּוֹרָה וְאֵינוֹ עוֹסֵק, וְעַל שֶׁאִי אֶפְשָׁר לַעֲסוֹק בַּתּוֹרָה וְעוֹסֵק, וְעַל פַּרְנָס הַמִּתְגָּאֶה עַל הַצִּבּוּר. רַבִּי הֲוָה נָקֵיט סֵפֶר קִינוֹת וְקָא קָרֵי בְּגַוֵּיהּ. כִּי מְטָא לְהַאי פְּסוּקָא: °"הִשְׁלִיךְ מִשָּׁמַיִם אֶרֶץ" – נָפַל מִן יָדֵיהּ, אָמַר: מֵאִיגְּרָא רָם לְבֵירָא עֲמִיקְתָּא. רַבִּי וְרַבִּי חִיָּיא הֲווּ שָׁקְלִי וְאָזְלִי בְּאוֹרְחָא, כִּי מְטוּ לְהַהוּא מָתָא אָמְרִי: אִיכָּא צוּרְבָא מֵרַבָּנַן הָכָא, נֵיזִיל וְנִיקַבֵּיל אַפֵּיהּ. אָמְרִי: אִיכָּא צוּרְבָא מֵרַבָּנַן הָכָא, וּמְאוֹר עֵינַיִם הוּא. אֲמַר לֵיהּ ר' חִיָּיא לְרַבִּי: תִּיב אַתְּ, לָא תְּזַלְזֵל בִּנְשִׂיאוּתָךְ, אֵיזִיל אֲנָא וְאַקַבֵּיל אַפֵּיהּ. תַּקְפֵיהּ וַאֲזַל בַּהֲדֵיהּ. כִּי הָווּ מִיפַּטְרֵי מִינֵּיהּ. אֲמַר לְהוּ: אַתֶּם הִקְבַּלְתֶּם פָּנִים הַנִּרְאִים וְאֵינָן רוֹאִין – תִּזְכּוּ לְהַקְבִּיל פָּנִים הָרוֹאִים וְאֵינָן נִרְאִין, אֲמַר לֵיהּ: אִיכּוּ הָשְׁתָּא מְנַעְתָּן מֵהַאי בִּירְכְתָא. אֲמַרוּ לֵיהּ: מִמַּאן שְׁמִיעָא לָךְ? מִפִּרְקֵיהּ דְּרַבִּי יַעֲקֹב שְׁמִיעַ לִי. דְּרַבִּי יַעֲקֹב אִישׁ כְּפַר חִיטַּיָּיא הֲוָה מְקַבֵּיל אַפֵּיהּ דְּרַבֵּיהּ כָּל יוֹמָא, כִּי קָשִׁישׁ אֲמַר לֵיהּ: לָא נִצְטַעַר מָר, דְּלָא יָכֵיל מָר. אֲמַר לֵיהּ: מִי זוּטַר מַאי דִּכְתִיב בְּהוּ בְּרַבָּנַן °"וִיחִי עוֹד לָנֶצַח לֹא יִרְאֶה הַשָּׁחַת כִּי יִרְאֶה חֲכָמִים יָמוּתוּ". וּמָה הָרוֹאֶה חֲכָמִים בְּמִיתָתָן יִחְיֶה, בְּחַיֵּיהֶן – עַל אַחַת כַּמָּה וְכַמָּה! רַב אִידִי אֲבוּהּ דְּרַבִּי יַעֲקֹב(ג) בַּר אִידִי הֲוָה רָגִיל דַּהֲוָה אָזֵיל תְּלָתָא יַרְחֵי בְּאוֹרְחָא וְחַד יוֹמָא בְּבֵי רַב. וְהָווּ קָרוּ לֵיהּ רַבָּנַן "בַּר בֵּי רַב דְּחַד יוֹמָא". חֲלַשׁ דַּעְתֵּיהּ. קָרֵי אַנַּפְשֵׁיהּ °"שְׂחֹק לְרֵעֵהוּ אֶהְיֶה וגו'" אֲמַר לֵיהּ ר' יוֹחָנָן: בְּמָטוּתָא מִינָּךְ לָא תַּעֲנִישׁ לְהוּ רַבָּנַן. נְפַק ר' יוֹחָנָן לְבֵי מִדְרְשָׁא וְדָרַשׁ: °"וְאוֹתִי יוֹם יוֹם יִדְרֹשׁוּן וְדַעַת דְּרָכַי יֶחְפָּצוּן", וְכִי בַּיּוֹם דּוֹרְשִׁין אוֹתוֹ וּבַלַּיְלָה אֵין דּוֹרְשִׁין אוֹתוֹ? אֶלָּא לוֹמַר לָךְ: כָּל הָעוֹסֵק בַּתּוֹרָה אֲפִי' יוֹם אֶחָד בַּשָּׁנָה – מַעֲלֶה עָלָיו הַכָּתוּב ג) כְּאִילּוּ עָסַק כָּל הַשָּׁנָה כּוּלָּהּ. וְכֵן בְּמִדַּת פּוּרְעָנוּת, דִּכְתִיב: °"בְּמִסְפַּר הַיָּמִים אֲשֶׁר תַּרְתֶּם אֶת הָאָרֶץ" וְכִי אַרְבָּעִים שָׁנָה חָטְאוּ? וַהֲלֹא אַרְבָּעִים יוֹם חָטְאוּ! אֶלָּא לוֹמַר לָךְ: כָּל הָעוֹבֵר עֲבֵירָה אֲפִי' יוֹם אֶחָד בַּשָּׁנָה – מַעֲלֶה עָלָיו הַכָּתוּב כְּאִילּוּ עָבַר כָּל הַשָּׁנָה כּוּלָּהּ. § "אֵי זֶהוּ קָטָן, כָּל שֶׁאֵינוֹ יָכוֹל לִרְכּוֹב עַל כְּתֵפוֹ שֶׁל אָבִיו". מַתְקִיף לָהּ רַבִּי זֵירָא:

עַד

דברים לא | ישעיה נא | ירמיה מט | בראשית לג | עמוס ד | [ברכות סב.] | ירמיה יג | דה"א טז | ישעיה כב | שם לג | ירמיה יג | איכה ב | תהלים מט | איוב יב | ישעיה נח | במדבר יד

מו"ק יז: סוטה מו: נדרים ז: ע"ש

[יתכן להיות רבה]

[ברכות מו:]

א) [לקמן יג.] ב) [עיין מ"ש בס"ד פסחים מג: על נידו בשם רש"ק בכריתות כה:] ג) [עי' תוספות סוטה יא. ד"ה מריס]

רבינו חננאל

הגוים ואוכלין ממונו אינו מישראל אמרו ליה לרבא והא מר ליתא בוהיה לאכול ומתפלל ונענה. אמר להן לא ידעיתהו כמה משדרנא בצנעא לבי שבור מלכא ואפ"ה לא איפרק דאמור רבנן כ"מ שנתנו חכמים עיניהם או מיתה או עוני. שדרוה ליה שבור מלכא וגרבוה לרבא אמר רבה אע"ג דכתיב והסתרתי פני מהם אמר רחמנא בחלום אדבר בו. רב יוסף אמר ידו נטויה עלינו ובצל ידו אנו סכוכים כו' ענינא כי נח נפשיה דר' יהושע בן חנניא אמרו ליה מה תהא עלן ממינאי כלומר אין אדם בינינו שיש בו כח להשיבם כמותו אמר להם אבדה עצה מבנים נסרחה חכמת האומות: כי הנה יוצר הרים ובורא רוח ומגיד לאדם מה שיחו. אמר רב אפילו שיחה קלה שבין איש לאשתו מגידין לאדם בשעת מיתתו כלומר אין לאדם להרבות שיחה אפילו עם אשתו אלא אם צריך לארצויה כגון שהיא כעוסה ובא לרצותה: ואם לא תשמעוה במסתרים תבכה נפשי מקום שיש למעלה ומסתרים שמו שבוכים שם המלאכים כדכתיב מלאכי שלום מר יבכיון ואע"פ שיש מפורש מלאכי שלום. השלוחים ששלח המלך לעשות שלום לא קבלו מהם וחזרו בוכים בפחי נפש: מפני גוה מפני גאותן של ישראל שניטלה מהן ונתנה לגוים. ומקשה ומי איכא בכיה קמיה דקב"ה והא כתיב עוז וחדוה במקומו ופרקינן כי ליכא בכיה בבתי גואי ומקום הנקרא מסתרים בבתי בראי הוא. איני ויקרא ה' אלהים צבאות ביום ההוא לבכי ולמספד וגו' הנה הקב"ה קראו לבכי. ופרקינן שאני חורבן ביהמ"ק שאפילו מלאכי שלום בכו שנאמר הן אראלם צעקו חוצה מלאכי שלום מר יבכיון פי' ויקרא ה' אלהים צבאות וגו' קרא אותו היום כלומר קבעו יום בכיה ומספד לדורות. כתיב ודמע תדמע ותרד עיני דמעה. ג' דמעות הללו אחת למקדש ראשון ואחת למקדש שני ואחת כי נשבה עדר ה' דגלו שגלו אין לך ביטול תורה מזה: תנו רבנן שלשה הקב"ה בוכה עליהן בכל יום. פי' אומר הקב"ה ראוי לבכות על אלו בכל יום על מי שאפשר לו לעסוק בתורה [ואינו עוסק ועל שאי אפשר לעסוק בתורה ועוסק] ועל פרנס המתגאה על הצבור בחנם. ר' ור' חייא אקבילו אפיה חד סגי נהורא. אמר להו אתם הקבלתם פנים הנראים ואינם רואים תזכו להקביל פני שכינה שרואין ואינן נראין. הרואה חכמים במיתתם כתיב ויחי עוד לנצח לא יראה השחת כי יראה חכמים ימותו השתא ומה הרואה חכמים במיתתן יחיה בחייהם על אחת כמה וכמה. דרש ר' יוחנן כתיב ואותי יום יום ידרשון וכי ביום דורשין ובלילה אין דורשין אלא לומר לך כל העוסק בתורה אפילו יום אחד בשנה לשמה מעלה עליו הכתוב כאילו עסק כל השנה וכן במדת פורענות כתיב במספר הימים אשר תרתם את הארץ ארבעים יום יום לשנה וכי שנה חטאו והלא לא חטאו אלא ארבעים יום אלא לומר לך כל העובר עבירה אפילו יום אחד בשנה מעלה עליו כאילו עבר כל השנה כולה. איזהו (חייב) [קטן] שאינו חייב בראיה

הגהות הב"ח (א) גמרא מריה לאפיה מיניה ומאי אחוי לך: (ב) שם של מלכות שמים שנטלה ומי איכא: (ג) רש"י ד"ה כדקש כשהזקין הס"ד ואח"כ מה"ד רב אידי אבוה דרבי יעקב היה רגיל:

בה"א

עד הכא מאן אתייה? אמר ליה אביי: עד הכא, (א) [א]דמיחייבא אימיה בשמחה – אייתיתיה אימיה. מכאן ואילך, אם יכול לעלות ולאחוז בידו של אביו מירושלים להר הבית – חייב, ואי לא – פטור. השיב רבי תחת בית הלל: לדברי בית שמאי (שמואל א א) "וחנה לא עלתה כי אמרה לאישה עד יגמל הנער והביאותיו", והא שמואל דיכול לרכוב על כתיפו של אביו הוה! אמר ליה *אבוה: ולטעמיך, תיקשי לך חנה גופה, מי לא מיחייבא בשמחה? אלא, חנה מפנקותא יתירתא חזייא ביה בשמואל, וחשא ביה בשמואל לחולשא דאורחא. בעי רבי שמעון*: קטן חיגר לדברי בית שמאי וסומא לדברי שניהם, מהו? היכי דמי! אילימא בחיגר שאינו יכול להתפשט, וסומא שאינו יכול להתפתח, השתא גדול פטור, קטן מיבעיא?! לא צריכא, בחיגר שיכול להתפשט, וסומא שיכול להתפתח, מאי? אמר אביי: [ב]כל היכא דגדול מיחייב מדאורייתא – קטן נמי מחנכינן ליה מדרבנן, כל היכא דגדול פטור מדאורייתא – מדרבנן (ב) קטן נמי פטור.§ "בית שמאי אומרים הראיה שתי כסף כו'".§ ת"ר, בית שמאי אומרים: הראיה שתי כסף, והחגיגה מעה כסף. שהראיה עולה כולה לגבוה, מה שאין כן בחגיגה. ועוד: מצינו בעצרת, שריבה בהן הכתוב בעולות יותר מבשלמים. ובית הלל אומרים: הראיה מעה כסף וחגיגה שתי כסף. שחגיגה ישנה לפני הדיבור, מה שאין כן בראיה. ועוד: מצינו בנשיאים שריבה בהן הכתוב בשלמים יותר מבעולות. ובית הלל, מאי טעמא לא אמרי כבית שמאי? דקא אמרת ראיה עדיפא, דעולה כולה לגבוה – אדרבה, חגיגה עדיפא, דאית בה שתי אכילות. ודקא אמרת ניליף מעצרת – דנין קרבן יחיד מקרבן יחיד ואין דנין קרבן יחיד מקרבן צבור. ובית שמאי, מ"ט לא אמרי כבית הלל? דקאמרת חגיגה עדיפא דישנה לפני הדיבור – ראיה נמי ישנה לפני הדיבור. ודקאמרת ניליף מנשיאים – דנין דבר הנוהג לדורות מדבר הנוהג לדורות, ואין דנין דבר הנוהג לדורות מדבר שאינו נוהג לדורות. ובית הלל, מאי שנא חגיגה דישנה לפני הדיבור, דכתיב: (שמות כד) "ויזבחו זבחים שלמים" – ראיה נמי, הכתיב: (שם) "ויעלו עולות"! קסברי בית הלל: *עולה שהקריבו ישראל במדבר עולת תמיד הואי. ובית שמאי סברי: עולה שהקריבו ישראל במדבר עולת ראיה הואי. אמר אביי: בית שמאי, (ג) ורבי אלעזר, ור' ישמעאל – כולהו סבירא להו: עולה שהקריבו ישראל במדבר עולת ראיה הואי. ובית הלל, ורבי עקיבא, ור' יוסי הגלילי – כולהו סבירא להו: עולה שהקריבו ישראל במדבר עולת תמיד הואי. בית שמאי – הא דאמרן, ר' ישמעאל – *דתניא, ר' ישמעאל אומר: כללות נאמרו בסיני ופרטות

רש"י

עד הכא מאן אתייה. עד ירושלים מי הביאו (ד)? והלא משהוא יכול להיות חוץ מאמו יכול לאחוז ביד אביו, דכדי עלייה מירושלים להר הבית אתה אומר שיחנכוהו, ועד ירושלים מי הביאו? **מחייבא בשמחה**. לעלות לרגל ולשמוח בחג עם בעלה, דעל השמחה נצטוו נשים, דכתיב: "ושמחת אתה וביתך" (דברים יד): **מכאן ואילך**. דאימיה לא מחייבא להתראות בהר הבית: **עד יגמל**. לסוף כ"ד חדש, שכן תינוק יונק. ומשנה ראשונה הוא יכול לרכוב על כתיפו של אביו כדי לעלות מירושלים להר הבית, וכל שכן משילה למשכן: **הכי גרס**: קטן חיגר לדברי בית שמאי **וסומא** לדברי שניהן. דאילו חיגר לדברי בית הלל לא מיבעיא לן דלא מחנכינן ליה, דהא אמרינן אין מחנכין אלא לקטן שיכול לאחוז ולעלות ברגליו בירושלים, וזה אינו יכול. אבל לבית שמאי דמחייבי לחנכו משיכול לרכוב – קטן חיגר יכול לרכוב על כתיפו של אביו, והסומא יכול לאחוז, לב"ה מהו, צריך חינוך או לא? **שאינו יכול להתפשט**. שאין סופו להתפשט עולמית: **קטן מבעיא**. הלא אין חינוך קטן אלא כדי להנהיגו שיהא סרוך אחר מנהגו לכשיגדיל – וכיון שזה פטור לכשיגדיל למה לי חינוך? **שיכול להתפתח**. קודם שיגדיל: **מצינו בעצרת**. בפ' "שור או כשב": "והקרבתם על הלחם שבעת כבשים תמימים ופר בן בקר אחד ואילים שנים יהיו עולה לה'", וכתיב: "ושני כבשים בני שנה לזבח שלמים" (ויקרא כג): **ישנה לפני הדיבור**. קודם מתן תורה הקריבו שלמים בסיני, דכתיב: "וישלח את נערי בני ישראל" (שמות כד). ואע"ג דהאי קרא כתיב ב"ואלה המשפטים" לאחר עשרת הדברות – קודם עשרת הדברות הוה, ואין מוקדם ומאוחר בתורה. והכי תניא במסכת שבת בפרק "ר' עקיבא": (דף פח.) רבי יוסי אומר, בשני עלה וירד, בשלישי עלה וירד, ברביעי ירד ושוב לא עלה, בחמישי בנה מזבח והקריב עליו קרבן, בששי* ניתנה תורה. ואין אתה מוצא בנתינת התורה בנין מזבח אלא באותו שנאמר: "וישלח את נערי בני ישראל" וגו'. ולקמן פריך: התם נמי עולה הואי: **נשיאים**. בחנוכת המזבח הקריבו שלמים יותר מעולות, דכתיב: "כל הבקר לעולה וגו' וכל בקר זבח השלמים" וגו' (במדבר ז): **שתי אכילות**. מזבח ואדם. **נשיאים** קרבן יחיד, וראייה וחגיגה קרבן יחיד, אבל כבשי עצרת – קרבן צבור, ומתרומת הלשכה: **ראייה נמי ישנה לפני הדיבור**. דעולה נמי הוה התם: **מדבר הנוהג לדורות**. **כבשי עצרת**: עולת תמיד הואי. חובת כל יום ויום, ולא גמרינן מינה: **עולת ראייה הואי**. על שם "ויחזו את האלהים": **כללות נאמרו בסיני**. הרבה דברים נאמרו סתומים בסיני שלא נתפרשו כל צרכן, ופירשו לו לאחר שהוקם המשכן באהל מועד. שהרי לא נתפרשו שם הלכות עבודה ככל הצריך, אלא "מזבח אדמה תעשה לי וזבחת עליו את עולותיך ואת שלמיך" (שמות כ) ולא פי' מתן דמיהן, הפשטן וניתוחן של עולות, והקרבת אימורין של שלמים:

תורה אור

(שמואל א א) (שמות כד) (שם)

ס"א אבי

[יבמות ה:]

סוטה לז: זבחים קטו:

תוספות

(ה) **דמחייבא** אימיה בשמחה. פירש רש"י בפרק קמא דקדושין (דף לד: ושם) גבי אשה בעלה משמחה, בבבל בבגדי צבעונין, בא"י – בבגדי פשתן. והכא משמע דבשלמי שמחה מיירי! והתם (בד"ה אשה) פי', וכן בפ"ק דר"ה (דף ו: ושם):

דיכול לרכוב על כתיפו של אביו. שהיה גדול קצת, אבל לא מצי לאחוז בידו ולעלות ברגליו:

בחיגר שיכול להתפשט. מקמי גדולו, מאי? מי אמרינן: דכיון דגדול המיחייב מדאורייתא – גבי קטן נמי מיחייב בחינוך, דמידי הוא טעמא בקטן – אלא משום לחנכו, דידע כשהוא גדול. או דלמא: כיון דגדול בהכי לא מיחייב – גם קטן לא:

הראייה שתי כסף. *ומדרבנן הוא, דמדאורייתא אין לו שיעור לקרבן רק לאשם מעילות (שבועת העדות) דכתיב ביה: "כסף שקלים" (ויקרא ה), ותנן בכריתות (דף כו:): המפריש שתי סלעים לאשם. והא דאמרינן בזבחים (דף מח.): [לא יהא ספיקו חמור מודאו, מה ודאו חטאת בת דנקא – אף ספיקו אשם בר דנקא]. ובמנחות (דף קז:): יביא *אשם הוא ונסכיו בסלע – לאו דוקא קאמר, דאמרינן בפרק ב' דכריתות (דף י:): יביא *אשם בסלע. וכן הא דאמרינן בפ' "הוציאו לו" ביומא (דף נה:) נישקול ארבעה זוזי ונשדי בנהרא – לאו דוקא, דלא בעי כולי האי ובפ"ב דמנחות (דף קז: ושם בד"ה כבש) פירשתי*:

ישנה לפני הדבור. וס"ל עולת (ו) ראייה הואי, כדקאמר בסמוך:

***קרבן** יחיד. כגון חגיגה. ובפ"ה דיומא (דף נא. ושם) דקרי ליה קרבן צבור – היינו גבי פסח שני, כדקאמר התם: חגיגה מ"ט מקריא קרבן צבור – דאתיא בכנופיא, פסח נמי אתיא בכנופיא, איכא פסח שני דלא אתיא בכנופיא:

דנין דבר הנוהג לדורות. ולא בעי למימר דנין יו"ט מיו"ט, לאפוקי נשיאים דחול הוי. דלא מלינו ליה האי חילוקא בשום מקום (ז). אע"ג דלקמן, פרק "חומר בקודש" (דף כג: ושם) ילפינן צירוף "כף אחת" הכתוב עשה כל מה שבכף אחת; ולא פרכינן משעה לא ילפינן – דהתם, כיון דליכא למלפי מדורות – ילפינן ליה שפיר משעה. אי נמי: שאני התם דתני ביה קרא תריסר זימני, כדאמרינן בפ"ק דמנחות (דף ח:), ובפרק "הקומץ רבה" (שם דף יט:) גבי כלי הלא מקדש הלא. ויליף שמואל דורות משעה, דתני ביה קרא תריסר זימני:

ורבי ישמעאל ורבי אלעזר וכו'. ואין להקשות: ושבקי ב"ה ועבדי כב"ש? הלא ב"ש במקום בית הלל אינו משנה! וי"ל: דסבירא להו לא נחלקו בית שמאי וב"ה בדבר זה:

בית שמאי הא דאמרן. וליכא לאקשויי: מנא ליה דאית להו עולת ראייה הואי? דלמא לעולם סבירא להו עולת תמיד, וטעמא דידהו עדיף להו, דהכי משמע מדבעי מאי טעמא לא אמר בית הלל כוותייהו? האי לאו מילתא היא, דמיבעיא ליה אמאי לא קאמרי בית הלל עולת ראייה כבית שמאי:

עין משפט נר מצוה

כד א מיי' פ"א מהל' חגיגה הלכה א סמג עשין רכו:

כה ב מיי' שם פ"ב הלכה ג:

[בן לקיש וכן איתא בפסחים קיט.]

נ"ל כבש

נ"ל כבש

[וע"ע תוספות ב"ב קסו: ד"ה רבעתים]

[דיבור זה שייך קודם ד"ה ישנה]

רבינו חננאל

בה"א כל שאינו יכול לאחוז בידו של אביו ולעלות מירושלים להר הבית שנאמר שלש רגלים. ממקום משובותיהם מי הביא הקטנים ופרקינן ממקומם שהיתה אמן חייבת לעלות ולשמוח הביאתו אמו מיכן ואילך שאינה חייבת בראייה משלימתו לאביו ומקשה לב"ש דאמרינן אם יכול לרכוב על כתיפיו של אביו ולעלות חייב. והא שמואל דיכול לרכוב הוה וכתיב וחנה לא עלתה כי אמרה לאישה עד יגמל הנער והביאותיו ונראה את פני ה' וישב שם עד עולם. ודחי ב"ש ולטעמיך חנה גופה אמאי לא עלתה מי לא מיחייבא בשמחה אלא חנה מפנקותא יתירתא חזת בשמואל (והשתא) [וחששה] משום חולשא דאורחא משום הכי חנה נמי פטורה דאמר *) חולין ומשמשיהן פטורין מן הראיה. בעי ר"ש בר אבא קטן חגר שיכול להתפשט לדברי (ב"ה) [ב"ש] וקטן סומא שיכול להתפתח לדברי שניהם מאי ופשטה אביי כל היכא דגדול חייב מן התורה קטן נמי מדרבנן פטור:

מתני' ב"ש אומרים הראיה שתי כסף כו'. ת"ר הראיה שתי כסף שהיא כולה לגבוה מה שאין כן בחגיגה שהחגיגה החלב והדם לגבוה והבשר לבעלים ועוד מצינו בעצרת שהזהיר הקב"ה לישראל בעולות ושלמים וריבה בעולות. ובה"א החגיגה גדולה מן הראייה שהחגיגה ישנה לפני מתן תורה שנאמר ויזבחו זבחים שלמים לה' פרים וכי תימא והא התם נמי כתיב ויעלו עולות והנה הקריבו נמי קודם מתן תורה עולת ראיה ההיא עולה שהקריבו ישראל קודם מתן תורה עולת תמיד הואי. ועוד מצינו בנשיאים שהקריבו פר ואיל וכבש לעולה והקריבו לזבח שלמים פרים שנים וגו'. ודחינן ב"ה עצרת קרבן צבור ואין דנין קרבן יחיד מקרבן צבור. ודחינן ב"ש עולה שהקריבו ישראל במדבר עולת ראיה הואי. קרבן נשיאים אינו נוהג לדורות. אמר אביי ב"ש ור' ישמעאל ור' אליעזר כולהו סבירא להו עולה שהקריבו ישראל

*) בגמ' לא מצינו זה רק גבי סוכה בסוכה ד' כ"ה ואולי דצ"ל לאמרה ור"ל דחנה סברה כן בדעתה דחולין ומשמשיהן פטורין מן הראיה.

הגהות הב"ח

(א) גמרא עד הכא מאן אייתיה אמר ליה אביי עד הכא אימיה דמחייבא בשמחה אייתיתיה מכאן ואילך כצ"ל: (ב) שם לגדול פטור מדאורייתא קטן נמי [פטור] מדרבנן ב"ש אומר: (ג) שם בית שמאי ור' ישמעאל ור' אליעזר כולהו: (ד) רש"י ד"ה עד הכא מאן אייתיה עד ירושלים מי הביאו דכדי עלייה מירושלים וכו' מי הביאו והלא משהוא יכול וכו' לאחוז ביד אביו הס"ד ואח"כ מה"ד דמחייבא: (ה) תום' ד"ה אימיה דמחייבא בשמחה: (ו) ד"ה ישנה וכו' עולת תמיד הואי: (ז) ד"ה דנין וכו' ואף על גב וכו' מכף אחת וכו' משעה משום דתני:

[לא היה לו פנאי ואח"כ בשבת כצ"ל להגי' וע"ש]

גליון הש"ס

גמרא עולה שהקריבו ישראל במדבר עולת תמיד הואי. עיין יומא דף לד ע"א תוספות ד"ה העולה: **תד"ה** הראיה כו' ומדרבנן היא. עי' קדושין יז ע"א תד"ה וגילף:

כו א מיי' פ"א מהל' חגיגה הלכה ה:

ופרטות באהל מועד, ור' עקיבא אומר: כללות ופרטות נאמרו בסיני, ונשנו באהל מועד, ונשתלשו בערבות מואב. ואי סלקא דעתך עולה שהקריבו ישראל במדבר עולת תמיד הואי, מי איכא מידי דמעיקרא לא בעי הפשט וניתוח ולבסוף בעי הפשט וניתוח? ר' אלעזר דתניא: °"עולת תמיד העשויה בהר סיני" (במדבר כח), ר' אלעזר אומר: מעשיה נאמרו בסיני, והיא עצמה לא קרבה, רבי עקיבא אומר: קרבה ושוב לא פסקה. אלא מה אני מקיים: °"הזבחים ומנחה הגשתם לי במדבר ארבעים שנה בית ישראל" (עמוס ה) — שבטו של לוי שלא עבדו ע"ז, הן הקריבו אותה. בית הלל — הא דאמרן. ר' עקיבא — הא נמי דאמרן, ר' יוסי הגלילי — דתניא, ר' יוסי הגלילי אומר: *אשלש מצות נצטוו ישראל בעלותם לרגל: ראיה, וחגיגה, ושמחה. יש בראייה שאין בשתיהן, ויש בחגיגה שאין בשתיהן, יש בשמחה שאין בשתיהן. יש בראייה שאין בשתיהן — שהראייה עולה כולה לגבוה, מה שאין כן בשתיהן. יש בחגיגה מה שאין בשתיהן — שחגיגה ישנה לפני הדיבור, מה שאין בשתיהן. יש בשמחה מה שאין בשתיהן — שהשמחה נוהגת באנשים ובנשים, מה שאין בשתיהן. ור' ישמעאל, מאי טעמא קא מוקמת ליה כבית שמאי? אי סלקא דעתך עולה שהקריבו ישראל במדבר עולת תמיד הואי — מי איכא מידי דמעיקרא לא בעי הפשט וניתוח ולבסוף בעי הפשט וניתוח? והא רבי יוסי הגלילי דאמר עולה שהקריבו ישראל במדבר עולת תמיד הואי, מעיקרא לא בעי הפשט וניתוח ולבסוף בעי הפשט וניתוח. *דתניא, רבי יוסי הגלילי אומר: עולה שהקריבו ישראל במדבר אינה טעונה הפשט וניתוח, לפי שאין הפשט וניתוח אלא מאהל מועד ואילך! סמי מכאן ר' ישמעאל. *בעי רב חסדא, האי קרא היכי כתיב: °"וישלח את נערי בני ישראל ויעלו עולות" (שמות כד) — כבשים, "ויזבחו זבחים שלמים לה' פרים", או דלמא אידי ואידי פרים הוו? למאי נפקא מינה? מר זוטרא אמר: לפיסוק טעמים. רב אחא בריה דרבא אמר: לאומר "הרי עלי עולה כעולה שהקריבו ישראל במדבר" מאי, פרים הוו או כבשים הוו? תיקו. *תנן התם: אלו דברים שאין להם שיעור: הפאה

ופרטות באהל מועד. משהוקם המשכן ודיבר עמו מעל (א) הכפורת, שם פירש לו הכתוב, כדכתיב: "ויקרא אל משה וידבר ה' אליו מאהל מועד לאמר". ובספר תורת כהנים, דהיינו ויקרא, נתפרשו כל הלכות קרבן, וכן דברים הרבה: ונשנו. פעם שנית, וכל מה שנאמר כאן נאמר כאן, ואע"פ שלא נכתב: ונשתלשו בערבות מואב. מפי משה לישראל, שנאמר: "בעבר הירדן בארץ מואב הואיל משה באר את התורה" וגו' (דברים א): ואי סלקא דעתך עולת סיני עולת תמיד הואי. וחובת הדורות מפי הגבורה: מי איכא מידי כו'. אלא ודאי עולת ראייה הואי, ומאיליהם הקריבוה: והיא עצמה לא קרבה. והעולה שהקריבו הבכורות — עולת ראייה הוה: ומה אני מקיים הזבחים ומנחה הגשתם לי במדבר. לשון תימה, ומשמע שלא הקריבו, לפי שנזופין היו: שבטו של לוי. הקריבוה משלהם: שמחה. אף הם שלמי שמחה. אם אין לו בשר שלמים של נדר ונדבה שהתנדב כל השנה, שמביאין ברגל, ולא מעשר בהמה — מביא שלמים משלו, או ממעות מעשר שני שלו, להיות לו בשר לשובע. שאין שמחת החג אלא בבשר: שחגיגה ישנה לפני הדיבור. אותן שלמים שהקריבו הבכורות, אף על פי שלא ברגל הקריבום — חגיגה נקראו, שבהן נתקיים "ויחוגו לי במדבר" (שמות ה) שנאמר להם במצרים: השמחה נוהגת בנשים. דכתיב: "ושמחת אתה וביתך" (דברים יד): מה שאין כן בשתיהן. דמצות עשה שהזמן גרמא הן, והכתוב לא ריבה אותן: הכי גרסינן: ורבי ישמעאל מאי טעמא קא מוקמת ליה כבית שמאי אי סלקא דעתך וכו'. ולא גרסינן: אמר לך. והכי פירושא: לאביי פריך, דאמר לעיל בית שמאי ורבי ישמעאל כו', מאי טעמא מוקמת לה לרבי ישמעאל דלא כהלכתא? דבית שמאי במקום בית הלל אינו משנה — משום דשמעת ליה דאמר פרטות לא נאמרו בסיני, וקשיא לך: אי סלקא דעתך עולת תמיד הואי — ומי איכא מידי כו' משום הכי לא הוה לך לאוקמה כבית שמאי(ב): הא רבי יוסי הגלילי. דשמעת ליה בהדיא דאמר לעיל עולת תמיד הואי ואפילו הכי שמעינן בעולת תמיד דלית ביה הפשט וניתוח: לפסוקי טעמים. בנגינות. אם תאמר שני מינין — צריך אתה לפסוק הטעם של "ויעלו עולות" באתנחתא, כמו שאנו קורין אותו, או בזקף קטן, טעם שמפסיק הדבור ממה שלאחריו; ואם מין אחד היה — צריך אתה לקרותו באחד משאר טעמים שאין מפסיקין, כגון פשטא או רביע: לאומר הרי עלי עולה כו' גר', ולא גרסי': כאומר: נפקא מינה לאומר הרי עלי עולה באותה עולה. מה יביא, פרים או כבשים? תיקו: תנן התם. במסכת פאה: הפאה

[תוספתא פ"א] זבחים קטו: ע"ש ודף קכ. [תוספתא דפרה פ"ג] יומא נב: פאה פ"א מ"א חולין קלז:

מי איכא מידי דמעיקרא לא בעי הפשט. דוקא(ג) קא מבעיא ליה, משום דעיקר הפשט כתיב בגופיה. אבל מעולת ראייה, אע"ג דאמת הוא דטעונה הפשט — לא קשה ליה מידי, כיון דלאו בגופיה כתיב: רבי עקיבא וכו'. אע"ג דבחמישי בנה מזבח, ולא ניתנה תורה עד סיני — דריש מאותה שעה דנאמר מעשיה בסיני, כדכתיב "עולת תמיד העשויה בהר סיני". ומאן דלא דריש הכי — מוקי לה דעולה טעונה כלי, וכן פירש רש"י בנימוקי חומש העשויה בהר סיני. ובסיפרי דריש לה: שנעשית בהר סיני קודם לתורה, והיינו בחמישי שבנה מזבח: יש בשמחה שאין בשתיהן. ובתוספ' גרסינן: שהשמחה יש לה תשלומין כל שבעה, ולא בשתיהן, ושמעתא שלנו דלא גריס ליה — סבירא ליה דגם באינך יש להן תשלומין. ולא קאמר יש בשתיהן שצריכין שיעור, מה שאין כן בשמחה — דאימא אף שמחה יש לה שיעור. ומיהו, בלאו הכי ניחא, דלא נחית למיתני הא כללא כדפריש' לעיל (דף ב:*), רק חומרא באחת שאין בשתים. ולהכי לא חשיב שתיהן אינן באין מכל דבר, מה שאין כן בשמחה שבאה מכל דבר, דהא חומרי דשתים לא קא חשיב: אידי ואידי פרים הוו. אליבא דמ"ד עולת ראייה הואי. ואפי' למ"ד עולת תמיד קודם מתן תורה — היתה של פרים, והדר אישתנו, כמו שנשתנה מן הפשט וניתוח לרבי יוסי הגלילי: מאי נפקא מינה. כלומר: מאי דהוה הוה. וכן פריך בפ"ק דיומא (דף ה: ושם) גבי כילד הלבישן, ובפסחים (עו.) גבי אימורי פסחים(ד), ובסנהדרין (דף טו: ושם*) גבי שור סיני בכמה לא בעי, משום דסבירא לאלופי דורות משעה. ובע"ז פרק שני (דף לד.), ובתענית (דף יא:) גבי במה שמש משה כל ימי המלואים דלא פריך ליה — התם נמי למיסבר קראי. לפי שלא מלינו בגדי כהונה רק לאהרן ובניו. ועוד: דאכתי לא נתחנכו הבגדים. דבעינן עלייהו הזאה, ונפקא מינה לעבוד במלואים בלא הזאת בגדים: לפסוקי טעמא. ולא דמי לה' מקראות שאין להן הכרע (יומא דף נב.), ולא אזלינן בתר פסוקי טעמא? התם לא מצי קאי רק לחד מינייהו, דאין משמעות שתיהן שוה, אבל הכא מצי קאי לתרווייהו: שאין להן שיעור הפאה. דכתיב: "לא תכלה פאת שדך" (ויקרא יט) ומדאורייתא היא, דאילו מדרבנן (ה) אמר בפרק "ראשית הגז" (חולין דף קלז: ושם): אין פוחתין (*לעני בגורן פחות) מששים, ופליגי אמוראי בירושלמי, חד אמר: אין להם שיעור למעלה ולא למטה, כלומר: יוכל לפחות עד חטה, ולמעלה כל שדהו. וחד אמר: למעלה אין לה שיעור, הא למטה — יש לה. ובעי: מאי בינייהו? כלומר, ודאי לכולי עלמא איכא! ומשני: אם פיאת מששים, למאן דאמר אין לו שיעור כלל, מה שנתן — נתן, ופטור מפאה, ואם הוסיף — חייב במעשר. ולמאן דאמר יש לו שיעור למטה, מה שנתן — נתן, ואינו פטור מפאה, וזכה העני, ומחויב במעשר עד שישלם שיעור ששים בבת אחת. דלא הוי פאה אם לא שילם לו בבת אחת כו'. ופריך: אמאי לא חשיב תרומה? ומשני: תפתר מפני המחלוקת. לשון פלוגתא, דומיא דמחלוקת בששניהן אדוקין בתורף (ב"מ דף ז:), כלומר: שיש בה חילוק, דאמר רבי יוחנן: עושה אדם כל שדהו בכורים, ולא אמר עושה כל שדהו תרומה — דהא בעינן ראשית ששיריה ניכרים בפרק "בכל מערבין". התיבון: הרי פאה, דאין אדם עושה כל שדהו פאה! ומשני: עד שלא קצר שבולת לא נתחייב שדהו פאה. כלומר: דכתיב "פאת שדך בקוצרך", תלה רחמנא פאה בקציר. והכי קאמר: דמשנתחייב בפאה אין לה שיעור. וכי תימא בכורים נמי — הכתיב "ראשית" וליבעי שירים ניכרים כמו בתרומה, דמרבינן ליה התם "ראשית כל בכורי כל". ואני הייתי מפרש: מפני המחלוקת — עין יפה עין רעה ובינונית, לאפוקי הך דענייס שוה. ועוד, דפליגי במסכת תרומה (פרק ד מ"ה): המרבה בתרומה, רבי אליעזר אומר: אחד מעשרה, יתר מכאן — יעשה תרומת מעשר למקום אחר. רבי ישמעאל אומר: מחצה חולין ומחצה תרומה. ר' עקיבא אומר: עד שישייר שם חולין. ומפרש בירושלמי טעמא דרבי ישמעאל: ד"ראשית דגנך" — דיו לראשית שיהו כדגן:

והבכורים

רבינו חננאל

ישראל במדבר עולת ראיה הואי וב"ה ורבי עקיבא ור' יוסי הגלילי סברי עולת תמיד הואי ב"ש הא דאמרן ר' ישמעאל דתניא כללות נאמרו בסיני ופרטות באהל מועד וליכא מידי דבסיני לא בעי הפשט ונתוח דהא אמרת כללות נאמרו בסיני ובסוף בעי הפשט ונתוח שנאמר והפשיט את העולה ונתח אותה לנתחיה. אלא לאו ש"מ לאו עולת תמיד הואי. אלא עולת ראיה הואי. ר' אליעזר נמי דתניא עולת תמיד העשויה בהר סיני ר' אליעזר אומר מעשיה נאמרו בסיני והיא עצמה לא קרבה ר' עקיבא אומר היא עצמה קרבה בסיני ושוב לא פסקה. וכי תימא איני והכתיב הזבחים ומנחה הגשתם לי במדבר ארבעים שנה בית ישראל *) שעבדו ע"ז הקריבו עולת תמיד בכל ארבעים שנה שהיו ישראל במדבר ותוב א"ר עקיבא כללות ופרטות נאמרו בסיני ונשנו באהל מועד ונשתלשו בערבות מואב ב"ה ור"ע הני דאמרן ר' יוסי הגלילי דתניא ר' יוסי הגלילי אומר ג' מצות נצטוו ישראל בעלייתן לרגל ראיה חגיגה ושמחה יש בראיה משא"כ בשתיהן שהראיה כולה לגבוה משא"כ בשתיהן. ויש בחגיגה משא"כ בשתיהן שהחגיגה ישנה לפני הדבור מה שאין כן בשתיהן ויש בשמחה שהשמחה נוהגת בנשים כבאנשים מה שאין כן בשתיהן. קתני מידא שהחגיגה ישנה לפני הדבור מה שאין כן בעולת ראיה ובשמחה ש"מ דסבר ר' יוסי הגלילי עולה שהקריבו בני ישראל במדבר עולת תמיד הואי. ואמרינן אמאי מוקמת ליה לר' ישמעאל כב"ש משום דליכא מידי דמעיקרא לא בעי הפשט ונתוח ובסוף בעי הא ר' יוסי הגלילי דאוקימתא כב"ה תני בהדיא רבי יוסי הגלילי אומר עולה שהקריבו בני ישראל במדבר לא בעי הפשט ונתוח אלא מאהל מועד ואילך. ואסיקנא סמי ר' ישמעאל מב"ש **): בעי רב חסדא האי קרא היכי פירושיה וישלח את נערי בני ישראל ויעלו עולות כבשים ויזבחו זבחים שלמים לה' פרים או דלמא אידי ואידי כלומר העולות והשלמים כולן פרים הוו ואמרינן מאי נפקא לן מינה [מאי] דהוה הוה. ואמר מר זוטרא לפסוק טעמ' כלומר אם אלו כבשים ואלו פרים קרא צריך לאפסוקינהו ואי לא [לא] צריך רב אחא אמר לנדר. באומר הרי עלי עולה כעולה שהקריבו ישראל במדבר מאי פר מחייבת ליה או כבש תיקו. תנן התם אלו

*) נראה דצ"ל שבטו של לוי שלא עבדו ע"ז וכו'. **) לכאורה צ"ל דלא סבר לה כב"ש וא"ל דסמי ר' ישמעאל מדברי אביי.

הגהות הב"ח

(א) רש"י ד"ה ופרטות וכו' מעל הכפורת שם: (ב) ד"ה הכי גרסינן וכו' לאוקמה כב"ש דהא רבי יוסי: (ג) תוס' ד"ה מי איכא וכו' דוקא מעולת תמיד קא מיבעיא ליה: (ד) ד"ה מאי נפקא מינה וכו' גבי אימורי פסחים דנשחטו ... (ה) ד"ה שאין וכו' דאילו מדרבנן הא אמר ...

גליון הש"ס

תוספות ד"ה יש בשמחה וכו' ולא בשתיהן. עיין פסחים דף ע ע"ב תוספות ד"ה מ"ט:

הפאה, **והבכורים**, **והראיון**, **וגמילות חסדים**, **ותלמוד תורה**. א"ר יוחנן: כסבורין אנו לומר הראיון אין לו שיעור למעלה, אבל יש לו שיעור למטה. עד שבא ר' אושעיא ברבי ולימד: הראיון אין לו שיעור לא למעלה ולא למטה. אבל (א) חכמים אומרים: הראייה מעה כסף, והחגיגה שתי כסף. מאי הראיון? רבי יוחנן אמר: ראיית פנים בעזרה, וריש לקיש אמר: ראיית פנים בקרבן. בעיקר הרגל — כולי עלמא לא פליגי דראיית פנים בקרבן, כי פליגי — בשאר ימות הרגל. כל היכא דאתא ואייתי — כולי עלמא לא פליגי דמקבלינן מיניה, כי פליגי — דאתא ולא אייתי. דר' יוחנן סבר: ראיית פנים בעזרה דכל אימת דאתי לא צריך לאתויי. ריש לקיש אמר: ראיית פנים בקרבן, דכל אימת דאתי צריך לאתויי. איתיביה ריש לקיש לרבי יוחנן: "ולא יראו פני ריקם"! אמר ליה: בעיקר הרגל. איתיביה: "ולא יראו פני ריקם" — בזבחים, אתה אומר בזבחים או אינו אלא בעופות ומנחות? ודין הוא: נאמרה חגיגה להדיוט ונאמרה ראייה לגבוה, מה חגיגה האמורה להדיוט — זבחים, אף ראייה האמורה לגבוה — זבחים. ומה הן זבחים — עולות. אתה אומר עולות, או אינו אלא שלמים? ודין הוא: נאמרה חגיגה להדיוט, ונאמרה ראייה לגבוה, מה חגיגה האמורה להדיוט — בראוי לו, אף ראייה האמורה לגבוה — בראוי לו. *וכן בדין, שלא יהא שולחנך מלא ושולחן רבך ריקם! אמר ליה: בעיקר הרגל. איתיביה, (ב) ר' יוסי בר' יהודה אומר: שלש רגלים בשנה נצטוו ישראל לעלות ברגל: בחג המצות ובחג השבועות, ובחג הסוכות. ואין נראין חצאין — משום שנאמר "כל זכורך", ואין נראין ריקנים — משום שנאמר "ולא יראו פני ריקם!" אמר ליה: בעיקר הרגל. איתיביה ר' יוחנן לריש לקיש: (ג) "יראה" "יראה" — מה אני בחנם[א] אף אתם בחנם! *אלא: כל היכא דאתא ולא איתי — דכולי עלמא לא פליגי דעייל, ומתחזי ונפיק, כי פליגי — דאתא ואייתי. רבי יוחנן דאמר ראיית פנים בעזרה; ראיית פנים הוא דאין לה שיעור, הא לקרבן — יש לה שיעור. וריש לקיש אמר: ראיית פנים בקרבן, דאפילו קרבן נמי אין לו שיעור. איתיביה: "הוקר רגלך מבית רעך"! התם בחטאות ואשמות, כדרבי לוי, דרבי לוי רמי: כתיב "הוקר רגלך מבית רעך" וכתיב "אבא ביתך בעולות"! לא קשיא; כאן — בחטאות ואשמות, כאן — בעולות ושלמים. תניא נמי הכי: "הוקר רגלך מבית רעך" — בחטאות ואשמות הכתוב מדבר, אתה אומר בחטאות ואשמות או אינו אלא בעולות ושלמים? כשהוא אומר "אבוא ביתך בעולות אשלם לך נדרי" — הרי עולות ושלמים אמור, הא מה אני מקיים "הוקר רגלך מבית רעך" — בחטאות ואשמות הכתוב מדבר. § "ואין נראין חצאין כו'". § סבר רב יוסף למימר: מאן דאית ליה עשרה בנים לא ליסקו האידנא חמשה ולמחר חמשה. אמר ליה

שמות כג | משלי כה | תהלים סו

רש"י

הפאה. לא נתנה בו תורה שיעור (ד). ואע"פ שאין לפאה שיעור — נתנו בו חכמים שיעור, אחת מששים: **וכן הבכורים.** "ולקחת מראשית כל פרי האדמה" (דברים כו), ולא נאמר כמה: **והראיון.** לקמן מפרש: **אמר רבי יוחנן כסבורין** היינו לפרש. האי "אין לו שיעור" דקתני הכא: **אין להן שיעור למעלה.** שיביא כמה שירצה: **אבל למטה יש לו שיעור.** שלא לפחות ממעה כסף, כמו ששנינו במשנתינו, והיינו סבורין דשיעור דאורייתא הוא: **עד שבא ר' אושעיא ברבי ולימד.** ברבי = גדול בדורו: **ולימד שאין לו שיעור לא למטה ולא למעלה.** מן התורה: **אבל חכמים כו'.** כלומר, שיעור מעה כסף ושתי כסף האמור במשנתינו בראייה ובחגיגה — מדברי חכמים הוא: "אבל אמרו חכמים" גרסינן: **מאי הראיון.** ולא תנא הראייה, דליהוי משמע דמי עולה. דאלו השתא לאו בדמים משמע אלא במצות ראיית פנים: **רבי יוחנן אמר ראיית פנים בעזרה.** כמה פעמים שהוא חפץ בא ומראה עצמו בעזרה, ואין צריך להביא קרבן בכל ראייה וראייה: **ראיית פנים בקרבן.** וצריך להביא קרבן על כל פעם ופעם: **בעיקר רגל.** ביו"ט ראשון: **בזבחים.** צריך להביא קרבן בהמה הנזבחים בסכין, ולא עולת העוף שהיא נמלקת: **נאמרה חגיגה ברגל.** למאכל הדיוט: **ונאמרה ראייה לגבוה.** דהא "לא יראו פני" דכתיב, משמע לצורכי הני שואל: **מה חגיגה האמורה להדיוט זבחים.** של בהמה, דכתיב: "לא ילין חלב חגי עד בקר" (שמות כג), במידי דאית ליה חלב הקרב לגבוה קאמר: **ואין נראין חצאין.** מפרש לקמן: (ה) **בחטאות ואשמות.** שלא תחטא ותזקק להביא חטאת ואשם: **מבית רעך.** מבית אוהבך, הקב"ה, שקרא ישראל רעים, שנאמר: "למען אחי ורעי" (תהלים קכב): **סבר רב יוסף למימר כו'.** דאי לאו הכי מאי אין נראין חצאין דיליף מ"בכל זכורך", אי שלא יהיו חציין עולין — מ"זכורך" נפקא, שהרי כל הזכרים בכלל זכורך: א"ל

תוספות

והבכורים אין לו שיעור לא למעלה ולא למטה. הדר פריך בירושלמי, רבי ברכיה בעי: למה לא תנינן עפר לסוטה, אפר פרה, רוק יבמה, דם לפור של מצורע? א"ר יוסי: לא אייתינן במתני' אלא דברים שהוא מוסיף עליהן ויש בעשייתן מצוה. ואלו, אע"פ שמוסיף עליהן — אין בעשייתן מצוה:

גמילות חסדים. בירושלמי: הדא מימא בגופו, אבל בממונו — יש לו שיעור. וביקור חולים דאין לו שיעור, כדאיתא בנדרים (דף לט:), הוי בכלל גמילות חסדים:

כסבורין אנו לומר דיש לו שיעור למטה. וסבירא ליה כאידך תנא בירושלמי דחשיב פאה, דיש לה שיעור למטה:

רבי יוחנן אמר ראיית פנים בעזרה. דכיון דאייתי (ו) בראייה חדא זימנא מיפטר בכך אם ירצה, או יביא כמו שירצה. אבל ראיית פנים בקרבן — יש לו שיעור. דסבירא ליה לרבי יוחנן מעה כסף ושתי כסף דאורייתא. והכי איתא בירושלמי דמסכת פאה: מתני' בראייה (ז), אבל בקרבן — יש לו שיעור. דא"ר יוחנן: מעה כסף שתי כסף דאורייתא. ועוד אמר במכילתין: רבי יוחנן כדעתיה, דאמר: כל השיעורים הלכה למשה מסיני. ואמר: מעה כסף ושתי כסף דאורייתא. וריש לקיש, דמוקי לה בראיית פנים בקרבן, סבירא ליה כר' (*יהושע) [צ"ל ישמעאל] דאמר: מעה כסף שתי כסף דרבנן. וכן אמר התם לא יראו פני (ח) כל שהוא, אבל חכמים נתנו להם שיעור: מעה כסף שתי כסף. ומיהו, התלמוד שלנו לא נחית להכי. אלא, להך לישנא קמא משמע דבעי למימר דמתניתין מיירי אף במועד, הלכך לא מצי לאוקמי בראיית קרבן, דאז לא מיחייב כלל להביא. אבל בראיית פנים — מיחייב לבוא חדא זימנא, ומשם (זה) והלאה אין לו שיעור. וריש לקיש אמר דמתני' נמי בראיית פנים בקרבן, דמיחייב להביא. ומ"מ צריך לומר דסבירא ליה כרבי יהושע כדפירשתי, כדי שלא יהא שיעור כלל. ולאידך לישנא, דאתא ואייתי בו ביום קאמר דלא מקבלינן (ט) — משום בל תוסיף, כיון דכבר נפיק. אבל למחר וליומא אוחרא — מצי להביא אם ירצה. והא לא פטר ליה קרא מה אני בחנם — רק בחיובא, אבל אי מייתי — שפיר מקבלינן. וכן משמע לישנא דלעיל דאתא ולא אייתי בשאר יומי. ולא פליג רבי יוחנן רק דלא מיחייב לאתויי, אבל אי מייתי — מקבלינן שפיר. וריש לקיש לא איתותב אלא משום דמיחייב ולא מחייב ליה קרא. ולא דמי האי יש לו שיעור להאיך דירושלמי, דהתם מלמטה מיירי, (*ודחי) הקרבן, אבל הכא קיימינן שיעור בהבאתו. ואם נבוא להשוותם יחד — הא לקרבן יש לו שיעור למטה, כדאיתא בירושלמי, וה"נ דין הוא שיש לו שיעור בהבאתו, אי בעי מייתי — אי מקבלינן מיניה או לא. ומיהו, לפי לשון הירושלמי לא ידענא היכי מוקי לה מתני' בראיית פנים בעזרה ולא בקרבן, משום שיש לה שיעור כרבי יוחנן. והא חשיב פאה שיש לה שיעור למטה! ושמא דאיבעי לייתבו למתני' כדברי הכל, אף כתנא דאמר פאה אין לה שיעור לא למעלה ולא למטה, ומתוקמא בראיית פנים לחוד לרבי יוחנן. כן נראה לי הפירוש דהך שמעתתא:

מביאין

עין משפט נר מצוה

כז א מיי' פ"א מהל' מתנות עניים הלכה טו סמג לאוין רפד:
כח ב מיי' פ"ב מהל' בכורים הלכה יז סמג עשין קלח:
כט ג מיי' פ"א מהלכות חגיגה הלכה ב סמג עשין רכה:
ל ד מיי' פי"ד מהלכות אבל הלכה א:
לא ה מיי' פ"א מהל' ת"ת הלכה י טוש"ע י"ד סי' רמו סעיף ג:
לב ו ז מיי' פ"א מהל' חגיגה הלכה ב:
לג ח ט מיי' שם הל' א:
לד י כ מיי' שם הל' ב ופ"ב שם הלכה ו:

רבינו חננאל

דברים שאין להם שיעור הפאה והבכורים והראיון כו'. א"ר יוחנן בא ר' אושעיה ברבי ולימד הראיון אין לו שיעור לא למעלה ולא למטה. אבל חכמים אומרים הראיה מעה כסף וחגיגה שתי כסף. מאי הראיון ר' יוחנן אמר ראיית פנים בעזרה כלומר ביאתו ויציאתו בעזרה כמה פעמים אין לה שיעור. ר"ל אמר ראיית פנים בקרבן. ואמרינן בעיקר הרגל כלומר בתחלת הרגל בעת בואו להקביל פנים בעזרה דברי הכל ראיית [פנים] בקרבן כי פליגי בשאר ימות הרגל וכל עידן דמייתי ועייל כ"ע לא פליגי דמקבלין מיניה כי פליגי היכא דאתא בשאר ימות הרגל ולא אייתי ר' יוחנן אומר עייל דלא צריך לאתויי כל זמן דעייל ור' שמעון בן לקיש [אומר] לא עייל אלא אי מייתי קרבן בהדיה. ומותיב ר"ל והכתיב ולא יראו פני ריקם. ופריק ר' יוחנן ההוא בעיקר הרגל כי קאמרינן דלא צריך היכא דאייתי בעיקר הרגל ולא אייתי בשאר ימות הרגל. איתיביה לא יראו פני ריקם בזבחים אתה אומר בזבחים או אינו אלא בעופות ובמנחות ודין הוא נאמרה חגיגה להדיוט ונאמרה ראיה לגבוה כו' ופריק רבי יוחנן ההיא בעיקר הרגל וכן בהא דר' יוסי ב"ר יהודה והדר ר' יוחנן ומותיב ליה לר"ל כתיב יראה וקרינן יראה מה אני בחנם אף אתם בחנם. ופרקינן אלא לעולם בעו לאתויי דהא כתיב ולא יראו פני ריקם *) וכל היכא דאתא ולא אייתי אע"ג דעבר כ"ע לא פליגי דעייל בעזרה ומתחזי ונפיק כי פליגי דאתא ואייתי בעיקר הרגל. ר' יוחנן אומר תוב לא מייתי דראיית פנים בעזרה הוא דאין לו שיעור וכל אימת דאתי עייל אבל ראיית קרבן יש לה שיעור וכיון דאייתי אי מייתי אחריתי לא מקבלינן מיניה ומותיב ר' יוחנן והכתיב הוקר רגלך מבית רעך כלומר אל תרבה להראות לו פניך ופריק ר"ל התם בחטאות ואשמות כלומר הזהר בעצמך ואל תחטא בכל יום ולהביא חטאת ואשם וכדר' לוי דאמר כתוב אחד אומר אבוא ביתך בעולות וכתוב אחר אומר הוקר רגלך מבית רעך ומשני לא קשיא הא בעולות ושלמים אבוא ביתך והא דכתב הוקר רגלך בחטאות ואשמות. תניא נמי

*) דברי רבינו אלו אינם עולים לפי סוגיית הגמ' ואולי דגירסא אחרת היה לו וצ"ע.

הגהות הב"ח

(א) גמ' אבל אמרו חכמים הראייה: (ב) שם בעיקר הרגל איתיביה ר"ל לר"י ר' יוסי בר' יהודה: (ג) שם איתיביה ר' יוחנן לריש לקיש יראה יראה מה אני: (ד) רש"י ד"ה הפאה וכו' אע"פ שיש לפאה שיעור חכמים נתנו בו שיעור: (ה) ד"ה ואין נראין וכו' לקמן הס"ד ואח"כ מה"ד מבית רעך וכו' אחי ורעי הס"ד ואח"כ מה"ד בחטאות וכו' ואשם הס"ד ואח"כ מה"ד סבר רב: (ו) תום' ד"ה ר' יוחנן וכו' דכיון דאייתי קרבן בראייה: (ז) בא"ד מתני' בראיית פנים אבל בראיית קרבן יש לו: (ח) בא"ד לא יראו פני ריקם אפילו כל שהוא: (ט) בא"ד דלא מקבלינן מיניה טפי משום בל תוסיף וכו' אם ירצה דהא לא פטר וכו' דלא פליג ר' יוחנן וכו' יש לו שיעור היינו יש לו שיעור למטה כדאיתא בירושלמי וכו' שיעור להבאתו:

[ביצה כ:]

[עי' תוספות ב"ב קנד: ד"ה ברם ותוספות בכורות ל: ד"ה אלא]

גליון הש"ס

גמרא כל היכא דאתא. כעין זה שבת דף נ ע"א ועיין בתוספות שם ד"ה אלא אי אתמר:

הגהות מהר"ב רנשבורג

א] גמרא אף אתם בחנם. נ"ב עי' טורי אבן:

אָמַר לֵיהּ אַבַּיֵי: פְּשִׁיטָא, הֵי מִינַּיְיהוּ מְשַׁוֵּית לְהוּ פּוֹשְׁעִים וְהֵי מִינַּיְיהוּ מְשַׁוֵּית לְהוּ זְרִיזִין! אֶלָּא קְרָא לְמַאי אֲתָא — לְכִדְאֲחֵרִים. דְּתַנְיָא, *אֲחֵרִים אוֹמְרִים: הַמְקַמֵּץ, וְהַמְצָרֵף נְחֹשֶׁת, וְהַבּוּרְסִי — פְּטוּרִין מִן הָרְאִיָּה, שֶׁנֶּאֱמַר: °"כָּל זְכוּרְךָ" — מִי שֶׁיָּכוֹל לַעֲלוֹת עִם כָּל זְכוּרְךָ, יָצְאוּ אֵלּוּ שֶׁאֵין יְכוֹלִין לַעֲלוֹת עִם כָּל זְכוּרְךָ.§ **מתני'** עוֹלוֹת בַּמּוֹעֵד בָּאוֹת מִן הַחוּלִּין, וְהַשְּׁלָמִים מִן הַמַּעֲשֵׂר. יוֹם טוֹב הָרִאשׁוֹן שֶׁל פֶּסַח, בֵּית שַׁמַּאי אוֹמְרִים: מִן הַחוּלִּין, וּבֵית הִלֵּל אוֹמְרִים: מִן הַמַּעֲשֵׂר. [א]יִשְׂרָאֵל יוֹצְאִין יְדֵי חוֹבָתָן בִּנְדָרִים וּנְדָבוֹת וּבְמַעְשַׂר בְּהֵמָה, וְהַכֹּהֲנִים בְּחַטָּאוֹת וַאֲשָׁמוֹת וּבִבְכוֹר וּבְחָזֶה וָשׁוֹק, אֲבָל לֹא בָּעוֹפוֹת וְלֹא בַּמְּנָחוֹת.§ **גמ'** אֶלָּא עוֹלוֹת, בַּמּוֹעֵד הוּא דְּבָאוֹת מִן הַחוּלִּין. הָא בְּיוֹם טוֹב — מִן הַמַּעֲשֵׂר, אַמַּאי? *דָּבָר שֶׁבְּחוֹבָה הִיא, [ב]*וְכָל דָּבָר שֶׁבְּחוֹבָה אֵינוֹ בָּא אֶלָּא מִן הַחוּלִּין! וְכִי תֵּימָא: הָא קָא מַשְׁמַע לָן דְּעוֹלוֹת, בַּמּוֹעֵד — בָּאוֹת, בְּיוֹם טוֹב — אֵינָן בָּאוֹת, כְּמַאן — כְּבֵית שַׁמַּאי?! דִּתְנַן: *בֵּית שַׁמַּאי אוֹמְרִים: מְבִיאִין שְׁלָמִים וְאֵין סוֹמְכִין עֲלֵיהֶן, אֲבָל לֹא עוֹלוֹת. וּבֵית הִלֵּל אוֹמְרִים: [ג]מְבִיאִין שְׁלָמִים וְעוֹלוֹת, [ד]וְסוֹמְכִין עֲלֵיהֶן! חַסּוּרֵי מִיחַסְּרָא וְהָכִי קָתָנֵי: [ה]עוֹלוֹת נְדָרִים וּנְדָבוֹת, בַּמּוֹעֵד — בָּאוֹת, [ו]בְּיוֹם טוֹב — אֵינָן בָּאוֹת, [ז]וְעוֹלַת רְאִיָּה — בָּאָה אֲפִילּוּ בְּיו"ט. [א]וּכְשֶׁהִיא בָּאָה — [ח]אֵינָהּ בָּאָה אֶלָּא מִן הַחוּלִּין. [ט]וְשַׁלְמֵי שִׂמְחָה בָּאִין אַף מִן הַמַּעֲשֵׂר. וַחֲגִיגַת יוֹם טוֹב הָרִאשׁוֹן שֶׁל פֶּסַח, בֵּית שַׁמַּאי אוֹמְרִים: מִן הַחוּלִּין. וּבֵית הִלֵּל אוֹמְרִים: מִן הַמַּעֲשֵׂר. תַּנְיָא נַמִי הָכִי: עוֹלוֹת נְדָרִים וּנְדָבוֹת, בַּמּוֹעֵד — בָּאוֹת, בְּיוֹם טוֹב — אֵינָן בָּאוֹת. וְעוֹלַת רְאִיָּה — בָּאָה אֲפִי' בְּיוֹם טוֹב. [ב]וּכְשֶׁהִיא בָּאָה — אֵינָהּ בָּאָה אֶלָּא מִן הַחוּלִּין. וְשַׁלְמֵי שִׂמְחָה בָּאִין אַף מִן הַמַּעֲשֵׂר. וַחֲגִיגַת יוֹם טוֹב הָרִאשׁוֹן שֶׁל פֶּסַח, בֵּית שַׁמַּאי אוֹמְרִים: מִן הַחוּלִּין, וּבֵית הִלֵּל אוֹמְרִים: מִן הַמַּעֲשֵׂר. מַאי שְׁנָא חֲגִיגַת יוֹם טוֹב הָרִאשׁוֹן שֶׁל פֶּסַח? אָמַר רַב אַשִׁי: הָא קָא מַשְׁמַע לָן, חֲגִיגַת חֲמִשָּׁה עָשָׂר — אִין, חֲגִיגַת אַרְבָּעָה עָשָׂר — לָא. אַלְמָא

תורה אור: דברים טז

א"ל אביי. האי נמי לא תיבעי לך קרא, דבלאו קרא נמי פשיטא, מאחר שחייב את כולן – אנא ידענא דכל אחד צריך לזרז את עצמו. דהיאך יאמר האב לאלו הוו זריזין, ולאלו הוו עצלין: **אלא קרא לכדאחרים.** והיינו נמי אין נראין לחלאין; דמי שאינו ראוי לעלות אלא בחבורה מועטת כגון אלו, שיעשו חבורה לעצמן, כך נראה בעיני. ורבותי מפרשין דלאו אין נראין לחלאין אתא אביי לפרושי, אלא למימרא דקרא לאו להכי אתא. וקשיא לי: סוף סוף הא דאין נראין חלאין, מאי קאמר תנא? ועוד: שיטת התלמוד כל היכא דאיכא סבר פלוני למימר הכי, ואמר ליה פלוני הכי – ההיא מילתא גופא דהוה מצי למימר קמא מתרץ בתרא, ואמר ליה דלא תפרשיה הכי אלא הכי: **מתני'** עולות במועד באות מן החולין. משמע השתא עולות ראייה הבאות בחולו של מועד באות מן החולין, ולא ממעות מעשר שני. דקיי"ל: כל דבר שבחובה אינו בא אלא מן החולין, במסכת מנחות (דף כב.). ולקמן נמי בגמרא (דף ח.) תניא: "מסת" – מלמד שאדם מביא חובתו מן החולין. ובגמ' פריך: אמאי נקט חולו של מועד? כי מייתי לה ביום טוב – נמי מן החולין בעי לאתויי! ושלמים מן המעשר. בגמרא מפרש: שלמי שמחה, דרבינהו קרא בכל מילי: ויו"ט הראשון של פסח. בגמרא מפרש מאי היא, ומאי שנא פסח דנקט: ישראל יוצאין ידי חובתן. משום שמחה, בכל ענין שיש להן בשר לשובע, ואין זקוקין לזבוח שלמים לשם כך: בנדרים ונדבות. שהתנדבו כל השנה, וכשעולין לירושלים ברגל מביאין אותן, ומקריבין אימוריהן והבשר נאכל לבעלים – יוצאין בהן משום שמחה. משום דבעי למיתני סיפא "והכהנים בחטאות" וכו', נקט ברישא ישראל: והכהנים. שבאו להן חטאות ברגל, חטאות ואשמות שהיו עולי רגלים מחוייבין, ויש להן בשר לשובע – יוצאין בהן משום שמחה, ואין צריכין להביא שלמים לשם שמחה אלא בזמן שאין להן בשר לשובע: יוצאין בחזה ושוק. המורמים להן משלמי עולי רגלים: אבל לא בעופות. בחטאת העוף, שאין שובע אלא בבשר בהמה, ובגמ' יליף לה: **גמ'** הא. אם הביאן ביום טוב, יביאם מן המעשר, אם ירצה?! בתמיה: וכי תימא. האי דנקט במועד משום דאגב אורחיה קא משמע לן מילתא אחריתי: דאין עולת ראייה קריבה ביום טוב, ואף על פי שהיא חובת הרגל, הואיל ויש לה תשלומין למחר: מביאין שלמים. ביום טוב, לפי שיש בהם צורך מאכל הדיוט: ואין סומכין עליהן. שהסמיכה שבות היא, שמשתמש בבעלי חיים, ותנן: אלו הן משום שבות: לא עולין באילן ולא רוכבין על גבי בהמה (ביצה דף לו:): אבל לא עולות. אין מביאין כלל, דסבירא להו לב"ש "לכם" (שמות יב) – ולא לגבוה, חוץ מתמידין ומוספין שזמנן קבוע, וכל שזמנן קבוע כתיב בהו "במועדו" ואפילו בשבת, וכל שכן ביו"ט: וסומכין עליהן. כיון דמותר להביאן – לא גזרו שבות לבטל סמיכתן: ביו"ט אינן באות. ואפי' לב"ה, סבירא ליה לתנא דמתני' דנדרים ונדבות אין קריבין ביו"ט. וכי שרו ב"ה – בעולת ראייה ושלמי חגיגה, אע"פ שיש להן תשלומין – עיקר מצותן ביום ראשון, דכתיב "וחגותם אותו" (ויקרא כג) – ביום ראשון משמע: וכשהיא באה אינה באה אלא מן החולין. והכא לא מצו לאיפלוגי ולמימר טופל מעות מעשר עמהן, דכי אישתרי טפילה – בחגיגה הוא דאישתרי(א), לקמן: מניין שאם רצה לערב כו' גבי שלמים, יש אדם שיש לו אוכלין מרובין ונכסין מועטים, ואי אפשר להביא אכילות כולן מן החולין. אבל עולה למה טופלה? יביא במעה כסף: אף מן המעשר. דלאו דבר שבחובה הוא במקום שיש בשר, והרי יש לו מעות מעשר שני שיש לו להוציא בירושלים ויקנה בהם שלמים, ורבי קרא לקמן כל מיני שמחות לשמחה: וחגיגת יום טוב הראשון. שהוא ודאי דבר שבחובה, אפי' יש לו בשר הרבה, דילפינן לקמן מ"וחגותם אותו" וגו'. ולקמיה פריך: מאי שנא פסח דנקט? וב"ה אומרים כו'. לקמן פריך: הא ודאי דבר שבחובה היא! ומוקי לה תופלת: חגיגת י"ד לא. כלומר, להכי נקט פסח, לפי שיש ערב פסח חגיגה אחרת, כשהיתה חבורה מרובה והפסח מועט היו מביאין עמו חגיגה, כדי שיהא הפסח נאכל על השובע ואשמעינן מתניתין דחגיגת יו"ט עצמו הוא דאינה באה אלא מן החולין, אבל חגיגת ארבעה עשר – באה אף מן המעשר:

אמר

מביאין שלמים ואין סומכין עליהם. דסבירא להו כשמאי רבם, דאמר לקמן (דף יז.) שלא לסמוך ביום טוב, והלל אומר לסמוך. אבל מעולות לא מצינו פלוגתא דפליגו בה הלל ושמאי, ואמרינן בפרק קמא דשבת (דף טו. ושם) דלא נחלקו רק בשלשה דברים, ומההיא דסמיכה פריך ומשני לה שפיר. אלא התלמידים קבלו מרבם אף עולות(ב), ולא נחלקו בהא. ובההיא דפרק שני דביצה (דף כ:): מעשה באחד מתלמידי הלל שהביא עולתו בעזרה כו' ואמר לו אחד מתלמידי שמאי: מה זו סמיכה – הוא הדין דמצי למימר מה זו עולה שהם אומרים שלא להביא. אלא לא הבין שהיה עולה, אבל(ג) הסמיכה שראה לפניו הקפיד. והא דלא הקפיד כמו כן בהלל עצמו, בעובדא דמייתי לעיל מינה – דשמא לא ראו הסמיכה. ועוד, שמא לא היו מוחין אלא לתלמידיו שהיו חולקין, אבל הלל חלק עם רבם ואין בידם למחות:

עולות ונדרים ונדבות במועד באות ולא ביו"ט. דאף בית הלל מודו דאין קריבין ביו"ט. והא דקאמרי' בפ"ק דביצה (דף יב. ושם): השוחט עולת נדבה ביו"ט לוקה, דאמר לך מני – ב"ש היא, ולא מוקי לה כב"ה, דנהי דאיסורא איכא – לאו ליכא, כיון דאית ליה 'מתוך' כדקאמרינן התם. וכן אמרינן התם פ' שני דביצה (דף יט.) בגמרא דהאי משנה: אמר רשב"א לא נחלקו ב"ש וב"ה על עולות שאינם של יו"ט שאין קריבין. [והא] דהתם כי פריך על עולא דאמר מחלוקת ב"ש וב"ה בשלמי חגיגה לסמוך וכו' מברייתא דתני בה פלוגתא על שלמים שאינן של יו"ט כו', ולא אקשי ליה ממתניתין דהכא (ד) – כי היכי דמתרלי לה עולות נדרים ונדבות במועד באות ביו"ט, לא היינו טעמא, דעדיפא ליה לאקשויי מברייתא דמתני בהדיא, ולא ע"י דיוקא וחסורי מיחסרא והכי קתני. והא דלא מייתי להו נדרים ונדבות לעולא, דאמר לב"ה אין קריבין נדרים ונדבות – משום דנפיק בהו משום שלמי שמחה, כדאמרינן בסמוך דאיכא לאוקמי שכבר קרב שמחה כדינו. והרב רבי אלחנן והר"י מתרץ: דלא אמר בסמוך דנפיק בשלמי שמחה בנדרים אלא היינו היכא שהקריבום משום שמחה, אבל הביאום לשם נדרים – לא נפיק רק משום הקדישם:

אלמא

לעיל ז.

[לקמן ח. פסחים ע"א. ביצה יט: מנחות פב.]

ביצה יט. ולקמן יז. מגילה ה.

[עי' תוספות לקמן ח. ד"ה אמאי]

עין משפט נר מצוה

לה א מיי' פ"ב מהל' חגיגה הלכה ז:
לו ב מיי' שם הלכה ח סמג עשין רכט:
לז ג ד מיי' שם פ"א הלכה ח ט:
לח ה מיי' שם הלכה ז:
לט ו ז מיי' שם הלכה ח:
מ ח מיי' שם פ"ב הלכה ח סמג עשין רכט:
מא ט מיי' שם הלכה ז:
מב י מיי' שם הל' ח:

רבינו חננאל

נמי הכי כשנויא דריש לקיש. ואין נראין חצאין פי' כל שאינו יכול לעלות בכלל ישראל כולו. כגון המקמץ והמצרף נחשת והבורסקי מפני שריחו רע ומואסין אותו פטורין מן הראיה שנאמר כל זכורך מי שיכול לעלות עם כל זכורך: **מתני'** עולות במועד באות מן החולין ושלמים מן המעשר מעשר שני שאע"פ שהוכנו מעות מעשר שני לשמחת הרגל. שלמים לשמחת הרגל הן באין ומותר תריצנה למתניתין הכי חסורי מחסרא והכי קתני עולות ונדרים ונדבות במועד הן באות אבל לא ביו"ט ועולת ראיה באה אפי' ביו"ט וכשהיא באה אינה באה אלא מן החולין ושלמי שמחה באין אף מן המעשר מעות מעשר שני וחגיגת יו"ט הראשון של פסח בש"א מן החולין ובה"א מן המעשר. תניא נמי הכי עולות נדרים ונדבות במועד באות ביו"ט אינן באות כו' אסיקנא קסבר ב"ש חגיגת יו"ט הראשון היא מן התורה.

הגהות הב"ח

(א) רש"י ד"ה וכשהיא באה וכו' דאישתרי כדתניא לקמן: (ב) תוס' ד"ה מביאין וכו' קבלו מרבם אף עולות ונחלקו בה בההוא דף שני כו"ל ותיבת ולא נמחק: (ג) בא"ד אבל על הסמיכה: (ד) ד"ה עולות וכו' ולא אקשי ליה ממתניתין דהכא לבהדר דמתרליא לה וכו' ולא ממתניתין ע"י דיוקא וכו' והר"י מתרץ וכו' שמחה בנדרים ונדבות [אלא] היכא שהקריבום:

הגהות הגר"א

[א ב] גמרא אפילו ביו"ט וכשהיא באה אינה באה אלא כו' כצ"ל:

אַלְמָא קָסָבַר: *[א]חֲגִיגַת אַרְבָּעָה עָשָׂר לָאו דְּאוֹרַיְיתָא. אָמַר מָר: בֵּית הִלֵּל אוֹמְרִים: מִן הַמַּעֲשֵׂר. אַמַּאי? דָּבָר שֶׁבְּחוֹבָה הוּא, *[ב]וְכָל דָּבָר שֶׁבְּחוֹבָה אֵינוֹ בָּא אֶלָּא מִן הַחוּלִּין! אָמַר עוּלָּא: [ג]בְּטוֹפֵל. חִזְקִיָּה אָמַר: טוֹפְלִין בְּהֵמָה לִבְהֵמָה וְאֵין טוֹפְלִין מָעוֹת לְמָעוֹת. וְרַבִּי יוֹחָנָן אָמַר: [ד]טוֹפְלִין מָעוֹת לְמָעוֹת וְאֵין טוֹפְלִין בְּהֵמָה לִבְהֵמָה. תַּנְיָא כְּוָותֵיהּ דְּחִזְקִיָּה, תַּנְיָא כְּוָותֵיהּ דְּרַבִּי יוֹחָנָן. תַּנְיָא כְּוָותֵיהּ דְּרַבִּי יוֹחָנָן: "מִסַּת" (דברים טז) — *מְלַמֵּד שֶׁאָדָם מֵבִיא חוֹבָתוֹ מִן הַחוּלִּין, וּמִנַּיִן שֶׁאִם רָצָה לְעָרֵב מְעָרֵב — ת"ל: "כַּאֲשֶׁר יְבָרֶכְךָ ה' אֱלֹהֶיךָ" (שם), תַּנְיָא כְּוָותֵיהּ דְּחִזְקִיָּה: "מִסַּת" — מְלַמֵּד שֶׁאָדָם מֵבִיא חוֹבָתוֹ מִן הַחוּלִּין, בֵּית שַׁמַּאי אוֹמְרִים: יוֹם רִאשׁוֹן מִן הַחוּלִּין, מִכָּאן וְאֵילָךְ מִן הַמַּעֲשֵׂר. וּבֵית הִלֵּל אוֹמְרִים: [ה]אֲכִילָה רִאשׁוֹנָה מִן הַחוּלִּין, מִכָּאן וְאֵילָךְ מִן הַמַּעֲשֵׂר. וּשְׁאָר כָּל יְמוֹת הַפֶּסַח — [ו]אָדָם יוֹצֵא יְדֵי חוֹבָתוֹ בְּמַעְשַׂר בְּהֵמָה. בְּיוֹם טוֹב מ"ט לָא? אָמַר רַב אַשִׁי: [ז]דִּלְמָא אָתֵי לְעַשּׂוּרֵי בְּיו"ט, *וְאִי אֶפְשָׁר לְעַשֵּׂר בְּיוֹם טוֹב מִשּׁוּם סִקְרָתָא. מַאי מַשְׁמַע דְּהַאי "מִסַּת" לִישָּׁנָא דְּחוּלִּין הוּא? דִּכְתִיב: "וַיָּשֶׂם הַמֶּלֶךְ אֲחַשְׁוֵרוֹשׁ מַס עַל הָאָרֶץ" (אסתר י). §. "יִשְׂרָאֵל יוֹצְאִין יְדֵי חוֹבָתָן בִּנְדָרִים וּנְדָבוֹת". §. ת"ר: "וְשָׂמַחְתָּ בְּחַגֶּךָ" (דברים טז) — לְרַבּוֹת כָּל מִינֵי שְׂמָחוֹת לְשִׂמְחָה. מִכָּאן אָמְרוּ חֲכָמִים: [ח]יִשְׂרָאֵל יוֹצְאִין יְדֵי חוֹבָתָן בִּנְדָרִים וּנְדָבוֹת וּבְמַעְשַׂר בְּהֵמָה, וְהַכֹּהֲנִים בְּחַטָּאת וְאָשָׁם וּבִבְכוֹר וּבְחָזֶה וָשׁוֹק. יָכוֹל אַף בְּעוֹפוֹת וּבִמְנָחוֹת — ת"ל: "וְשָׂמַחְתָּ בְּחַגֶּךָ" מִי

רש"י

אָמַר מָר וּבֵית הִלֵּל אוֹמְרִים אַף מִן הַמַּעֲשֵׂר. וַהֲלֹא דָּבָר שֶׁבְּחוֹבָה הוּא: בְּטוֹפֵל. מְחַבֵּר מַעֲשֵׂר עִם הַחוּלִּין וּמֵבִיא, וּפְלִיגִי אָמוֹרָאֵי הֵיכַד טוֹפְלִין: חִזְקִיָּה אָמַר בְּהֵמָה לִבְהֵמָה. אִם יֵשׁ לוֹ אוֹכְלִין הַרְבֵּה וְאֵין לָהֶן סִיפּוּק בִּבְהֵמָה אַחַת, יָבִיא אַחַת לַחֲגִיגָה מִן הַחוּלִּין וְהַשְּׁאָר מִן הַמַּעֲשֵׂר, וְאע"פ שֶׁכּוּלָּן הַבָּאוֹת בְּיוֹם רִאשׁוֹן שֵׁם חֲגִיגָה עֲלֵיהֶן, כְּבָר יָצָא יְדֵי חוֹבָה בָּרִאשׁוֹנָה מִן הַחוּלִּין: וְאֵין טוֹפְלִין מָעוֹת לְמָעוֹת. לִקְנוֹת בְּהֵמָה גְּדוֹלָה. וְרַבִּי יוֹחָנָן אָמַר אִיפְּכָא: לְמָר אִתְחֲזֵי לֵיהּ שַׁפִּיר טְפֵי יְצִיאַת יְדֵי חוֹבָתוֹ מִן הַחוּלִּין, כְּשֶׁמֵּבִיא בְּהֵמָה שְׁלֵמָה מִן הַחוּלִּין, וּלְמָר אִתְחֲזֵי לֵיהּ שַׁפִּיר טְפֵי כְּשֶׁחוּלִּין מְעוֹרָבִין עִם כָּל אֲכִילוֹתָיו. וּלְקַמָּן יָלֵיף לָהּ מִקְּרָאֵי דְּמוּתָּר לִהְיוֹת טוֹפֵל: מִסַּת. בְּשָׁבוּעוֹת כְּתִיב: "וְעָשִׂיתָ חַג שָׁבוּעוֹת לַה' אֱלֹהֶיךָ מִסַּת נִדְבַת יָדְךָ", וּלְקַמָּן מְפָרֵשׁ מִסַּת לְשׁוֹן חוּלִּין: מְעָרֵב. אֵין לָשׁוֹן זֶה נוֹפֵל אֶלָּא בְּמָעוֹת שֶׁקּוֹנֶה בָּהֶן בְּהֵמָה, דִּבְשְׁתֵּי בְּהֵמוֹת — זוֹ נִיכֶּרֶת לְעַצְמָהּ וְזוֹ נִיכֶּרֶת לְעַצְמָהּ: אֲשֶׁר יְבָרֶכְךָ. מִכֹּל אֲשֶׁר יְבָרֶכְךָ: יוֹם רִאשׁוֹן. שֶׁהוּא לְשֵׁם חֲגִיגָה — יְהוּ מִן הַחוּלִּין, וְלֵית לְהוּ לְב"ש טְפֵילָה בְּדָבָר שֶׁבְּחוֹבָה: מִכָּאן וְאֵילָךְ. שֶׁאֵינוֹ אֶלָּא שִׂמְחָה. דְּאִילּוּ בַּחֲגִיגָה כְּתִיב: "וְחַגּוֹתֶם אוֹתוֹ" — יוֹם אֶחָד וְתוּ לָא, אַף מִן הַמַּעֲשֵׂר: אֲכִילָה רִאשׁוֹנָה. הַשְׁתָּא סָלְקָא דַּעְתָּךְ בְּהֵמָה לְעַצְמָהּ, וְדִיאכְלֶנָּה עַל שֻׁלְחָן רִאשׁוֹן: מִכָּאן וְאֵילָךְ. אֲפִילּוּ בּוֹ בַּיּוֹם: וּשְׁאָר כָּל יְמוֹת הַפֶּסַח. שֶׁאֵינָן אֶלָּא לְשִׂמְחָה, אָדָם יוֹצֵא בְּמַעֲשַׂר בְּהֵמָה אִם יֵשׁ לוֹ, וְכָל שֶׁכֵּן שֶׁקּוֹנֶה שְׁלָמִים בְּמָעוֹת מַעֲשֵׂר שֵׁנִי: בְּיו"ט מַאי טַעְמָא לָא. נָפֵיק בְּמַעֲשַׂר בְּהֵמָה בִּשְׁאָר אֲכִילוֹת חוּץ מִן הָרִאשׁוֹנָה, כִּי הֵיכִי דְּשָׁרוּ בְּמַעֲשֵׂר שֵׁנִי: מִשּׁוּם סִקְרָתָא. שֶׁצּוֹבְעוֹ. דִּתְנַן בִּבְכוֹרוֹת (דף נח:): הַיּוֹצֵא בָּעֲשִׂירִי סוֹקְרוֹ בְּסִיקְרָא, וְאוֹמֵר: הֲרֵי זֶה מַעֲשֵׂר. וְהוּא צֶבַע אָדוֹם שֶׁצּוֹבְעִין בּוֹ תְּרִיסִין: וְשָׂמַחְתָּ. כָּל הַשְּׂמָחוֹת בְּמַשְׁמַע, דְּלָא בָּעֵי מִידֵּי אֶלָּא שִׂמְחָה. וְאָמַר מָר: *אֵין שִׂמְחָה אֶלָּא בְּבָשָׂר, וְהַאי בָּשָׂר הוּא: יָצְאוּ

תוספות

אלמא קסבר חגיגת ארבעה עשר לאו דאורייתא. ואין להקשות: דתניא בפ' "אלו דברים" בפסחים (דף ע. ושם): "לא ילין מן הבשר" — לימד על חגיגת י"ד שנאכלת לשני ימים ולילה אחד כו', אלמא סבירא ליה דהוי דאורייתא! ועוד: אשכחן תנא התם דאינה נאכלת אלא ליום ולילה אחד, משמע דאית ליה דאורייתא, אבל פליג אאידך תנא [דאמר שני ימים ולילה]! ויש לומר: דסבר כתנא דמתני' פרק "אלו דברים" (שם דף סט:), דתנן: אימתי מביאין עמו חגיגה — בזמן שבא בחול בטהרה ובמועט, בזמן שבא בשבת במרובה או בטומאה — אין מביאין. א"כ משמע דלאו חובה, דפעמים לא אתיא, כדקאמר רב אשי התם בגמרא:

__אמאי__ דבר שבחובה הוא. אומר הר"ר אלחנן: הוא הדין דהוה מצי להקשות: עולה היא ואינה נאכלת, ואין נותנין דמי מעשר רק בדבר הנאכל. והכי מלינו בסיפרי פרשת "עשר תעשר": "בכל אשר תאוה נפשך" יכול בעבדים כו', יכול ליקח בהמה למשתה בנו וכו' הרי אתה דן כו', אי מה להלן עולה ושלמים — אף כאן, תלמוד לומר: "ואכלת ושמחת" — שמחה שיש בה אכילה, יצאו עולות שאינן נאכלות. ויש להקשות: דאמר בפ"ק דחולין (דף כג. ושם) בשמעתא ד"כמשפט": איצטריך "כמשפט" בעולת העוף לומר שאינה באה אלא מן החולין. תיפוק ליה דעולה היא! ומיהו, הא לא קושיא הוא, דהתם נמי פריך (א): ביום — מ"ביום צוותו" נפקא! ומשני: כדי נסבא. והוא הדין דמצי למיפרך עולה היא, ולישני הכי. אבל הר"ר אלחנן מפרש: דכתיב "והקריבו" דהוי חלוק, שמע מינה דמוציא מכלל שאר עולות ולייתי ממעשר, אע"ג דאינה נאכלת. ומיהו, תימה ההיא דמגילה (דף ח.) דאמר אין בין נדרים ונדבות כו', שהקשה הר"ר יעקב מאורליינ"ש: ליתני נמי שהנדרים אינם באים אלא מן החולין דהוה ליה חובה, ונדבות אף ממעשר! *והיה מתרץ הר"ר אלחנן: דמיירי בעולה דבלאו הכי אינה באה *(ב) מן החולין, שאינה נאכלת. כדפרישית:

טופלין בהמה לבהמה. בהמה ראשונה מן החולין, ואינך למעשר. אבל מעות למעות, להצטרף מעות חולין ומעות מעשר לקנות בהמה, (ג)דמשמע ליה דהוי דבר שבחובה ממעשר — לא. וכל אחד ואחד לפי סברתו. מיהו, יש ליתן טעם במילתא דתרוייהו. דחזקיה אמר אין טופלין מעות — סברתו ניכר, כיון שאפשר לו ליטפל בשתי בהמות — הכי עדיף. דסבירא ליה לחזקיה התם: חולק לחובתו לשתי בהמות, הלכך במעות לא איטפל. ור' יוחנן אומר: טופלין למעות, כיון דרבייה קרא טפילה דשרי — על כרחו הכי הוא, דבשתי בהמות לא הוי, דסבירא ליה לר' יוחנן אין אדם חולק חובתו לשתי בהמות. וכן מלינו בירושלמי: אמר רבי אילא בשם רבי אמי: איתפלגון חזקיה ורבי יוחנן, חזקיה אמר: אדם חולק חובתו לשתי בהמות וכו':

מלמד שאדם מביא חובתו מן החולין. ובשילהי פרק "התודה" (מנחות דף פב.) מפקינן ליה מקרא אחרינא, וגם בפרק "דם חטאת" (זבחים דף נח.). וי"ל: דהכא איצטריך, דסלקא דעתך אמינא: כיון דכתיב "אשר יברכך" לטפלה למעשר — אימא כולי נמי לייתי מן המעשר:

ת"ל אשר יברכך. מיהו, בירושלמי מפקינן ליה דכתיב "מסת" וכתיב "לא תוכל שאתו" (דברים יד) מה להלן מן המעשר כו'. ר' אליעזר אמר: נאמר כאן "שמחה" ונאמר להלן "שמחה", מה להלן מעשר — אף כאן מעשר. רבי עולא בר ישמעאל: נאמר כאן "מסת" ונאמר להלן "ותרב משאת", מה להלן אחת עיקר והשאר טפל — אף כאן: ה"ג **ושאר** כל ימות הפסח אדם יוצא ידי חובתו במעשר בהמה. אבל יש ספרים שכתוב בהן גירסא אחרת, ואין לְיַשְּׁבָהּ:

משום סקרתא. הקשה הר"ר אלחנן: תיפוק ליה דאין מקדישין ביו"ט, (ד) וכדקאמר בפרק בתרא דבילה (דף לו:)! וי"ל: דשאני הכא דקדושה ועומדת, כיון דחייב מן התורה לקדשו, כדאמרינן בפרק בתרא דבכורות (דף נח.), הלכך לא שייך ביה שום איסור. והר"י תירץ: דלביעה דנקט — לפי שהוא איסור דאורייתא, הלכך גזרו בה. אבל מקדיש, דלא הוי רק דרבנן — לא גזור. וכן משמע התם (בילה דף לו:) גבי אין רוכבין על גבי בהמה, ומוקי לה משום תחומין. לימא קסבר תחומין דאורייתא? אלא: גזרה שמא יחתוך זמורה. משמע דמשום איסור דרבנן לא גזרו. ורבי אלחנן היה רוצה לתרץ: דלהקדיש לא קאמר, דהא אמרינן בפרק "שואל" (שבת דף קמח:): מקדיש אדם חגיגתו ביו"ט, ופסחו בשבת. א"כ הכא נמי, כיון דנפיק בה ידי שלמי שמחה — מצי להקדיש. אך אין הר"י מודה לו, כיון דלא אתי עיקר משום שלמי שמחה, דאם לא כן — בדין דנדרים ונדבות נמי ליקדשן, כיון דנפיק משום שמחה! ומכל הני שינויי לא יתכן בבכורות פרק בתרא (דף נח.): אמאי נקט סקרתא ולא נקט מקדישין? דהתם לא שייך גזרה, אלא (ה)שינוי ראשון דקדושים ועומדין יתכן התם והכא. ולא דמי להגבהת תרומות ומעשרות דאסור משום מתקן, דהכא לא מתקן הוא, דבלאו הכי שרי למיכל קודם שיעשר בהמותיו:

וישם המלך אחשורוש מס. אבל "יהיו לך למס ועבדוך" (דברים כ) וכן "ויהי למס עובד" (בראשית מט) לא מייתי, דהני לאו מעות משתמעין (ו)אלא לשון עבדות בעלמא: **ושמחת** בחגך לרבות מיני שמחות לשמחה. גבי חג הסוכות כתיב, ודרשינן ליה מהדר כתביה הכא, כיון דכתבי' גבי עצרת. ופסח ילפינן מיניה בהיקש. וכן מלא רבי אלחנן בספרי, דמעצרת הוא דרשינן לה, דכתיב: "וזכרת כי עבד היית בארץ מצרים" לימד: כל שנוהג בעצרת נוהג בפסח וחג, או אינו: כל שנוהג בפסח וחג נוהג בעצרת? תלמוד לומר: "אלה" — אלה נוהגין בעצרת כו':

מי

עין משפט נר מצוה

מג א מיי' פ"י מהלכות קרבן פסח הלכה יג ופ"ב מהלכות חגיגה הלכה י:

מד ב ג ד ה מיי' פ"ב מהל' חגיגה הל' ח:

מה ו ז מיי' שם הל' ט:

מו ח מיי' שם הלכה י:

מסורת הש"ס

[פסחים סט:]

[לעיל ז: וש"נ]

[עי' תוספות זבחים נ. ד"ה אם על]

[בכורות נח.]

[פסחים קט.]

[שייך לעיל ז:]

[דף כב.]

[עי' תוספות מגילה ח. ד"ה אין בין ותוספות ב"ק סב: ד"ה מי קתני ותוספות תענית יג: ד"ה מאי]

הגהות הב"ח

(א) תוס' ד"ה אמאי וכו' הא לאו קושיא הוא דהתם נמי פריך ידו הימנית מדרבה בר חנה נפקא ומשני כדי נסבא והוא הדין דמצי למימר מן החולין עולה היא ולשני הכי אבל הר"ר אלחנן מפרש דס"ל מדכתיב והקריבו דהוי: (ב) בא"ד אינה באה אלא מן החולין כיון שאינה נאכלת כדפרי': (ג) ד"ה טופלין וכו' משמע ליה לחזקיה דהוי דבר שבחובה ממעשר לא ור' יוחנן משמע ליה שיהא חולין מעורב עם כל אכילותיו וכל אחד ואחד לפי סברתו וכו' דחזקיה דאמר אין טופלין מעות למעות סברתו ניכר דכיון וכו' דסבירא ליה לחזקיה אדם חולק חובתו וכו' ור' יוחנן אומר טופלין מעות למעות דכיון דרבייה: (ד) ד"ה משום וכו' דאין מקדישין ביום טוב כדתנן בפ' בתרא: (ה) בא"ד ולא נקט מקדישין דהתם לא שייך גזירה אלא שינוי ראשון דקדושים ועומדין יתכן התם: (ו) ד"ה וישם וכו' משתמעין מיניה אלא:

רבינו חננאל

אבל חגיגת ארבעה עשר אינה מן התורה. ובה"א מן המעשר ומקשינן אמאי והא חגיגת ט"ו וודאי היא מן התורה וכל דבר שבא מן החובה אינו בא אלא מן החולין. ופריק עולא בטופל מעשר שני לחולין*). ובאו חזקי' ור' יוחנן לפרש דבריו חזקיה אמר טופלין בהמה לבהמה פי' טופלין בהמה של חגיגה עם בהמות אחרות של מעות מעשר שני או של נדרים ונדבות ומפורש בתלמוד ארץ ישראל שזה שטופל הוא ממעשר שני אבל ביו"ט לא פי' חיישינן משום סקרתא מפני שבשעה שמונה ומעשר סוקר העשירי בסיקרא ואין סוקרין ביו"ט. ואין טופלין מעות למעות פי' אין מוסיפין על מעות של חגיגה מעות של נדרים שעליו או מעות מעשר שני ומביא בהמה שמינה או פר גדול. ור' יוחנן אמר טופלין מעות למעות ואין טופלין בהמה לבהמה. תניא כוותיה דר' יוחנן מסת מלמד שאדם מביא חובתו מן החולין ומנא לן שאם רצה לערב מערב ת"ל כאשר יברכך ה' אלהיך אפילו שוורים כלומר מוסיף מעות על מעות החגיגה. תניא כוותיה דחזקיה מסת מלמד שאדם מביא מן החולין בש"א יום ראשון מן החולין מיכן ואילך מן המעשר ובה"א אכילה ראשונה מן החולין מיכן ואילך מן המעשר. פי' אכילה ראשונה בהמה ראשונה שאתה אוכל בחג לא תהא אלא מן החולין ושאר כל ימות הפסח אדם יוצא י"ח במעשר בהמה. אבל ביו"ט לא דלמא אתי לעשורי ואי אפשר לעשר ביו"ט משום סיקרא שסוקר על הבהמה שמוצא כצבוע ביו"ט. ומסת מנא לן דלישנא דחולין הוא ואמרינן מסת מלשון מס כדכתיב וישם המלך אחשורוש מס על הארץ: **מתני'** ישראל יוצאין י"ח בנדרים ונדבות כו'. ת"ר ושמחת בחגך לרבות כל מיני שמחות לשמחה מיכן אמרו ישראל יוצאין י"ח בנדרים ונדבות ובמעשר בהמה. והכהנים בחטאת ואשם ובבכור ובחזה ובשוק יכול אף במנחות ובעופות תלמוד לומר ושמחת בחגך.

מי

*) בגמ' ליתא זה וכן משמע מדברי רבינו בסמוך דהולך להביא זה מהירושלמי דהטפלה הוא ממע"ש ודו"ק.

תורה אור

מִי שֶׁחֲגִיגָה בָּאָה מֵהֶם, ^איָצְאוּ אֵלּוּ שֶׁאֵין חֲגִיגָה בָּאָה מֵהֶם. רַב אַשִׁי אָמַר: מִ"וְשָׂמַחְתָּ" נָפְקָא, ^ביָצְאוּ אֵלּוּ שֶׁאֵין בָּהֶן שִׂמְחָה. וְרַב אַשִׁי, הַאי "בְּחַגֶּךָ" מַאי עָבֵיד לֵיהּ? — הַהוּא לְכִדְרַב דָּנִיאֵל בַּר קְטִינָא. דְּאָמַר רַב דָּנִיאֵל בַּר קְטִינָא אָמַר רַב: *מִנַּיִן ^גשֶׁאֵין נוֹשְׂאִין נָשִׁים בַּמּוֹעֵד — שֶׁנֶּאֱמַר: °"וְשָׂמַחְתָּ בְּחַגֶּךָ" — וְלֹא בְּאִשְׁתְּךָ.§ (דברים טז)

מתני' ^דמִי שֶׁיֵּשׁ לוֹ אוֹכְלִים מְרוּבִּים וּנְכָסִים מוּעָטִים — מֵבִיא שְׁלָמִים מְרוּבִּים וְעוֹלוֹת מוּעָטוֹת. נְכָסִים מְרוּבִּים וְאוֹכְלִין מוּעָטִין — מֵבִיא עוֹלוֹת מְרוּבּוֹת וּשְׁלָמִים מוּעָטִין. זֶה וָזֶה מוּעָט — עַל זֶה נֶאֱמַר: "מָעָה כֶּסֶף" "שְׁתֵּי כֶסֶף". זֶה וָזֶה מְרוּבִּים — עַל זֶה נֶאֱמַר: °"אִישׁ כְּמַתְּנַת יָדוֹ כְּבִרְכַּת ה' אֱלֹהֶיךָ אֲשֶׁר נָתַן לָךְ".§ (שם)

גמ' שְׁלָמִים מְרוּבִּים מֵהֵיכָא מַיְיתִי? הָא לֵית לֵיהּ! אָמַר רַב חִסְדָּא: טוֹפֵל וּמֵבִיא פַּר גָּדוֹל. אָמַר לֵיהּ רַב שֵׁשֶׁת: הֲרֵי אָמְרוּ טוֹפְלִין בְּהֵמָה לִבְהֵמָה! מַאי קָאָמַר לֵיהּ? אִילֵימָא הָכִי קָאָמַר לֵיהּ: הֲרֵי אָמְרוּ טוֹפְלִין בְּהֵמָה לִבְהֵמָה אֲבָל לֹא מָעוֹת לְמָעוֹת — וְלֵימָא לֵיהּ: אֵין טוֹפְלִין מָעוֹת לְמָעוֹת! אֶלָּא הָכִי אָמַר לֵיהּ: הֲרֵי אָמְרוּ אַף טוֹפְלִין בְּהֵמָה לִבְהֵמָה! כְּמַאן — דְּלָא כְּחִזְקִיָּה וּדְלָא כְּרַבִּי יוֹחָנָן! וְכִי תֵּימָא אָמוֹרָאֵי הוּא דִּפְלִיגִי, מַתְנִיתָא לָא פְּלִיגִי — וְהָא קָתָנֵי: אֲכִילָה רִאשׁוֹנָה מִן הַחוּלִּין! מַאי אֲכִילָה רִאשׁוֹנָה — ^השִׁיעוּר דְּמֵי אֲכִילָה רִאשׁוֹנָה מִן הַחוּלִּין. אָמַר עוּלָּא אָמַר רֵישׁ לָקִישׁ: הִפְרִישׁ עֶשֶׂר בְּהֵמוֹת לַחֲגִיגָתוֹ, הִקְרִיב חָמֵשׁ בְּיוֹם טוֹב רִאשׁוֹן — חוֹזֵר וּמַקְרִיב חָמֵשׁ בְּיוֹם טוֹב שֵׁנִי. רַבִּי יוֹחָנָן אָמַר: ^וכֵּיוָן שֶׁפָּסַק — שׁוּב אֵינוֹ מַקְרִיב. אָמַר ר' אַבָּא: וְלָא פְּלִיגִי: כָּאן — בִּסְתָם, כָּאן — בִּמְפָרֵשׁ. הַאי סְתָם הֵיכִי דָּמֵי? אִילֵימָא דְּלֵיכָּא שְׁהוּת בַּיּוֹם לְקָרֵב, ^זהַאי דְּלָא אַקְרְבִינְהוּ — (א) דְּלֵיכָּא שְׁהוּת בַּיּוֹם. וְאֶלָּא דְּלֵית לֵיהּ אוֹכְלִין, הַאי דְּלָא אַקְרְבִינְהוּ — דְּלֵית לֵיהּ אוֹכְלִין! לָא צְרִיכָא, דְּאִיכָּא שְׁהוּת בַּיּוֹם וְאִית לֵיהּ אוֹכְלִין. (*מבדקמא) לָא אַקְרְבִינְהוּ — שְׁמַע מִינָּהּ שִׁיּוּרֵי שַׁיְּירִינְהוּ. וְהָכִי נַמִי מִסְתַּבְּרָא, דְּכִי אֲתָא רָבִין אָמַר ר' יוֹחָנָן: הִפְרִישׁ עֶשֶׂר בְּהֵמוֹת לַחֲגִיגָתוֹ, הִקְרִיב חָמֵשׁ בְּיוֹם טוֹב רִאשׁוֹן — חוֹזֵר וּמַקְרִיב חָמֵשׁ בְּיוֹם טוֹב שֵׁנִי. קַשְׁיָין אַהֲדָדֵי! אֶלָּא לָאו שְׁמַע מִינָּהּ: כָּאן — בִּסְתָם, כָּאן — בִּמְפָרֵשׁ, שְׁמַע מִינָּהּ. אִיתְּמַר נַמִי, אָמַר רַב שֶׁמֶן בַּר אַבָּא אָמַר רַבִּי יוֹחָנָן: לֹא

רש"י

יָצְאוּ אֵלּוּ שֶׁאֵין חֲגִיגָה בָּאָה מֵהֶן. דַּחֲגִיגָה "חֵלֶב" כְּתִיב בָּהּ, "לֹא יָלִין חֵלֶב חַגִּי" וגו' (שמות כג): **מתני'** אוֹכְלִין מְרוּבִּין. בְּנֵי בַּיִת רַבִּים – מֵבִיא שְׁלָמִים רַבִּים, שַׁלְמֵי חֲגִיגָה רַבִּים לְפִי הָאוֹכְלִים, וְעוֹלַת רְאִיָּיה מוּעֶטֶת: עוֹלוֹת מְרוּבּוֹת. דִּכְתִיב: "אִישׁ כְּמַתְּנַת יָדוֹ": **גמ'** טוֹפֵל. מָעוֹת חוּלִּין וּמַעֲשֵׂר יַחַד: **אִילֵימָא** הָכִי קָאָמַר לֵיהּ הֲרֵי אָמְרוּ בְּהֵמָה לִבְהֵמָה (ב) מָעוֹת לְמָעוֹת לֹא. כְּחִזְקִיָּה: **לֵימָא** לֵיהּ הֲרֵי אָמְרוּ אֵין טוֹפְלִין מָעוֹת לְמָעוֹת. כֵּיוָן דִּלְמֵיסַר טְפֵילַת מָעוֹת אָתָא, וְשָׁמְעִינַן לְחִזְקִיָּה בְּהֶדְיָא דְּאֵין טוֹפְלִין — הֵיכִי שָׁבֵיק מִילְּתָא בְּהֶדְיָא וּמוֹתֵיב מִדִּיּוּקָא? **אֶלָּא אַף** טוֹפְלִין קָאָמַר לֵיהּ. דְּשָׁמְעִינַן לְרַב חִסְדָּא דְּקָאָמַר בְּטוֹפֵל וּמֵבִיא פַּר גָּדוֹל, דַּוְקָא מָעוֹת לְמָעוֹת, אֲבָל בְּהֵמָה לִבְהֵמָה – לָא. וַאֲמַר לֵיהּ אִיהוּ: הֲרֵי אָמְרוּ אַף טוֹפְלִין בְּהֵמָה לִבְהֵמָה, כְּמַאן וכו': **וְכִי תֵּימָא אָמוֹרָאֵי הוּא** דִּפְלִיגֵי. חִזְקִיָּה וְרַבִּי יוֹחָנָן הוּא דִּפְלִיגֵי בִּבְהֵמָה וּבְמָעוֹת: **אֲבָל** מַתְנִיתָא. דְּאַיְיתִינַן לְעֵיל תַּנְיָא כְּווֹתֵיהּ דְּמָר וּדְמָר: **לָא פְּלִיגִי.** בְּמָעוֹת, אֶלָּא בִּבְהֵמָה. דְּהַךְ דְּקָתָנֵי אִם רָצָה לְעָרֵב – הוּא דְּקָאָמַר מָעוֹת דַּוְקָא, אֲבָל אִידָךְ מַתְנִיתָא – ס"ל בֵּין מָעוֹת בֵּין בְּהֵמָה, וְרַב שֵׁשֶׁת כְּבָרַיְיתָא בַּתְרַיְיתָא סְבִירָא לֵיהּ: **וְהָא** קָתָנֵי אֲכִילָה רִאשׁוֹנָה מִן הַחוּלִּין. וְקָא סָלְקָא דַּעְתָּךְ דִּסְעוּדָה הַבָּאָה רִאשׁוֹנָה עַל הַשּׁוּלְחָן בָּעֵי כּוּלָּהּ מֵחוּלִּין: **דְּמֵי** אֲכִילָה רִאשׁוֹנָה. כְּלוֹמַר: אֲכִילָה רִאשׁוֹנָה סְתָמָא קָתָנֵי, דְּאִית לֵיהּ בֵּין בְּהֵמָה עַצְמָהּ, בֵּין מָעוֹת שִׁיעוּר אֲכִילָה רִאשׁוֹנָה: **חוֹזֵר וּמַקְרִיב** חָמֵשׁ בְּיוֹם טוֹב שֵׁנִי. וְלָא אָמְרִינַן עוֹבֵר הוּא בְּ"בַל תּוֹסִיף", (ג) וְרַחֲמָנָא אָמַר: "וְחַגּוֹתֶם אוֹתוֹ" – חַד יוֹמָא וְתוּ לָא, דְּהָנָךְ נַמִי דְּחַד יוֹמָא הוּא וְשֵׁנִי תַּשְׁלוּמִין דְּרִאשׁוֹן: **בִּסְתָם.** אִם הִפְרִישָׁן סְתָם – אֵינוֹ חוֹזֵר וּמַקְרִיבָן, כִּדְמְפָרֵשׁ וְאָזֵיל: **כָּאן בִּמְפָרֵשׁ.** דְּאָמַר בְּהֶדְיָא: לְיוֹם רִאשׁוֹן אֲנִי מַפְרִישׁ אֶת כּוּלָּן חוֹזֵר וּמַקְרִיבָן, שֶׁאֵינוֹ אֶלָּא תַּשְׁלוּמֵי רִאשׁוֹן: **הַאי סְתָם.** דְּאָמְרַתְּ אָסוּר לְהַקְרִיבָן, הֵיכִי דָּמֵי? מִשּׁוּם דְּלָא הֲוָה לֵיהּ שְׁהוּת הוּא. וּמִסְתָמָא לְיוֹם רִאשׁוֹן הִפְרִישָׁן: **שִׁיּוּרֵי שַׁיֵּיר.** שֶׁהָיָה בְּדַעְתּוֹ לָחוֹג שְׁנֵי יָמִים: **ה"נ מִסְתַּבְּרָא.** דְּמוֹדֶה ר' יוֹחָנָן בִּדְמְפָרֵשׁ: **אִיתְּמַר נַמִי.** דְּהֵיכָא דְּמוּכָח מִילְּתָא דְּלָא הָיָה בְּדַעְתּוֹ לָחוֹג שְׁנֵי יָמִים – מוֹדֶה ר"י: לֹא

תוספות

מי שחגיגה באה מהם. פרש"י: דכתיב "לא ילין חלב חגי". ומיהו, לקמן (דף י:) לא מפקינן ליה לפי המסקנא, אלא מגזירה שוה ד"מדבר" "מדבר"! ושמא מכל מקום משמעות המקרא משמע חגיגה. ולקמן מפקינן ליה מ"מדבר" "מדבר" – שמא אלשון ד"ויחוגו" קא סמיך, דמשמע חגיגה. דאי ממדבר – הוה אמינא עולה ושלמים באה מהם. וליכא למימר: אם כן – לא יהו באים שלמי שמחה ממעשר רק על ידי טפילה, כמו חגיגה! דהא בסיפרי ילפינן ליה מגזירה שוה, דכתיב בו "שָׁם" במעשר, וגם ב"התודה" (מנחות פג.) מדכר גזרה שוה 'שם' 'שם' לשלמים. הקשה ה"ר אלחנן: לילף שמחה מהר עיבל, דכתיב (דברים כז): "וזבחת שלמים" ומינה ממעטין עופות ומנחות. וכן דריש רבי יהודה בן בתירא בפסחים (דף קט.)! ועוד: אמאי לא מוקמינן קרא בבשר חולין, דמיקרי שפיר שמחה! ותירץ: דודאי ילפינן מהר עיבל, מה שמחה דלהלן שלמים – אף כאן שלמים. ובירושלמי איכא: אבל לא בעופות ומנחות, דכתיב "זבח" בהר עיבל:

בחגך ולא באשתך. ות"ק דמפיק לה מדרשה "ושמחת בחגך" מי שחגיגה וכו' – י"ל: דתרוייהו שמעינן מינה, דליכתוב "בחג". ומיהו, מצינו למימר דפליג עליה, ולא משמע ליה. (ד)והא דאין נושאים נשים במועד – מוקי טעמא כאידך דהתם:

מי שיש לו אוכלין מרובין. בירושלמי אמרינן: עני וידו רחבה – קורא אני עליו "איש כמתנת ידו", עשיר וידו מעוטה – על זה נאמר "כברכת ה' אלהיך" עני וידו מעוטה – על זה נאמר: מעה כסף שתי כסף, אין פחות ממעה כסף ואין פחות משתי כסף:

חוזר ומקריב (*הוא) ביו"ט שני. [נ"ל תמה] פרש"י: ואינו עובר משום בל תוסיף, דרחמנא אמר: "וחגותם אותו חג" – חד יומא, והוא חוגג שני ימים – דהוה ליה תשלומין דראשון. אבל בסתם – אסור, כדמפרש ואזיל. ולא שייך לאקשויי: כיון דלא הוי חזי בראשון – איך הוה חזי בשני? הואיל ושמעינן ליה לר' יוחנן בסמוך תשלומין דראשון, דהוה חזי בראשון קרינן ביה, הואיל ואיכא שם הרבה כהנים שיקריבו אותן בבת אחת. ומיהו, ר"ח פירש בענין אחר, וזהו לשונו: אמר ריש לקיש הפריש עשרה בהמות לחגיגתו, הקריב חמשה ביו"ט ראשון – מקריב חמשה ביו"ט אחרון, ואע"ג דאין מקריבין נדרים ונדבות ביו"ט – הואיל והללו תחילת הפרשתן לחגיגה היתה – מותר להקריבן ביום טוב. ורבי יוחנן אמר: כיון שפסק שוב אינו חוזר ומקריב ומביא. א"ר אבא: ולא פליגי, כאן – בסתם, כאן – במפרש. הא דר' יוחנן כגון שהפרישן סתם והקריב, ויש לו שהות ביום לשחוט השאר, וגם יש לו אוכלים, ולא שחטן – שיורי שיירינהו, ונעשו כנדרים ונדבות שלא מחמת יום טוב, שאין קריבין. ודריש לקיש – כגון שפירש שאלו הנשארים יקריבם ביום טוב אחרון, כגון זה – מותר. הכי נמי מסתברא, דכי אתא רבין אמר רבי יוחנן: הפריש עשרה בהמות לחגיגתו הקריב חמשה וכו', חוזר ומקריב וכו' קשיא אהדדי כו', אלא לאו כו', איתמר נמי, אמר רב שמן בר אבא אמר רבי יוחנן: לא שנו דכיון שפסק [שוב אינו מקריב] – אלא שלא גמר היום, דאמרינן: שיורי שיירינהו ונעשו נדרים ונדבות. אבל גמר היום – חוזר ומקריב. כך פירש רבינו חננאל. וראייה לדבריו, משמע בירושלמי דמכילתין: היו לפניו (ה)עשרה בהמות, הקריב חמשה ביום טוב ראשון, והמותָר מהו שידחה יום טוב האחרון? רבי קריספא אומר: איתפלגון ר' יוחנן וריש לקיש, חד אומר: דוחה, וחד אומר: אינו דוחה. ולא ידעינן מאן אמר [דא ומאן אמר דא]. אמר רבי זירא: נפרש מליהון דרבנן מן מליהון. דרבי יוחנן דו אמר טופל מעות למעות – דו אמר דוחה, ריש לקיש דו אמר אדם טופל בהמה לבהמה, ואין אדם טופל מעות למעות – דו אמר אינו דוחה. אמר רב שמן בר אבא בשם ר' יוחנן: לעולם הוא מוסיף והולך ודוחה יום טוב, עד שיאמר אין עוד בדעתו להוסיף. משמע – דלענין דחיית יום טוב מיירי: זה

רבינו חננאל

מי שחגיגה באה מהן יצאו אלו שאין חגיגה באה מהן רב אשי אמר מושמחת מי שיש בהן שמחה יצאו עופות ומנחות שאין בהם שמחה. והאי בחגך מיבעי ליה לכדרב דאמר ושמחת בחגך ולא באשתך: [מתני'] מי שיש לו אוכלין מרובין ונכסים מועטין מביא שלמים מרובין ועולות מועטין כו' פי' מי שיש לו בני אדם מרובין וכולן רוצים לאכול בשר במועד ואין לו בהמות אלא מעט אמר רב חסדא טופל ומביא פר גדול. א"ל רב ששת הרי אמרו טופלין בהמה לבהמה ואתינן למידק מאי אמר רב ששת וכי תימא הכי קאמר ליה לרב חסדא אמאי אמרת טופלין מעות למעות חגיגה וקונה פר גדול מכלל שאין טופל בהמה לבהמה הרי אמרו אף טופלין בהמה לבהמה ומקשינן כמאן אמר רב ששת ההיא סברא לא כחזקיה ולא כרבי יוחנן דהא אין אחד מהן אומר טופלין בהמה לבהמה ומעות למעות וכי תימא דחזקיה ור' יוחנן הוא דפליגי אבל מתניתא לא פליגי והוא דאמר כהני מתנייתא והקתני אכילה ראשונה מן החולין כלומר הבהמה הראשונה שיאכל בתחלה תהיה מן החולין. לאו מכלל שטופלין בהמה לבהמה ואין טופלין מעות וקונה בהמה אחת. מאי אכילה ראשונה . דקתני בענין ממעות חגיגה כדי שיעור אכילה ראשונה ממעות חולין א"ר שמעון בן לקיש הפריש עשר בהמות לחגיגתו הקריב חמש ליו"ט ראשון חוזר ומקריב חמש ליו"ט האחרון של חג ואע"ג שאין מקריבין נדרים ונדבות במועד הואיל והללו תחלת הפרשתן לחגיגה היתה באה מותר להקריבם ביו"ט ור' יוחנן אמר כיון שפסק שוב אינו מקריב א"ר אבא ולא פליגי כאן בסתם כאן במפרש הא דר' יוחנן כגון שהפרישן בסתם והקריב מהן חמש. ואיכא שהות ביום לשחוט השאר וגם יש לו בני אדם שצריכין לאכלן וכיון שלא שחטם שיירי שיירינהו ונעשו כנדרים ונדבות שלא מחמת יו"ט שאינן קריבין ביו"ט. וריש לקיש כגון שפירש ואמר שאלו הנשארים אקריבם ביו"ט האחרון כגון זה מותר הכי נמי מסתברא דכי אתא רבין

עין משפט נר מצוה

מז א מיי' פ"א מהל' חגיגה הלכה א:

מח ב מיי' שם פ"ב הלכה י:

מט ג מיי' פ"ז מהל' יו"ט הלכה טז ופ"י מהל' אישות הלכה יד סמג לאוין עה טוש"ע א"ח סימן תקמו סעיף א ב וטור ש"ע א"ה סי' סד סעיף ו:

נ ד מיי' פ"א מהלכות חגיגה הלכה יא:

נא ה מיי' פ"ב שם הלכה ח:

נב ו ז מיי' שם הל' ז:

מסורת הש"ס

מו"ק ח:

[נ"ל מדבקמא]

הגהות הב"ח

(א) גמ' האי דל[א] אקרבינהו משום דליכ[א] שהות ביום ואלא דלית לי[ה] אוכלין לימא האי דל[א] אקרבינהו משום דלית לי[ה]: (ב) רש"י ד"ה אילימא וכ[ו'] לבהמה אבל מעו[ת]: (ג) ד"ה חוזר וכו' דרחמנ[א] אמר וכו' דשני תשלומי[ן]: (ד) תוס' ד"ה בחגך וכ[ו'] ולא משמע ליה בחגך וכ[ו'] באשתך והא דאין: (ה) ד"ה חוזר וכו' היו לפניו עש[ר] בהמות והקריב חמש ביו[ם] טוב הראשון המותר מי[הו] שידחה לי"ט וכו' דר' יוח[נן] דאמר אדם טופל מעו[ת] למעות ואין אדם טו[פל] בהמה לבהמה הוא דהו[א] אמר דוחה וריש לקי[ש] דאומר אדם וכו' מעו[ת] למעות הוא דהוא אומ[ר] אינו דוחה:

מתני' [Gemara]

לא שנו אלא שלא גמר, אבל גמר – חוזר ומקריב. מאי גמר? אילימא גמר קרבנותיו – מאי מקריב? אלא שלא גמר היום, אבל גמר היום – חוזר ומקריב.§ **מתני'** [א] מי *שלא חג ביו"ט הראשון של חג – חוגג את כל הרגל, ויו"ט האחרון של חג. [ב] עבר הרגל ולא חג – אינו חייב באחריותו, על זה נאמר: (קהלת א) "מעוות לא יוכל לתקון וחסרון לא יוכל להמנות". ר' שמעון בן מנסיא אומר: *איזהו מעוות שאינו יכול להתקן – זה הבא על הערוה והוליד ממנה ממזר. א"ת בגונב וגוזל – יכול הוא להחזירו ויתקן. ר"ש בן יוחי אומר: אין קורין מעוות אלא למי שהיה מתוקן בתחילה ונתעוות, ואי זה? זה תלמיד חכם הפורש מן התורה.§ **גמ'** מנהני מילי? אמר רבי יוחנן משום רבי ישמעאל: נאמר "עצרת" בשביעי של פסח, ונאמר "עצרת" בשמיני של חג, מה להלן לתשלומין – אף כאן לתשלומין. מופנה, דאי לאו מופנה – איכא למיפרך: מה לשביעי של פסח – שכן אינו חלוק משלפניו, תאמר בשמיני של חג שחלוק משלפניו, לאיי, אפנויי מופנה. מכדי, מאי עצרת – עצור בעשיית מלאכה, הכתיב: (דברים טז) "לא תעשה מלאכה", "עצרת" דכתב רחמנא למה לי? אלא שמע מינה לאפנויי. ותנא מייתי לה מהכא, דתניא: (ויקרא כג) "וחגותם אותו חג לה' שבעת ימים", יכול יהא חוגג והולך כל שבעה – ת"ל: "אותו" אותו, אתה חוגג, ואי אתה חוגג כל שבעה. אם כן למה נאמר "שבעה" – לתשלומין. ומנין [ג] שאם לא חג יו"ט הראשון של חג שחוגג והולך את כל הרגל ויום טוב האחרון – ת"ל: (שם) "בחדש השביעי תחגו אותו". אי "בחדש השביעי" – יכול יהא חוגג והולך החדש כולו? ת"ל: "אותו" – אותו אתה חוגג, ואי אתה חוגג חוצה לו. ומאי תשלומין? ר' יוחנן אמר: *[ד] תשלומין לראשון, ור' אושעיא אמר: תשלומין זה לזה. מאי בינייהו? א"ר זירא: חיגר ביום ראשון ונתפשט ביום שני איכא בינייהו. רבי יוחנן אמר: תשלומין לראשון, *[ה] כיון דלא חזי בראשון – לא חזי בשני. ור' אושעיא אמר: תשלומין זה לזה. אף על גב דלא חזי בראשון – חזי בשני. ומי א"ר יוחנן הכי? והאמר חזקיה: *נטמא ביום – מביא, בלילה – אינו מביא. ורבי יוחנן אמר: אף בלילה נמי מביא! א"ר ירמיה: שאני טומאה דיש לה תשלומין בפסח שני. מתקיף לה רב פפא: הניחא למאן דאמר: *פסח

שני

רש"י

לא שנו. הא דתניא לקמן: אותו אתה חוגג ולא יותר, אלא שלא גמר היום: אבל גמר היום. ולא היה לו שהות להקריב כל חגיגות שהפריש: מתני' מי שלא חג. שלא הביא חגיגתו ביום הראשון של חג: ויו"ט האחרון של חג. חוגג שמיני עצרת. ואע"ג דרגל בפני עצמו הוא – הוי תשלומין לראשון: והוליד ממזר. שהביא פסולין בישראל, ויהא זכרון (א), לפיכך אין עונותיו נמחקין בתשובה: יכול להחזיר. דמי גניבתו וגזלתו לבעלים: ויתקן. ויהא מתוקן מן החטא: מעוות. מקולקל: גמ' מנהני מילי. די"ט האחרון של חג הסוכות תשלומין לקרבנות החג ליחידים: עצרת בשביעי של פסח. בפרשת "כל הבכור" – "ששת ימים תאכל מצות וביום השביעי עצרת" (דברים טז): מה לשביעי של פסח. תשלומין לראשון, שהרי אינו חלוק משלפניו – שמיני עצרת חלוק משלפניו לענין פז"ר קש"ב: מופנה. וצריכה גזירה שוה זו שתהא מופנה, דתו לא פרכינן עליה מידי. דכל גזירה שוה מופנה למידין ואין משיבין: לאיי. באמת: הא כתיב לא תעשה מלאכה. בההוא קרא גופיה "וביום השביעי עצרת לה' אלהיך, לא תעשה מלאכה": ותנא מייתי לה מהכא. משום דר' יוחנן דגמר לה כדאמרינן לעיל אמורא הוא, נקט הכא האי לישנא: כל שבעה. כל יום ויום: בחדש השביעי. כל ימי החג האמור בחדש השביעי: יכול יהא חוגג והולך כל החדש. איזה יום שירצה לתשלומי החג, אם לא הקריב בחג: ת"ל אותו. בסיפיה דקרא, תרי "אותו" כתיב ביה: מאי תשלומין. כילד הן תשלומין: (ב) כולן תשלומין לראשון. שהרי יום אחד עשה הכתוב עיקר בכולן, דכתיב "אותו", ושלאחריו עשה תשלומין לו: כולן תשלומין זה לזה. אין לך יום בהם שאין חובתו תלויה בו בעצמו למי שלא נראה בימים שלפניו (ג), יום ראשון שהוא נראה להביא עיקר לדידיה, וימיו שלאחריו תשלומין לו: חיגר. אינו ראוי לראות, כדאמרינן במתני': נטמא ביום. בכריתות (דף ט.) תנן: נזיר מביא קרבן אחד על טומאות הרבה. ואמר חזקיה: נטמא היום ח', שהוא ראוי להביא קרבנות ולהתחיל מנין נזירותיו, וימים שמנה קודם טומאה בטלין, כמו שנאמר: "וביום השמיני יביא שתי תורים או שני בני וגו' והזיר לה' כל ימי נזרו וגו' והימים הראשונים יפלו כי טמא נזרו" (במדבר ו): מביא. קרבן על הטומאה השנית, שכבר נתחייב בקרבן הטומאה, והתחילה שניה – והרי זו טומאה אחרת. אבל נטמא בליל שמיני – אינו מביא אלא קרבן אחד, דכיון דלא יצא מטומאה הראשונה לשעה שהיא ראויה להביא עליה קרבן – לא נתחייב בקרבן הראשון, ואין לו תשלומין: ורבי יוחנן אמר. הואיל וטבל לטומאתו ראשונה והעריב שמשו נתחייב בקרבן, ואף על פי שאין לילה ראוי לקרבן. אלמא: אף על גב דלא ראוי לקרבן – יש לו תשלומין: שאני טומאה. קרבן הנדחה מפני הטומאה, ולפיכך יש לו תשלומין, ואף על גב דלא נראה להביא: הואיל ויש לה תשלומין. (ד) כגון אלו בפסח שני. שהרי מי שלא נראה בראשון יש לו תשלומין. אבל הנדחה מפני דבר אחר – לא מצינו לו תשלומין, אלא אם כן נראה להביא: הניחא למאן דאמר כו'. פלוגתא היא במסכת פסחים בפרק "מי שהיה טמא" (דף צג.):

אלא

תוספות

זה הבא על הערוה. דטפי בושתו ניכר, שהממזר נראה לעולם. אבל שאר עבירות, רואה *וגזלן – אין עדיו לפניו:

נאמר עצרת בפסח. ובירושלמי יליף לה ר' יוחנן בשם ר' ישמעאל: נאמר חמשה עשר בפסח ונאמר חמשה עשר בחג, מה להלן [יו"ט אחרון תשלומין לראשון, אף כאן י"ט אחרון תשלומין לראשון]. ותו ליכא למיפרך כדפריך בתלמוד שלנו, דהא גזרה שוה גמורה, (ה) כדילפינן מינה בסוכה בפ' "הישן" (דף כז.). ועוד, יהודה בר ספרא בשם רבי אושעיא דריש התם: "וחגותם אותו חג לה' שבעת ימים" וכי שבעה הם? והלא שמנה הם! אלא, יצא שבת [מהם] – הרי ז'. ר' יוסי בעי: וכי מכאן למדנו שאין חגיגה דוחה שבת? והלא ממקום אחר התיב רבי יוחנן אחוי דרב ספרא: והתניא: אף בפסח כן, מעתה לא מהן שבת הרי [ששה], הגע עצמך שחל י"ט ראשון ואחרון בשבת [לא מהם שני ימים] – הרי כאן ששה. אתא יהודה בר ספרא בשם ר' אושעיא: "וחגותם אותו חג לה' שבעת ימים" (ו) לא מהן שבת שכבר למדנו שאין חגיגה דוחה שבת, ומה ת"ל "תחגוהו" – לרבות יו"ט האחרון לתשלומין לראשון. וכל אותן דרשות אינן בכאן. אך בפרק "אלו דברים" (פסחים דף ע:) מייתי להאי דיהודה ספרא, ופריך עלה ההיא דחל יו"ט הראשון והאחרון בשבת הרי כאן ששה, ולא מייתי "תחגוהו":

תשלומין זה לזה. וההיא דלקמן (דף יז.) דילפינן תשלומין לחג השבועות מחג המצות כל ז' לא מסתבר למימר תשלומין זה לזה כיון דחול גמור הוא:

כיון דלא חזי בראשון תו לא חזי בשני. וצ"ע: אם היה פשוט בראשון וחגר בשני, מי אמרינן, כיון דחיובא עליה רמיא בראשון – תו לא פקע מיניה, אע"ג דהשתא לא חזי, או דלמא: כיון (ז) דתשלומין זה לזה לר' אושעיא לאו מיחייב? ומיהו, כיון דהשתא לאו בר חיובא הוא – לא מצי מייתי ליה, הואיל ואינו בביאה לא הוי בהבאה:

נטמא ביום מביא. גבי נזיר שנטמא קאי. דע"כ לא פליגי רבי ור' יוסי בר יהודה (נזיר דף יח.) (ח) בנטמא בשמיני, שכן יצא לשעה הראויה להביא קרבן. אבל בליל שמיני, דלא חזי לקרבן – לא. ורבי יוסי בר יהודה דנקט נטמא בשביעי – לאו משום הבאת קרבן הוא, אלא דחשיב ליה כמה טומאות בשביעי:

שאני טומאה הואיל ויש לה תשלומין בפסח שני. היה קשה למורי: א"כ סבירא ליה לר' יוחנן נטמא ביום ראשון וחזי בשני – מייתי חגיגה, אם כן לימא לעיל ריש מכילתין לאתויי טמא בראשון ונטהר בשני! ויש לומר: דאין הכי נמי, אלא משום דלרב פפא דבסמוך לא מצי למימר הכי, נקט מילתא דשוי לתרוייהו:

שני

רבינו חננאל

רבין א"ר יוחנן הפריש עשר בהמות לחגיגתו הקריב חמש ביום טוב ראשון חוזר ומקריב חמש ביו"ט האחרון. קשיין אהדדי אלא לאו ש"מ כאן בסתם כאן במפרש ש"מ אתמר נמי משמיה דר' יוחנן לא שנו כיון שפסק שוב אינו מקריב אלא שלא גמר היום דאמרינן מדלא אקריב שיורי שיירינהו לזמן אחר ונעשו כדין נדרים ונדבות. אבל גמר היום חוזר ומקריב: **מתני'** מי שלא חגג ביו"ט הראשון חוגג והולך את כל הרגל כולו ויו"ט האחרון וגמרינן להו לתשלומין מדכתיב בחג וחגותם אותו חג לה' שבעת ימים בשנה חקת עולם וכתיב בחג המצות ובחג השבועות ובחג הסוכו' אשתכח דאתקוש להו כולהו להדדי. התינח הני יום שמיני של חג מנא ליה. א"ר יוחנן גמרינן ליה בג"ש נאמרה עצרת בשביעי של פסח. ונאמרה עצרת בשמיני של חג. מה שביעי של פסח יש לו תשלומין אף עצרת דחג יש לו תשלומין ואמרינן האי עצרת צריך להיות מופנה ומפורש במס' נדה פרק המפלת שצריך להיות מופנה כדי שתדין ממנו זה הדין שכל ג"ש שהיא מופנה בשני צדדין למידין ואין משיבין. ואע"פ שיש לה פרכא אין משיבין. ואם אינה זו העצרת כתובה בה מופנה. איכא למפרך מה לשביעי של פסח שכן אין חלוק מלפניו פי' כולן שבעת ימי הפסח קרבן אחד לכולן. קרבן של יום ראשון הוא קרבן לכל הימים. אבל שמונת ימי החג. יום הראשון י"ג פרים. ויום השני י"ב פרים הולכין ומתמעטין וביום השמיני פר אחד הנה חלוקים הן זה מזה. ואמרינן לאיי אפנויי מופנה כו'. ותנא מייתי ליה מהכא וחגותם אותו חג לה' שבעת ימים וגו' יכול יהא חוגג והולך כל שבעה ת"ל אותו. אותו כלומר יום ראשון אתה חוגג ואי אתה חוגג כל ז'. א"כ למה נאמר שבעה *) תשלומין זה לזה. פירוש ר' יוחנן סבר מי שנתחייב לחגיגה ביום הראשון ולא חג משלם כל שאר ימות החג ואם לא נתחייב בראשון כגון שהיה חולה וכיוצא בו שאינו מתחייב בחגיגה אע"ג דאתפח בשני פטור הוא. ור' אושעיא סבר כיון דאתפח בשני חייב לשלם בשאר הימים וכן כל ימות החג תשלומין הן זה לזה. א"ר זירא חיגר ביום ראשון ונתפשט בשני איכא בינייהו. ר' יוחנן סבר פטור כיון דלא חזי בראשון לא חזי בשני. ור' אושעיא סבר **) ולא יתכן זה שחלקו לו חזק' ור' יוחנן כשנטמא בלילה להעמידה בזב ונכוחים הן למבין. ומקשינן מי א"ר יוחנן הכי והאמר חזקיה נטמא ביום מביא. פי' נזיר שנטמא טומאת מת ועוד נטמא ביום שמיני לטומאתו הראשונה טומאת מת אחרת מביא ב' קרבנות נטמא בלילה אינו מביא. ר' יוחנן אמר אף בלילה נמי מביא והאי נזיר בליל שמיני שלו לא חזי לאתויי קרבן וקא"ר יוחנן חייב להביא קרבן אחר בתשלום ח' ימים להזהרתו. ואע"פ שלא נתחייב בעת טומאתו. ופריק ר' ירמיה שאני טומאה הואיל ואית לה תשלומין בפסח שני פירוש הלא מי שנטמא לילי י"ד בניסן או מקודם לכן לא נתחייב עדיין להקריב בפסח בעת טומאתו ואעפ"כ נתחייב באותו פסח להשלימה בי"ד באייר בפסח שני כך זה הנזיר וזה שאמרנו דמיירי בנזיר מפורש בכריתות פ' ארבעה מחוסרי כפרה בגמרא ונזיר שנטמא טומאות הרבה. ואוקימנא התם לר' יוסי ב"ר יהודה. ודלא כר' דתניא וקדש את ראשו ביום ההוא ביום הבאת קרבנותיו דברי רבי ר' יוסי בר"י אומר ביום תגלחתו. דאי ר' לא משתכחת לה נזיר שנטמא טומאות הרבה להיפטר בקרבן אחד ופריש הכי התם כיון דא' ר' נזירות דטהרה עד שמיני לא חיילא עליה אי דנטמא בשביעי וחזר ונטמא בשביעי אחר כולה טומאה אריכתא היא ולית הכא טומאות הרבה. ואי דנטמא בשמיני שלו וחזר ונטמא בשמיני

אחר

עין משפט נר מצוה

[עי' מהרש"א ותוס' יו"ט] [ועי' תוס' ב"ב פח: ד"ה אפשר תמצא טעם גדול למהרש"א ז"ל דבגזל של רבים איירו]

נג א מיי' פ"א מהלכות חגיגה הלכה ד:
נד ב מיי' שם הלכה ו:
נה ג מיי' שם הלכה ז:
נו ד מיי' שם הלכה ל ופ"ב הלכה ה:
נז ה מיי' שם פ"ב הלכה ה:

מסורת הש"ס

[לקמן יז. ברכות ב. ר"ה ד: מגילה ה. יומא ג.]
יבמות כב:
[לעיל ב. ערכין ב:]
[פסחים פ.]
[כריתות ח.]
[פסחים צג.]

הגהות הב"ח

(א) רש"י ד"ה והוליד ממזר וכו' זכרון לשונו לפיכך: (ב) ד"ה מאי תשלומין כילד הן תשלומין הס"ד ואח"כ מה"ד הג"ה ומאן דאמר תשלומין לראשון דריש מאותו ותגותם אותו ומ"ד תשלומין זה לזה דריש מאותו דסיפיה שבעת ימים תחוגו אותו כלומר האי אותו טפל בשבעה דכולן ראויין לו ע"כ הס"ד: (ג) ד"ה כולן תשלומין זה וכו' בימים שלפניו ליום ראשון וכו' תשלומין זה לזה הס"ד: (ד) ד"ה שאני הס"ד עם ד"ה הואיל ויש לה תשלומין כגון אילו נטמא בפסח ראשון מביא בפסח שני: (ה) תוס' ד"ה נאמר וכו' גמורה היא כדילפינן וכו' אלא לא שבת מהם הרי ז': (ו) בא"ד חג לה' שבעת ימים וכי ז' והלא ח' הם אלא לא מהן שבת: (ז) ד"ה כיון וכו' פשוט או דלמא כיון דהשתא לאו בר חיובא הוא לא מצי מייתי ליה הואיל ואינו בביאה לא הוי בהבאה ומיהו לרבי אושעיא כיון דתשלומין זה לזה לא מחייב הס"ד וכל"ל: (ח) ד"ה נטמא וכו' דבנטמא בשמיני מביא שכן יצא בשעה הראויה וכו' כמה טומאות בשביעי:

*) נראה דחסר כאן וצ"ל שבעה לתשלומין מאי תשלומין ר"י אמר תשלומין לראשון ור"א אמר תשלומין זה לזה וכו'. **) אינו מובן ואולי צ"ל סבר לחייב בשני ומקשינן מי אמר ר"י הכי והאמר חזקיה נטמא ביום מביא. לא יתכן וכו' ונכוחים הם למבין אלא הכי פירושו נזיר שנטמא וכו'.

תורה אור

שֵׁנִי תַּשְׁלוּמִין דְּרִאשׁוֹן הוּא. אֶלָּא לְמַאן דְּאָמַר *[א]שֵׁנִי רֶגֶל בִּפְנֵי עַצְמוֹ הוּא — מַאי אִיכָּא לְמֵימַר? אֶלָּא אָמַר רַב פַּפָּא: קָסָבַר רַבִּי יוֹחָנָן *לַיְלָה אֵינוֹ מְחוּסַּר זְמַן. וּמִי א"ר יוֹחָנָן הָכִי? *וְהָאָמַר רַבִּי יוֹחָנָן: [ב]רָאָה אַחַת בַּלַּיְלָה וּשְׁתַּיִם בַּיּוֹם — מֵבִיא, שְׁתַּיִם בַּלַּיְלָה וְאַחַת בַּיּוֹם — אֵינוֹ מֵבִיא. וְאִי ס"ד קָסָבַר רַבִּי יוֹחָנָן לַיְלָה אֵינוֹ מְחוּסַּר זְמַן, אֲפִילּוּ שְׁתַּיִם בַּלַּיְלָה וְאַחַת בַּיּוֹם מֵבִיא! כִּי קא"ר יוֹחָנָן — לְדִבְרֵי הָאוֹמֵר [ג]לַיְלָה מְחוּסַּר זְמַן. לְדִבְרֵי הָאוֹמֵר? פְּשִׁיטָא! שְׁתַּיִם בַּיּוֹם וְאַחַת בַּלַּיְלָה אִצְטְרִיכָא לֵיהּ, סָלְקָא דַּעְתָּךְ אָמֵינָא כְּאַתְקַפְתָּא דְּרַב שֵׁישָׁא בְּרֵיהּ דְּרַב אִידִי — קָא מַשְׁמַע לָן כִּדְרַב יוֹסֵף.§ עָבַר הָרֶגֶל וְלֹא חַג אֵינוֹ חַיָּיב בְּאַחֲרָיוּתוֹ, וְעַל זֶה נֶאֱמַר "מְעֻוָּת לֹא יוּכַל לִתְקֹן וְחֶסְרוֹן לֹא יוּכַל לְהִמָּנוֹת".§ אֲמַר לֵיהּ בַּר הֵי הֵי לְהִלֵּל: הַאי "לְהִימָּנוֹת"? לְהִמָּלְאוֹת מִיבְּעֵי לֵיהּ! אֶלָּא זֶה שֶׁמְּנָאוּהוּ חֲבֵירָיו לִדְבַר מִצְוָה וְהוּא לֹא נִמְנָה עִמָּהֶן. *תַּנְיָא נַמִי הָכִי: "מְעֻוָּת לֹא יוּכַל לִתְקֹן" — זֶה שֶׁבִּיטֵּל קְרִיאַת שְׁמַע שֶׁל שַׁחֲרִית, אוֹ קְרִיאַת שְׁמַע שֶׁל עַרְבִית, אוֹ [ד]שֶׁבִּיטֵּל תְּפִלָּה שֶׁל שַׁחֲרִית, אוֹ תְּפִלָּה שֶׁל עַרְבִית, "וְחֶסְרוֹן לֹא יוּכַל לְהִמָּנוֹת" — זֶה שֶׁנִּמְנוּ חֲבֵירָיו לִדְבַר מִצְוָה וְהוּא לֹא נִמְנָה עִמָּהֶן. אֲמַר לֵיהּ בַּר הֵי הֵי לְהִלֵּל: מַאי דִּכְתִיב: °"וְשַׁבְתֶּם וּרְאִיתֶם בֵּין צַדִּיק לְרָשָׁע בֵּין עוֹבֵד אֱלֹהִים לַאֲשֶׁר לֹא עֲבָדוֹ" (מלאכי ג), הַיְינוּ "צַדִּיק" הַיְינוּ "עוֹבֵד אֱלֹהִים", הַיְינוּ "רָשָׁע" הַיְינוּ "אֲשֶׁר לֹא עֲבָדוֹ"! אֲמַר לֵיהּ: "עֲבָדוֹ" וְ"לֹא עֲבָדוֹ" — תַּרְוַיְיהוּ צַדִּיקֵי גְּמוּרֵי נִינְהוּ. וְאֵינוֹ דּוֹמֶה שׁוֹנֶה פִּרְקוֹ *מֵאָה פְּעָמִים לְשׁוֹנֶה פִּרְקוֹ מֵאָה וְאֶחָד. אֲמַר לֵיהּ: וּמִשּׁוּם חַד זִימְנָא קָרֵי לֵיהּ "לֹא עֲבָדוֹ"? אֲמַר לֵיהּ: אִין, צֵא וּלְמַד מִשּׁוּק שֶׁל חַמָּרִין: עֲשָׂרָה פַּרְסֵי — בְּזוּזָא, חַד עֲשַׂר פַּרְסֵי — בִּתְרֵי זוּזֵי. אֲמַר לֵיהּ אֵלִיָּהוּ לְבַר הֵי הֵי וְא"ל לְר' אֶלְעָזָר: מַאי דִּכְתִיב °"הִנֵּה צְרַפְתִּיךָ וְלֹא בְכָסֶף בְּחַרְתִּיךָ בְּכוּר עֹנִי" (ישעיה מח) — מְלַמֵּד שֶׁחָזַר הַקָּדוֹשׁ בָּרוּךְ הוּא עַל כָּל מִדּוֹת טוֹבוֹת לִיתֵּן לְיִשְׂרָאֵל, וְלֹא מָצָא אֶלָּא עֲנִיּוּת. אֲמַר שְׁמוּאֵל וְאִיתֵּימָא רַב יוֹסֵף, הַיְינוּ דְּאָמְרִי אֱינָשֵׁי: יָאֶה עֲנִיּוּתָא לִיהוּדָאֵי כִּי בַּרְזָא סוּמָּקָא לְסוּסְיָא חִיוָּרָא.§ "ר' שִׁמְעוֹן בֶּן מְנַסְיָא אוֹמֵר: אֵי זֶה הוּא "מְעֻוָּת לֹא יוּכַל לִתְקֹן" — זֶה הַבָּא עַל הָעֶרְוָה וְהוֹלִיד מִמֶּנָּה מַמְזֵר וכו'".§ הוֹלִיד — אִין, לֹא הוֹלִיד — לָא? וְהָא תַּנְיָא, *"רַבִּי שִׁמְעוֹן בֶּן מְנַסְיָא אוֹמֵר: גּוֹנֵב אָדָם — אֶפְשָׁר שֶׁיַּחֲזִיר גְּנֵבוֹ וִיתַקֵּן, גּוֹזֵל אָדָם — אֶפְשָׁר שֶׁיַּחֲזִיר גְּזֵלוֹ וִיתַקֵּן, אֲבָל הַבָּא עַל אֵשֶׁת אִישׁ וַאֲסָרָהּ לְבַעְלָהּ — נִטְרָד מִן הָעוֹלָם וְהָלַךְ לוֹ. רַבִּי שִׁמְעוֹן בֶּן יוֹחַי אוֹמֵר: אֵין אוֹמֵר "בַּקְּרוּ גָּמָל", "בַּקְּרוּ חֲזִיר". אֶלָּא: "בַּקְּרוּ טָלֶה". וְאֵי זֶה — זֶה תַּלְמִיד חָכָם שֶׁפֵּירַשׁ מִן הַתּוֹרָה. רַבִּי יְהוּדָה בֶּן לָקִישׁ אָמַר: כָּל תַּלְמִיד חָכָם שֶׁפֵּירַשׁ מִן הַתּוֹרָה עָלָיו הַכָּתוּב אוֹמֵר: °"כְּצִפּוֹר נוֹדֶדֶת מִן קִנָּהּ כֵּן אִישׁ נוֹדֵד מִמְּקוֹמוֹ" (משלי כז), וְאוֹמֵר: °"מַה מָּצְאוּ אֲבוֹתֵיכֶם בִּי עָוֶל כִּי רָחֲקוּ מֵעָלָי" (ירמיה ב)"?! לָא קַשְׁיָא; כָּאן — בַּאֲחוֹתוֹ פְּנוּיָה, כָּאן — בְּאֵשֶׁת אִישׁ. וְאִי בָּעֵית אֵימָא: הָא וְהָא בְּאֵשֶׁת אִישׁ, וְלָא קַשְׁיָא; כָּאן בְּאוֹנֶס

אֶלָּא לְמ"ד רֶגֶל בִּפְנֵי עַצְמוֹ. וְעַכְשָׁיו אֵין לְךָ לִתְלוֹת טַעְמוֹ שֶׁל רַבִּי יוֹחָנָן בְּהוֹאִיל וְיֵשׁ לַטּוּמְאָה תַּשְׁלוּמִין לַשֵּׁנִי: קָסָבַר ר' יוֹחָנָן. אֵין חֶסְרוֹן זְמַן בְּמִי שֶׁהִגִּיעַ לֵילוֹ לְהַקְרִיב קָרְבְּנוֹתָיו מָחָר, הִלְכָּךְ מְחוּיָּיב הוּא בְּקָרְבָּן, אֶלָּא שֶׁהַלַּיְלָה מְעַכְּבוֹ מִלַּהֲבִיא אֲבָל חִגֵּר בְּיוֹם רִאשׁוֹן אֵין עָלָיו שׁוּם חוֹבַת רְאִיָּיה לְפִיכָךְ אֵין לוֹ עָלָיו תַּשְׁלוּמִין: וּמִי א"ר יוֹחָנָן. אֵין לַיְלָה מְחוּסַּר זְמַן, וְהָא"ר יוֹחָנָן: רָאָה אַחַת בַּלַּיְלָה. זָב שֶׁסָּפַר שִׁבְעָה נְקִיִּים כְּמִשְׁפָּטוֹ וְטָבַל וְהֶעֱרִיב שִׁמְשׁוֹ, וְחָזַר וְרָאָה אַחַת בַּלַּיְלָה וּשְׁתַּיִם לְמָחָר: מֵבִיא. קָרְבָּן עַל טוּמְאָה שְׁנִיָּיה זוֹ, לְבַד מִן הַקָּרְבָּן שֶׁיָּבִיא עַל הָרִאשׁוֹנָה. וְיָבִיא שְׁנֵי קָרְבָּנוֹת כְּשֶׁיִּטְהַר, הוֹאִיל וְלֹא רָאָה הַשְּׁנִיָּיה עַד שֶׁיָּצָא לְשָׁעָה שֶׁהִיא רְאוּיָה לְהָבִיא קָרְבָּן — יֵשׁ לוֹ תַּשְׁלוּמִין. וְאַף עַל הַשְּׁנִיָּיה יָבִיא, אע"פ שֶׁתְּחִילָּתָהּ בְּתוֹךְ זְמַן קָרְבַּן הָרִאשׁוֹנָה — לָא אָמְרִינַן חֲדָא טוּמְאָה הִיא. וּפֵי' רַב יוֹסֵף אֶת הַטַּעַם בְּמַסֶּ' כְּרֵיתוֹת, לְפִי שֶׁהָרְאִיָּיה רִאשׁוֹנָה שֶׁל זָב אֵינָהּ אֶלָּא כְּקֶרִי בְּעָלְמָא, וְכִי חָזֵי אִינָךְ לְמָחָר — מִצְטָרֶפֶת בַּהֲדַיְיהוּ. ה"נ, אע"פ שֶׁהָיְתָה רְאִיָּיה רִאשׁוֹנָה בְּתוֹךְ קָרְבָּן רִאשׁוֹן, כִּי הֲדַר חָזֵי אִינָךְ לְמָחָר — מִצְטָרְפִין בַּהֲדַיְיהוּ: וְאִי סָלְקָא דַּעְתָּךְ לַיְלָה אֵין מְחוּסַּר זְמַן. אֲפִילּוּ רָאָה שְׁלָשְׁתָּן בַּלַּיְלָה זֶה — כְּבָר יָצָא מִזְּמַן רִאשׁוֹן, וּשְׁתֵּי זִיבוֹת הֵן. אִי לָאו דִּסְבִירָא לֵיהּ לַיְלָה מְחוּסַּר זְמַן, הִלְכָּךְ אִם רָאָה שְׁתַּיִם בַּלַּיְלָה — הָוְיָא לָהּ זִיבָה אֲרִיכְתָּא: כִּי א"ר יוֹחָנָן. הַהִיא — לְדִבְרֵי הָאוֹמֵר לַיְלָה מְחוּסַּר זְמַן אֲמָרָהּ, אֲבָל לְדִידֵיהּ סְבִירָא לֵיהּ אֲפִילּוּ רָאָה כּוּלָּן בַּלַּיְלָה מֵבִיא: לְדִבְרֵי הָאוֹמֵר פְּשִׁיטָא. אִי אָמְרַתְּ בִּשְׁלָמָא טַעְמָא דְּנַפְשֵׁיהּ קָאָמַר — אַשְׁמְעִינַן בֵּיהּ דִּסְבִירָא לַיְלָה מְחוּסַּר זְמַן. אֶלָּא אִי לְדִבְרֵי הָאוֹמֵר כו' קָאָמַר — מַאי אַשְׁמְעִינַן בָּהּ? מַהוּ דְּתֵימָא כְּאַתְקַפְתָּא דְּרַב שֵׁישָׁא. דְּאַתְקֵיף בִּכְרֵיתוֹת עַל הַטַּעַם שֶׁנָּתַן רַב יוֹסֵף עַל הַדָּבָר, כְּמוֹ שֶׁפֵּירַשְׁתִּי לְמַעְלָה. תֵּדַע, דְּהָא רְאִיָּיה רִאשׁוֹנָה שֶׁל כָּל הַזָּבִים קֶרִי בְּעָלְמָא הוּא, וְכִי הֲדַר חָזֵי תַּרְתֵּי — מִצְטָרְפִין בַּהֲדַיְיהוּ, ה"נ לָא שְׁנָא. וּמַתְקִיף לָהּ רַב שֵׁישָׁא: מִי דָּמֵי? הָתָם — כּוּלְּהוּ בִּזְמַן חִיּוּבָא חֲזִינְהוּ, הָכָא — לָאו בִּזְמַן חִיּוּבָא דְּהַאי קָרְבָּן חֲזָיֵיהּ: לְהִמָּלְאוֹת מִיבָּעֵי לֵיהּ. אֲבָל חֶסְרוֹן נוֹפֵל לְשׁוֹן מִילּוּי, שֶׁחִסֵּר מִלְוָה אַחַת — לֹא יִתְמַלֵּא עוֹד חֶסְרוֹן זֶה מִשֶּׁחָסַר: שֶׁמִּינּוּהוּ חֲבֵירָיו לִדְבַר מִצְוָה. שֶׁאָמְרוּ לוֹ בֹּא עִמָּנוּ, וְלֹא הָלַךְ. נִמְצָא שֶׁחִסֵּר עַצְמוֹ מֵאוֹתוֹ מִנְיָן — לֹא יוּכַל לִימָּנוֹת עוֹד בְּאוֹתוֹ מִנְיָן, שֶׁכְּבָר עָשׂוּ אֶת הַמִּצְוָה: הַיְינוּ צַדִּיק הַיְינוּ עוֹבֵד אֱלֹהִים. מִי הוּא צַדִּיק וּמִי הוּא עוֹבֵד אֱלֹהִים? הֲלֹא אֶחָד הוּא! אֵינוֹ דּוֹמֶה שׁוֹנֶה פִּרְקוֹ כו'. אַף עַל פִּי שֶׁשְּׁנֵיהֶן צַדִּיקִים — לֹא עֲבָדוּהוּ בְּשָׁוֶה, שֶׁזֶּה עֲבָדוֹ יוֹתֵר: עֲשָׂרָה פַּרְסֵי. יַשְׂכִּיר לְךָ אָדָם חֲמוֹרוֹ בְּזוּז אֶחָד, שֶׁכְּבָר נָהֲגוּ כֵּן. וְאִם תֹּאמַר לוֹ לֵילֵךְ פַּרְסָה יוֹתֵר — יִשְׁאָלְךָ שְׁנֵי זוּזִים: צְרַפְתִּיךָ וְלֹא בְכָסֶף. וְלֹא בָּאֵשׁ כְּמוֹ שֶׁצּוֹרְפִים הַכֶּסֶף בָּאֵשׁ, אֶלָּא בְּחַרְתִּיךָ בְּכוּר עוֹנִי לְצוֹרְפוֹ בּוֹ. כּוּר הוּא הַחֶרֶס שֶׁצּוֹרְפִין בּוֹ: גֹּנֵב אָדָם. גְּנֵיבָה אֶפְשָׁר שֶׁיַּחֲזִירֶנָּה, וִיתַקֵּן: נִטְרַד מִן הָעוֹלָם. אֵין לוֹ עוֹד תְּשׁוּבָה, לְפִי שֶׁעָשָׂה דָּבָר שֶׁאֵין לוֹ רְפוּאָה: אֵין אוֹמֵר בַּקְּרוּ גָּמָל. זֶה לְקָרְבָּן, כְּלוֹמַר: מִי שֶׁהוּא מְעוּוָּת מִתְּחִילָּתוֹ — אֵין זֶה מְעוּוָּת: אֶלָּא בַּקְּרוּ טָלֶה. זֶה לְקָרְבָּן, שֶׁמָּא נָפַל בּוֹ מוּם וְנִתְקַלְקֵל. כָּךְ לְשׁוֹן קִלְקוּל נוֹפֵל בְּאָדָם שֶׁהָיָה טוֹב מִתְּחִילָּה: אֲחוֹתוֹ פְּנוּיָה. הוֹלִיד — אִין, לֹא הוֹלִיד — לָא: בְּאֵשֶׁת אִישׁ. בְּלֹא הוֹלִיד נַמִי יֵשׁ זִכָּרוֹן לַעֲוֹנוֹ, שֶׁאֲסָרָהּ עַל בַּעְלָהּ, לָא שְׁנָא אֲחוֹתוֹ וְלָא שְׁנָא נָכְרִית: בְּאוֹנֶס. לֹא אֲסָרָהּ עַל בַּעְלָהּ, לְפִיכָךְ: הוֹלִיד — אִין, לֹא הוֹלִיד — לָא:

בְּרָצוֹן

שני תשלומין דראשון הוא. היינו ר' נתן. אלא למ"ד שני רגל בפני עצמו הוא היינו רבי. ואע"ג דאית ליה תנא דמסייע ליה – פריך שפיר, דמסתמא לא פליג ארבי דהתם, דקי"ל *הלכה כרבי מחבירו. אבל לא מסתברא למימר דבעי לישנה ככולי עלמא: **או** תפלה של ערבית. אתיא כמ"ד תפלת ערבית חובה. ואפילו למ"ד רשות – בנכנס אין לנו לבטלה, אם לא ע"י אונס קצת, וכן משמע ההיא ד"תפלת השחר" (ברכות דף כו.): שכח ולא התפלל ערבית מתפלל שחרית שתים וכן (שם דף ל:) אם שכח ולא הזכיר של ר"ח בלילה – אין מחזירין אותו, לפי שאין מקדשין החדש בלילה. הא מקדשין – מחזירין, ולא מחלק כלל בין למ"ד רשות או בין למ"ד חובה, דמשמע דליכא מאן דפליג. וההיא דשבת (דף ט: ושם): אי שרא ליה הימייניה לא מטרחינן ליה, וכן בירושלמי: אי עלה למטתו לא ירד – היינו אונס קצת. ולא כפי' ה"ג, שפירש' דאף למ"ד רשות, אי שויה עליה חובה – הויא כחובה. והא ליתא, דמי לא עסקינן בהכי שכבר התפלל בשאר לילות – ואם היינו מפרשים שויה עליה חובה באותה לילה – יתכן ההיא דטעה ולא התפלל ר"ח בלילה. ובברכות הארכתי, *והבאתי ההיא דאמרו (יומא דף פז: ושם) דתפלת נעילה פוטרת של ערבית: **בר** הי הי להלל. יש מפרשים שגר היה, והיינו בן אברהם ושרה שנתוסף ה"א בשמן. וכן בג *בג דכולה הגמרא עולה ה':

כברזא סומקא. רצועה. ודומה לו: מעיקרא משכא והשתא אברזא (ב"ק דף סו:). ובב"ר *יש: יאי עניותא לברתיה דיעקב כערקתא סומקתא לסוסיא חורא:

כאן באחותו פנויה. משמע לישנא דפסיקא ליה, דיש ממזר מחייבי כריתות, מדנקט *אחותו טפי מכל שאר עריות. והיינו כשמעון התימני (*בקדושין בפרק האומר) (דף סח):

[עי' קדושין עד:]

אפילו

נח א מיי' פ"ה מהל' קרבן פסח הלכה א סמג עשין רנד:

נט ב מיי' פ"ג מהלכות מחוסרי כפרה הלכה ה:

ס ג מיי' שם הלכה ז:

סא ד מיי' פ"ג מהלכות תפלה הלכה ח טור ש"ע א"ח סי' קח ס"ז:

[עירובין מו:] [כריתות ח.]

עיין ברא"ש ברכות פ"ד סי' ב' ובתר"י ד"ה גמ' טעה ולא התפלל ונראה שדברי תוספות ברכות כו. ד"ה טעה חסרים שם ועירובים ביומא שם ד"ה והאמר רב

נראה שצ"ל דעולה הגימטרי' שלו ה'

[ריש פ' בחוקותי וכמ"ר שמיני פ' יג איתא בזה"ל בעזקתיה סומקתא דעל ליבי' דסוסיא חורא ע"ש]

ר"ל דכתיב בה כרת בהדיא

[נ"ל ביבמות מט.]

[פסחים נג.] [יומא כט: נזיר יח: זבחים יב. מנחות ק. כריתות ח.] ברכות כו.

נראה דצ"ל דר"ח טובד אלהים לאשר גימטריא ק"א ור"ח לא עבדו גימטרי' מאה הטעתק מחילופי גרסאות

[תוספ' פ"א]

רבינו חננאל

אחר. כיון דנטמא בשעה שהוא ראוי להביא בה קרבן חייב על כל אחת ואחת אלא ש"מ דלא כר' (אליעזר) ומקשה רב פפא אפירוקא דר' ירמיה הניחא לר' נתן דסבר פסח שני תשלומי דראשון הוא איכא לשנויי כדשנינן. אלא לר' דסבר פסח שני רגל בפני עצמו הוא. מאי אית לך למימר דברי ר' ור' נתן מפורשין בפסחים פרק מי שהיה טמא או בדרך רחוקה בתחלתו. (ופריק שאני טומאה דאית לה תשלומין בפסח שני). ונדחה דברי ר' ירמיה ומשני לילי שמיני [שאני דהוי] כאלו נטמא יום שמיני שלו ואמרינן עליה כי כבר נטמא בעת שנתחייב בה קרבן לפיכך משלימין בעת טהרתן. ומקשינן עליה דרב פפא ומי סבר ר' יוחנן לילה אין מחוסר זמן. והא"ר יוחנן בכריתות סוף פרק ראשון זב אם ראה ראייה אחת בלילה ושתים ביום שמיני שלו מביא קרבן אחר. שתים בלילה ואחת ביום שמיני שלו אינו מביא קרבן אחר. ואי ס"ד דר' יוחנן אמר לילה אינו מחוסר זמן אפילו שתים בלילה לילי שמיני ואחת ביום יביא דהא אמרת לר' יוחנן לילי שמיני כיום שמיני הוא ופריק רב פפא כי אמר ר' יוחנן שתים בלילה ואחת ביום אינו מביא לדברי האומר לילה מחוסר זמן ואמרינן הא פשוטה היא מאי אתא ר' יוחנן לאשמעינן. ופריק איצטריך למימר לן ראה ראייה אחת בלילה ושתים ביום מביא. מהו דתימא כיון דלילה מחוסר זמן הוא לא תצטרף הראשונה שראה בלילה בהדיה שתים שראה ביום כאתקפתא דרב ששא בריה דרב אידי התם כיון דלאו בזמן חיובא הוא לא תצטרף. אתא ר' יוחנן לאשמעינן כרב יוסף דאמר תדע דאע"ג דלאו בזמן חיובא חזייה לראשונה מצטרפא דהא ראייה ראשונה של זב שכבת זרע בעלמא הוא וכדחזי אחרנייתא מצטרפא בהדייהו. והא דרב ששא ודרב יוסף מיפרשא בכריתות סוף פרק ראשון ואיפכא התם: עבר הרגל ולא חגג אינו חייב באחריותו על זה נאמר מעוות לא יוכל לתקן וגו' זה שנמנו חביריו לדבר מצוה ולא נמנה עמהם. תניא נמי הכי מעוות לא יוכל לתקן זה שביטל ק"ש של שחרית או של ערבית. וחסרון לא יוכל להמנות זה שנמנו חביריו לדבר מצוה ולא נמנה הוא עמהם. א"ל בר הי הי להלל כתיב ושבתם וראיתם בין צדיק לרשע בין עובד אלהים לאשר לא עבדו היינו צדיק היינו עובד אלהים. א"ל הין. (א"ל) תרווייהו צדיקי נינהו. מיהו צדיק השונה פרקו ק' פעמים ועובד אלהים להשונה פרקו ק"א פעמים. ומשום פעם אחת יתירה היינו נקרא צדיק עובד אלהים. א"ל הין. ואתה למד דבר זה משכירות בהמות י' פרסי משכיר בזווא. ואם הן י"א פרסי בתרתי זוזי. א' אליהו לבר הי הי מאי דכתיב הנה צרפתיך ולא בכסף בחרתיך בכור עוני. חיזר הקב"ה על כל המדות ולא מצא נאה לישראל כעניות כדי שיהא לבם שבור וכוונתם לשמים ועיניהם תלויות לרחמיו וחסדיו. והיינו דאמרי אינשי יאי מסכנותא לישראל כברזא סומקא לסוסיא חוורא שגלוי וידוע לפני הקב"ה כשמרבין עושר בועטין בו שנאמר וישמן ישורון ויבעט וגו'. כרבם כן חטאו לי כבודם בקלון אמיר. הנני מחליף כבודם שהוא עושר. אחליף אותו בעניות שהוא קלון. ר' שמעון בן מנסיא אומר מעוות לא יוכל לתקן זה הבא על הערוה והוליד בן וכו' איני והא איהו דתני כיון שבא על אשת חבירו ואסרה על בעלה אין לו תקנה ואע"פ שלא הוליד. ופרקי' לא קשיא מתני' באחותו פנויה וכיוצא בה שאין ביאתו אוסרה על אחרים ויש לו תקנה בתשובה. אלא אם הוליד ממנה בן כי הוא ממזר לעולם אין לו תקנה.

ועוד

בָּאוֹנֶס, כָּאן – בְּרָצוֹן. וְאִיבָּעֵית אֵימָא: הָא וְהָא בְּאוֹנֶס, וְל"ק: כָּאן – בְּאֵשֶׁת כֹּהֵן, כָּאן – בְּאֵשֶׁת יִשְׂרָאֵל. "וְלַיּוֹצֵא וְלַבָּא אֵין שָׁלוֹם", אָמַר רַב: כֵּיוָן שֶׁיּוֹצֵא אָדָם מִדְּבַר הֲלָכָה לִדְבַר מִקְרָא – שׁוּב אֵין לוֹ שָׁלוֹם. וּשְׁמוּאֵל אָמַר: זֶה הַפּוֹרֵשׁ מִתַּלְמוּד לְמִשְׁנָה, וְר' יוֹחָנָן אָמַר: אֲפִילּוּ מִתַּלְמוּד לְתַלְמוּד.§ **מתני'** הֶיתֵּר נְדָרִים פּוֹרְחִין בָּאֲוִיר וְאֵין לָהֶם עַל מַה שֶּׁיִּסְמֹכוּ. הִלְכוֹת שַׁבָּת חֲגִיגוֹת וְהַמְּעִילוֹת – הֲרֵי הֵם כַּהֲרָרִים הַתְּלוּיִן בְּשַׂעֲרָה, שֶׁהֵן מִקְרָא מוּעָט וַהֲלָכוֹת מְרוּבּוֹת. הַדִּינִין וְהָעֲבוֹדוֹת, הַטְּהָרוֹת וְהַטֻּמְאוֹת, וַעֲרָיוֹת – יֵשׁ לָהֶן עַל מַה שֶּׁיִּסְמֹכוּ, וְהֵן הֵן גּוּפֵי תוֹרָה.§

גמ' תַּנְיָא, רַבִּי אֱלִיעֶזֶר אוֹמֵר: יֵשׁ לָהֶם עַל מַה שֶּׁיִּסְמֹכוּ, שֶׁנֶּאֱמַר: "כִּי יַפְלִיא" "כִּי יַפְלִיא" שְׁתֵּי פְּעָמִים, אַחַת הַפְלָאָה לְאִיסּוּר וְאַחַת הַפְלָאָה לְהֶיתֵּר. רַבִּי יְהוֹשֻׁעַ אוֹמֵר: יֵשׁ לָהֶם עַל מַה שֶּׁיִּסְמֹכוּ, שֶׁנֶּאֱמַר: "אֲשֶׁר נִשְׁבַּעְתִּי בְאַפִּי" – בְּאַפִּי *) נִשְׁבַּעְתִּי, וְחָזַרְתִּי בִּי. ר' יִצְחָק אוֹמֵר: יֵשׁ לָהֶם עַל מַה שֶּׁיִּסְמֹכוּ, שֶׁנֶּאֱמַר: "כֹּל נְדִיב לִבּוֹ". חֲנַנְיָה בֶּן אֲחִי רַבִּי יְהוֹשֻׁעַ אוֹמֵר: יֵשׁ לָהֶם עַל מַה שֶּׁיִּסְמֹכוּ, שֶׁנֶּאֱמַר: "נִשְׁבַּעְתִּי וָאֲקַיֵּמָה לִשְׁמֹר מִשְׁפְּטֵי צִדְקֶךָ". אָמַר רַב יְהוּדָה אָמַר שְׁמוּאֵל: אִי הֲוַאי הָתָם אֲמַרִי לְהוּ: דִּידִי עֲדִיפָא מִדִּידְכוּ, שֶׁנֶּאֱמַר: "לֹא יַחֵל דְּבָרוֹ" – הוּא אֵינוֹ מוֹחֵל, אֲבָל אֲחֵרִים מוֹחֲלִין לוֹ. אָמַר רָבָא: לְכוּלְּהוּ אִית לְהוּ פִּירְכָא, לְבַר מִדִּשְׁמוּאֵל דְּלֵית לֵיהּ פִּירְכָא. דְּאִי מִדְּר' אֱלִיעֶזֶר – דִּלְמָא כִּדְרַבִּי יְהוּדָה שֶׁאָמַר מִשּׁוּם ר' טַרְפוֹן. דְּתַנְיָא, רַבִּי יְהוּדָה אוֹמֵר מִשּׁוּם רַבִּי טַרְפוֹן: לְעוֹלָם אֵין אֶחָד מֵהֶם נָזִיר, שֶׁלֹּא נִיתְּנָה נְזִירוּת אֶלָּא לְהַפְלָאָה. אִי מִדְּר' יְהוֹשֻׁעַ – דִּלְמָא הָכִי קָאָמַר: בְּאַפִּי נִשְׁבַּעְתִּי וְלָא הֲדַרְנָא בִּי. אִי מִדְּרַבִּי יִצְחָק – דִּלְמָא לְאַפּוֹקֵי מִדִּשְׁמוּאֵל. דְּאָמַר שְׁמוּאֵל: [א] גָּמַר בְּלִבּוֹ – צָרִיךְ שֶׁיּוֹצִיא בִּשְׂפָתָיו, וְהָא קָא מַשְׁמַע לָן: דְּאע"ג דְּלָא הוֹצִיא בִּשְׂפָתָיו. אִי מִדַּחֲנַנְיָה בֶּן אֲחִי רַבִּי יְהוֹשֻׁעַ – דִּלְמָא כְּרַב גִּידֵּל אָמַר רַב. דְּאָמַר רַב גִּידֵּל אָמַר רַב: [ב] מִנַּיִן שֶׁנִּשְׁבָּעִין לְקַיֵּים אֶת הַמִּצְוָה – שֶׁנֶּאֱמַר: "נִשְׁבַּעְתִּי וָאֲקַיֵּמָה לִשְׁמוֹר מִשְׁפְּטֵי צִדְקֶךָ". אֶלָּא דִּשְׁמוּאֵל לֵית לֵיהּ פִּירְכָא. אָמַר רָבָא וְאִיתֵּימָא רַב נַחְמָן בַּר יִצְחָק: הַיְינוּ דְּאָמְרִי אֱינָשֵׁי: טָבָא חֲדָא פִּלְפַּלְתָּא חֲרִיפְתָּא מִמְּלֵי צַנָּא דְּקָרֵי.§ "הִלְכוֹת שַׁבָּת".§ מִיכְתַּב כְּתִיבָן! לָא צְרִיכָא, לִכְדְר' אַבָּא. דְּאָמַר רַבִּי אַבָּא: הַחוֹפֵר [ג] גּוּמָּא בְּשַׁבָּת וְאֵין צָרִיךְ אֶלָּא לַעֲפָרָהּ – פָּטוּר עָלֶיהָ. כְּמַאן, כְּרַבִּי שִׁמְעוֹן, דְּאָמַר: מְלָאכָה שֶׁאֵינָהּ צְרִיכָה לְגוּפָהּ פָּטוּר עָלֶיהָ. אֲפִילּוּ תֵּימָא לְרַבִּי יְהוּדָה, הָתָם – מְתַקֵּן, הָכָא – מְקַלְקֵל הוּא. מַאי כַּהֲרָרִין הַתְּלוּיִן בְּשַׂעֲרָה? מְלֶאכֶת

*) [בהלכות דר"נ פ' לו אמר ר' יהושע בעצמו כן ע"ש]

בְּרָצוֹן. אֲסוּרָה עַל בַּעֲלָהּ: אֵשֶׁת כֹּהֵן. אֲפִילּוּ בְּאוֹנֶס אֲסוּרָה לְבַעֲלָהּ, בִּכְתוּבּוֹת (דף נא:*): "וְהִיא לֹא נִתְפָּשָׂה" – אֲסוּרָה, הָא נִתְפָּשָׂה – מוּתֶּרֶת, וְאֵי זוֹ – זוֹ אֵשֶׁת יִשְׂרָאֵל. וּמִדִּכְתִיב "הִיא" – מִיעוּטָא הָוֵי, לוֹמַר: יֵשׁ לְךָ אַחֶרֶת, שֶׁאע"פ שֶׁנִּתְפָּשָׂה אֲסוּרָה, וְאֵי זוֹ – זוֹ אֵשֶׁת כֹּהֵן: וְלַיּוֹצֵא וְלַבָּא אֵין שָׁלוֹם. מִקְרָא הוּא בִּזְכַרְיָה, וּדְרָשׁוּהוּ כָּאן לְיוֹצֵא מִן הַתּוֹרָה וּבָא לוֹ לִדְבָרִים אֲחֵרִים: שֶׁיּוֹצֵא אָדָם מִדְּבַר הֲלָכָה לִדְבַר מִקְרָא שׁוּב אֵין לוֹ שָׁלוֹם. שֶׁאֵין הוֹרָאָה מִדְּבַר מִקְרָא, שֶׁהַמִּשְׁנָה מְפָרֶשֶׁת סְתִימַת הַתּוֹרָה: מִתַּלְמוּד לְמִשְׁנָה. אִם שִׁמֵּשׁ אֶת הַחֲכָמִים שֶׁהֵן מְדַקְדְּקִין לִיתֵּן טַעַם מִשְׁנִיּוֹת, לְהָבִין הַמִּשְׁנִיּוֹת הַסּוֹתְרוֹת זוֹ אֶת זוֹ וְלִמְצוֹא טַעַם לְפָטוּר וּלְחוֹבָה, לְאִיסּוּר וּלְהֶיתֵּר. שֶׁהַמִּשְׁנָה זוֹ קְרוּי תַּלְמוּד, וְאִם יָצָא מֵהֶן וְנָתַן עִסְקוֹ לִגְירְסַת הַמִּשְׁנִיּוֹת – שׁוּב אֵין לוֹ שָׁלוֹם בִּדְבַר הוֹרָאָה, שֶׁאֵין הוֹרָאָה נְכוֹנָה בִּדְבַר מִשְׁנָה. שֶׁכַּמָּה מִשְׁנִיּוֹת יֵשׁ שֶׁאֵין דִּבְרֵיהֶן מְכוּוָּנִין וְתֵירְצוּם בְּנֵי הַתַּלְמוּד: הָכָא בְּמַאי עָסְקִינַן, חַסּוּרֵי מִחַסְּרָא, הָא מַנִּי רַבִּי פְּלוֹנִי הִיא וְאֵין הֲלָכָה כְּמוֹתוֹ: **אֲפִילּוּ** מִתַּלְמוּד לְתַלְמוּד. מִתַּלְמוּד יְרוּשַׁלְמִי לְתַלְמוּד בַּבְלִי שֶׁהוּא עָמוֹק, כִּדְאָמְרִינַן בְּסַנְהֶדְרִין (דף כד.): "בְּמַחֲשַׁכִּים הוֹשִׁיבַנִי כְּמֵתֵי עוֹלָם" – זוֹ תַּלְמוּד שֶׁל בָּבֶל: **מתני'** הֶיתֵּר נְדָרִים פּוֹרְחִים בָּאֲוִיר. הַתָּרַת נְדָרִים שֶׁאָמְרוּ חֲכָמִים, שֶׁהֶחָכָם מַתִּיר אֶת הַנֶּדֶר – מְעַט רֶמֶז יֵשׁ בַּמִּקְרָא, וְאֵין עַל מַה לִסְמוֹךְ, אֶלָּא שֶׁכֵּן מָסוּר לַחֲכָמִים בַּתּוֹרָה שֶׁבְּעַל פֶּה: הִלְכוֹת שַׁבָּת, וְהִלְכוֹת חֲגִיגָה, הִלְכוֹת מְעִילוֹת. יֵשׁ בָּהֵן הֲלָכוֹת שֶׁהֵן תְּלוּיוֹת בְּרֶמֶז, מִקְרָא מוּעָט: כַּהֲרָרִין הַתְּלוּיִם. בְּשַׂעֲרוֹת רֹאשׁ: וְהָעֲבוֹדוֹת. הִלְכוֹת עֲבוֹדַת קָרְבָּן: וְהָעֲרָיוֹת. עֶרְוָה: הֵן הֵן גּוּפֵי תוֹרָה. בַּגְּמָרָא פָּרֵיךְ: אַטּוּ הָנָךְ לָאו גּוּפֵי תוֹרָה נִינְהוּ?!

גמ' כִּי יַפְלִיא שְׁתֵּי פְּעָמִים. אֶחָד בַּעֲרָכִין וְאֶחָד בְּנָזִיר: "כִּי יַפְלִיא נֶדֶר בְּעֶרְכְּךָ", "כִּי יַפְלִיא לִנְדּוֹר נֶדֶר נָזִיר": אַחַת הַפְלָאָה לְאִיסּוּר. כּוּלֵּיהּ הַפְלָאָה לְשׁוֹן פֵּירוּשׁ, כְּתַרְגּוּמוֹ (א) "אֲרֵי יַפְרֵישׁ", וְלָמָּה כָּתַב הַפְלָאָה בִּשְׁנֵיהֶן? אַחַת כְּשֶׁפֵּירֵשׁ וְנָדַר וְאָסַר עַצְמוֹ בְּנֶדֶר, וְאַחַת שֶׁחוֹזֵר וּמְפָרֵשׁ לִפְנֵי הֶחָכָם, וְאוֹמֵר: כֵּן נָדַרְתִּי, וּלְדַעַת כֵּן נָדַרְתִּי, אֲבָל לְדַעַת כֵּן לֹא נָדַרְתִּי. וַהֲרֵי הוּא בָּא לִידֵי חֲרָטָה, וּמִתּוֹךְ כָּךְ בָּא לִידֵי הֶיתֵּר: נִשְׁבַּעְתִּי בְּאַפִּי. מִדְּקָאָמַר "בְּאַפִּי" מַשְׁמַע: יָכוֹל אֲנִי לִישָּׁאֵל עָלָיו, לְפִי שֶׁמֵּחֲמַת אַפִּי וְלֹא מִדַּעַת מְיוּשֶּׁבֶת נִשְׁבַּעְתִּי. יֵשׁ לִלְמוֹד מִכָּאן, שֶׁהַשּׁוֹאֵל פֶּתַח לְנִדְרוֹ, לֵאמַר לֹא לְדַעַת כֵּן נָדַרְתִּי שֶׁיִּקְרֵנִי דָּבָר זֶה שֶׁאֲנִי רוֹאֶה הַבָּא לִי ע"י נִדְרִי – מַתִּירִין לוֹ: כֹּל נְדִיב לִבּוֹ הֱבִיאוּ. אִם עוֹדֶנּוּ לִבּוֹ נוֹדְבוֹ עָלָיו – יְבִיאוֹ, וְאִם מִתְחָרֵט – יַתִּירוּ לוֹ: נִשְׁבַּעְתִּי וָאֲקַיֵּמָה לִשְׁמוֹר מִשְׁפְּטֵי צִדְקֶךָ. מִדְּקָאָמַר "וָאֲקַיֵּמָה", מִכְּלָל דְּאִם רָצָה שֶׁלֹּא לְקַיֵּים – מַתִּירִין לוֹ: אִי מִדְּרַבִּי אֱלִיעֶזֶר. דְּדָרֵישׁ הַפְלָאָה יְתֵירְתָא: דִּלְמָא. לִכְדְרַבִּי טַרְפוֹן אָתָא: אֵין אֶחָד מֵהֶן נָזִיר. ב' שֶׁהָיוּ יוֹשְׁבִין, וּבָא אֶחָד לִפְנֵיהֶם, וְאָמַר אֶחָד: הֲרֵינִי נָזִיר שֶׁזֶּה הַבָּא אֶלָּנוּ נָזִיר הוּא, וַחֲבֵירוֹ אוֹמֵר: הֲרֵינִי נָזִיר שֶׁאֵינוֹ נָזִיר, וּלְבַסּוֹף נִמְצָא כְּאֶחָד מֵהֶן – אֵין אֶחָד מֵהֶן נָזִיר. לְפִי שֶׁלֹּא נִיתְּנָה נְזִירוּת לִהְיוֹת נָזִיר בִּתְלָיָיה וּבְסָפֵק, אֶלָּא בְּהַפְלָאָה וַדָּאִית מְפוֹרֶשֶׁת: גָּמַר בְּלִבּוֹ. שְׁבוּעָה אוֹ נֶדֶר אוֹ הֶקְדֵּשׁ: שֶׁנִּשְׁבָּעִין לְקַיֵּים הַמִּצְוָה. כְּלוֹמַר מִצְוָה שֶׁיְּהֵא אָדָם נִשְׁבָּע לְקַיֵּים מִצְוָה כְּדֵי שֶׁיְּמַהֵר וְיִזְדָּרֵז לְקַיְּימָהּ: פִּלְפַּלְתָּא. גַּרְעִין אֶחָד שֶׁל פִּלְפֵּל: מִיכְתַּב כְּתִיבָן. טוּבָא אַזְהָרוֹת כְּתִיבֵי בְּשַׁבָּת, מַאי מִקְרָא מוּעָט דְּקָאָמַר מַתְנִיתִין? לָא נִצְרְכָא כו'. דָּבָר זֶה וְכַיּוֹצֵא בּוֹ, רֶמֶז מוּעָט יֵשׁ לוֹ לִלְמוֹד מִן הַתּוֹרָה: חוֹפֵר גּוּמָּא. בּוֹנֶה בִּנְיָן הוּא, וְאִם אֵינוֹ צָרִיךְ לָהּ אֶלָּא לִיטּוֹל אֶת הֶעָפָר, אַף עַל פִּי שֶׁהַבִּנְיָן בָּנוּי – אֵינוֹ חַיָּיב מִשּׁוּם בּוֹנֶה: שֶׁאֵינָהּ צְרִיכָה לְגוּפָהּ. כְּגוֹן (ב) זֶה שֶׁאֵינוֹ צָרִיךְ לְבִנְיָן זֶה. וְרַבִּי שִׁמְעוֹן אָמַר מִילְּתֵיהּ גַּבֵּי מוֹצִיא אֶת הַמֵּת בַּמִּטָּה לְקוֹבְרוֹ בְּשַׁבָּת (שבת דף צג:), וְקָאָמַר רַבִּי שִׁמְעוֹן: פָּטוּר עַל הוֹצָאָה זוֹ, שֶׁבִּרְצוֹנוֹ לֹא הָיְתָה בָּאָה אֵלָיו, וְלֹא הָיָה צָרִיךְ לָהּ: אֲפִילּוּ תֵּימָא לר' יְהוּדָה. דִּפְלִיג עֲלֵיהּ, מוֹדֶה בְּהַךְ גּוּמָּא. דְּאִלּוּ הָתָם הַקּוֹבֵר אֶת הַמֵּת – מְתַקֵּן הוּא, וְהַאי חוֹפֵר גּוּמָּא – מְקַלְקֵל הוּא אֶת חֲצֵרוֹ: וּמַאי כַּהֲרָרִין. דְּקָאָמַר בְּמַתְנִיתִין, דְּמַשְׁמַע שֶׁיֵּשׁ קְצָת רֶמֶז מִן הַתּוֹרָה לְלַמֵּד זֶה, וּמַהוּ הָרֶמֶז? מְלֶאכֶת

אפילו מתלמוד לתלמוד. מתלמוד ירושלמי לתלמוד בבלי כדפירש רש"י. *וכן אמר בירושלמי: "במחשכים הושיבני כמתי עולם" – אלו תלמוד הבבלי. וכן (*רב כהנא) דהוה לייט דלישתכח מיניה תלמוד הבבלי, ומיהו, אפילו איפכא י"ל, והכי פירושו: שפירש מזה ועדיין לא הבין בזה, שמתוך כך לא יעלה בידו הלכה ברורה: **דלמא** כרבי יהודה. משמע דחשיב ליה פירכא מה שמצריך הכתוב לדרשה אחריתי. ואילו בפ"ק דמגילה (דף ז.) גבי אסתר ברוח הקדש נאמרה, קאמר שמואל, משום דכתיב: "קיימו וקבלו" – קיימו למעלה מה שקבלו למטה. וקאמר התלמוד דלית ליה פירכא ואילו בשבת בפ' "ר' עקיבא" (דף פח. ושם) דרשינן מיניה: קיימו מה שקבלו כבר, דקבלו התורה ברצון בימי אחשורוש! ואמר הר"י: דלאו קושיא היא, דהתם מפיק לה מדשני לה בדבוריה, דליכתוב "קיימו וקיימו" או "קבלו וקבלו", אלא ודאי תרתי שמע מינה: **באפי** נשבעתי ולא הדרנא בי. והקשה הר"ר אלחנן: דעל כרחך קרא בהכי מיירי, מדכתיב: "נשבעתי באפי אם יבואון אל מנוחתי" ודרשינן מינה (ג) גבי דור המדבר שלא באו לארץ! ותירץ לו הר"י: דהאי קרא לאו בביאת ארץ משתעי, אלא בחלק לעולם הבא (ד). ומלינו תנא *) דאמר ב"חלק" (סנהדרין דף קי:): "דור המדבר יש להם חלק לעוה"ב" א"כ איכא למידרש: והדרנא בי: **לאפוקי** מדשמואל דאמר שמואל גמר בלבו צריך שיוציא בשפתיו. לאו משום דלית ליה לשמואל גמר בלבו, דהא קרא כתיב. אלא מוקי לקדשים (ה) (שהביאו) בעזרה הוא דכתיב האי קרא, וגבי קדשים כתיב: "וכל נדיב לב עולות" (דה"ב כט) ושמואל מודה לה שפיר, ומקשי מינה לשמואל מהאי קרא, ומשני לה פרק ג' דשבועות (דף כו: ושם). וכי תימא ניליף מינה – משום דהוה ליה תרומה, ר"ל: תרומת מלאכת המשכן כתיב ביה "כל נדיב לבו" וקדשים שני כתובים הבאין כאחד, ואין מלמדים: **לקיים** מצות. דצריך להזכיר שם שמים, כדי לזרוזי נפשיה: **לשמואל** לית ליה פירכא. והא דדרשינן פ"ב דנדרים (דף טז:): אבל מיחל הוא חפצי שמים – התם מ"דברו" נפקי ליה: **לכדרבי** אבא. ה"ה לשאר מקלקלים דפטורין הוה מצי למימר, אלא רבותא קמ"ל: דאע"ג דצריך לעפר – מיפטר, כיון דלא צריך לגומא: מלאכת

*) [עי' תוס' ב"ב עד. ד"ה ועכשיו]

רבינו חננאל

ועוד אם אנס אשת איש ישראל לא אסרה על בעלה ואם הוליד בן אין לו תקנה אבל אשת כהן אפילו אנסה אסרה על בעלה. רשב"א אין נקרא מעוות אלא מי שהיה מתוקן ונתעוות ואיזה זה ת"ח שפירש מן התורה. אין אומרים בקרו גמל בקרו חזיר אלא בקרו טלה שעיקרו כשר וטהור. כך ת"ח שפירש. וליוצא ולבא אין שלום מן הצר. אמר רב כיון שאדם יוצא מדבר הלכה אין לו שלום. ושמואל אמר זה היוצא מן התלמוד למשנה. ור' יוחנן אמר אפילו יוצא מתלמוד בבלי לתלמוד א"י אין שלום שאין דרכיהן אחת: **ירושלמי** ר' הונא ור' ירמיה בשם שמואל מצאנו שויתר הקב"ה על ע"ז וג"ע וש"ד ועל עזיבת התורה לא ויתר. שנא' על מה אבדה הארץ וגו' ויאמר ה' על עזבם את תורתי וגו'. נמנו וגמרו התלמוד קודם למעשה חדא דאת אמר בשיש מי שיעשה אבל אין שם מי שיעשה המעשה קודם. כי הא דאמר לון ר' אלעזר לר' חייא ולר' יוסי ולר' אמי אן הויתון יומא דין אמרין ליה אזלינן לגמול חסד. אמר לון ולא הוה אחרינין למגמל הדא חסד. אמרו ליה מגור הוה. כלומר אכסנאי הוה: [מתני'] התרת נדרים פורחים באויר ואין להם על מה שיסמכו. תניא ר' אליעזר אומר יש להן. כלומר יש לו ראיה מן התורה שיש לו רשות להתיר נדרים ואינם כעופות הפורחות באויר כאשר שנינו במשנתנו. מנא לן שנא' כי יפליא ב' פעמים אחת הפלאה לאיסור ואחת הפלאה להיתר ר' יהושע אומר מהכא אשר נשבעתי באפי וחזרתי ש"מ שיש היתר לשבועות כו' ודחינן להני כולהו דלמא ההפלאה היתירה לרבויי הא אתאי דתניא ר' יהודה אומר משום ר"ט אין אחד מהן נזיר. לפי שלא נתנה נזירות אלא להפלאה כדכתיב (שמות ח) והפליתי ביום ההוא. כלומר דבר הידוע בודאי ובבירור כך תהיה ההפלאה שמתחייב בה הוא ור' יהושע נמי דלמא לחזוקה לשבועה קאמר אשר נשבעתי באפי מרוב הכעס שהכעיסוני יחרה אפי בהן ואינו להקל כדרך חרטה. והא דר' יצחק נמי אפקוה מכל נדיב לב דאלמא הדבר תלוי בלב וכל דבר שאינו בכוון לב כמי שאינו הוא. דלמא האי קרא לכדשמואל הוא דאתא דאמר גמר בלבו צריך להוציא בשפתיו שאע"פ שכל המצות תלויות בהסכמת לב כדכתיב למען תפוש את ישראל בלבם. שבועה ואיסור אינו תלויה אלא במבטא שפתים. והא דחנניה בן אחי ר' יהושע דדייק מנשבעתי ואקימה. מכלל שיש דרך שלא לקיים דלמא כדרב גידל אמר רב ולהודיע כי הנשבע לקיים מצוה שבועה חלה עליו שנאמר נשבעתי ואקימה לשמור משפטי צדקך. מכלל שיש שבועה אחרת שאינו חייב לקיימה כגון הנשבע לבטל את המצוה. אבל הא דאמר שמואל לא יחל דברו. ודייק מכדי כתיב ככל היוצא מפיו יעשה הוה ליה למכתב ולא יעבור דברו. לא יחל דברו למה לי אלא ללמד שכגון זה יש לו חילול והוא לא יחל לעצמו. אבל אחרים מחילין לו. האי מלתא דשמואל לית בה פרכא. ורבינא דהוא בתרא הווה להא דשמואל! **ירושלמי** רבי מניחיה לרב להתיר נדרים ולראות כתמים ולדון יחידי מן דדמך ר' בעא מר"ג בריה למנוייה נמי בראיית מומי בכורות. א"ל איני מוסיף לך על מה שנתן לך אבא ואע"ג דממנין זקנים לדברים יחידים והוא שיהא ראוי לכל הדברים כהדא ריב"ל מני לתלמידוי. והוה מצטער על חד דהוה ולא הוה יכול ממנותיה וימניניה לדברים יחידים. כלומר לשאר דברים דגמיר להו הדא אמרה הראוי לכל הדברים ממנין אותו לדברים יחידים ושאינו בקי בכל הדברים אין ממנין אותו אפילו לדברים יחידים. ר' יהודה נשיאה כתב איגרתה דייקר בחוצה לארץ לר' חייא בר אבא וכתב להו הרי שלחנו אליכם אדם גדול. ומה היא גדולתו שאינו בוש לומר לא שמעתי מהו להתעטף בפילונם ולהתיר נדרים ופשטוה מותר במקום שאין טלית: הלכות שבת. ומקשינן הלכות שבת והלא כתוב בתורה שאסור במלאכה. ופרקינן צריכא להלכות להא דאשכחן דאתעבידנא מלאכה דהוא פטור עליה. כדר' אבא. דאמר ר' אבא החופר

עין משפט נר מצוה

סב א מיי' פ"ב מהל' שבועות הלכה י ופ"ג מהלכות נדרים הלכה ב טוש"ע י"ד סי' רי סעיף א וסי' רלט סעיף ח:

סג ב מיי' פ"א מהלכות שבועות הלכה ג:

סד ג מיי' פ"א מהל' שבת הלכה יז:

[וכן בסנהדרין כד.] [נ"ל רבי זירא ב"מ פה.]

מסורת הש"ס

[וביבמות נו:] [סנהדרין לח. לע"ק] [נזיר סב.] [שם] סנהדרין קי: ברכות לג. [יומא פה: מגילה ז.] נזיר לד. סב. סנהדרין כה. שבועות כו. [נדרים יט: כח.] שבועות כו: [נדרים ז: תמורה ג:] יומא פה: מגילה ז. [נ"ל אלא לכדרבי אבא] שבת עג: ביצה ח. [שבת עג: וש"נ]

זכריה ח | ויקרא כז | במדבר ו | תהלים צה | שמות לה | תהלים קיט | במדבר ל

הגהות הב"ח

(א) רש"י ד"ה אחת הפלאה וכו' כתרגומו אֲרֵי יַפְרֵשׁ: (ב) ד"ה שאינה צריכה לגופה כגון מלאכה זאת שאינו: (ג) תוס' ד"ה באפי וכו' ודרשינן מיניה לדור המדבר כצ"ל ותיבת גבי נמחק: (ד) בא"ד לעולם הבא ותדע דהא מליגו תנא וכו' א"כ צריך למידרש והדרנא בי. נ"ב והכי איתא התם להדיא דר"א דאמר יש להם חלק לעוה"ב דריש נשבעתי וחוזרני בי: (ה) ד"ה לאפוקי וכו' אלא מוקי לה לקדשים דבעזרה הוא דכתיב האי קרא גבי קדשים וכל נדיב לב עולות וכו' ומשני לה הכי פ' ג' דשבועות וקאמר התם וניליף מינה וכו' דכתיב ביה כל נדיב לב הביאו וקדשים. נ"ב ונ"ל לפרש הא דקאמר הכא לאפוקי מדשמואל משמע דקרא לכל נדיב לב יליף אף בחולין ולאפוקי מדשמואל דאמר [דלא משמע מיניה אלא קדשים]:

סה א מיי' פ"א מהל' שבת הלכה ט:
סו ב מיי' פ"ז מהלכות מעילה הלכה א:
סז ג מיי' פ"ד מהלכות תרומות הלכה א טוש"ע י"ד סי' שלא סעיף כט:
סח ד מיי' פ"ז מהלכות מעילה הלכה ה:
סט ה מיי' שם פ"ו הלכה ז:

*א מלאכת מחשבת אסרה תורה, ומלאכת מחשבת לא כתיבא.§ "חגיגות".§ מיכתב כתיבן! לא צריכא, לכדאמר ליה רב פפא לאביי: ממאי דהאי "וחגותם אותו חג לה'" זביחה? דלמא חוגו חגא קאמר רחמנא! אלא מעתה, דכתיב: "ויחוגו לי במדבר" (שמות ה) הכי נמי דחוגו חגא הוא? וכי תימא הכי נמי — והכתיב: "ויאמר (שם י) משה גם אתה תתן בידינו זבחים ועולות"! דלמא הכי קאמר רחמנא: אכלו ושתו וחוגו חגא קמאי. לא סלקא דעתך, דכתיב: "ולא ילין (שם כג) חלב חגי עד בקר", ואי סלקא דעתך דחוגא (א) הוא — תרבא לחגא אית ליה?! ודלמא הכי קאמר רחמנא: חלב הבא בזמן חג — לא ילין? אלא מעתה: הבא בזמן חג — הוא דלא ילין, הא דכל השנה כולה ילין? "כל הלילה עד הבקר" (ויקרא ו) כתיב! דלמא, אי מההוא הוה אמינא: ההוא לעשה, כתב רחמנא האי ללאו! ללאו כתב קרא אחרינא: "ולא ילין מן הבשר אשר (דברים טז) תזבח בערב ביום הראשון לבקר". ודלמא לעבור עליו בשני לאוין ועשה! אלא: אתיא "מדבר" "מדבר". כתיב הכא: "ויחוגו לי במדבר", וכתיב התם: "הזבחים ומנחה הגשתם לי (עמוס ה) במדבר", מה להלן זבחים — אף כאן זבחים, ומאי כהררין התלויין בשערה — *דברי תורה מדברי קבלה לא ילפינן.§ "מעילות".§ מיכתב כתיבן! אמר רמי בר חמא: לא נצרכא אלא לכדתנן: *ב השליח שעשה שליחותו — בעל הבית מעל, לא עשה שליחותו — שליח מעל. וכי עשה שליחותו אמאי מעל? וכי זה חוטא וזה מתחייב?! היינו כהררין התלויין בשערה. אמר רבא: ומאי קושיא? דלמא שאני מעילה, דילפא "חטא" "חטא" מתרומה, מה התם *ג שלוחו של אדם כמותו — אף כאן שלוחו של אדם כמותו? אלא אמר רבא: לא נצרכא אלא לכדתניא*: ד נזכר בעל הבית ולא נזכר שליח — שליח מעל. שליח עניא מאי עביד? היינו כהררין התלויין בשערה. אמר רב אשי: מאי קושיא, דלמא מידי דהוה אמוציא מעות הקדש לחולין? אלא אמר רב אשי: לא נצרכא אלא לכדתנן: *נטל אבן או קורה של הקדש — הרי זה לא מעל, נתנה לחבירו — הוא מעל, וחבירו לא מעל. מכדי מישקל שקלה, מה לי הוא *ומה לי חבירו? היינו כהררין התלויין בשערה. ומאי קושיא, דלמא כדשמואל, דאמר שמואל: *ה הבא בגזבר

מלאכת מחשבת. שהמחשבה חשבה בדעתו ונתכוון לה, וזה לא נתכוון לה לבנין זה — לפיכך פטור. וזהו רמז מועט, דאילו מלאכת מחשבת בשבת לא כתיבא, אלא במשכן הוא דכתיב. ולפי שסמך בפרשת "ויקהל" פרשת שבת לפרשת משכן — אנו למדין מלאכת מחשבת לשבת: מיכתב כתיבן. כדאמרינן לעיל מ"וחגותם אותו": חוגו חגא. להרבות שמחה: דלמא הכי קאמר רחמנא אכלו ושתו וחוגו חגא קמאי. והאי זבחים דקרא — לאו שלמים נינהו, אלא וזבחת בשר לאכול: חלב הבא בזמן החג. אם באת להקריב קרבנות נדריך ברגל — לא ילינו חוץ למזבח בעלות השחר: הא כל השנה ילינו. בתמיה: עד הבקר כתיב. "היא העולה על מוקדה על המזבח כל הלילה עד הבקר". מכאן אנו למדין, שמעלה כל הלילה אברים ופדרים של קרבנות שנשחטו היום. אבל לא מעלות השחר ולמעלה, דנפסלו בלינה: ומאי כהררין התלויין. גזרה שוה רחייה גדולה היא: דברי תורה מקבלה לא ילפינן. הלכך רמז בעלמא(ב): השליח שעשה שליחותו. בעל הבית שהיו בידו מעות הקדש, ונתחלפו במעותיו, ונתנן בשוגג לשליח, ואמר לו: קח לי מהם חלוק או טלית, אם עשה שליחותו — בעל הבית מעל. וזהו כהררין, שיש לתמוה ולומר: וכי שליח זה חטא שהוציא מעות הקדש, ובעל הבית מתחייב קרן וחומש ולהביא אשם מעילות? והרי ידוע לנו בכל התלמוד שאין שליח לדבר עבירה, שיהא שולח מתחייב על ידי שלוחו: מעילה ילפינן חטא חטא מתרומה. לכמה דברים נאמר בתורת כהנים. נאמר במעילה: "וחטאה בשגגה מקדשי ה'" (ויקרא ה), ונאמר בתרומה: "ולא תשאו עליו חטא" (במדבר יח), מה התם שלוחו כמותו, דכתיב: "כן תרימו גם אתם" (שם), ואמר מר: "גם אתם" — לרבות שלוחכם: נזכר בעל הבית כו'. ברייתא היא בפ' בתרא דמעילה. והכי גרסינן: לכדתניא נזכר בעל הבית שהן של הקדש עד שלא יגיע שליח אצל חנוני ולא נזכר שליח והוציאן השליח חייב: שליח עניא מאי עבד. נהי דבעל הבית פטור, דכיון דנזכר — הנך סהדי דתו לא ניחא ליה בשליחותיה דהאיך, ומהשתא לאו שלוחו הוא, ומיהא שליח מאי עביד: מידי דהוה. אשאר כל מוציאין מעות הקדש לחולין בשוגג שימעלו — אף זה בשוגג הוציאן, דכיון שביטל המשלח שליחותו — הוה ליה איהו מוציא: הוא מעל. דכיון שנתכנס לו — הוציאן מיד הקדש לחולין: וחבירו לא מעל. דכל שיעשה הוא בה, דהא דידיה היא, ועליה דהאיך לשלומי להקדש, כדכתיב: "ואשר חטא מן הקדש ישלם" (ויקרא ה): דכל

מלאכת מחשבת אסרה תורה. פרש"י: שאינה צריכה לגופה כמין מלאכה זאת, שברצונו לא היה בנין זה בעולם. ולא יתכן, דאם כן בכל מלאכות נמי, כגון סותר ע"מ לבנות במקומו למה מיחייב(ג)? דהא לא ניחא ליה שהיה הבנין בעולם! וכן בקורע ע"מ לתפור — ג"כ לא ניחא ליה בקרע זה מעולם וקורע הבא באבלו, או מחמת טרדא, וקורע בחמתו למרמי אימתיה. (ד)לכן נראה להר"י לפרש: שאינו צריך לעיקר שורש האיסור, כגון הכא, שאינו צריך לגומא שהיא המלאכה. וכן מוציא מת במטה, והרבה דחשיב פ' "המצניע" (שבת דף צג:). ולא דמו למלאכת המשכן, שהיו צריכים לעיקר המלאכה: מכבה — משום צורך הפחמין, ולידת תחשים וחלזון, וכן כולם כיוצא בהן*: חוגו חגא. י"מ לשון מחולות, כמו: "יחוגו וינועו כשכור" (תהלים קז): בזמן חג הוא דלא ילין (והתניא) וכו'. כי מוקמינן קרא בחגיגה לא שייך לאקשויי: בחגיגה הוא דלא ילין, הא כל שאר קרבנות — ילין. הא כתיב: "כל הלילה עד הבקר" ומוקמינן לה לכל העולין על המזבח. דהא איכא למימר דלא הוה מוקמינן קרא רק לעולה, שהיא כולה כליל כמו עולה. אבל שאר קרבנות, כגון שלמים וחגיגות שאינם כליל — לא: ולא ילין מן הבשר. ואף על גב דמוקמינן לקרא בפרק "אלו דברים" (פסחים דף עא. ושם) בחגיגה שנאכלת לשני ימים ולילה אחד. ועוד: דבשר כתיב — דמשמע אכילת אדם! מ"מ מפקינן מיניה תרתי, מדכתיב: "ביום הראשון לבקר" ולא כתיב ביום השלישי: לעבור עליו בשני לאוין. ואע"ג דאמרינן בעלמא: *כל היכא דאיכא למידרש — דרשינן, ולא מוקמינן בלאוי יתירי! הכא שאני, שאין להעמידו בקרבן חדש, שלא מצינו כיוצא בו בתורה. ודומה לו כמו שמצינו בריש יבמות (דף ד.) דמוקמינן "לא יגלה" בשומרת יבם של אביו בלאו יתירא, ולא מוקמינן ליה באנוסת אביו: ויחוגו לי במדבר. "ולא ילין חלב חגי" אתא ללמד על ג"ש, דמיירי בחגיגה ולא בשאר קרבנות: מעילות מכתב כתיבי וכו' (ה)*מקרא מועט והלכות מרובות. מתוך פרש"י משמע שהוא פירוש: התלויין בשערה — שיש בו הלכות מרובות תלויין ברמז מקרא מועט, כהר התלוי בשיער הראש. וקשה למורי: מאי פריך בגמרא מעילות מכתב כתיבי? ודאי כתיבי, אבל יש בהן הלכות הרבה, והיינו מקרא מועט והלכות מרובות! ומיהו, לפי מה שפירש רש"י תלויות ברמז, משמע דסבירא ליה דבהדיא לא כתיבי, אך גבי שבת פירש: מיכתב כתיבי, פי': טובא אזהרות כתיבי בשבת, מאי מקרא מועט דקאמר מתני'? והכי לא אפשר לי לפרש גבי מעילות. וגם משמע דבהדיא קאמר דכתיבי! ונראה להר"ר אלחנן לפרש דמילתא באפי נפשיה היא: מקרא מועט וקאי לאהלות ויש בהן מקרא מועט, אבל ההלכות מרובות. ובכמה ספרים יש ריוח בין מקרא מועט אדלעיל. א"כ משמע דמילתא באפי נפשיה הוא. אך בתוספתא (פ"א) תנא: מקרא מועט והלכות מרובות כהררין התלויין בשערה, ואין להם על מה שיסמכו. מכאן היה אומר רבי יהושע: צבת בצבת. ר"ל: מקרא מועט ותולה ברמז מועט, דמשמע כדפירש רש"י. ופירש כדפרש"י על הא דקאמר מקרא מועט — שברמז נתנו: נתנה לחברו מעל. ולא דמי להאיך דנתנה לחנוני דלא מעל. דהתם מיירי במזיד ואין מתחלל, וחנוני דלא מעל עד שיוציא — התם משום דלא עבד מעשה: משקל שקלה מה לי הוא מה לי חברו. יש תימה: דודאי שינה הרבה, כיון שנתנה לחברו — יש לו למעול משום טובת הנאה של שאלה, כדאמרינן פרק "השואל" (ב"מ דף צט.): המשאיל קורדום של הקדש — מעל לפי טובת הנאה של חברו, וחברו מותר לבקע בו לכתחלה. אבל כי לא נתנה — אכתי לא נהנה ממנה כלום! וי"ל: דהכא מיירי שמתכוין להוציא מרשות הקדש, ובמנחות (דף קא.*) פירשתי: בגזבר

[וע"ע תוס' שבת לג. ד"ה ר' שמעון] [פסחים כד:] [שייך לעיל ע"א במשנה] [מעילה כ.] [וכד"ה אע"ג]

[ביצה יג: וש"נ] [ב"ק ב: נדה כג.] קדושין מב: נדרים נד. מעילה כ. כתובות לח. [ברכות לד: וש"נ] מעילה כח. קדושין נ. מעילה יט: ב"ק כ: ב"מ לט: מ"ש דכי נטל הוא דלא מעל ומ"ש כי נתנה לחבירו דמעל רש"י במעילה שם

רבינו חננאל

החופר גומא ואין כוונתו לגומא אלא ליטול העפר לכסות לו צואה. וכיוצא בה פטור עליה שנמצא מקלקל לגבי הגומא. דתנן כל המקלקלין פטורין. והן כמו הרים תלויין כחוט השערה. שאין כח בשערה להחזיק ההר אלא נראה כתלוי ועומד באויר. כן הלכות הללו דאי מדאורייתא כל מלאכה אסורה ובבאה ההלכה פירשא מלאכת מחשבת כלומר אינו חייב במלאכה עד שיתכוין לעשות אותה מלאכה: ירושלמי כתיב ועליהן ככל הדברים מקרא ומשנה ותלמוד הכל נאמרו לו למשה מסיני. אין מורין לא מן ההלכות ולא מן התוספתות ולא מן האגדות אלא מן התלמוד. ר' חנניא בשם שמואל אמר אין למידין מן ההוראה ולא מן המעשה בההוא דאיכא מאן דפליג אבל בהאי דלא פליג עביד: חגיגות מנא לן דהקרבת זבח היא. דלמא הקפה דרך סיבוב הוא כדכתיב יחוגו וינועו כשכור. ודחינן טובא ודברים פשוטין הן. ואסיקנא אלא בג"ש גמיר לה אתיא מדבר מדבר כתיב הכא ויחוגו לי במדבר. וכתיב הזבחים ומנחה הגשתם לי במדבר. אי הכי אמאי תנינן כהררים תלוין בשערה הן. ופרקינן דדברי תורה מדברי קבלה לא ילפינן. מעילות נמי אוקימנא בהא נזכר בעל הבית ולא נזכר השליח. השליח מעל. שליח מי הוות ליה ידיעא דאינון מעות של הקדש דלמעול. בשלמא מוציא מעות הקדש לחולין אמרינן הות ליה למידק וכיון דלא דק מעל. אבל שליח מי איכא למימר הכי. היינו

הגהות הב"ח

(א) גמ' ואי סלקא דעתך דחוגא חגא הוא תרבא: (ב) רש"י ד"ה דברי תורה וכו' בעלמא הוא הס"ד: (ג) תוס' ד"ה מלאכת וכו' פרש"י כגון מלאכה זאת וכו' ע"מ לבנות במקומו למה מחייב והלא ניחא ליה שלא היה הבנין בעולם וכן בקורע יריעה שנפל בה דרנא ע"מ לתפור ברצונו לא היה נופל בה וכן תופר בגד קרוע גם כן לא ניחא ליה בקרע זה מעולם וקורע באבלו כצ"ל ותיבת הכא נמחק: (ד) בא"ד למרמי אימתיה דחייב התם צריך למלאכה שיהא בעולם ואין לומר דלא ניחא ליה שיצטרך למרמי אימתיה דאם כן מפיס מורסא לעשות לה פה יהא פטור דודאי טוב היה דלא היתה מורסא לכן נראה להר"י: (ה) ד"ה [מעילות] מכתב וכו' ומאי מקרא מועט:

בְּגִזְבָּר הַמְּסוּרוֹת לוֹ אַבְנֵי בִּנְיָן עָסְקִינַן, דְּכָל הֵיכָא דְּמַנְחָה — בִּרְשׁוּתָא דִּידֵיהּ מַנְחָה. אֶלָּא מְסֵיפָא: [א]בְּנָאָהּ בְּתוֹךְ בֵּיתוֹ — הֲרֵי זֶה לֹא מָעַל, עַד שֶׁיָּדוּר תַּחְתֶּיהָ בְּשָׁוֶה פְּרוּטָה. מִכְּדִי, שַׁנּוּיֵי שַׁנְיֵיהּ, מַה לִּי דָּר וּמַה לִּי לֹא דָּר? הַיְינוּ כַּהֲרָרִין הַתְּלוּיִין בְּשַׂעֲרָה. וּמַאי קוּשְׁיָא, דִּלְמָא לְכִדְרַב, דְּאָמַר רַב: *כְּגוֹן שֶׁהִנִּיחָהּ עַל פִּי אֲרוּבָּה, אִי דָּר בֵּיהּ — אִין, לָא דָּר בֵּיהּ — לָא? אֶלָּא לְעוֹלָם כִּדְרָבָא, וּדְקָא קַשְׁיָא לָךְ מִידֵי דַּהֲוָה אַמּוֹצִיא מְעוֹת הֶקְדֵּשׁ לְחוּלִּין — הָתָם מֵידַע יָדַע דְּאִיכָּא זוּזֵי דְּהֶקְדֵּשׁ, אִיבַּעְיָא לֵיהּ לְעַיּוֹנֵי. הָכָא — מִי יָדַע? הַיְינוּ כַּהֲרָרִין הַתְּלוּיִין בְּשַׂעֲרָה.§ "מִקְרָא מוּעָט וַהֲלָכוֹת מְרוּבּוֹת".§ תָּנָא: נְגָעִים וְאֳהָלוֹת — מִקְרָא מוּעָט וַהֲלָכוֹת מְרוּבּוֹת. נְגָעִים מִקְרָא מוּעָט? נְגָעִים מִקְרָא מְרוּבֶּה הוּא! אָמַר רַב פַּפָּא, הָכִי קָאָמַר: נְגָעִים — מִקְרָא מְרוּבֶּה וַהֲלָכוֹת מוּעָטוֹת, אֳהָלוֹת — מִקְרָא מוּעָט וַהֲלָכוֹת מְרוּבּוֹת. וּמַאי נָפְקָא מִינַּהּ? אִי מִסְתַּפְּקָא לָךְ מִילְּתָא בִּנְגָעִים — עַיֵּין בִּקְרָאֵי, וְאִי מִסְתַּפְּקָא לָךְ מִילְּתָא בְּאֳהָלוֹת — עַיֵּין בְּמַתְנִיתִין.§ "דִּינִין".§ מִיכְתַּב כְּתִיבָן! לָא נִצְרְכָא אֶלָּא לְכִדְרַבִּי. דְּתַנְיָא, *רַבִּי אוֹמֵר: °"נֶפֶשׁ תַּחַת נָפֶשׁ" — מָמוֹן. אַתָּה אוֹמֵר מָמוֹן, אוֹ אֵינוֹ אֶלָּא נֶפֶשׁ מַמָּשׁ? נֶאֶמְרָה נְתִינָה לְמַטָּה וְנֶאֶמְרָה נְתִינָה לְמַעְלָה, מַה לְּהַלָּן מָמוֹן — אַף כָּאן מָמוֹן.§ "עֲבוֹדוֹת".§ מִיכְתַּב כְּתִיבָן! לָא נִצְרְכָא אֶלָּא לְהוֹלָכַת הַדָּם. דְּתַנְיָא: *°"וְהִקְרִיבוּ" — זוֹ קַבָּלַת הַדָּם. וְאַפְּקַהּ רַחֲמָנָא בִּלְשׁוֹן הוֹלָכָה, דִּכְתִיב: °"וְהִקְרִיב הַכֹּהֵן אֶת הַכֹּל וְהִקְטִיר הַמִּזְבֵּחָה" וְאָמַר מָר: *זוֹ הוֹלָכַת אֵבָרִים לַכֶּבֶשׁ, לְמֵימְרָא דְּהוֹלָכָה לָא תַּפְקַהּ מִכְּלַל קַבָּלָה.§ "טְהָרוֹת".§ מִיכְתַּב כְּתִיבָן! לָא נִצְרְכָא אֶלָּא לְשִׁיעוּר מִקְוֶה, דְּלָא כְּתִיבָא. דְּתַנְיָא: *°"וְרָחַץ (אֶת *בְּשָׂרוֹ) בַּמַּיִם" — [ב]בְּמֵי מִקְוֶה. "אֶת כָּל בְּשָׂרוֹ" — [ג]מַיִם שֶׁכָּל גּוּפוֹ עוֹלֶה בָּהֶן. וְכַמָּה הֵן — אַמָּה עַל אַמָּה בְּרוּם שָׁלֹשׁ אַמּוֹת. וְשִׁיעֲרוּ חֲכָמִים: מֵי מִקְוֶה אַרְבָּעִים סְאָה.§ "טֻמְאוֹת".§ מִיכְתַּב כְּתִיבָן! לָא נִצְרְכָא אֶלָּא לְכַעֲדָשָׁה מִן הַשֶּׁרֶץ, דְּלָא כְּתִיבָא. דְּתַנְיָא: *°"בָּהֶם", יָכוֹל בְּכוּלָּן — תַּלְמוּד לוֹמַר "מֵהֶם". יָכוֹל בְּמִקְצָתָן — ת"ל "בָּהֶם", הָא כֵּיצַד? עַד שֶׁיִּגַּע בְּמִקְצָתוֹ שֶׁהוּא כְּכוּלּוֹ. [ד]שִׁיעֲרוּ חֲכָמִים בְּכַעֲדָשָׁה, שֶׁכֵּן חוֹמֶט תְּחִלָּתוֹ בְּכַעֲדָשָׁה. רַבִּי יוֹסֵי בְּרַ' יְהוּדָה אוֹמֵר: כִּזְנַב הַלְּטָאָה.§ "עֲרָיוֹת".§ מִיכְתַּב כְּתִיבָן! לָא נִצְרְכָא* לְבִתּוֹ

שמות כא | ויקרא ח | שם | שם טו | שם יא

רש"י

דְּכָל הֵיכָא דְּמַנְחָה. אֲפִילּוּ מִקַּמֵּי הָכִי בִּרְשׁוּתֵיהּ מַנְחָה, הִלְכָּךְ כָּל כַּמָּה שֶׁנְּטָלָהּ — לָא שַׁנְיָיהּ מִידֵי דְּתֵיפּוֹק מִיָּדָא דְּהֶקְדֵּשׁ: שִׁנּוּיֵי שַׁנְיֵיהּ. כְּשֶׁקְּבָעָהּ בַּבִּנְיָן, וְקַנְיָיהּ בְּשִׁנּוּי שֶׁמְּסַתְּתָהּ וְקוֹבְעָהּ: שֶׁהִנִּיחָהּ ע"פ אֲרוּבָּה. לִפְקוֹק הָאֲרוּבָּה, וְכָל שָׁעָה שֶׁיִּרְצֶה נוֹטְלָהּ, וְלָא שַׁנְיָיהּ מִידֵי: כִּדְרָבָא. נִזְכַּר בַּעַל הַבַּיִת כו': הַיְינוּ כַּהֲרָרִין הַתְּלוּיִין בְּשַׂעֲרָה. בִּסְמִיכָה מוּעֶטֶת מְדַמֵּינַן לָהּ לְמוֹצִיא מְעוֹת הֶקְדֵּשׁ לְחוּלִּין, שֶׁהֲרֵי קָרוֹב הוּא לְאוֹנֶס יוֹתֵר מִן הַשּׁוֹגֵג: דִּינִין מִיכְתַּב כְּתִיבָן. מְפוֹרָשִׁין יָפֶה. וּמַתְנִיתִין קָתָנֵי יֵשׁ לָהֶן סְמִיכָה מַשְׁמַע שֶׁאֵינָן מְפוֹרָשִׁין: לָא נִצְרְכָא כו'. כְּלוֹמַר: יֵשׁ בָּהֶן דְּבָרִים שֶׁאֵינָן מְפוֹרָשִׁין בְּפֵירוּשׁ, כְּגוֹן זֶה וְכַיּוֹצֵא בּוֹ: דִּכְתִיב נֶפֶשׁ תַּחַת נָפֶשׁ. "אִם אָסוֹן יִהְיֶה" שֶׁמֵּתָה הָאִשָּׁה — יִתֵּן מָמוֹן דְּמֵי הָאִשָּׁה לְיוֹרְשֶׁיהָ, שֶׁאֵין עָלָיו חִיּוּב מִיתָה, שֶׁלֹּא נִתְכַּוֵּין לָהּ אֶלָּא לַחֲבֵרוֹ נִתְכַּוֵּין, דִּכְתִיב "וְכִי יִנָּצוּ אֲנָשִׁים יַחְדָּיו", קָסָבַר רַבִּי: נִתְכַּוֵּין לַהֲרוֹג אֶת זֶה וְהָרַג אֶת זֶה פָּטוּר מִמִּיתָה וּמְשַׁלֵּם מָמוֹן: נְתִינָה לְמַעְלָה. לְעִנְיַן דְּמֵי וְלָדוֹת כְּתִיב, "וְנָתַן בִּפְלִלִים" (שמות כא): נְתִינָה לְמַטָּה. "וְנָתַתָּה נֶפֶשׁ תַּחַת נָפֶשׁ" — מָמוֹן, וּמַאי נֶפֶשׁ — דְּמֵי הַנֶּפֶשׁ: וְהִקְרִיבוּ זוֹ קַבָּלַת הַדָּם. אע"פ שֶׁהוּא לְשׁוֹן הוֹלָכָה — אֵינָהּ אֶלָּא קַבָּלָה, שֶׁהֲרֵי לְאַחַר שְׁחִיטָה נִכְתְּבָה, וְאֵין הוֹלָכָה אֶלָּא אִם כֵּן קִיבֵּל הַדָּם: וְהִקְרִיב הַכֹּהֵן אֶת הַכֹּל. גַּבֵּי אֵבָרִים כְּתִיב, "וְהַקֶּרֶב וְהַכְּרָעַיִם יִרְחַץ בַּמָּיִם, וְהִקְרִיב הַכֹּהֵן אֶת הַכֹּל וְהִקְטִיר הַמִּזְבֵּחָה": זוֹ הוֹלָכַת אֵבָרִים לַכֶּבֶשׁ. דְּאִילּוּ הַקְטָרָה בְּהֶדְיָא כְּתִיב בִּקְרָא: "וְהִקְטִיר הַמִּזְבֵּחָה": לָא תַּפְקֵיהּ מִכְּלַל קַבָּלָה. לְכָל דְּבָרֶיהָ. וְאַע"ג שֶׁהִיא עֲבוֹדָה שֶׁאֶפְשָׁר לְבַטְּלָהּ, שֶׁאִם רָצָה שׁוֹחֵט בְּצַד הַמִּזְבֵּחַ וְזוֹרֵק, הֵיכָא דְּלָא בַּטְלָהּ — עֲבוֹדָה הִיא, וּמְפַגְּלִין אֶת הַקָּרְבָּן בְּמַחְשַׁבְתָּהּ, וּצְרִיכָה כֹּהֵן וּבִגְדֵי כְהוּנָּה, וּפוֹסֵל בָּהּ אוֹנֵן, וְיוֹשֵׁב, וְעָרֵל: בַּמַּיִם. נְקוּדָתוֹ בְּפַתָּח, מַשְׁמַע: מַיִם הַמְיוּחָדִים, לְאַפּוּקֵי שְׁאוּבִין. וּמִיהוּ, מַיִם חַיִּים לָא צָרִיךְ, מִדִּכְתִיב בְּזָב: "מַיִם חַיִּים" (ויקרא טו) — מִכְּלָל דִּשְׁאָר טְמֵאִין לָאו מַיִם חַיִּים בָּעוּ (א). וּמִיהוּ, "בַּמַּיִם" — בְּמַיִם הַמְיוּחָדִין, בְּמִקְוֶה, אַף עַל פִּי שֶׁהֵן גְּשָׁמִים: בָּהֶם. "כָּל הַנּוֹגֵעַ בָּהֶם": מֵהֶם. "כָּל אֲשֶׁר יִפּוֹל עָלָיו מֵהֶם בְּמוֹתָם יִטְמָא": חוֹמֶט. אוֹמֵר אֲנִי שֶׁהוּא מִין שֶׁרֶץ שֶׁקּוֹרִין לימג"א, הַגָּדֵל בִּקְלִיפָּה הַהוֹלֶכֶת וּמִתְעַגֶּלֶת תָּמִיד כָּל כַּמָּה שֶׁגָּדֵל, וּתְחִלַּת הַנִּיכָּר כִּקְלִיפָּה שֶׁל עֲדָשָׁה הִיא: כִּזְנַב הַלְּטָאָה. לְפִי שֶׁמְּפַרְכֶּסֶת לְאַחַר שֶׁנֶּחְתְּכָה, וְהַיְינוּ מִקְצָתוֹ שֶׁהוּא כְּכוּלּוֹ, שֶׁיֵּשׁ בּוֹ חִיּוּת: לְבִתּוֹ

תוספות

בגזבר המסורות לו. ואפילו למ"ד שליחות יד אין צריכה חסרון — הכא שאני, דכל היכא דאיתא — בי גזא דמלכא קאי:

עד שידור תחתיה בשוה פרוטה. ולא נפקא לחולין רק אותה פרוטה. וכן גרסינן בערכין (דף כא. ושם). וכיון *דדר ביה נפיק (ביה) שכר לחולין. וגם רש"י פירש כן, דדוקא שכר ולא כולא ביתא. וכן פי' הר"י ההיא דהמשאיל קרדום של הקדש לחברו, בקע בו וחזר חברו ובקע בו — כולן מעלו. והיכי דמי? הא תנן *אין מועל אחר מועל אלא בהמה וכלי שרת! אלא ודאי בגזבר המסורות לו קרדומות של הקדש, ולא מכוין להוציאן לחולין רק כנגד בקועה, לפיכך כולן מעלו. ובקדושין פ"ב (דף נה. בד"ה אין) ובמנחות פרק "המנחות והנסכים" (דף קא. בד"ה אע"ג) פירשתי:

לא נצרכא אלא לכדרבי דתניא ונתתה נפש תחת נפש ממון. ורבי יוחנן, דאמר: *חייבי מיתות שוגגין פטורין מן התשלומין — מוקי לה לאידך דרבי, דתניא: "ונתת עין תחת עין" דלא פליג אסתם משנה דהכא:

והקריבו זו קבלת הדם. ובהולכה לא מוקמינן ליה כפשטא דקרא, דהא בתר שחיטה כתיב, וקבלה היא מיד — והיינו עבודה ראשונה, כן פרש"י. אך לא משמע לי: דהכי נמי "וזרקו" כתיב בתריה, והולכה מקמי זריקה הוי מיד, לאפוקי קבלה דהולכה בינתיים! ועוד קשה לר"י: דאמרי' שילהי פ"ק דזבחים (דף יג.): "והקריבו" — זו קבלה. אתה אומר זו קבלה, או אינו אלא זריקה? כשהוא אומר "וזרקו" — הרי זריקה אמור, משמע דהוה מוקמינן לה בזריקה אי לאו דכתיב קרא, ואע"ג דלא בתר שחיטה הויא. ומיהו: י"ל דלא ניחא ליה לאוקמי קרא בהולכה לפי שאינה עבודה חשובה, שאפשר לבטלה ויכול לשחוט בראשו של מזבח:

לא נצרכא אלא לשיעור מקוה. לא הוה מצי למימר [לבעלה], דלא כתיב, כדפירש בה"ג דלא נפקא לן אלא בק"ו: דהשתא לטהרות כתיב "ורחץ" לבעלה דכרת — לא כ"ש? דהא לאו מילתא היא. דמהאי ק"ו לא מצי נפיק, דק"ו פריכא הוא. דהא כמה חלילות וכוונה דבפרק ב' דחולין (דף לא.) מלינו לטהרות ולא לבעלה. אלא, מהאי קרא נפקא: דכתיב (ויקרא טו): (*"ותהי נדתה עליו ואחר תטהר") — בנדתה תהא עד שתבא במים. כדדריש ר"ע בפ"ו דשבת (דף סד:). וכן *פר"ת דמהתם נפקא לן טבילת נדה, הלכך הוה ליה כמו כתובה:

במי מקוה. פרש"י: נקודתו בפתח, לאשמועינן מים המיוחדים, לאפוקי מים שאובין. ולא יתכן, דהא מים שאובין לאו מהכא נפקא, אלא מ"אך מעין ובור מקוה מים וגו'" (ויקרא יא) ודרשינן בת"כ: מה מעין בידי שמים — אף מקוה בידי שמים! ועוד: היכי משמע מקוה לאפוקי שאובין? הא עיקר קרא משמע שאובין, אי לאו דסמכיה למעין, כדפי'! ונראה לפרש: מי מקוה — היינו אשבורן, כדאמרינן: *מעין מטהר בזוחלין מקוה באשבורן (שבת דף סה:*):

אמה על אמה. שאדם מחזיק אמה בעובי עם מלבושים, וכן מוכח בשמעתין דכוכין בפ' "הפירות" (ב"ב דף קא.) שאינו מחזיק עם עובי הארון כ"א אמה. והשתא יתכן דלא תקשה היכי טבל אמתא באמתא:

ברום ג' אמות. ואע"ג שאדם מחזיק ד' אמות קומה, כדמוכח בשמעתין דכוכין, *דאורך הכוך ד' אמות — קומת האדם אינו אלא ג' אמות לבד הראש, ומצי להרכין את ראשו מן הצד. והא דנקט ד' אמות — משום עובי לידי הארון. ואע"ג דמלינו בפ"ק דב"ב (דף ג:) גבי היזק ראייה שיעור ראייה ד' אמות — היינו שיכול להגביה עצמו על ראשי אצבעותיו עד שילך ד' אמות. וכן מוכח בעובדא דבני המן בתרגום של מגילת אסתר שנסדר על פי המדרש, שגובה קומתן ג' אמות לבד הראש, דקחשיב ואזיל על רום חמשים אמות לפי תליית כל העשרה, והיו נהרגים כבר קודם התלייה. וכן משתעי קרא: "בשושן הבירה הרגו היהודים ואבד חמש מאות איש ואת עשרת בני המן" — משמע שבכלל הריגה היו. וגם הפייט יסד בסליחה:* "אדם בקום איש בשלש אמות והרביעית (*וחמישית) אויר מגולה"*:

הא ביצד. פי': איזה מהם שהוא כהם. הקשה הר"ר אליעזר ממיץ: דהכא מוקמינן כוליה קרא בחד ענינא, ואילו בפ' "דם הנדה" (נדה נו.) אמר: כתיב "בהם" — בכולן, וכתיב "מהם" — במקצתן! לא קשיא: כאן — בלח, כאן — ביבש. אלמא בתרי ענייני מיירי קראי ושמא תרתי שמעינן מינה. ולמורי נראה: תרי קראי כתיבי, "כל הנוגע בהם במותם" מהם במותם אשר יפול מהם אל תוכו ואל תטמאו בהם*:

לבתו

רבינו חננאל

היינו דתנן מעילות כהררין תלויין בשערה. הדינין דכתב רחמנא ונתת נפש תחת נפש ואמור רבנן ממון. עבודות זו הולכת הדם. טהרות שיעור מי מקוה דלא כתב שיעורו בתורה. ושיערו חכמים אמה על אמה ברום שלש הן מ' סאה. טמאות טומאת שרץ ששיערו חכמים בכעדשה. ר' יוסי אומר כזנב הלטאה. עריות בתו מאנוסתו דלא

עין משפט נר מצוה

ע א מיי' פ"ו מהלכות מעילה הלכה ח:

עא ב מיי' פ"א מהלכות מקוואות הלכה ב סמג עשין רמח טוש"ע י"ד סי' רא סעיף א:

עב ג מיי' שם פ"ד הלכה א סמג שם טוש"ע י"ד סי' קצא סעיף א וסי' רא סעיף א:

עג ד מיי' פ"ד מהלכות שאר אבות הטומאה הלכה ב סמג עשין רמו:

מסורת הש"ס

[ב"ק כ: ע"ש מעילה כ.]

סנהדרין עט. פז:

[קידושין לו:] זבחים יג.

זבחים [ז.] יד: כד: [עירובין קד. פסחים סה: יומא כז. מנחות י.]

עירובין ד. יז: פסחים קט. יומא לא.

[נזיר נב.]

[צ"ל אלא לבתו]

בתורת כהנים פרשה יא

[תענית אסתר]

הגהות הב"ח

(א) רש"י ד"ה במים וכו' לאו מים חיים בעו ומאי במים:

[צ"ל דמעל]

[מעילה יט:]

[כתובות לה: ע"ש]

[עי' פסחים קט.]

[צ"ל והדוה בנדתה]

[עי' תוס' יומא עח. ד"ה מכאן ותוס' יבמות מז: ד"ה במקום]

ע"ש רש"י ותוס'

[ב"ב קא: ושם ד"ה והכוכין]

[בסליחות שלפנינו ליתא] *) [וע"ע תוס' פסחים קטו: ד"ה ברום]

[ובנדה כד: חי בהם תירצו דהכא אסמכתא הוא דשעורין הלכה למשה מסיני]

לְבִתּוֹ מֵאֲנוּסָתוֹ דְּלָא כְּתִיבָא. דְּאִילּוּ בִּתּוֹ מֵאִשְׁתּוֹ כְּתִיבָא: "עֶרְוַת אִשָּׁה וּבִתָּהּ" וגו' (ויקרא יח), מַשְׁמַע: בֵּין שֶׁהַבַּת מִמֶּנּוּ בֵּין מֵאִישׁ אַחֵר, וּכְתִיב קְרָא אַחֲרִינָא: "עֶרְוַת בַּת בִּנְךָ אוֹ בַת בִּתְּךָ" וגו' וּמוֹקְמִינַן לֵהּ בִּיבָמוֹת (דף כב.) בְּבִתּוֹ מֵאֲנוּסָתוֹ, מִדְּלָא אָסַר הַכָּתוּב בַּת בִּתָּהּ שֶׁל אִשָּׁה זוֹ אֶלָּא בְּבַת הַבַּת שֶׁנּוֹלְדָה הֵימֶנּוּ. וְהָהִיא קְרָא דַּאֲנוּסָה בַּת בִּתּוֹ וּבַת בְּנוֹ כְּתִיב, בִּתּוֹ – לָא כְּתִיב. וְא"ת: ק"ו הוּא! אֵין מַזְהִירִין מִן הַדִּין, וְאֵין עוֹנְשִׁין מִדִּין ק"ו. דִּינֵי מָמוֹנוֹת וּמִצְוֹת עֲשֵׂה וְהִלְכוֹת עֲבוֹדָה וּפְסוּלֵי קָדָשִׁים – אִיכָּא לְמֵילַף בְּק"ו, אֲבָל לֹא אַזְהָרוֹת וְעוֹנָשִׁין. וּמִקְרָאֵי נָפְקָא לָן בְּמַסֶּ' מַכּוֹת (דף ה:). תורה אור וּמֵהֵיכָן נָפְקָא לָן לְבִתּוֹ מֵאֲנוּסָתוֹ?

לְבִתּוֹ מֵאֲנוּסָתוֹ דְּלָא כְּתִיבָא. *דְּאָמַר רָבָא, אֲמַר לִי ר' יִצְחָק בַּר אַבְדִּימִי: אָתְיָא "הֵנָּה" "הֵנָּה", אָתְיָא "זִמָּה" "זִמָּה".§ "הֵן הֵן גּוּפֵי תוֹרָה".§ הָנֵי אִין, הָנָךְ לָא?! אֶלָּא, אֵימָא: הֵן וְהֵן גּוּפֵי תוֹרָה.§

הדרן עלך הכל חייבין

לבתו מאנוסתו. הסיא ד"ערות בת בנך" מוקמינן לה בריש "נושאין על האנוסה" (יבמות כב.) דמשמע: הא בת בנה דידה – גלי, באנוסתו. ואידך ד"אשה ובתה לא תגלה" – בנישואין, דכתיב בה שאר: **דאמר** רבא אמר לי רב יצחק בר אבדימי. תרי הוו. פי' בפ"ק דיבמות (דף ג. וסם) ובפרק "כל הבשר" (חולין דף קי. *וסם):

הדרן עלך הכל חייבין

[וע"ע תוס' מנחות לג. ד"ה רב חסלא ותוס' ב"ב פז. ד"ה מי כאן ותוס' כתובות נו. ד"ה אמר ותוס' יבמות ג. ד"ה לאמר וכחולין קי. ד"ה איכא]

יבמות ג. סנהדרין נא. ער פז: כריתות ה.

אָמַר רָבָא אָמַר לִי ר' יִצְחָק בַּר אַבְדִּימִי אָתְיָא הֵנָּה הֵנָּה. לְאִיסּוּרָא, אָתְיָא זִמָּה זִמָּה לִשְׂרֵיפָה. כְּתִיב בְּנִישּׂוּאִין: "שַׁאֲרָה הֵנָּה זִמָּה הִיא", וּכְתִיב בְּאוֹנָסִין: "כִּי עֶרְוָתְךָ הֵנָּה", מָה(א) הָאָמוּר בְּנִשּׂוּאִין – עָשָׂה הַכָּתוּב בִּתָּהּ כְּבַת בִּתָּהּ וּכְבַת בְּנָהּ, אַף בְּאוֹנָסִין – עָשָׂה הַכָּתוּב בִּתּוֹ כְּבַת בִּתּוֹ וּכְבַת בְּנוֹ. אָתְיָא זִמָּה זִמָּה לִשְׂרֵיפָה, מֵאַחַר שֶׁלִּמַּדְתָּ אֲנוּסָה מִנְּשׂוּאָה, וּבִנְשׂוּאָה כְּתִיב "זִמָּה הִיא", כְּמָה דִּכְתִיב בַּאֲנוּסָה דָּמֵי, וַחֲזוֹר וּלְמוֹד בָּהּ שְׂרֵיפָה מֵ"אִישׁ אֲשֶׁר יִקַּח אֶת אִשָּׁה וְאֶת אִמָּהּ זִמָּה הִיא בָּאֵשׁ יִשְׂרְפוּ אוֹתוֹ וְאֶתְהֶן" (ויקרא כ): הָנֵי אִין הָנָךְ לָא. הָנֵי דְּמִיפָּרְשֵׁי הָווּ גּוּפֵי תּוֹרָה, הָנָךְ דְּלָא מִיפָּרְשֵׁי כּוּלֵּי הַאי לָאו גּוּפֵי תּוֹרָה?! בִּתְמִיָּה: הֵן וְהֵן. אֵלּוּ וָאֵלּוּ:

[תמיד לב.]

[קדושין מ.]

הדרן עלך הכל חייבין

רבינו חננאל

כתיבא. ורבנן אסקוה מדרשא זמה זמה. וכולהון יש להן אסמכתו' מן התורה בין היתר נדרים בין הלכות שבת בין חגיגות ומעילות כולן הן גופי תורה:

הדרן עלך הכל חייבין

אין דּוֹרְשִׁין בַּעֲרָיוֹת בִּשְׁלֹשָׁה, וְלֹא בְּמַעֲשֵׂה בְרֵאשִׁית בִּשְׁנַיִם, וְלֹא בַּמֶּרְכָּבָה בְּיָחִיד, אֶלָּא אִם כֵּן הָיָה חָכָם וּמֵבִין מִדַּעְתּוֹ. כָּל הַמִּסְתַּכֵּל בְּאַרְבָּעָה דְּבָרִים רָתוּי לוֹ כְּאִילּוּ לֹא בָּא לָעוֹלָם: מַה לְּמַעְלָה, מַה לְּמַטָּה, מַה לְּפָנִים, וּמַה לְּאָחוֹר. וְכָל שֶׁלֹּא חָס עַל כְּבוֹד קוֹנוֹ – רָתוּי לוֹ שֶׁלֹּא בָּא לָעוֹלָם.§ **גמ'** ...

הגהות הב"ח

(א) רש"י ד"ה אמר רבא וכו' מה הנה האמור בנשואין:

גליון הש"ס

רש"י ד"ה לבתו מאנוסתו וכו' ואין עונשין מדין ק"ו ד"ת. עיין ב"ק דף ב ע"א תוס' ד"ה ולא זה וסם ד ע"ב תוס' ד"ה ועדים:

Koren Talmud Bavli

THE NOÉ EDITION

ḤAGIGA

Steinsaltz
Center

KOREN

תלמוד בבלי

KOREN TALMUD BAVLI

THE NOÉ EDITION

חגיגה

ḤAGIGA

Daf 2a through Daf 11b

COMMENTARY BY

Rabbi Adin Even-Israel Steinsaltz

EDITOR-IN-CHIEF

Rabbi Dr Tzvi Hersh Weinreb

SENIOR CONTENT EDITOR

Rabbi Dr Shalom Z Berger

EXECUTIVE EDITOR

Rabbi Joshua Schreier

STEINSALTZ CENTER

KOREN PUBLISHERS JERUSALEM

Supported by the Matanel Foundation

Koren Talmud Bavli, The Noe Edition
Vol. 13a: Tractate Moed Katan, Daf 2a through Daf 11b
Paperback, ISBN, 978-965-7765-62-3

First Hebrew/English paperback edition, 2021

Koren Publishers Jerusalem Ltd.
PO Box 4044, Jerusalem 91040, ISRAEL
PO Box 8531, New Milford, CT 06776, USA
www.korenpub.com

Steinsaltz Center

Steinsaltz Center is the parent organization of institutions established by Rabbi Adin Even-Israel Steinsaltz

PO Box 45187, Jerusalem 91450 ISRAEL
Telephone: +972 2 646 0900, Fax +972 2 624 9454
www.steinsaltz-center.org

This book was published in cooperation with the Israel Institute for Talmudic Publications.

הִנֵּה יָמִים בָּאִים, נְאֻם אֲדֹנָי יֱהוִה, וְהִשְׁלַחְתִּי רָעָב בָּאָרֶץ,
לֹא־רָעָב לַלֶּחֶם וְלֹא־צָמָא לַמַּיִם, כִּי אִם־לִשְׁמֹעַ אֵת דִּבְרֵי יהוה.

Behold, days are coming – says the Lord God – I will send a hunger to the land, not a hunger for bread nor a thirst for water, but to hear the words of the Lord. (AMOS 8:11)

The Noé edition of the Koren Talmud Bavli
with the commentary of Rabbi Adin Even-Israel Steinsaltz
is dedicated to all those who open its covers
to quench their thirst for Jewish Knowledge,
in our generation of Torah renaissance.

This beautiful edition is for the young, the aged,
the novice and the savant alike,
as it unites the depth of Torah knowledge
with the best of academic scholarship.

Within its exquisite and vibrant pages,
words become worlds.

It will claim its place in the library of classics,
in the bookcases of the Beit Midrash,
the classrooms of our schools,
and in the offices of professionals and business people
who carve out precious time to grapple with its timeless wisdom.

For the Student and the Scholar

DEDICATED BY LEO AND SUE NOÉ

Steinsaltz Center

Executive Director, Steinsaltz Center

Rabbi Meni Even-Israel

Managing Editor

Rabbi Jason Rappoport

Senior Content Editor

Rabbi Dr. Shalom Z. Berger

Editors

Rabbi Joshua Amaru, *Coordinating Editor*
Rabbi Yehoshua Duker
Rabbi Yonatan Shai Freedman
Raz Hartman
Gila Hock
Rabbi Adin Krohn
Catriel Lev
Rabbi Jason Lieb
Adina Luber
Rabbi Avishai Magence, *Content Curator*
Sarit Nagus
Rabbi David Sedley
Shira Shmidman
Rabbi Michael Siev
Avi Steinhart
Rabbi David Strauss
Amiel Vick

Copy Editors

Aliza Israel, *Coordinator*
Bracha Hermon
Ita Olesker
Debbie Ismailoff
Shira Finson
Ilana Sobel
Deena Nataf
Eliana Kurlantzick Yorav
Nava Wieder

Language Consultants

Dr. Stephanie E. Binder, *Greek & Latin*
Rabbi Yaakov Hoffman, *Arabic*
Dr. Shai Secunda, *Persian*
Shira Shmidman, *Aramaic*

KOREN

Design & Typesetting

Raphaël Freeman, *Design & Typography*
Dena Landowne Bailey, *Typesetting*
Rina Ben Gal, *Typesetting*
Tani Bayer, *Jacket Design*

Images

Eliahu Misgav, *Illustration & Image Acquisition*

Introduction by the Publisher

The Talmud has sustained and inspired Jews for thousands of years. Throughout Jewish history, an elite cadre of scholars has absorbed its learning and passed it on to succeeding generations. The Talmud has been the fundamental text of our people.

Beginning in the 1960s, Rabbi Adin Even-Israel Steinsaltz שליט״א created a revolution in the history of Talmud study. His translation of the Talmud, first into modern Hebrew and then into other languages, as well the practical learning aids he added to the text, have enabled millions of people around the world to access and master the complexity and context of the world of Talmud.

It is thus a privilege to present the *Koren Talmud Bavli*, an English translation of the talmudic text with the brilliant elucidation of Rabbi Steinsaltz. The depth and breadth of his knowledge are unique in our time. His rootedness in the tradition and his reach into the world beyond it are inspirational.

Working with Rabbi Steinsaltz on this remarkable project has been not only an honor, but a great pleasure. Never shy to express an opinion, with wisdom and humor, Rabbi Steinsaltz sparkles in conversation, demonstrating his knowledge (both sacred and worldly), sharing his wide-ranging interests, and, above all, radiating his passion. I am grateful for the unique opportunity to work closely with him, and I wish him many more years of writing and teaching.

Our intentions in publishing this new edition of the Talmud are threefold. First, we seek to fully clarify the talmudic page to the reader – textually, intellectually, and graphically. Second, we seek to utilize today's most sophisticated technologies, both in print and electronic formats, to provide the reader with a comprehensive set of study tools. And third, we seek to help readers advance in their process of Talmud study.

To achieve these goals, the *Koren Talmud Bavli* is unique in a number of ways:

- The classic *tzurat hadaf* of Vilna, used by scholars since the 1800s, has been reset for great clarity, and opens from the Hebrew "front" of the book. Full *nikkud* has been added to both the talmudic text and Rashi's commentary, allowing for a more fluent reading with the correct pronunciation; the commentaries of *Tosafot* have been punctuated. Upon the advice of many English-speaking teachers of Talmud, we have separated these core pages from the translation, thereby enabling the advanced student to approach the text without the distraction of the translation. This also reduces the number of volumes in the set. At the bottom of each *daf,* there is a reference to the corresponding English pages. In addition, the Vilna edition was read against other manuscripts and older print editions, so that texts which had been removed by non-Jewish censors have been restored to their rightful place.
- The English translation, which starts on the English "front" of the book, reproduces the *menukad* Talmud text alongside the English translation (in bold) and commentary and explanation (in a lighter font). The Hebrew and Aramaic text is presented in logical paragraphs. This allows for a fluent reading of the text for the non-Hebrew or non-Aramaic reader. It also allows for the Hebrew reader to refer easily to the text alongside. Where the original text features dialogue or poetry, the English text is laid out in a manner appropriate to the genre. Each page refers to the relevant *daf.*

- Critical contextual tools surround the text and translation: personality notes, providing short biographies of the Sages; language notes, explaining foreign terms borrowed from Greek, Latin, Persian, or Arabic; and background notes, giving information essential to the understanding of the text, including history, geography, botany, archaeology, zoology, astronomy, and aspects of daily life in the talmudic era.
- Halakhic summaries provide references to the authoritative legal decisions made over the centuries by the rabbis. They explain the reasons behind each halakhic decision as well as the ruling's close connection to the Talmud and its various interpreters.
- Photographs, drawings, and other illustrations have been added throughout the text – in full color in the Standard and Electronic editions, and in black and white in the Daf Yomi edition – to visually elucidate the text.

This is not an exhaustive list of features of this edition, it merely presents an overview for the English-speaking reader who may not be familiar with the "total approach" to Talmud pioneered by Rabbi Steinsaltz.

Several professionals have helped bring this vast collaborative project to fruition. My many colleagues are noted on the Acknowledgments page, and the leadership of this project has been exceptional.

RABBI MENACHEM EVEN-ISRAEL, DIRECTOR OF THE STEINSALTZ CENTER, was the driving force behind this enterprise. With enthusiasm and energy, he formed the happy alliance with Koren and established close relationships among all involved in the work.

RABBI DR. TZVI HERSH WEINREB שליט״א, EDITOR-IN-CHIEF, brought to this project his profound knowledge of Torah, intellectual literacy of Talmud, and erudition of Western literature. It is to him that the text owes its very high standard, both in form and content, and the logical manner in which the beauty of the Talmud is presented.

RABBI JOSHUA SCHREIER, EXECUTIVE EDITOR, assembled an outstanding group of scholars, translators, editors, and proofreaders, whose standards and discipline enabled this project to proceed in a timely and highly professional manner.

RABBI MEIR HANEGBI, EDITOR OF THE HEBREW EDITION OF THE STEINSALTZ TALMUD, lent his invaluable assistance throughout the work process, supervising the reproduction of the Vilna pages.

RAPHAËL FREEMAN, EXECUTIVE EDITOR OF KOREN, created this Talmud's unique typographic design which, true to the Koren approach, is both elegant and user friendly.

It has been an enriching experience for all of us at Koren Publishers Jerusalem to work with the Steinsaltz Center to develop and produce the *Koren Talmud Bavli*. We pray that this publication will be a source of great learning and, ultimately, greater *avodat Hashem* for all Jews.

Matthew Miller, Publisher
Koren Publishers Jerusalem
Jerusalem 5772

Contents

For the vocalized Vilna Shas layout, please open as a Hebrew book.

Introduction to **Ḥagiga**

Tractate *Ḥagiga* deals with the *halakhot* of the mitzva to ascend and appear in the Temple on the three pilgrimage Festivals. The analysis of these *halakhot* can be divided into two main categories: The offerings which the pilgrims must bring, and ritual purity and impurity, especially those aspects which are relevant to the Festivals.

The mitzvot of the Torah to ascend to the Temple and to celebrate and rejoice on the Festivals are expressed in both general and specific terms. The general obligation, "Three times a year all your males shall appear before the Lord God" (Exodus 23:17), is supplemented by a practical means of implementation by the Torah itself: "And none shall appear before Me empty-handed" (Exodus 23:15). As is clear from several places in the Torah (e.g., Deuteronomy 12:11–12), this means that pilgrims must bring with them special offerings for the Festivals. In other words, in addition to the fixed, communal Festival offerings, the details of which are set out mainly in Leviticus 23 and Numbers 28–29, each individual pilgrim must sacrifice special offerings brought for the Festival. Similarly, the other, undefined commandments, i.e., the celebration of and rejoicing in the Festival, are fulfilled in a highly practical manner, through the sacrifice of certain animal offerings.

The Torah itself does not state which offerings must be brought by individuals, as the verses themselves provide mere allusions in this regard. However, by tradition of the Sages there are three types of Festival offerings: The burnt-offering of appearance, the Festival peace-offering, and the peace-offering of rejoicing. Every individual pilgrim who appears before God in the Temple must bring a burnt-offering of appearance. The Festival peace-offering is likewise obligatory, while the peace-offering of rejoicing is a separate offering that has no fixed requirement; it is brought if more meat is necessary for the rejoicing of the Festival.

In addition to these offerings, pilgrims would ascend to Jerusalem for the Festivals with the other offerings and gifts they were obligated to bring to the Temple or to the city. These included the various obligatory offerings, e.g., burnt-offerings, sin-offerings and guilt-offerings for specific sins, offerings brought in fulfillment of a vow, firstborns, animal tithe, and second tithe produce and its redemption money. These were typically brought on the Festival, not only for reasons of convenience so as to avoid several trips to Jerusalem, but also because the connection between one's sacrificial obligations and the rejoicing of the Festivals is established by the Torah itself (see, for example, Deuteronomy 12:6–12).

The numerous offerings brought by pilgrims raises the problem of the relationship between the obligatory Festival offerings and those which are not connected to the festivities of the day. The general principle that one cannot fulfill the duty to bring one offering by the sacrifice of another is applicable here, and therefore one must bring special offerings for the Festival. However, it is necessary to determine the

minimum requirement of these offerings, as well as whether this measure applies by Torah law or whether the Torah simply imposes a general obligation and the Sages established a fixed value for these offerings. In the Jerusalem Talmud (*Pe'a* 1:1 and the beginning of *Ḥagiga*) this is treated as a general inquiry with regard to all halakhic measurements that are not mentioned in the Torah itself. Conversely, the Babylonian Talmud apparently considers this a specific problem involving the Festival offerings, which are not detailed at all in the Torah.

In any case, there are certain ways to combine an obligatory offering with animals or money that are designated for a different offering. Furthermore, they can be used for the fulfillment of the peace-offerings of rejoicing, whose obligation is less clearly delineated than that of the other two categories.

The classification of these offerings as Festival offerings raises a series of questions. First, the period of the Festival must be defined: Does it refer only to the Festival itself, or are the intermediate days of the Festival also included? If the obligation applies solely on the Festival day, how should one treat the animals sacrificed thereon?

It is prohibited to perform labor on a Festival, and several of the mitzvot of an animal offering involve the performance of labor, especially the placing of one's hands on an offering, an act that is not indispensible for the sacrificial rite. Although these mitzvot were performed regularly, and therefore one would expect there to have been an established custom in this regard, certain details of the rite were nevertheless subject to ancient disputes that were left unresolved.

Another topic dealt with in this tractate is the *halakhot* of ritual purity and impurity. These *halakhot* are tightly bound to the Temple and to consecrated items. In essence, the use of ritually impure objects is not forbidden in and of itself, but only when one will come into contact with *teruma* or the Temple and its sacred articles.

Nevertheless, many Jews would be careful to remain in a state of ritual purity at all times, even when they dealt with non-sacred objects and foods. These people were called *ḥaverim*. The opposite category of people, i.e., those who were not scrupulous with regard to ritual purity and impurity as well as with regard to several other areas of *halakha*, were known as *amei ha'aretz*. Due to the care that must be taken to preserve ritual purity, and because of the severity of the *halakhot* of ritual impurity, which include numerous rabbinic ordinances, the Sages decreed that *amei ha'aretz* should be considered ritually impure at all times. However, this level of caution and separation could be maintained only in the rest of the country and not in the Temple itself, which is shared by all Jews.

The problem of the ritual purity of sacred articles was resolved in two main ways. On the one hand, the Sages instituted a large number of restrictive decrees with regard to ritual purity and impurity which went far beyond the *halakhot* of the Torah. These ordinances and restrictions were designed to ensure that no ritual impurity that applied by Torah law would be found in the Temple precincts, especially concerning the red heifer and the waters of the purification offering. On the other hand, even *amei ha'aretz*, who were not particular about the observance of every mitzva, treated the Temple with great respect and were careful about its sanctity and ritual purity. Consequently, they too were considered trustworthy when it came to any questions involving the ritual purity of sacred articles. Furthermore, the Sages added a special decree that applied to the Festival period: When all Jews ascend to Jerusalem for the pilgrimage Festivals they are considered "Knit together [*ḥaverim*] as one man" (Judges 20:11) in every regard. In the words of the psalmist, "Jerusalem is built as a

city that is compact together," at those times when "the tribes ascended there... to give thanks to the name of the Lord" (Psalms 122:3–4).

Ritual purity and impurity is the most difficult and complex area of *halakha*. An entire order of the Mishna is devoted to the analysis of these *halakhot* (see the introduction of the Rambam to the order of *Teharot* in his Commentary on the Mishna). The discussion in tractate *Ḥagiga* focuses mainly on the differences between the *halakhot* of ritual purity and impurity in general and their particular application to sacred articles, concerning which many stringencies and higher standards are imposed both by Torah law and by rabbinic law. At the same time, the tractate also deals with the trustworthiness of all Jews in this regard, and the leniencies that are invoked during the pilgrimage Festivals.

Incidental to the general discussion concerning the *halakhot* of the Festival offerings, which are only alluded to in the Torah, an entire section of the tractate deals with areas of the Torah that are not detailed and elucidated in the Torah itself. In some cases these topics are *halakhot* mentioned in Torah in the form of allusions, while their main explication is found in the traditions of the Oral Law. Other matters are kept hidden by their very nature, as they are not meant to be studied by all people. These issues, which were not taught in public lectures, were called *Ma'aseh Bereshit*, the Act of Creation, which deals with the secrets of the creation of the world, and *Ma'aseh Merkava*, the Design of the Divine Chariot, which concerns the lofty, upper world and Divine Providence.

Tractate *Ḥagiga* does not clarify these esoteric subjects, but it does explain their permitted and prohibited areas of inquiry as well as why the Sages were reluctant to publicize these ideas. Moreover, they are not matters of *halakha* and are not connected at all to the mitzvot of the pilgrimage Festivals, yet the main analysis in the Talmud of these esoteric issues appears in this tractate. Indeed, there is an intimate connection between esoterica, which involve the heavenly entourage and the Temple of above, and tractate *Ḥagiga*, which deals with the obligations of those pilgrims who ascend to "appear before the Lord God."

Tractate *Ḥagiga* consists of three chapters, which move back and forth from one topic to another.

Chapter One deals with the basic pilgrimage obligation and the Festival offerings, as well as the various areas of the Torah that are merely alluded to in the Torah itself and which are elucidated by the tradition of the Sages.

Chapter Two covers those matters which may not be taught in public, the manner of bringing offerings on a Festival day, and the differences between the *halakhot* of ritual purity and impurity as they apply to non-sacred items, *teruma*, and the sacred articles of the Temple.

Chapter Three discusses the higher standard that is conferred on sacred articles beyond that of *teruma*, and the leniencies that the Sages applied to the ritual purity of consecrated items in Jerusalem, particularly during the Festival period.

Introduction to **Perek I**

Three times you shall keep a feast to Me in the year.

(Exodus 11:11–12)

And you shall keep the feast of weeks to the Lord your God after the measure of the free-will offering of your hand, which you shall give, as the Lord your God blesses you. And you shall rejoice before the Lord your God, you, and your son, and your daughter, and your servant, and your maidservant, and the Levite who is within your gates, and the stranger, and the orphan, and the widow, who are in your midst, in the place that the Lord your God shall choose to cause His name to dwell there.

(Deuteronomy 16:10–11)

Three times a year shall all your males appear before the Lord your God at the place that He shall choose; on the feast of unleavened bread, and on the feast of weeks, and on the feast of tabernacles; and they shall not appear before the Lord empty-handed. Every man shall give as he is able, according to the blessing of the Lord your God that He has given you.

(Deuteronomy 16:16–17)

The mitzvot of the pilgrimage Festivals: To "keep a feast," to "rejoice before the Lord your God," and to "appear before the Lord your God," are not fully clarified in the Torah. Not only are the details of these commandments left unstated, their very meaning is vague. According to the tradition of the Sages, in addition to their broader connotations, these mitzvot are fulfilled by means of defined actions. One who undertakes the pilgrimage to the Temple must bring a burnt-offering of appearance, and two types of peace-offerings: The Festival peace-offering and the peace-offering of rejoicing. The relationship between the general meaning of these mitzvot and their precise manner of fulfillment is the subject of much debate. Furthermore, the details of the performance of these mitzvot in practice require elucidation.

Several practical questions must be addressed. First, who is obligated in the mitzva of the Festival pilgrimage and who is exempt from this obligation? Is there a connection between those who are required to fulfill this mitzva and those who are obligated to bring the Festival offerings? Second, what exactly are these offerings? Must they be of a particular value, or does this depend on the wishes and funds of each individual pilgrim? Furthermore, do these differ from voluntary offerings? May one fulfill these obligations by means of a combination with other obligatory offerings?

Another question concerns the days of the Festival on which one can fulfill this mitzva. Does the mitzva, or at least the main obligation, apply only on the first day or on all the Festival days, or even after the conclusion of the Festival?

The detailed analysis and elucidation of these questions is the topic of this chapter.

מתני׳ הַכֹּל חַיָּיבִין בִּרְאִיָּה, חוּץ מֵחֵרֵשׁ, שׁוֹטֶה, וְקָטָן; וְטוּמְטוּם, וְאַנְדְּרוֹגִינוֹס, וְנָשִׁים, וַעֲבָדִים שֶׁאֵינָם מְשׁוּחְרָרִים; הַחִיגֵּר, וְהַסּוּמָא, וְהַחוֹלֶה, וְהַזָּקֵן, וּמִי שֶׁאֵינוֹ יָכוֹל לַעֲלוֹת בְּרַגְלָיו.

MISHNA **All are obligated** on the three pilgrimage Festivals **in the** mitzva **of appearance,**[NH] i.e., to appear in the Temple as well as to sacrifice an offering, **except for a deaf-mute,**[N] **an imbecile, and a minor; and a** ***tumtum*****,**[NB] **and a hermaphrodite, and women, and slaves**[N] **who are not emancipated; and the lame, and the blind, and the sick, and the old, and one who is unable to ascend**[N] to Jerusalem **on his own legs.**

אֵיזֶהוּ קָטָן – כָּל שֶׁאֵינוֹ יָכוֹל לִרְכּוֹב עַל כְּתֵפָיו שֶׁל אָבִיו וְלַעֲלוֹת מִירוּשָׁלַיִם לְהַר הַבַּיִת, דִּבְרֵי בֵּית שַׁמַּאי. וּבֵית הִלֵּל אוֹמְרִים: כָּל שֶׁאֵינוֹ יָכוֹל לֶאֱחוֹז בְּיָדוֹ שֶׁל אָבִיו וְלַעֲלוֹת מִירוּשָׁלַיִם לְהַר הַבַּיִת, שֶׁנֶּאֱמַר: ״שָׁלֹשׁ רְגָלִים״.

Who has the status of a **minor** with regard to this *halakha*? **Any** child **who is unable to ride on his father's shoulders and ascend from Jerusalem to the Temple Mount;** this is **the statement of Beit Shammai. And Beit Hillel say: Any** child **who is unable to hold his father's hand and ascend** on foot **from Jerusalem to the Temple Mount, as it is stated: "Three times [*regalim*]"** (Exodus 23:14). Since the term for feet is *raglayim*, Beit Hillel infer from here that the obligation to ascend involves the use of one's legs.

בֵּית שַׁמַּאי אוֹמְרִים: הָרְאִיָּיה שְׁתֵּי כֶסֶף, וְהַחֲגִיגָה מָעָה כֶסֶף. וּבֵית הִלֵּל אוֹמְרִים: הָרְאִיָּיה מָעָה כֶסֶף, וְהַחֲגִיגָה שְׁתֵּי כֶסֶף.

Beit Shammai say: The burnt-offering of **appearance** brought on a pilgrimage Festival must be worth at least **two silver** coins, **and the Festival** peace-offering must be worth at least one **silver** ***ma'a***[B] coin. **And Beit Hillel say: The** burnt-offering of **appearance** must be worth at least one **silver** ***ma'a*** **and the Festival** peace-offering at least **two silver** coins.

גמ׳ לְאַתּוּיֵי מַאי? לְאַתּוּיֵי מִי שֶׁחֶצְיוֹ עֶבֶד וְחֶצְיוֹ בֶּן חוֹרִין. וּלְרָבִינָא, דְּאָמַר: מִי שֶׁחֶצְיוֹ עֶבֶד וְחֶצְיוֹ בֶּן חוֹרִין פָּטוּר מִן הָרְאִיָּיה, ״הַכֹּל״ לְאַתּוּיֵי מַאי? לְאַתּוּיֵי חִיגֵּר בְּיוֹם רִאשׁוֹן וְנִתְפַּשֵּׁט בְּיוֹם שֵׁנִי.

GEMARA The Gemara asks: When the mishna states that all are obligated in the mitzva of appearance in the Temple, the term: All, comes **to add what** in the mishna's ruling? The Gemara answers: It serves **to add one who is half-slave half-freeman.** The Gemara asks: **And according** to the opinion of **Ravina, who said: One who is half-slave half-freeman is exempt from the appearance** in the Temple, the term: **All,** comes **to add what?** The Gemara answers: It comes **to add** one who was **lame on the first day** of the Festival and was unable to travel, **and was healed on the second day** of the Festival. This man is obligated to appear before the end of the Festival.

הָנִיחָא לְמַאן דְּאָמַר כּוּלָּן תַּשְׁלוּמִין זֶה לָזֶה, אֶלָּא לְמַאן דְּאָמַר כּוּלָּן תַּשְׁלוּמִין דְּרִאשׁוֹן – ״הַכֹּל״ לְאַתּוּיֵי מַאי? לְאַתּוּיֵי סוּמָא בְּאַחַת מֵעֵינָיו.

The Gemara asks: **This works out well according to the one who said** that **all** seven days of the Festival **redress one another,** i.e., the obligation to appear applies equally on all days of the Festival. Consequently, one who was unable to travel on the first day may do so on the second day. **However, according to the one who said** that the main obligation is on the first day and **all** the remaining days merely **redress the first**[H] day, and therefore one who was exempt from appearing on the first day of the Festival remains exempt throughout the rest of the Festival, the term: **All,** comes **to add what?** The Gemara answers: It comes **to add** one who is **blind in one of his eyes.**[H]

NOTES

Appearance – רְאִיָּיה: The commentaries analyze the nature of the mitzva of appearance mentioned here. Some explain that this refers to the obligation to visit the Temple on the three pilgrimage Festivals (Rashi; Rambam). Others maintain, as noted in the Jerusalem Talmud, that the mitzva of appearance in the Mishna refers to the mitzva of sacrificing the burnt-offering of appearance on the Festivals (Rav Hai Gaon). In the Jerusalem Talmud it is noted that besides the mitzva for every adult male to bring a burnt-offering of appearance on each Festival, there is an obligation to appear in the Temple that applies equally to the entire Jewish people, including women and children.

Except for a deaf-mute, etc. – חוּץ מֵחֵרֵשׁ וכו׳: Those who are exempt from the mitzva of appearance are divided by the mishna into different categories based on the reason for their exemption. Some are exempt because they are not of sound mind; others because they are not defined as: "All your males" (Exodus 23:17); while yet others are exempt due to the fact that they are unable to ascend to the Temple by foot.

And a *tumtum*, etc. – וְטוּמְטוּם וכו׳: The commentaries note that elsewhere the *tumtum* and hermaphrodite are listed after women, whereas here they are mentioned first. The reason is that in other cases their disqualification is due to their possible status as women (*Turei Aven*). Here, however, they are exempt in their own right, as explained in the Gemara (4a).

Women and slaves – נָשִׁים וַעֲבָדִים: Why are all the exemptions listed in the singular form except for those of women and slaves (*Tosafot*)? Some suggest that this is because there are many women and slaves in society (*Tiferet Yisrael*). Alternatively, the other people mentioned in the mishna are exempt due to a particular characteristic or flaw, whereas women and slaves by definition are not obligated in the first place (*Heshek Shlomo*). Others explain simply that this is the usual expression, as the trio of the deaf-mute, imbecile, and minor are always listed together as a unit, as are women and slaves (*Melekhet Shlomo*; *Petaḥ Einayim*).

One who is unable to ascend – מִי שֶׁאֵינוֹ יָכוֹל לַעֲלוֹת: The case of one who is unable to ascend from Jerusalem to the Temple Mount is an extreme example; this exemption certainly applies to one who is unable to reach Jerusalem in the first place (*Tosafot*, citing Rashi). Others explain that this refers to an unusually delicate individual who never travels by foot (Rambam). Yet others say that the reference is to one who is unable to walk barefoot. Since it is prohibited to enter the Temple wearing shoes, he may not walk in the sacred place (Rashi on 4b; see Meiri).

BACKGROUND

Tumtum **– טוּמְטוּם:** A *tumtum* is one whose external sexual organs are indeterminate, and it is unclear whether the person is male or female. In certain cases, the gender of the *tumtum* is established at a later stage, which is described in the language of the *halakha* as: A *tumtum* who was torn, revealing his gender. At that point this person is considered a full-fledged member of that gender.

Silver *ma'a* – מָעָה כֶּסֶף: A small silver coin, worth thirty-two *peruta*, or one-sixth of a dinar. The *ma'a*, the equivalent of the biblical *gera*, weighed sixteen barleycorns of silver, about 384 mg.

HALAKHA

Those who are obligated in the mitzva of appearance – הַחַיָּיבִין בִּרְאִיָּיה: Women and slaves are exempt from the mitzva of appearance in the Temple. All men are obligated to appear, except for a deaf-mute, a mute, an imbecile, a minor, a blind person, a lame person, one who is ritually impure, and one who is uncircumcised. Other exemptions include the elderly, the sick, and a delicate person, all of whom are physically unable to ascend by foot (Rambam *Sefer Korbanot*, *Hilkhot Ḥagiga* 2:1).

All redress the first – כּוּלָּן תַּשְׁלוּמִין דְּרִאשׁוֹן: All the days of the Festival redress the first day, i.e., the main obligation of appearance in the Temple applies on the first day, while the remaining Festival days merely provide another opportunity for one who failed to arrive at the Temple on the first day to fulfill the mitzva (Rambam *Sefer Korbanot*, *Hilkhot Ḥagiga* 1:4).

Blind in one of his eyes – סוּמָא בְּאַחַת מֵעֵינָיו: One who is blind, even in one eye, is exempt from the mitzva of appearance in the Temple, in accordance with the opinion of Yoḥanan ben Dehavai (Rambam *Sefer Korbanot*, *Hilkhot Ḥagiga* 2:1).

וּדְלָא כִּי הַאי תַּנָּא. דְּתַנְיָא, יוֹחָנָן בֶּן דְּהַבַאי אוֹמֵר מִשּׁוּם רַבִּי יְהוּדָה: סוּמָא בְּאַחַת מֵעֵינָיו פָּטוּר מִן הָרְאִיָּיה, שֶׁנֶּאֱמַר: "יֵרָאֶה" "יִרְאֶה", כְּדֶרֶךְ שֶׁבָּא לִרְאוֹת כָּךְ בָּא לֵירָאוֹת, מָה לִרְאוֹת בִּשְׁתֵּי עֵינָיו – אַף לֵירָאוֹת בִּשְׁתֵּי עֵינָיו.

The Gemara notes: **And** this is **not in accordance with** the opinion of **this** ***tanna*****, as it is taught** in a *baraita* that **Yoḥanan ben Dehavai says in the name of Rabbi Yehuda:** One who is **blind in one of his eyes is exempt from the** mitzva of **appearance, as it is stated:** "Three occasions in the year all your males **will appear** [***yera'e***] before the Lord God" (Exodus 23:17). Since there are no vowels in the text, this can be read as: All your males **will see** [***yireh***][N] the Lord God. This teaches that **in the** same **manner that one comes to see, so he comes to be seen: Just as** the usual way **to see is with both one's eyes, so too** the obligation **to be seen** applies only to one who comes **with** the sight of **both his eyes.** Therefore, one who is blind in one eye is not obligated in the mitzva of appearance in the Temple.

וְאִיבָּעֵית אֵימָא: לְעוֹלָם כִּדְאָמְרִי מֵעִיקָּרָא, וּדְקָא קַשְׁיָא לָךְ הָא דְּרָבִינָא – לָא קַשְׁיָא; כָּאן – כְּמִשְׁנָה רִאשׁוֹנָה, כָּאן – כְּמִשְׁנָה אַחֲרוֹנָה. דִּתְנַן: מִי שֶׁחֶצְיוֹ עֶבֶד וְחֶצְיוֹ בֶּן חוֹרִין – עוֹבֵד אֶת רַבּוֹ יוֹם אֶחָד וְאֶת עַצְמוֹ יוֹם אֶחָד, דִּבְרֵי בֵּית הִלֵּל.

And if you wish, say instead: **Actually,** it is **as we said initially,** that it comes to include one who is half-slave and half-freeman. **And** as for that **which** poses **a difficulty to** the opinion **of Ravina,** it is **not difficult: Here** it is in accordance with **the initial** version of the **mishna,**[N] whereas **there,** Ravina's statement, is **in accordance with the ultimate** version of the **mishna. As we learned** in a mishna (*Pesaḥim* 88a): **One who is half-slave half-freeman serves his master one day** and works for **himself one day.** This is **the statement of Beit Hillel.**

אָמְרוּ לָהֶם בֵּית שַׁמַּאי:

Beit Shammai said to them:

NOTES

As it is stated…will appear [*yera'e*]…will see [*yireh*] – שֶׁנֶּאֱמַר: "יֵרָאֶה" "יִרְאֶה": Since the Gemara is not vocalized, there is some dispute as to which verb appears first in the text. According to Rashi and others, the reading is *yireh*, i.e., will see, followed by *yera'e*, i.e., will appear, meaning that just as God, Who is complete, sees the pilgrim, the pilgrim must likewise be seen before God in a complete and unblemished state, i.e., with two functional eyes.

Here it is in accordance with the initial version of the mishna, etc. – כָּאן כְּמִשְׁנָה רִאשׁוֹנָה וכו׳: The Gemara does not explain which source is referred to by the term: Here. There are two interpretations of this entire passage. Some say that the phrase: The initial version of the mishna, refers to Ravina's opinion. In other words, the assumption that a half-slave is exempt from the mitzva of appearance is in accordance with the ruling of the initial mishna, before Beit Hillel retracted. The ruling that a half-slave and half-freeman is obligated in the mitzva of appearance follows the ultimate version of the mishna, i.e., after Beit Hillel's retraction. The reasoning for this interpretation is as follows: Since Beit Hillel concede that the master is obligated to emancipate his slave, it is considered as though he were already freed, which means he is obligated in mitzvot (Rabbeinu Ḥananel; Rashi; Rabbeinu Gershom *Me'or HaGola* on *Arakhin*; Rid).

Alternatively, the ruling of the initial version of the mishna is that a half-slave is obligated to appear at the Temple, as during the period when he is a freeman he is obligated in all the mitzvot. According to this explanation, Ravina's opinion is in accordance with the ultimate version of the mishna. The logic of this claim is that although the man must be freed, until he is fully emancipated he retains the halakhic status of a slave (Rambam; Rabbi Ovadya MiBartenura; see Meiri).

Perek **I**
Daf **2** Amud **b**

תִּקַּנְתֶּם אֶת רַבּוֹ, וְאֶת עַצְמוֹ לֹא תִּקַּנְתֶּם; לִישָּׂא שִׁפְחָה – אֵינוֹ יָכוֹל, בַּת חוֹרִין – אֵינוֹ יָכוֹל.

You have remedied the situation of **his master,**[N] who benefits fully from all his rights to the slave, **but his own** situation **you have not remedied.** How so? **He is unable to marry a maidservant,**[N] as half of him is already free, and a free Jew may not marry a Canaanite maidservant. **He** is likewise **unable** to marry **a free woman,** as half of him is still a slave.[H]

HALAKHA

One who is a half-slave – מִי שֶׁחֶצְיוֹ עֶבֶד: Since a man who is a half-slave and half-freeman cannot marry, his master is forced to free him, at which point the slave writes the master a promissory note for half his worth. The *halakha* is in accordance with the opinion of Beit Shammai, as Beit Hillel ultimately conceded to their opinion (*Shulḥan Arukh, Yoreh De'a* 267:62).

NOTES

You have remedied the situation of his master – תִּקַּנְתֶּם אֶת רַבּוֹ: The term remedied is apparently inaccurate, as this arrangement does not provide a solution for his master (see *Tosafot* for a different version of the text). Some explain that a half-freeman is not required to do any work at all, or he can work whenever he pleases, as his master cannot constrain him to a specific time or activity. Therefore, Beit Hillel instituted that he should work every other day. According to this interpretation, Beit Hillel's ruling does offer a remedy for the master (*Zekher LaḤagiga*).

He is unable to marry a maidservant – לִישָּׂא שִׁפְחָה אֵינוֹ יָכוֹל: Since he is a half-freeman it is prohibited for him to marry a female slave, in accordance with the interpretation accepted by the Sages for the verse: "There shall be no male prostitutes among the men of Israel" (Deuteronomy 23:18). Similarly, Onkelos translates this verse as follows: And a man from the nation of Israel shall not marry a female slave. The suggestion that he should marry a child born from an incestuous or adulterous relationship [*mamzer*] is not viable, as the Sages do not institute ordinances that will increase the number of illegitimate children (*Tosafot*; see Meiri). Some say that even according to the ruling of the Rambam that a female slave may marry a *mamzer*, a male slave may not marry a *mamzeret*, a female *mamzer* (Maharsha).

ליבטיל? והלא לא נברא העולם אלא לפריה ורביה, שנאמר: "לא תהו בראה לשבת יצרה"! אלא, מפני תיקון העולם כופין את רבו ועושה אותו בן חורין, וכותב לו שטר על חצי דמיו. וחזרו בית הלל להורות כדברי בית שמאי.

And if you say **he should be idle** and not marry, **but isn't it** true that **the world was created only for procreation, as it is stated: "He did not create it to be a waste;**[N] **He formed it to be inhabited"** (Isaiah 45:18)? **Rather, for the betterment of the world we force his master to make him a freeman, and the** slave **writes a bill to** his master accepting his responsibility to pay **half his value** to him. **And Beit Hillel** ultimately **retracted** their opinion, **to rule in accordance with the statement of Beit Shammai** that a half-slave must be set free.

"חוץ מחרש שוטה וקטן" כו׳. קתני חרש דומיא דשוטה וקטן, מה שוטה וקטן – דלאו בני דעה, אף חרש – דלאו בר דעה הוא. וקא משמע לן כדתנן: חרש שדיברו חכמים בכל מקום – שאינו שומע ואינו מדבר. הא מדבר ואינו שומע, שומע ואינו מדבר – חייב.

§ The mishna taught: **Except for a deaf-mute, an imbecile, and a minor.** The Gemara notes: By listing these three cases together the mishna **is teaching that a deaf-mute is similar to an imbecile and a minor: Just as an imbecile and a minor** are among those **who are not of sound mind, so too the deaf-mute** [*ḥeresh*] mentioned here is one **who is not of sound mind. And** this **teaches us as we learned** in a mishna (*Terumot* 1:2): **The** ***ḥeresh*****, whom the Sages**[N] **discussed everywhere,** is one **who does not hear and does not speak,**[N] and therefore his mind is not lucid. It can be inferred from this that **one who speaks but does not hear and one who hears but does not speak are obligated** in mitzvot like any other person.

תנינא להא, דתנו רבנן: המדבר ואינו שומע – זהו חרש. שומע ואינו מדבר זהו אלם. זה וזה הרי הן כפקחין לכל דבריהם.

The Gemara notes: **We** already **learned this, as the Sages taught** in the *Tosefta* (*Terumot* 1:2): **One who speaks but does not hear, this is a deaf** person. One who **hears but does not speak, this is a mute.** Both **this one and that** one **are** in the same legal category **as those who can see and hear with regard to all matters.**[H] This shows that the *ḥeresh* exempted by the Sages is one who neither hears nor speaks.

וממאי דמדבר ואינו שומע זהו חרש, שומע ואינו מדבר זהו אלם? דכתיב: "ואני כחרש לא אשמע וכאלם לא יפתח פיו". ואיבעית אימא, כדאמרי אינשי: אישתקיל מילוליה.

The Gemara asks: **And from where** is it derived **that one who speaks but does not hear is a deaf** person, and one who **hears but does not speak is a mute? As it is written: "But I am as a deaf man, I hear not; and I am as a dumb man** [*illem*] **who does not open his mouth"** (Psalms 38:14). **If you wish, say** instead that this is **as people say: His speech has been taken** [*Ishtakeil Milulei*]; the term *illem* is an acronym for this phrase.

"מדבר ואינו שומע שומע ואינו מדבר חייב". והתניא: מדבר ואינו שומע, שומע ואינו מדבר – פטור!

The *Tosefta* taught that **one who speaks but does not hear** and **one who hears but does not speak are obligated** in mitzvot. The Gemara asks: **Isn't it taught in a** ***baraita*** that **one who speaks but does not hear** and **one who hears but does not speak** are **exempt?**

אמר רבינא ואיתימא רבא: חסורי מיחסרא, והכי קתני: הכל חייבין בראייה ובשמחה, חוץ מחרש המדבר ואינו שומע, שומע ואינו מדבר, שפטור מן הראייה. ואף על פי שפטור מן הראייה – חייב בשמחה. ואת שאינו לא שומע ולא מדבר, ושוטה וקטן – פטור אף מן השמחה, הואיל ופטורים מכל מצות האמורות בתורה.

Ravina said, and some say it was **Rava** who said: The **mishna is incomplete**[N] **and is teaching the following:**[B] **All are obligated** in the mitzvot of **appearance** in the Temple **and rejoicing** during the pilgrimage Festival by eating the sacrificial meat, **except for a deaf person who speaks but does not hear** and mute person **who hears but does not speak,**[H] each of whom **is exempt from** the mitzva of **appearance. And even though he is exempt from** the mitzva of **appearance, he is obligated in** the mitzva of **rejoicing. But one who does not hear and does not speak, and an imbecile and a minor,** each of these **is exempt even from rejoicing, since they are exempt from all the mitzvot mentioned in the Torah,** as they are not of sound mind.

תניא נמי הכי: הכל חייבין בראייה ובשמחה – חוץ מחרש המדבר ואינו שומע, שומע ואינו מדבר – שפטורין מן הראייה. ואף על פי שפטור מן הראייה

That opinion **is also taught** in a *baraita*: **All are obligated** in the mitzva **of appearance and in rejoicing: except for a deaf** person **who speaks but does not hear and one who hears but does not speak, as they are exempt from** the mitzva **of appearance. And even though they are exempt from** the mitzva **of appearance,**

NOTES

He did not create it to be a waste – לא תהו בראה: The Gemara cites this verse instead of the positive mitzva: "Be fruitful and multiply" (Genesis 1:28), as the verse from Isaiah emphasizes more sharply the fundamental role of procreation in the world (*Tosafot*). To fulfill the requirement of the second half of the verse in Isaiah: "He formed it to be inhabited," certain activities are permitted that would not be allowed for the sake of other mitzvot. This is why there is no violation here of the prohibition against emancipating one's slave. Alternatively, the verse from Genesis could not be cited because a slave is not obligated in the mitzva of: "Be fruitful and multiply" (see Maharsha). Therefore, the Gemara cites the phrase: "He formed it to be inhabited," which applies to all people, even those who are exempt from the mitzva of procreation (see *Turei Aven*).

The *ḥeresh* whom the Sages discussed, etc. – חרש שדברו חכמים וכו׳: The following formula is stated in the Jerusalem Talmud: The principles of Rabbi Yehuda HaNasi are not principles. This means that one should not learn from generalizations stated in the Mishna, like this one, as there are invariably many exceptions to these generalizations. In this case, too, there are times when it is clear that the *ḥeresh*, even when mentioned together with an imbecile and minor, does not refer to a deaf-mute (see Rabbi Ovadya MiBartenura).

One who does not hear and does not speak – שאינו שומע ואינו מדבר: Some commentaries explain that a deaf-mute is referred to only as deaf, *ḥeresh*, because this term generally refers to one who was born deaf and consequently never learned how to speak. Therefore, the Sages referred to him by his primary disability (Rambam's Commentary on the Mishna, *Terumot* 1:1).

Incomplete, etc. – חסורי מיחסרא וכו׳: According to the explanation of Ravina that this mishna refers not only to the mitzva of appearance but also to the mitzva of rejoicing, each section of the mishna must be analyzed on its own merits. Certain sections of the mishna refer solely to the mitzva of appearance while others refer both to that mitzva and the mitzva of rejoicing (*Tosefot Rid*).

HALAKHA

As those who can see and hear with regard to all matters – כפקחין לכל דבריהם: One who can hear but cannot speak, even if he is mute from birth, has the legal status of one who is of sound mind with regard to all matters of *halakha*. This individual can divorce his wife by means of hand motions, and his business dealings are valid. He may likewise confer gifts, although his bestowal must be confirmed either by an outside source or by written confirmation in his handwriting. Similarly, one who is hard of hearing has the same legal status as that of a regular person (*Shulḥan Arukh, Even HaEzer* 121:6, *Ḥoshen Mishpat* 235:18).

A deaf person and a mute – חרש ואילם: A deaf person and a mute are exempt from the mitzva of appearance in the Temple. However, they must rejoice on the pilgrimage Festivals, as they are obligated in other mitzvot like all members of the Jewish people. Conversely, a deaf-mute is exempt from all mitzvot, including rejoicing on a Festival (Rambam *Sefer Korbanot, Hilkhot Ḥagiga* 2:1–4).

BACKGROUND

The mishna is incomplete and is teaching the following – חסורי מיחסרא והכי קתני: This method of explanation is often found in the Gemara. Generally speaking, it does not suggest an actual emendation of the text of the mishna. Rather, the addition introduced by the Gemara is a necessary elaboration upon what is written in the mishna, which is insufficiently clear in its current form. The addition provides the necessary clarification.

חַיָּיב בְּשִׂמְחָה. וְאֶת שֶׁאֵינוֹ לֹא שׁוֹמֵעַ וְלֹא מְדַבֵּר, וְשׁוֹטֶה וְקָטָן – פְּטוּרִין אַף מִן הַשִּׂמְחָה, הוֹאִיל וּפְטוּרִין מִכׇּל מִצְוֹת הָאֲמוּרוֹת בַּתּוֹרָה. מַאי שְׁנָא לְעִנְיַן רְאִיָּה דִּפְטִירִי, וּמַאי שְׁנָא לְעִנְיַן שִׂמְחָה דְּמִחַיְּיבִי?

they are **obligated in rejoicing. And one who does not hear and does not speak, an imbecile, and a minor are** all **exempt even from rejoicing, since they are exempt from all the mitzvot mentioned in the Torah.** The Gemara asks: **What is different with regard to** the mitzva of **appearance, that** a deaf person and a mute **are exempt** from this mitzva? **And what is different with regard to** the mitzva of **rejoicing, that they are obligated?**

לְעִנְיַן רְאִיָּה גָּמַר "רְאִיָּה" "רְאִיָּה" מֵהַקְהֵל, דִּכְתִיב: "הַקְהֵל אֶת הָעָם הָאֲנָשִׁים וְהַנָּשִׁים וְהַטַּף", וּכְתִיב: "בְּבֹא כׇל יִשְׂרָאֵל לֵרָאוֹת".

The Gemara explains: **With regard to** their exemption from the obligation of **appearance,** the *tanna* **derives** this *halakha* by means of a verbal analogy between the term **appearance** stated with regard to the mitzva of appearance at the Temple on the pilgrimage Festival and the term **appearance** stated with regard to the mitzva **of assembly,**[NB] i.e., the obligation to assemble in the Temple on *Sukkot* in the year following the Sabbatical Year. **As it is written,** with regard to the mitzva of assembly: **"Assemble the people, the men and the women and the little ones"** (Deuteronomy 31:12), **and it is written** in that context: **"When all of Israel come to appear"** (Deuteronomy 31:11). Just as a deaf person and a mute are not obligated to attend the assembly, they are likewise exempt from appearing in the Temple on the Festivals.[H]

וְהָתָם מְנָלַן? דִּכְתִיב: "לְמַעַן יִשְׁמְעוּ וּלְמַעַן יִלְמְדוּ", וְתַנְיָא: "לְמַעַן יִשְׁמְעוּ" – פְּרָט לִמְדַבֵּר וְאֵינוֹ שׁוֹמֵעַ; "וּלְמַעַן יִלְמְדוּ" – פְּרָט לְשׁוֹמֵעַ וְאֵינוֹ מְדַבֵּר.

The Gemara asks: **And there,** with regard to the mitzva of assembly, **from where do we** derive that a deaf person and a mute are exempt? **As it is written** there: **"That they may hear, and that they may learn"** (Deuteronomy 31:12), **and it is taught** in a *baraita* that the phrase **"that they may hear" excludes one who speaks but does not hear;** and the phrase **"and that they may learn" excludes one who hears but does not speak,** as he is unable to learn.

לְמֵימְרָא דְּכִי לָא מִשְׁתָּעֵי לָא גָּמַר? וְהָא הָנְהוּ תְּרֵי אִילְּמֵי דַּהֲווּ בְּשִׁבָבוּתֵיהּ דְּרַבִּי, בְּנֵי בְּרַתֵּיהּ דְּרַבִּי יוֹחָנָן בֶּן גּוּדְגְּדָא, וְאָמְרִי לַהּ בְּנֵי אַחְתֵּיהּ דְּרַבִּי יוֹחָנָן, דְּכׇל אֵימַת דַּהֲוָה עָיֵיל רַבִּי לְבֵי מִדְרְשָׁא הָווּ עָיְילִי וְיָתְבִי קַמֵּיהּ, וּמְנַיְּידִי בְּרֵישַׁיְיהוּ וּמְרַחֲשִׁין שִׂפְוָותַיְיהוּ.

The Gemara asks: **Is that to say that one who** is **not** able to **speak** is **not** able to **learn? But** consider the following incident. There were **two mute people who were in the neighborhood of Rabbi** Yehuda HaNasi.[P] They were the **sons of the daughter of Rabbi Yoḥanan ben Gudgeda, and some say** that they were the **sons of the sister of Rabbi Yoḥanan** ben Gudgeda. **Whenever Rabbi** Yehuda HaNasi **would enter the study hall they would** also **enter and sit before** the Sages, **and they would nod their heads** as if they understood **and move their lips.**

וּבָעֵי רַבִּי רַחֲמֵי עֲלַיְיהוּ וְאִיתַּסוּ, וְאִשְׁתַּכַּח דַּהֲווּ גְּמִירִי הִלְכְתָא וְסִפְרָא וְסִפְרֵי וְכוּלַּהּ תַּלְמוּדָא!

And Rabbi Yehuda HaNasi **prayed for** God to have **mercy upon them, and they were healed. And it was discovered that they had learned** and were proficient in ***halakha***, i.e., Mishna; ***Sifra***, the halakhic midrash on Leviticus; ***Sifrei***, the halakhic midrash on Numbers and Deuteronomy; **and the entire Talmud.** This shows that those who cannot speak are able to learn.

אָמַר מָר זוּטְרָא: קְרִי בֵּיהּ "לְמַעַן יְלַמְּדוּ". רַב אַשִׁי אֲמַר: וַדַּאי "לְמַעַן יִלְמְדוּ" הוּא, דְּאִי סָלְקָא דַּעְתָּךְ "לְמַעַן יִלְמְדוּ", וְכֵיוָן דְּלָא מִשְׁתָּעֵי לָא גָּמַר, וְכֵיוָן דְּלָא שָׁמַע לָא גָּמַר –

Mar Zutra said that one should **read into** the verse: **That they may teach** [*yelamdu*],[N] instead of: "That they may learn [*yilmedu*]" (Deuteronomy 31:12). Even if a mute person is able to learn he cannot teach others. **Rav Ashi said** that the verse **is certainly** to be read: **That they may teach. As, if it enters your mind** that one should read: **"That they may learn,"** as it is written, **and** you will explain that **since he is not** able to **speak** he is **not** able to **learn,** and similarly the reason for the exemption of a deaf person is that **since he is not** able to **hear he is not** able to **learn,** you will have erred. According to this interpretation, it is clear from the context that a deaf person is exempted by the phrase: "That they may hear," not merely due to his lack of hearing but because his inability to hear prevents him from learning.

NOTES

With regard to appearance, he derives…with regard to the mitzva of assembly – לְעִנְיַן רְאִיָּה גָּמַר...מֵהַקְהֵל: Why is it necessary for the Gemara to cite the verse: "Assemble the people, the men and the women and the little ones"; it is apparently enough to quote the previous verse, which includes the phrase: Appearance. One explanation is that a person might have thought that the verbal analogy between the mitzva of assembly and the mitzva of appearance is not absolute, as women are exempt from the mitzva of appearance but are obligated in the mitzva of assembly. Therefore, the Gemara cites this verse to indicate that the Torah explicitly included women in this particular obligation, whereas with regard to a deaf person the verbal analogy is indeed absolute (*Siaḥ Yitzḥak*; *Turei Aven*; and the later authorities).

Read into it, That they may teach – קְרִי בֵּיהּ לְמַעַן יְלַמְּדוּ: In the Jerusalem Talmud this derivation is presented in slightly different terms. The commentaries discuss whether the derivation in the Jerusalem Talmud is ultimately the same as that of the Babylonian Talmud, or whether it is based on the additional letter *vav* in the verse, meaning "and": "And that they may learn," which can be interpreted as an indication that they must be able to teach others (*Korban HaEda*). Additionally, the Jerusalem Talmud indicates that one who is unable to teach others is deficient in his own learning.

BACKGROUND

Assembly – הַקְהֵל: The Torah commands that the Jewish people must assemble in the Temple courtyard once every seven years to hear a public reading of the book of Deuteronomy by the king (Deuteronomy 31:10–13). This assembly was held during the festival of *Sukkot* in the year following the Sabbatical Year. The entire nation, including men, women, and children, attended.

HALAKHA

The obligation of appearance and assembly – חִיּוּב בִּרְאִיָּה וּבְהַקְהֵל: All those who are exempt from the mitzva of appearance in the Temple are likewise exempt from the mitzva of assembly, except for women, children, and the uncircumcised, who are exempt from appearance but are obligated in assembly (Rambam *Sefer Korbanot*, *Hilkhot Ḥagiga* 3:2).

PERSONALITIES

Rabbi Yehuda HaNasi – רַבִּי יְהוּדָה הַנָּשִׂיא: The period of *tanna'im* concluded with Rabbi Yehuda HaNasi's arrangement of the Mishna. The son of Rabbi Shimon ben Gamliel II, Rabbi Yehuda HaNasi lived from 135–220 CE When he was thirty years old he was appointed *Nasi*, or prince, but due to his great scholarship the Talmud refers to him simply as: Rabbi. Rabbi Yehuda HaNasi spoke Greek, which was the language of the elite in Eretz Yisrael, and he was friendly with the Roman Emperor, Antoninus. His knowledge of Hebrew was legendary, to the extent that the Sages learned the meaning of difficult words from servants who worked in his house. According to the Gemara (*Gittin* 59a), from the time of Moses, there was not found another individual who had the combined qualities of Torah scholarship and prominent leadership to the extent of Rabbi Yehuda HaNasi. Rabbi Yehuda HaNasi's lifework was the collection of oral traditions and opinions that he wove into the Mishna. His Mishna serves as the basis for the Talmud that is studied to this day. Rabbi Yehuda HaNasi's students were the Sages of the first generation of *amora'im*, including Rabbi Yoḥanan, Rabbi Ḥiyya, bar Kappara, and Rav.

הַאי מִ״לְמַעַן יִשְׁמְעוּ״ נָפְקָא! אֶלָּא וַדַּאי ״לְמַעַן יְלַמְּדוּ״ הוּא.

However, this is incorrect, for if so, **this** exemption of a mute could also be **derived from: "That they may hear,"** as the verse has already taught the basic principle that anyone who cannot learn is not obligated in the mitzva of assembly. **Rather,** the verse **is certainly** to be read as: **"That they may teach,"** which indicates that although a mute is able to learn himself, and therefore he is not exempted by the previous verse, he is nevertheless exempt because he is unable to teach others.

אָמַר רַבִּי תַּנְחוּם: חֵרֵשׁ בְּאׇזְנוֹ אַחַת פָּטוּר מִן הָרְאִיָּה, שֶׁנֶּאֱמַר: ״בְּאׇזְנֵיהֶם״.

Rabbi Tanḥum said: One who is deaf in one ear[H] **is exempt from** the mitzva of **appearance** in the Temple, **as it is stated** with regard to the mitzva of assembly: "When all Israel comes to appear before the Lord your God in the place that He shall choose, you shall read this law before all Israel **in their ears"** (Deuteronomy 31:11).[N] This verse indicates that the obligation of assembly applies only to those who can hear with both ears. Since the two mitzvot are connected by verbal analogy, as explained above, this *halakha* applies to the mitzva of appearance as well.

וְהַאי ״בְּאׇזְנֵיהֶם״ מִבְּעֵי לֵיהּ: בְּאׇזְנֵיהֶם דְּכוּלְּהוּ יִשְׂרָאֵל! הַהוּא מִ״נֶּגֶד כׇּל יִשְׂרָאֵל״ נָפְקָא. אִי מִ״נֶּגֶד כׇּל יִשְׂרָאֵל״ הֲוָה אָמֵינָא: אַף עַל גַּב דְּלָא שָׁמְעִי, כְּתַב רַחֲמָנָא ״בְּאׇזְנֵיהֶם״ – וְהוּא דְּשָׁמְעִי!

The Gemara asks: **But this** phrase: **"In their ears," is necessary** to teach that the reading of the Torah at the assembly must enter **the ears of the entire Jewish people.** Consequently, it cannot serve as the source of the *halakha* concerning one who is deaf in one ear. The Gemara answers: **That** *halakha*, that the reading of the Torah must be heard by the entire Jewish people, **is derived from** the phrase: **"Before all Israel"** (Deuteronomy 31:11). The Gemara asks: **If** that *halakha* were derived **from: "Before all Israel," I would say** that the mitzva applies **even though they cannot hear;** therefore, **the Merciful One writes: "In their ears," and that** indicates that **they** must be able to **hear.** If so, this phrase is not available for deriving the *halakha* of someone who is deaf in one ear.

הַהוּא מִ״לְמַעַן יִשְׁמְעוּ״ נָפְקָא.

The Gemara answers: **That** *halakha*, that the people must hear, **is derived from: "That they may hear"** (Deuteronomy 31:12).[N] Therefore, the phrase: "In their ears," is not required for that purpose. Rather, it teaches that only those who can hear with both ears are obligated in the mitzva of assembly, and by extension, in the mitzva of appearance as well.

אָמַר רַבִּי תַּנְחוּם: חִיגֵּר בְּרַגְלוֹ אַחַת – פָּטוּר מִן הָרְאִיָּה, שֶׁנֶּאֱמַר: ״רְגָלִים״.

Rabbi Tanḥum said: One who is lame in one leg[H] **is exempt from** the mitzva of **appearance, as it is stated:** "Three times [***regalim***][N] shall you keep a feast for Me in the year" (Exodus 23:14). Since the term for feet is *raglayim*, it can be inferred from here that the obligation to ascend involves the use of both of one's legs.

וְהָא ״רְגָלִים״ מִבְּעֵי לֵיהּ פְּרָט לְבַעֲלֵי קַבַּיִן! הַהוּא מִ״פְּעָמִים״ נָפְקָא. דְּתַנְיָא: ״פְּעָמִים״, אֵין פְּעָמִים אֶלָּא רְגָלִים. וְכֵן הוּא אוֹמֵר: ״תִּרְמְסֶנָּה רָגֶל רַגְלֵי עָנִי פַּעֲמֵי דַלִּים״ וְאוֹמֵר: ״מַה יָּפוּ פְעָמַיִךְ בַּנְּעָלִים בַּת נָדִיב״.

The Gemara asks: **But the term *"regalim"* is necessary to exclude people with artificial legs.**[N] Although these people are capable of walking, as they do not have two natural legs they are exempt from ascending to the Temple. The Gemara responds: **That** *halakha* is **derived from:** "Three **occasions** [***pe'amim***] in the year all your males will appear before the Lord God" (Exodus 23:17). The term *pe'amim* can also mean legs, **as it is taught** in a *baraita*, with regard to the term ***"pe'amim"***: ***Pe'amim* means nothing other** than **legs. And so it says: "The foot shall tread it down, even the feet of the poor and the steps [*pa'amei*] of the needy"** (Isaiah 26:6), **and it says: "How beautiful are your feet [*fe'amayikh*]**[N] **in sandals, daughter of the prince"** (Song of Songs 7:2).

HALAKHA

Deaf in one ear – חֵרֵשׁ בְּאׇזְנוֹ אַחַת: An individual who is deaf in one ear is exempt from the mitzva of appearance, in accordance with the opinion of Rabbi Tanḥum (Rambam *Sefer Korbanot, Hilkhot Ḥagiga* 2:1).

Lame in one leg – חִיגֵּר בְּרַגְלוֹ אַחַת: An individual who is lame in one leg is exempt from the mitzva of appearance, in accordance with the opinion of Rabbi Tanḥum (Rambam *Sefer Korbanot, Hilkhot Ḥagiga* 2:1).

NOTES

As it is stated, In their ears – שֶׁנֶּאֱמַר בְּאׇזְנֵיהֶם: The Gemara here derives the *halakha* from the fact that the Torah uses the plural form: Ears. *Tosafot* cite the Jerusalem Talmud, which also asks whether an individual who is deaf in one ear is obligated in the mitzva of appearance. According to the Jerusalem Talmud the answer depends upon the correct interpretation of the Torah's use of the plural in general. For example, the Torah states: "And for Aaron's sons you shall make tunics" (Exodus 28:40). One opinion is that this means two tunics for each son. Others claim that it can mean even one tunic for each son. The question here is the same: Is it necessary for each person to be able to hear in both ears, or is it enough if he has one good ear?

That is derived from, That they may hear – הַהוּא מִלְּמַעַן יִשְׁמְעוּ נָפְקָא: This version of the text reflects the opinion that the derivation is from the phrase: "That they may hear," i.e., it must be a complete hearing with two ears (Rambam).

As it is stated, times [*regalim*] – שֶׁנֶּאֱמַר רְגָלִים: The commentaries explain that the *halakha* that a lame person is exempt from the mitzva of appearance is derived from the use of the term: "times" [*regalim*], which alludes to legs [*raglayim*]. Since the Torah uses the synonymous term "occasions" [*pe'amim*] elsewhere (e.g., Exodus 34:23), the specific use of *regalim* indicates that one must be able to ascend to the Temple by foot (Rambam).

To exclude people with artificial legs – פְּרָט לְבַעֲלֵי קַבַּיִן: According to this opinion, anyone with a permanent blemish, i.e., one who does not have any legs at all, is exempt from the mitzva of appearance, whereas a lame person is obligated in this mitzva (*Turei Aven*).

And it says, How beautiful are your feet [*fe'amayikh*] – וְאוֹמֵר מַה יָּפוּ פְעָמַיִךְ: It can be derived from this verse that the term *pe'amim*, which is from the same root as *fe'amayikh*, is a synonym for feet. Additionally, through the use of the word "sandals," this verse teaches that the term includes shoes as well. Consequently, anyone who is unable to put on shoes is not obligated in the mitzva of appearance (Rashi; see *Siaḥ Yitzḥak*).

NOTES

Rava taught…how beautiful – דָּרַשׁ רָבָא...מַה יָּפוּ: A similar interpretation appears in the Aramaic translation of Song of Songs: How pleasant are the feet of Israel when they ascend to appear before God three times a year. According to some versions of the text, the derivation is based on the term "sandals" [*ne'alim*], which is similar to the term for ascending [*aliya*].

Daughter of the prince [*nadiv*] – בַּת נָדִיב: The connection to Abraham is that just as Abraham gave of himself [*nitnadev*] to ascend to Eretz Yisrael, the pilgrims on a Festival likewise make great efforts to reach Jerusalem (Riaf).

As he was the first of the converts – שֶׁהָיָה תְּחִילָּה לַגֵּרִים: The commentaries explain that Abraham was the first convert, as he recognized the Creator on his own (*Tosafot*; *Petaḥ Einayim*). The Sages also teach that he fulfilled all the mitzvot of the Torah even before it was given on Mount Sinai. Furthermore, Abraham started the unique existence of the Jewish people as a distinct group, which no longer belonged to the children of Noah (*Turei Aven*).

But there were snakes and scorpions, etc. – אֲבָל נְחָשִׁים וְעַקְרַבִּים וכו׳: The phrase: "And the pit was empty," indicates that it was entirely empty, and therefore when the verse adds: "There was no water in it," it teaches that the pit was actually lacking only water but it was not completely empty (see Rabbi Eliyahu Mizraḥi and Maharsha). However, it remains unclear how it is derived from here that the pit contained snakes specifically. One suggestion is that a pit can be described as empty even if snakes and scorpions are present, as these creatures tend to hide in the holes and crevices of a pit. Therefore, when the verse emphasizes that the pit contained no water, this indicates that there were snakes inside (*Petaḥ Einayim*, citing Ari).

We are your students, etc. – תַּלְמִידֶיךָ אָנוּ וכו׳: Rabbi Yoḥanan ben Beroka and Rabbi Elazar ben Ḥisma emphasized both that they received the Torah knowledge they already have from Rabbi Yehoshua, and that they are continually learning more Torah from him (*Petaḥ Einayim*). Some explain their comment as follows: Although what we studied was a novelty for us, we are sure it would not be a novelty for our teacher (*Leḥem Shlomo*).

In order for God to give a reward to those who bring them – כְּדֵי לִיתֵּן שָׂכָר לִמְבִיאֵיהֶן: Some commentaries question the need for this statement, for if the adults are all obligated to come, who will watch the children at home? They explain that although the parents have no choice, nevertheless the act of bringing the children is a meritorious act deserving of its own reward (*Derashot Mahari Mintz*; Riaf).

A single entity, etc. – חֲטִיבָה אַחַת וכו׳: There are different explanations of this expression, each of which emphasizes a particular aspect of the relationship between God and the Jewish people. Some explain the phrase "has affirmed you" (Deuteronomy 26:18) in the sense of praise and glory (Rashi). Others say that "affirm" [*he'emir*] means to exalt and make great, like an *amir*, a treetop. Yet others associate it with the Arabic أمير, *'amīr*, a leader (Rav Se'adya Gaon). Some maintain that the phrase: A single entity, refers to something for which there is no similar model in the world (Rav Hai Gaon). Alternatively, the statement means: You prepared for Me a portion in this world and I will prepare for you a portion in the World-to-Come (*Arukh*; Maharsha).

דָּרַשׁ רָבָא: מַאי דִּכְתִיב ״מַה יָּפוּ פְעָמַיִךְ בַּנְּעָלִים בַּת נָדִיב״? כַּמָּה נָאִין רַגְלֵיהֶן שֶׁל יִשְׂרָאֵל בְּשָׁעָה שֶׁעוֹלִין לָרֶגֶל. ״בַּת נָדִיב״ – בִּתּוֹ שֶׁל אַבְרָהָם אָבִינוּ שֶׁנִּקְרָא נָדִיב, שֶׁנֶּאֱמַר: ״נְדִיבֵי עַמִּים נֶאֱסָפוּ עַם אֱלֹהֵי אַבְרָהָם״. ״אֱלֹהֵי אַבְרָהָם״ וְלֹא אֱלֹהֵי יִצְחָק וְיַעֲקֹב? אֶלָּא: אֱלֹהֵי אַבְרָהָם שֶׁהָיָה תְּחִילָּה לַגֵּרִים.

With regard to the aforementioned verse, **Rava taught: What is** the meaning of that **which is written: "How beautiful**[N] **are your feet in sandals, daughter of the prince [*nadiv*]"? How pleasant are the feet [*raglehen*] of the Jewish people when they ascend** to Jerusalem **on the pilgrimage Festival [*regel*]. "Daughter of the prince":**[N] this is referring to **the daughter of Abraham our father who is called a prince, as it is stated: "The princes of the peoples are gathered together, the people of the God of Abraham"** (Psalms 47:10). The Gemara asks: Is God only **"the God of Abraham," and not the God of Isaac and Jacob? Rather,** the verse mentions **"the God of Abraham,"** as **he was the first of the converts.**[N] Abraham was the first prince, as all converts who follow in his path are called "the princes of the peoples."

אָמַר רַב כָּהֲנָא, דָּרַשׁ רַב נָתָן בַּר מַנְיוּמִי מִשּׁוּם רַבִּי תַּנְחוּם: מַאי דִּכְתִיב ״וְהַבּוֹר רֵק אֵין בּוֹ מָיִם״. מִמַּשְׁמַע שֶׁנֶּאֱמַר ״וְהַבּוֹר רֵק״ אֵינִי יוֹדֵעַ שֶׁאֵין בּוֹ מָיִם? אֶלָּא: מַיִם אֵין בּוֹ, אֲבָל נְחָשִׁים וְעַקְרַבִּים – יֵשׁ בּוֹ.

The Gemara cites another statement of Rabbi Tanḥum. **Rav Kahana said** that **Rabbi Natan bar Manyumi taught in the name of Rabbi Tanḥum: What is** the meaning of **that which is written** with regard to Joseph: "And they took him, and cast him into the pit; **and the pit was empty, there was no water in it"** (Genesis 37:24). **By inference from that which is stated: "And the pit was empty," don't I know that there was no water in it? Rather,** this teaches that **there was no water in it, but there were snakes and scorpions**[N] **in it.**

תָּנוּ רַבָּנַן: מַעֲשֶׂה בְּרַבִּי יוֹחָנָן בֶּן בְּרוֹקָה וְרַבִּי אֶלְעָזָר בֶּן חִסְמָא שֶׁהָלְכוּ לְהַקְבִּיל פְּנֵי רַבִּי יְהוֹשֻׁעַ בִּפְקִיעִין. אָמַר לָהֶם: מַה חִידּוּשׁ הָיָה בְּבֵית הַמִּדְרָשׁ הַיּוֹם? אָמְרוּ לוֹ: תַּלְמִידֶיךָ אָנוּ, וּמֵימֶיךָ אָנוּ שׁוֹתִין. אָמַר לָהֶם: אַף עַל פִּי כֵן, אִי אֶפְשָׁר לְבֵית הַמִּדְרָשׁ בְּלֹא חִידּוּשׁ.

§ **The Sages taught:** There was **an incident involving Rabbi Yoḥanan ben Beroka and Rabbi Elazar ben Ḥisma, when they went to greet Rabbi Yehoshua in Peki'in.** Rabbi Yehoshua **said to them: What novel** idea was taught **today in the study hall? They said to him: We are your students**[N] **and we drink** from **your water,** i.e., all of our Torah knowledge comes from you, and therefore how can we tell you something you have not already learned? **He said to them: Even so, there cannot be a study hall without a novelty.**

שַׁבָּת שֶׁל מִי הָיְתָה? שַׁבָּת שֶׁל רַבִּי אֶלְעָזָר בֶּן עֲזַרְיָה הָיְתָה. וּבַמָּה הָיְתָה הַגָּדָה הַיּוֹם? אָמְרוּ לוֹ: בְּפָרָשַׁת הַקְהֵל. וּמַה דָּרַשׁ בָּהּ?

He asked them: **Whose week was it,** i.e. who was the lecturer this week? They said to him: **It was Rabbi Elazar ben Azarya's**[P] **week.** He inquired: **And on what** subject **was the lecture today? They said to him:** He spoke **about the portion of** the mitzva of **assembly.** Rabbi Yehoshua persisted: **And what** verse **did he interpret homiletically with regard to** this mitzva?

״הַקְהֵל אֶת הָעָם הָאֲנָשִׁים וְהַנָּשִׁים וְהַטַּף״ אִם אֲנָשִׁים בָּאִים לִלְמוֹד, נָשִׁים בָּאוֹת לִשְׁמוֹעַ, טַף לָמָּה בָּאִין? כְּדֵי לִיתֵּן שָׂכָר לִמְבִיאֵיהֶן. אָמַר לָהֶם: מַרְגָּלִית טוֹבָה הָיְתָה בְּיֶדְכֶם וּבִקַּשְׁתֶּם לְאַבְּדָהּ מִמֶּנִּי!

They said to him that Rabbi Elazar ben Azarya interpreted the following verse: **"Assemble the people, the men and the women and the little ones"** (Deuteronomy 31:12). This verse is puzzling: **If men come to learn,** and **women,** who might not understand, **come** at least **to hear, why do the little ones come?** They come **in order** for God **to give a reward to those who bring them,**[N] i.e., God credits those who bring their children to the assembly. Rabbi Yehoshua **said to them:** This **good pearl** of wisdom **was in your hands, and you tried to conceal it from me?**

וְעוֹד דָּרַשׁ: ״אֶת ה׳ הֶאֱמַרְתָּ הַיּוֹם וַה׳ הֶאֱמִירְךָ הַיּוֹם״ –

Upon seeing that Rabbi Yehoshua was pleased to hear this idea, Rabbi Yoḥanan ben Beroka and Rabbi Elazar ben Ḥisma said to him: **Additionally,** Rabbi Elazar **interpreted** the following verses **homiletically: "You have affirmed, this day,** that **the Lord** is your God, and that you will walk in His ways and keep His statutes, His mitzvot, and His ordinances, and listen to His voice. **And the Lord has affirmed you, this day,** to be His treasure, as He promised you, and that you should keep all His mitzvot" (Deuteronomy 26:17–18).

אָמַר לָהֶם הַקָּדוֹשׁ בָּרוּךְ הוּא לְיִשְׂרָאֵל: אַתֶּם עֲשִׂיתוּנִי חֲטִיבָה אַחַת בָּעוֹלָם, וַאֲנִי אֶעֱשֶׂה אֶתְכֶם חֲטִיבָה אַחַת בָּעוֹלָם. אַתֶּם עֲשִׂיתוּנִי חֲטִיבָה אַחַת בָּעוֹלָם דִּכְתִיב: ״שְׁמַע יִשְׂרָאֵל ה׳ אֱלֹהֵינוּ ה׳ אֶחָד״, וַאֲנִי אֶעֱשֶׂה אֶתְכֶם חֲטִיבָה אַחַת בָּעוֹלָם, שֶׁנֶּאֱמַר:

Rabbi Elazar explained: **The Holy One, Blessed be He, said to the Jewish people: You have made Me a single entity in the world,** as you singled Me out as separate and unique. **And** therefore **I will make you a single entity**[N] **in the world,** as you will be a treasured nation, chosen by God. **You have made Me a single entity in the world, as it is written: "Hear, O Israel, the Lord our God, the Lord is One"** (Deuteronomy 6:4). **And** therefore **I will make you a single entity in the world, as it is stated:**

״וּמִי כְּעַמְּךָ יִשְׂרָאֵל גּוֹי אֶחָד בָּאָרֶץ״.

"And who is like Your people, Israel, one nation in the land?" (I Chronicles 17:21).

וְאַף הוּא פָּתַח וְדָרַשׁ: ״דִּבְרֵי חֲכָמִים כַּדָּרְבֹנוֹת וּכְמַשְׂמְרוֹת נְטוּעִים בַּעֲלֵי אֲסֻפּוֹת נִתְּנוּ מֵרוֹעֶה אֶחָד״. לָמָּה נִמְשְׁלוּ דִּבְרֵי תוֹרָה לְדָרְבָן? לוֹמַר לְךָ: מַה דָּרְבָן זֶה מְכַוֵּין אֶת הַפָּרָה לְתַלְמֶיהָ לְהוֹצִיא חַיִּים לָעוֹלָם, אַף דִּבְרֵי תוֹרָה מְכַוְּונִין אֶת לוֹמְדֵיהֶן מִדַּרְכֵי מִיתָה לְדַרְכֵי חַיִּים. אִי מַה דָּרְבָן זֶה מִטַּלְטֵל אַף דִּבְרֵי תוֹרָה מִטַּלְטְלִין – תַּלְמוּד לוֹמַר: ״מַשְׂמְרוֹת״.

The Gemara adds: **And** Rabbi Elazar ben Azarya **also commenced**[N] his lecture **and taught:** It is written: **"The words of the wise are as goads, and as nails well fastened are those that are composed in collections; they are given from one shepherd"** (Ecclesiastes 12:11). **Why are matters of Torah compared to a goad? To tell you that just as this goad directs the cow to her furrow to bring forth** sustenance for **life to the world, so too the words of Torah direct those who study them from the paths of death to the paths of life.** The Gemara asks: **If so,** derive the following from that same analogy: **Just as this goad is movable** and not rigid, **so too matters of Torah are movable** in accordance with circumstance and are not permanent. Therefore, **the verse states: "Nails,"** which are permanent.

אִי מַה מַּסְמֵר זֶה חָסֵר וְלֹא יָתֵר, אַף דִּבְרֵי תוֹרָה חֲסֵירִין וְלֹא יְתֵירִין – תַּלְמוּד לוֹמַר: ״נְטוּעִים״, מַה נְּטִיעָה זוֹ פָּרָה וְרָבָה – אַף דִּבְרֵי תוֹרָה פָּרִין וְרָבִין. ״בַּעֲלֵי אֲסֻפּוֹת״ – אֵלּוּ תַּלְמִידֵי חֲכָמִים שֶׁיּוֹשְׁבִין אֲסוּפּוֹת אֲסוּפּוֹת וְעוֹסְקִין בַּתּוֹרָה, הַלָּלוּ מְטַמְּאִין וְהַלָּלוּ מְטַהֲרִין, הַלָּלוּ אוֹסְרִין וְהַלָּלוּ מַתִּירִין, הַלָּלוּ פּוֹסְלִין וְהַלָּלוּ מַכְשִׁירִין.

The Gemara further asks: **If so,** one can explain as follows: **Just as this nail is diminished**[N] in size **and does not expand,** as it wastes away over time, **so too matters of Torah are** gradually **diminished and do not expand.** Therefore, **the verse states: "Well fastened [*netuim*]." Just as this plant [*neti'a*] flourishes and multiplies, so too matters of Torah flourish and multiply. "Those that are composed in collections [*ba'alei asufot*]": These are Torah scholars who sit in many groups [*asupot*] and engage in Torah** study. There are often debates among these groups, as some of **these** Sages **render** an object or person **ritually impure and these render it pure; these prohibit** an action **and these permit** it; **these** deem an item **invalid and these** deem it **valid.**

שֶׁמָּא יֹאמַר אָדָם: הֵיאָךְ אֲנִי לָמֵד תּוֹרָה מֵעַתָּה? תַּלְמוּד לוֹמַר: כּוּלָּם ״נִתְּנוּ מֵרוֹעֶה אֶחָד״ – אֵל אֶחָד נְתָנָן, פַּרְנָס אֶחָד אֲמָרָן, מִפִּי אֲדוֹן כָּל הַמַּעֲשִׂים בָּרוּךְ הוּא, דִּכְתִיב: ״וַיְדַבֵּר אֱלֹהִים אֶת כָּל הַדְּבָרִים הָאֵלֶּה״.

Lest a person say: Now, how can I study Torah when it contains so many different opinions? **The verse states** that they are all **"given from one shepherd."**[N] **One God gave them; one leader,** i.e., Moses, **said them from the mouth of the Master of all creation, Blessed be He, as it is written: "And God spoke all these words"** (Exodus 20:1). The plural form "words" indicates that God transmitted all the interpretations of the Ten Commandments. Since the Sages invariably utilize the Torah itself or the statements of the prophets as the sources for their opinions, there is a certain unity to the study of Torah, despite the numerous explanations and applications.

אַף אַתָּה עֲשֵׂה אָזְנֶיךָ כַּאֲפַרְכֶּסֶת, וּקְנֵה לְךָ לֵב מֵבִין לִשְׁמוֹעַ אֶת דִּבְרֵי מְטַמְּאִים וְאֶת דִּבְרֵי מְטַהֲרִים, אֶת דִּבְרֵי אוֹסְרִין וְאֶת דִּבְרֵי מַתִּירִין, אֶת דִּבְרֵי פּוֹסְלִין וְאֶת דִּבְרֵי מַכְשִׁירִין. בַּלָּשׁוֹן הַזֶּה אָמַר לָהֶם: אֵין דּוֹר יָתוֹם שֶׁרַבִּי אֶלְעָזָר בֶּן עֲזַרְיָה שָׁרוּי בְּתוֹכוֹ.

So too you, the student, **make your ears like a funnel**[B] **and acquire for yourself an understanding heart to hear** both **the statements of** those who render objects **ritually impure and the statements of** those who render them **pure; the statements of** those who **prohibit** actions **and the statements of** those who **permit** them; **the statements of** those **who deem** items **invalid and the statements of** those **who deem** them **valid.** When Rabbi Yehoshua heard these interpretations, **he said to them in these words: No generation** is considered **orphaned,** i.e. without a leader, **if Rabbi Elazar ben Azarya dwells among it.**

וְלֵימְרוּ לֵיהּ בְּהֶדְיָא? מִשּׁוּם מַעֲשֶׂה שֶׁהָיָה. דְּתַנְיָא: מַעֲשֶׂה בְּרַבִּי יוֹסֵי בֶּן דּוּרְמַסְקִית שֶׁהָלַךְ לְהַקְבִּיל פְּנֵי רַבִּי (אֶלְעָזָר) אֱלִיעֶזֶר בְּלוֹד. אָמַר לוֹ: מַה חִידּוּשׁ הָיָה בְּבֵית הַמִּדְרָשׁ הַיּוֹם?

The Gemara asks: But Rabbi Yoḥanan ben Beroka and Rabbi Elazar ben Ḥisma **should have told** Rabbi Yehoshua these statements of Rabbi Elazar ben Azarya **directly,** without delay. Why did they hesitate at first? The Gemara answers: They were hesitant **due to an incident that occurred. As it is taught** in a *baraita*: There was **an incident involving Rabbi Yosei ben Durmaskit, who went to greet Rabbi Eliezer in Lod.** Rabbi Elazar **said to him: What novel** idea was taught **today in the study hall?**

NOTES

And he also commenced – וְאַף הוּא פָּתַח: Some explain that this refers to Rabbi Yehoshua, who added a statement of his own (Maharsha). Many commentaries note that the parallel versions of the text indicate otherwise.

Just as this nail is diminished – מַה מַּסְמֵר זֶה חָסֵר: Rashi explains, perhaps based on a variant text, that the nail diminishes objects, i.e., it pierces and removes matter from the place where it is inserted (see Maharsha). Some explain that the size of the nail itself decreases when it is nailed into the wall (*Anaf Yosef*).

They are all given from one shepherd – כּוּלָּם נִתְּנוּ מֵרוֹעֶה אֶחָד: The notion that all opinions in a dispute involving Torah are of value is also taught in the well-known saying: Both these and those are the words of the living God. This idea is dealt with at length and in depth by the early and later authorities (see *Akedat Yitzḥak*). Many explain that the Torah was transmitted with numerous different, yet legitimate, interpretations, each of which possesses an element of truth. Although the Sages must issue practical halakhic decisions, this does not negate the truth of the opinions that are not accepted (see *Otzar HaKavod*; *Be'er HaGola*).

BACKGROUND

Make your ears like a funnel – עֲשֵׂה אָזְנֶיךָ כַּאֲפַרְכֶּסֶת:

Ancient Roman funnel

אָמַר לֵיהּ, נִמְנוּ וְגָמְרוּ: עַמּוֹן וּמוֹאָב מְעַשְּׂרִין מַעְשַׂר עָנִי בַּשְּׁבִיעִית.	Rabbi Yosei ben Durmaskit **said to him:** The Sages assembled, **counted** the votes, **and concluded** that although the lands of **Ammon and Moab**[B] on the eastern side of the Jordan River are not part of Eretz Yisrael, and therefore the *halakhot* of the Sabbatical Year and tithes should not apply to them, as these lands are adjacent to Eretz Yisrael, **one separates the poor man's tithe**[BNH] there **in the Sabbatical Year.**[B] Since the Sages debated which tithes should be separated, they had to take a vote to determine the *halakha* in this regard.
אָמַר לוֹ: יוֹסֵי! פְּשׁוֹט יָדֶיךָ וְקַבֵּל עֵינֶיךָ. פָּשַׁט יָדָיו וְקִבֵּל עֵינָיו. בָּכָה רַבִּי אֱלִיעֶזֶר וְאָמַר: ״סוֹד ה׳ לִירֵאָיו וּבְרִיתוֹ לְהוֹדִיעָם״.	Rabbi Elazar **said to him** in anger: **Yosei, extend your hands and catch your eyes,**[N] which are about to come out of their sockets. **He extended his hands and caught his eyes. Rabbi Elazar wept**[N] **and said** the verse: **"The counsel of the Lord is with them who fear Him; and His covenant, to make them know it"** (Psalms 25:14), i.e., the Sages arrived at the correct conclusion, although they were unaware of the proper rationale behind it.
אָמַר לוֹ: לֵךְ אֱמוֹר לָהֶם: אַל תָּחוּשׁוּ לְמִנְיַינְכֶם. כָּךְ מְקוּבְּלַנִי מֵרַבָּן יוֹחָנָן בֶּן זַכַּאי, שֶׁשָּׁמַע מֵרַבּוֹ, וְרַבּוֹ מֵרַבּוֹ: הִלְכְתָא לְמֹשֶׁה מִסִּינַי, עַמּוֹן וּמוֹאָב מְעַשְּׂרִין מַעְשַׂר עָנִי בַּשְּׁבִיעִית. מַה טַּעַם? הַרְבֵּה כְּרַכִּים כָּבְשׁוּ עוֹלֵי מִצְרַיִם וְלֹא כְּבָשׁוּם עוֹלֵי בָבֶל,	Rabbi Elazar **said to** Rabbi Yosei to **go** and **say to** the Sages in the study hall: **Do not be concerned** with regard **to your counting,** that you might not have ruled properly, as you have not in fact instituted a new ordinance at all. **This is** the tradition that **I received from Rabban Yoḥanan ben Zakkai, who heard from his teacher, and his teacher from his teacher:** It is a ***halakha*** transmitted **to Moses from Sinai**[N] that in **Ammon and Moab one separates the poor man's tithe in the Sabbatical Year. What is the reason? Those who ascended from Egypt conquered many cities,**[N] **and those who ascended from Babylonia did not conquer them** after the destruction of the First Temple.

BACKGROUND

Ammon and Moab – עַמּוֹן וּמוֹאָב:

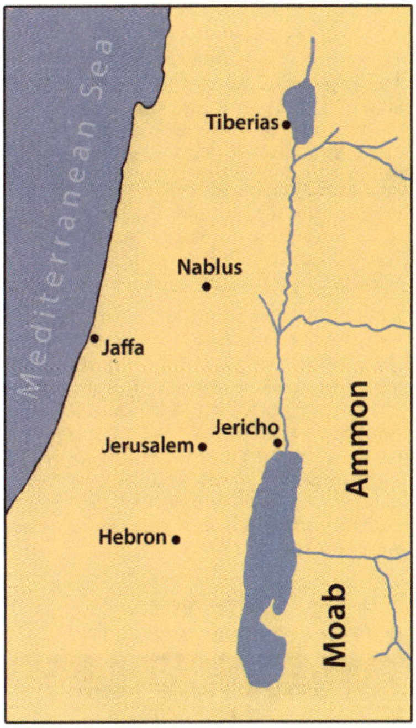

Location of Ammon and Moab

Poor man's tithe – מַעְשַׂר עָנִי: The poor man's tithe is a special tithe set aside from agricultural produce and distributed to the poor. During the third and sixth years of the Sabbatical cycle, after the priests' share of the produce and the first tithe have been set aside, one-tenth of the remaining produce is distributed to the poor. During the other years of the Sabbatical cycle, the second tithe is set aside instead of the poor man's tithe. Although the poor man's tithe is not sanctified, until it has been set aside the produce is deemed *tevel*, untithed produce, and may not be eaten. The poor man's tithe is separated from doubtfully tithed produce but it is not given to the poor, as the principle that the burden of proof rests upon the claimant applies to this case. In other words, a poor person who lays claim to the poor man's tithe has to prove that the tithe had not already been separated from this produce.

The Sabbatical Year – שְׁבִיעִית: The seventh year is the last year of the Sabbatical cycle. The first of these cycles began after the conquest of Canaan by Joshua. It is also known as *shemitta*, literally, abandonment, or release. The *halakhot* of the Sabbatical Year are based on Torah law (Leviticus 25:1–7; Deuteronomy 15:1–6); however, most authorities maintain that the conditions for the applicability of this Torah mitzva have lapsed, and its present-day observance is based on rabbinic decree. During the Sabbatical Year all agricultural land in Eretz Yisrael must be left to lie fallow. It is prohibited to work the land, except for what is necessary to keep existing crops alive. All produce that does grow is ownerless and must be left unguarded in the fields for ready access to any creature, including wild animals and birds. As long as produce can still be found in the fields it may be eaten, although it may not be bought and sold in the normal manner or used for purposes other than food. By rabbinic decree it is prohibited to consume produce that grew from seeds during the Sabbatical Year, even if it grew by itself. According to some authorities, this prohibition applies by Torah law.

HALAKHA

In Ammon and Moab one separates the poor man's tithe – עַמּוֹן וּמוֹאָב מְעַשְּׂרִין מַעְשַׂר עָנִי: It is a *halakha* transmitted to Moses from Sinai that one must separate the poor man's tithe during the Sabbatical Year in the lands of Ammon and Moab (Rambam *Sefer Zera'im*, *Hilkhot Mattenot Aniyyim* 6:5).

NOTES

In Ammon and Moab one separates the poor man's tithe – עַמּוֹן וּמוֹאָב מְעַשְּׂרִין מַעְשַׂר עָנִי: This *halakha* is extensively debated by the early authorities, as it was prohibited for the Jewish people to conquer the lands of Ammon and Moab. How then could it be considered that these lands might possess the sanctity of Eretz Yisrael? The commentaries suggest that this refers to the lands of Sihon, king of the Emorites, and of Og, king of the Bashan, who conquered parts of Ammon and Moab. At that point, as these lands were under the control of another nation, it became permitted for the Jewish people to conquer them (Rabbeinu Tam in *Tosafot*). However, those areas were never sanctified, as although the land of Sihon is in the territory of the Emorites, which is part of the inheritance of the Jewish people, the lands of Ammon and Moab are called: "The Kinite, the Kenizzite, and the Kadmonite" (Genesis 15:19), which will be inherited by the Jewish people only in the future age of the ultimate redemption. See the *Kesef Mishne*, as well as other commentaries on the Rambam, with regard to the Rambam's opinion in this regard.

Extend your hands and catch your eyes – פְּשׁוֹט יָדֶיךָ וְקַבֵּל עֵינֶיךָ: Rashi says that Rabbi Elazar was angered that they attributed this *halakha* to the Sages of Yavne. Others likewise explain that he was annoyed that the Sages assembled a majority and voted, a move he felt was unnecessary seeing that it is a *halakha* transmitted to Moses from Sinai (Rabbeinu Ḥananel). Conversely, others contend that Rabbi Elazar was angry because they did not preface their remarks with the formula: We are your students, etc., which he deemed disrespectful (Rabbeinu Shimshon of Saens; Maharsha). Yet others maintain that the quickness of the response upset him. Rabbi Yoḥanan ben Beroka and Rabbi Elazar ben Ḥisma learned from this incident that one must be extremely careful when addressing one's teacher (*Petaḥ Einayim*).

Rabbi Elazar wept – בָּכָה רַבִּי אֱלִיעֶזֶר: Some explain that Rabbi Elazar cried because he was unable to enter the study hall due to the fact that the Sages had excommunicated him. Had he been present, this issue would not have become the subject of dispute, as he had a clear tradition in this regard (*Petaḥ Einayim*, in the name of Rabbi Betzalel Ashkenazi; see Rambam's Commentary on the Mishna, *Yadayim* 4:3).

A *halakha* transmitted to Moses from Sinai – הִלְכְתָא לְמֹשֶׁה מִסִּינַי: Many commentaries explain that this is actually an ordinance enacted by the Sages, as this expression merely serves to convey the idea that the matter is as clear as a *halakha* transmitted to Moses from Sinai (Rabbeinu Shimshon of Saens; Rosh; and many later authorities). However, the *Tosefta* indicates that this is an actual *halakha* transmitted to Moses from Sinai (Rabbeinu Shimshon; Rambam).

What is the reason…many cities – מַה טַּעַם, הַרְבֵּה כְּרַכִּין: Some commentaries maintain that this statement was not issued by Rabbi Elazar himself; rather, it is an unattributed opinion in the Gemara (Rabbeinu Tam in *Sefer HaYashar*). In practice, the authorities differentiate between the *halakhot* of tithes in those parts of Eretz Yisrael that were conquered only by those who ascended from Egypt and not by those who returned from Babylonia, and the *halakhot* that apply on the eastern side of the Jordan River (see Rambam).

מפני שקדושה ראשונה קדשה לשעתה ולא קדשה לעתיד לבא, והניחום כדי שיסמכו עליהן עניים בשביעית.

This difference is important, **because the first consecration**[H] of Eretz Yisrael, by those who ascended from Egypt, caused **it to be sanctified** only **for its time and it was not sanctified forever,** as that depended on the renewed conquest of the land by the Jewish people. **And** those who ascended from Babylonia **left those** cities aside and did not consider them part of Eretz Yisrael even after Jewish settlement was renewed there. They would plow and harvest in these places in the Sabbatical Year and tithe the poor man's tithe, **so that the poor** of Eretz Yisrael, who did not have sufficient income from the previous years, **could rely upon** that produce **in the Sabbatical Year,** receiving help from this tithe.

תנא: לאחר שנתיישבה דעתו, אמר: יהי רצון שיחזרו עיני יוסי למקומן. וחזרו.

It was **taught** that **after** Rabbi Elazar's **mind was put at ease, he said: May it be** God's **will that Rabbi Yosei's eyes should return to their place. And** indeed his eyes **returned.** Due to this event, in which Rabbi Elazar responded harshly when his disciple related what he considered a novel idea, the students of Rabbi Yehoshua hesitated to recount what they had heard until their teacher encouraged them to do so.

תנו רבנן: איזהו שוטה? היוצא יחידי בלילה, והלן בבית הקברות, והמקרע את כסותו. איתמר, רב הונא אמר: עד שיהו כולן בבת אחת. רבי יוחנן אמר: אפילו באחת מהן.

§ **The Sages taught: Who is** considered **an imbecile?**[HN] **One who goes out alone at night, and one who sleeps in a cemetery, and one who rends his garment. It was stated** that **Rav Huna said:** One does not have the halakhic status of an imbecile **until** there are **all** of these signs present in him **at the same time. Rabbi Yoḥanan said:** He is considered an imbecile **even** due to the appearance **of one of** these signs.

היכי דמי? אי דעביד להו דרך שטות – אפילו בחדא נמי. אי דלא עביד להו דרך שטות – אפילו כולהו נמי לא!

The Gemara asks: **What are the circumstances** of the case under discussion? **If he performs them in a deranged manner,** then **even** the appearance **of one** sign should be enough to classify him as an imbecile. **If** he **does not perform these** actions **in a deranged manner,** but has a reason to act this way, then **even** if he performs **all of them** he should **not** be deemed an imbecile.

לעולם דקא עביד להו דרך שטות, והלן בבית הקברות – אימור כדי שתשרה עליו רוח טומאה הוא דקא עביד. והיוצא יחידי בלילה – אימור גנדריפס אחדיה. והמקרע את כסותו – אימור בעל מחשבות הוא. כיון דעבדינהו לכולהו – הוה להו

The Gemara answers: **Actually,** the *baraita* is referring to one **who performs these** actions **in a deranged manner, but** each action on its own could be explained rationally. With regard to **one who sleeps in the cemetery,** one could **say that he is doing** so **in order that an impure spirit should settle upon him.** Although it is inappropriate to do this, as there is a reason for this behavior it is not a sign of madness. **And** with regard to **one who goes out alone at night,** one could **say** that perhaps **a fever took hold of him** and he is trying to cool himself down. **And** as for **one who tears his garments,** one could **say** that **he is a man** engaged in **thought,** and out of anxiety he tears his clothing unintentionally. Despite these possible explanations, **since one performed all of these** together **they are** considered

HALAKHA

First and second consecrations – קדושה ראשונה ושניה: All the areas possessed by those who ascended from Egypt were endowed with the sanctity of Eretz Yisrael. When the Jews were exiled from Eretz Yisrael, that sanctity was nullified. Later, when those who ascended from Babylonia arrived and took possession of part of the land, it was endowed with a second, permanent sanctity. However, those places that were conquered only by those who ascended from Egypt were not exempted from tithes and *teruma* in the Sabbatical Year, so that the poor would have something to eat (Rambam *Sefer Zera'im, Hilkhot Mattenot Aniyyim* 6:5, *Hilkhot Terumot* 1:5).

Who is an imbecile – איזהו שוטה: With regard to one who goes out alone at night, tears his garments, sleeps in the cemetery, or loses whatever he is given (Jerusalem Talmud; *Tosefta*), if he performs any one of these actions in a deranged manner he has the halakhic status of an imbecile, in accordance with the opinion of Rabbi Yoḥanan. However, this applies only if he regularly behaves in this manner. If not, he does not have the halakhic status of an imbecile even if performs the act in a deranged manner (*Shakh*, in the name of *Beit Yosef*). Similarly, one whose mind is consistently impaired in one aspect, even if he is otherwise coherent, is considered an imbecile (*Shulḥan Arukh, Yoreh De'a* 1:5 and *Ḥoshen Mishpat* 35:8).

NOTES

Who is an imbecile – איזהו שוטה: An imbecile as discussed by the Sages is one who is mentally imbalanced either due to illness or from birth. Everyone agrees that the characteristics listed in the Gemara are not the exclusive signs of an imbecile (see *Or HaYashar*).

Perek **I**
Daf **4** Amud **a**

כמי שנגח שור חמור וגמל, ונעשה מועד לכל. אמר רב פפא: אי שמיע ליה לרב הונא הא דתניא: אי זהו שוטה – זה המאבד כל מה שנותנים לו, הוה הדר ביה.

like the actions of a forewarned ox **that gored an ox, a donkey, and a camel.** Since this ox gored three different animals on three separate occasions, it is considered predisposed to gore **and becomes forewarned for every** type of animal. Likewise, if someone performs three different deranged actions, it is assumed that there is no logical reason for his behavior and he is classified as an imbecile. **Rav Pappa said: If Rav Huna had heard that which is taught** in a *baraita*: **Who is an imbecile? This is one who destroys whatever is given to him, he would have retracted** his statement that one is an imbecile only if he performs three deranged actions.

HALAKHA

Mitzvot in which women are obligated – מִצְווֹת שֶׁהַנָּשִׁים חַיָּיבוֹת בָּהֶן: Women are obligated in all the negative mitzvot in the Torah, just like men, with the exception of the prohibitions: "You shall not round the corners of your heads, nor shall you mar the corners of your beard" (Leviticus 19:27) and the prohibition against priests becoming ritually impure by contact with a corpse. Women are exempt from all positive, time-bound mitzvot, except for *kiddush* on Shabbat, eating *matza* on the first night of Passover, slaughtering and eating the Paschal offering, the assembly, and rejoicing on the Festival (Rambam *Sefer HaMadda*, *Hilkhot Avoda Zara* 12:3).

A *tumtum* and a hermaphrodite with regard to the mitzva of appearance – טוּמְטוּם וְאַנְדְּרוֹגִינוֹס בִּרְאִיָּיה: A *tumtum* and an hermaphrodite are exempt from appearing in the Temple on a Festival (Rambam *Sefer Korbanot*, *Hilkhot Ḥagiga* 2:1).

אִיבַּעְיָא לְהוּ: כִּי הֲוָה הָדַר בֵּיהּ – מִמְּקָרֵעַ כְּסוּתוֹ הוּא דַּהֲוָה הָדַר בֵּיהּ, דְּדָמְיָא לְהָא, אוֹ דִּלְמָא מִכּוּלְּהוּ הֲוָה הָדַר? תֵּיקוּ.

A dilemma was raised before the Sages with regard to Rav Pappa's statement: **When** Rav Pappa claims that Rav Huna **would have retracted** his statement, **would he have retracted** only **from** the case of **one who tears his garments,** as this person **is similar** to one who destroys whatever is given to him? **Or perhaps he would have retracted** his opinion with regard to **all of** the signs of an imbecile? The Gemara states that the dilemma **shall stand** unresolved, as no answer was found.

״וְטוּמְטוּם וְאַנְדְּרוֹגִינוֹס״ כו׳. תָּנוּ רַבָּנַן: ״זָכוּר״, לְהוֹצִיא אֶת הַנָּשִׁים; ״זְכוּרְךָ״, לְהוֹצִיא טוּמְטוּם וְאַנְדְּרוֹגִינוֹס; ״כׇּל זְכוּרְךָ״ – לְרַבּוֹת אֶת הַקְּטַנִּים.

§ The mishna taught: **And a *tumtum* and a hermaphrodite** are exempt from the mitzva of appearance in the Temple. **The Sages taught,** with regard to the verse: "Three occasions in the year all your males will appear before the Lord God" (Exodus 23:17), had the verse simply said **"males,"** this would serve **to exclude women**[H] from this mitzva. By specifying **"your males,"**[N] it comes **to exclude a *tumtum* and a hermaphrodite**[H] as well. Furthermore, when the verse adds **"all your males,"** this serves **to include male minors.**

אָמַר מָר: ״זָכוּר״ – לְהוֹצִיא אֶת הַנָּשִׁים. הָא – לָמָּה לִי קְרָא? מִכְּדִי מִצְוַת עֲשֵׂה שֶׁהַזְּמַן גְּרָמָא הוּא, וְכׇל מִצְוַת עֲשֵׂה שֶׁהַזְּמַן גְּרָמָא נָשִׁים פְּטוּרוֹת!

The Master said in the *baraita*: **"Males"** comes **to exclude women.** The Gemara asks: **Why do I need a verse** for **this** *halakha*? **After all,** the obligation of appearance on a Festival **is a positive, time-bound mitzva, and women are exempt from any positive, time-bound mitzva.**

אִצְטְרִיךְ; סָלְקָא דַעְתָּךְ אָמִינָא: נֵילַף רְאִיָּיה רְאִיָּיה מֵהַקְהֵל; מָה לְהַלָּן נָשִׁים חַיָּיבוֹת – אַף כָּאן נָשִׁים חַיָּיבוֹת. קָא מַשְׁמַע לַן.

The Gemara answers: This statement **was necessary,** as otherwise **it could enter your mind to say: Let us derive** by means of a verbal analogy between the term: **Appearance,** which appears here, and the term: **Appearance,** stated **with** regard to the mitzva of **assembly** (Deuteronomy 31:11), which is also a positive, time-bound mitzva. **Just as there, women are obligated** in the mitzva of assembly, **so too here, women are obligated** in the mitzva of appearance on the Festival. Therefore, the *baraita* **teaches us** that women are exempt.

אָמַר מָר: ״זְכוּרְךָ״ – לְהוֹצִיא טוּמְטוּם וְאַנְדְּרוֹגִינוֹס. בִּשְׁלָמָא אַנְדְּרוֹגִינוֹס – אִצְטְרִיךְ. סָלְקָא דַעְתָּךְ אָמִינָא: הוֹאִיל וְאִית לֵיהּ צַד זַכְרוּת – לִיחַיַּיב. קָא מַשְׁמַע לַן דִּבְרִיָּה בִּפְנֵי עַצְמוֹ הוּא.

The Master said in the *baraita*: **"Your males"** comes **to exclude a *tumtum* and a hermaphrodite.** The Gemara asks: **Granted,** the exclusion of **a hermaphrodite was necessary,** as **it could enter your mind to say** that **since he possesses an aspect of masculinity,** i.e., he has a male sexual organ, **he should be obligated** like a male. Therefore, the *baraita* **teaches us** that a hermaphrodite **is a being unto itself,** which is neither male nor female.

אֶלָּא טוּמְטוּם סְפֵיקָא הוּא, מִי אִצְטְרִיךְ קְרָא לְמַעוּטֵי סְפֵיקָא? אָמַר אַבָּיֵי: כְּשֶׁבֵּיצָיו מִבַּחוּץ.

However, as the status of **a *tumtum*,** who lacks external sexual organs, **is a** halakhic **uncertainty, is a verse necessary to exclude an uncertainty?**[N] **Abaye said:** It is referring to a case **when** the **testicles** of a *tumtum* **are on the outside,** although his penis is not visible. The verse teaches that this *tumtum* is not obligated in the mitzva of appearance, despite the fact that he is certainly male.

NOTES

Males…Your males – זָכוּר...זְכוּרְךָ: The term: "Males," serves to exclude women. The more restrictive phrase: "Your males," refers to those who are undoubtedly male, not those whose masculinity is uncertain. Therefore, the Sages interpreted the verse as excluding the *tumtum* and hermaphrodite (see *Zekher LaḤagiga*).

A verse necessary to exclude an uncertainty – אִצְטְרִיךְ קְרָא לְמַעוּטֵי סְפֵיקָא: This phrase, which appears in several places in the Talmud, is generally explained by Rashi as a question: Would the Torah exclude an uncertainty? Why would one think that a case of an uncertainty is prohibited or that one should rule stringently in this case, so that it would be necessary for the Torah to explicitly exclude it? Alternatively, there is no need to exclude a doubtful case, as an uncertainty results from a lack of knowledge. God clearly does not lack this knowledge, and therefore the Torah does not address cases of uncertainty (Rashi on *Ḥullin* 22b). In this regard the early authorities cite a fundamental halakhic discussion. There is a general principle that one rules stringently with regard to an uncertainty involving a Torah law. The commentaries dispute whether the principle itself is instituted by rabbinic law, whereas by Torah law every uncertainty is treated leniently (Rambam), or whether the *halakha* that an uncertainty involving Torah law is treated stringently is a principle imposed by Torah law (Rashba).

אָמַר מָר: ״כָּל זְכוּרְךָ״ – לְרַבּוֹת אֶת הַקְּטַנִּים. וְהָתְנַן: חוּץ מֵחֵרֵשׁ שׁוֹטֶה וְקָטָן! אָמַר אַבַּיֵי: לָא קַשְׁיָא; כָּאן – בְּקָטָן שֶׁהִגִּיעַ לְחִינּוּךְ, כָּאן – בְּקָטָן שֶׁלֹּא הִגִּיעַ לְחִינּוּךְ. קָטָן שֶׁהִגִּיעַ לְחִינּוּךְ דְּרַבָּנַן הִיא! אִין הָכִי נַמִי, וּקְרָא אַסְמַכְתָּא בְּעָלְמָא.

The Master said in the *baraita*: "All your males" comes to include minors.[H] The Gemara asks: Didn't we learn in the mishna: All are obligated to appear, except for a deaf-mute, an imbecile, and a minor? Abaye said: This is not difficult. Here, the *baraita* that obligates minors is referring to a minor who has reached the age of training in mitzvot. There, the mishna is referring to a minor who has not yet reached the age of training in mitzvot, and therefore he is exempt from the mitzva of appearance. The Gemara asks: The obligation of a minor who has reached the age of training is one that applies by rabbinic law. How then can the *baraita* derive this *halakha* from a verse? The Gemara answers: Yes, it is indeed so, and the verse is a mere support for this rabbinic obligation.

וְאֶלָּא קְרָא לְמַאי אֲתָא? לְכִדְאַחֵרִים. דִּתְנַן, אֲחֵרִים אוֹמְרִים: הַמְקַמֵּץ, וְהַמְצָרֵף נְחֹשֶׁת, וְהַבּוּרְסִי – פְּטוּרִין מִן הָרְאִיָּיה, מִשּׁוּם שֶׁנֶּאֱמַר: ״כָּל זְכוּרְךָ״, מִי שֶׁיָּכוֹל לַעֲלוֹת עִם כָּל זְכוּרְךָ, יָצְאוּ אֵלּוּ שֶׁאֵינָן רְאוּיִין לַעֲלוֹת עִם כָּל זְכוּרְךָ.

The Gemara asks: Rather, for what purpose does the verse: "All your males," come? It comes to teach that which *Aḥerim* taught. As it is taught in a *baraita*: *Aḥerim* say that a scrimper, one who gathers dog feces to give them to tanners for the purpose of tanning hides; and a melder[HN] of copper, who purifies copper from dross; and a tanner of hides, are all exempt from the mitzva of appearance, as their occupation inflicts upon them a particularly unpleasant odor. This is because it is stated: "All your males," which indicates that only one who is able to ascend with all your males is obligated, excluding those who are not suited to ascend with all your males, as people avoid their company.

״נָשִׁים וַעֲבָדִים שֶׁאֵינָן מְשׁוּחְרָרִים״ וכו׳. בִּשְׁלָמָא נָשִׁים – כִּדַאֲמַרַן; אֶלָּא עֲבָדִים מְנָלַן? אָמַר רַב הוּנָא, אָמַר קְרָא: ״אֶל פְּנֵי הָאָדוֹן ה׳״ – מִי שֶׁאֵין לוֹ אֶלָּא אָדוֹן אֶחָד, יָצָא זֶה שֶׁיֵּשׁ לוֹ אָדוֹן אַחֵר.

§ The mishna taught that women and slaves who are not emancipated are exempt from the mitzva of appearance. The Gemara asks: Granted, women are exempt, as we said earlier that this is derived from the phrase: "Your males." However, with regard to slaves, from where do we derive[N] that they are exempt? Rav Huna said that the verse states: "Before the Lord God" (Exodus 23:17). This indicates that one who has only one Master is obligated, which excludes this slave, who has another master.

הָא לָמָּה לִי קְרָא? מִכְּדִי, כָּל מִצְוָה שֶׁהָאִשָּׁה חַיֶּיבֶת בָּהּ – עֶבֶד חַיָּיב בָּהּ, כָּל מִצְוָה שֶׁאֵין הָאִשָּׁה חַיֶּיבֶת בָּהּ – אֵין הָעֶבֶד חַיָּיב בָּהּ, דְּגָמַר ״לָהּ״ ״לָהּ״ מֵאִשָּׁה!

The Gemara asks: Why do I need a verse to teach this *halakha*? After all, with regard to every mitzva in which a woman is obligated, a slave is also obligated in that mitzva; and with regard to every mitzva in which a woman is not obligated, a slave is not obligated in it either. The reason for this principle is that it is derived by means of a verbal analogy between the phrase: "To her" (Leviticus 19:20), written with regard to a designated maidservant, and the phrase: "To her" (Deuteronomy 24:3), written with regard to a divorced woman.[N]

אָמַר רָבִינָא: לֹא נִצְרְכָה אֶלָּא לְמִי שֶׁחֶצְיוֹ עֶבֶד וְחֶצְיוֹ בֶּן חוֹרִין. דַּיְקָא נַמִי, דְּקָתָנֵי: נָשִׁים וַעֲבָדִים שֶׁאֵינָן מְשׁוּחְרָרִין. מַאי שֶׁאֵינָן מְשׁוּחְרָרִין? אִילֵּימָא שֶׁאֵינָן מְשׁוּחְרָרִין כְּלָל – לִיתְנֵי עֲבָדִים סְתָמָא! אֶלָּא לָאו: שֶׁאֵינָן מְשׁוּחְרָרִין לְגַמְרֵי. וּמַאי נִינְהוּ? מִי שֶׁחֶצְיוֹ עֶבֶד וְחֶצְיוֹ בֶּן חוֹרִין. שְׁמַע מִינָּהּ.

Ravina said: This verse is necessary only to teach the exemption of one who is half-slave half-freeman. The Gemara notes that the language of the mishna is also precise, as it teaches: Women and slaves who are not emancipated. What is the purpose of specifying: Who are not emancipated? If we say that this means that they are not emancipated at all, let it simply teach: Slaves, without any further description. Rather, is it not the case that the mishna is referring to slaves who are not entirely emancipated? And who are these slaves? One who is half-slave half-freeman. The Gemara concludes: Learn from this that this is correct.

״וְהַחִיגֵּר וְהַסּוּמָא וְחוֹלֶה וְהַזָּקֵן״. תָּנוּ רַבָּנַן: ״רְגָלִים״ – פְּרָט לְבַעֲלֵי קַבַּיִן. דָּבָר אַחֵר: ״רְגָלִים״ – פְּרָט לְחִיגֵּר, וּלְחוֹלֶה, וּלְסוּמָא, וּלְזָקֵן, וּלְשֶׁאֵינוֹ יָכוֹל לַעֲלוֹת בְּרַגְלָיו. וְשֶׁאֵינוֹ יָכוֹל לַעֲלוֹת בְּרַגְלָיו לְאֵתוֹיֵי מַאי? אָמַר רָבָא: לְאֵתוֹיֵי

The mishna further taught: And the lame, and the blind, and the sick, and the old are all exempt from the mitzva of appearance. The Sages taught: "Times [*regalim*]" (Exodus 23:14) alludes to the use of one's feet [*raglayim*], and therefore it excludes people with artificial legs. Although they are able to walk, they are exempt from traveling, as they do not have feet. Alternatively, the term "*regalim*" comes to exclude the lame, the sick, the blind, the old, and one who is unable to ascend on his own feet.[H] The Gemara asks: The last category of one who is unable to ascend on his feet, comes to add what? The *baraita* already taught that the lame and the sick are exempt. Rava said: It comes to add

HALAKHA

A minor with regard to the mitzva of appearance – קָטָן בָּרְאִיָּיה: If a minor is able to hold his father's hand and ascend from Jerusalem to the Temple Mount, his father is obligated to bring him along to the Temple to train him in the observance of mitzvot (Rambam *Sefer Korbanot*, *Hilkhot Ḥagiga* 2:3).

A scrimper and a melder with regard to the mitzva of appearance – הַמְקַמֵּץ וְהַמְצָרֵף בָּרְאִיָּיה: The Rambam rules that a scrimper and a melder of copper, as well as other craftsmen who have a foul odor, must wash themselves and their clothes and ascend on the Festivals like the rest of the nation (*Sefer Korbanot*, *Hilkhot Ḥagiga* 2:2). There are two explanations as to why the Rambam's ruling does not contradict the *baraita* here, which explicitly states that all of these people are exempt from this obligation. First, the phrase: *Aḥerim* say, indicates that this is the opinion of an individual Sage, which is not accepted by the Rabbis, and the *halakha* is in accordance with the majority opinion (*Kesef Mishne*). Second, the ruling of *Aḥerim* applies only when these people are covered in filth. However, once they clean themselves they are considered like everyone else (*Kesef Mishne*; Rabbi Yosef Kurkus).

One who is unable to ascend on his feet – מִי שֶׁאֵינוֹ יָכוֹל לַעֲלוֹת בְּרַגְלָיו: One who is unable to ascend to the Temple by foot is not obligated in the mitzva of appearance. Consequently, the lame, the sick, the old, and the unusually delicate are all exempt, in accordance with the opinion of Rava (Rambam *Sefer Korbanot*, *Hilkhot Ḥagiga* 2:1).

NOTES

A scrimper and a melder – הַמְקַמֵּץ וְהַמְצָרֵף: The commentaries explain that these malodorous people are exempt from the mitzva of appearance not for the good of the general public but for their own honor. It would be insulting for them were they to ascend to the Temple with everyone keeping their distance from them. Consequently, they are exempt from this obligation (*ge'onim*).

Slaves, from where do we derive – עֲבָדִים מְנָלַן: Many commentaries note that this section of the discussion is apparently self-contradictory. At first the Gemara inquires into the source exempting slaves, which indicates that this source is necessary. Subsequently, the Gemara questions why this source is required, as the exemption can be derived from the case of women. Some explain that the phrase: "All your males," can be explained as referring to male slaves as well, and therefore one might have thought that in this case the *halakha* of slaves cannot be derived from that of women (*Mishḥat Aharon*; see the Jerusalem Talmud). Others explain that the question concerning the possible derivation of the exemption of slaves from the *halakha* of women is the continuation of the statement of Rav Huna. There are passages elsewhere in the Gemara that follow a similar structure (see *Petaḥ Einayim* for examples). Some commentaries cite yet another source for the exemption of slaves: "When all of Israel come" (Deuteronomy 31:11), as slaves are not considered part of the Jewish people (Rambam; Rabbi Ovadya MiBartenura).

It is derived by: To her, to her, with regard to a woman – גָּמַר ״לָהּ״ ״לָהּ״ מֵאִשָּׁה: Although the first "to her" is actually stated with regard to a maidservant, not a male slave, the derivation is still legitimate. This is because the verbal analogy is not required to exempt a maidservant from the mitzvot in which women are not obligated, as there is no reason to think that she should have a higher level of obligation than a Jewish woman. Alternatively, one might think that slaves should not be obligated in mitzvot at all, as they are neither Jews nor converts. Therefore, once it is derived by verbal analogy that maidservants have the same halakhic obligations as Jewish women, the same applies to male slaves as well (see *Turei Aven*).

מְפַנְקֵי, דִּכְתִיב: ״כִּי תָבֹאוּ לֵרָאוֹת פָּנָי מִי בִקֵּשׁ זֹאת מִיֶּדְכֶם רְמֹס חֲצֵרָי״.

a delicate[N] man, who cannot walk without shoes. **As it is written: "When you come to appear before Me, who has required this at your hand, to trample My courts?"** (Isaiah 1:12). Entering the Temple with shoes is described by the prophet as trampling, and therefore one who cannot enter barefoot is exempt from the mitzva of appearance.

תָּנָא: הֶעָרֵל וְהַטָּמֵא פְּטוּרִין מִן הָרְאִיָּיה. בִּשְׁלָמָא טָמֵא – דִּכְתִיב: ״וּבָאתָ שָּׁמָּה״ ״וַהֲבֵאתֶם שָׁמָּה״, כָּל שֶׁיֶּשְׁנוֹ בְּבִיאָה – יֶשְׁנוֹ בַּהֲבָאָה, וְכָל שֶׁאֵינוֹ בְּבִיאָה – אֵינוֹ בַּהֲבָאָה.

It is **taught: The uncircumcised and the ritually impure are exempt from** the mitzva of **appearance.**[H] The Gemara comments: **Granted, a ritually impure** person is exempt, **as it is written: "And there you shall come"** (Deuteronomy 12:5), followed by: **"And there you shall bring"** (Deuteronomy 12:6). The juxtaposition of these verses teaches: **Anyone included in** the mitzva of **coming,** i.e., anyone who may enter the Temple, **is** also **included in** the obligation of **bringing** offerings; **and anyone not** included **in** the mitzva of **coming is not** included **in** the obligation of **bringing** either. Since it is prohibited for a person who is ritually impure to enter the Temple, he is also exempt from the obligation to bring a burnt-offering of appearance.

אֶלָּא עָרֵל מְנָלַן? הָא מַנִּי? רַבִּי עֲקִיבָא הִיא, דִּמְרַבֵּי לְעָרֵל כְּטָמֵא. דְּתַנְיָא, רַבִּי עֲקִיבָא אוֹמֵר: ״אִישׁ אִישׁ״ – לְרַבּוֹת אֶת הֶעָרֵל.

However, with regard to **the uncircumcised, from where do we** derive that he is exempt? The Gemara answers: In accordance with **whose** opinion **is this** *baraita*? **It is** in accordance with the opinion of **Rabbi Akiva, who amplifies** the *halakha* so **that the uncircumcised** is included in the same category **as the ritually impure.**[N] **As it is taught** in a *baraita*: **Rabbi Akiva says,** with regard to the verse: "**Any man** [*ish ish*] of the seed of Aaron that is a leper or has an issue; he shall not eat of the sacred things" (Leviticus 22:4), the double use of the term: "Ish," comes **to include the uncircumcised.** Like the ritually impure, the uncircumcised may neither eat sacrificial meat nor bring offerings to the Temple.

תָּנוּ רַבָּנַן: טָמֵא פָּטוּר מִן הָרְאִיָּיה, דִּכְתִיב: ״וּבָאתָ שָּׁמָּה״ ״וַהֲבֵאתֶם שָׁמָּה״, כָּל שֶׁיֶּשְׁנוֹ בְּבִיאָה – יֶשְׁנוֹ בַּהֲבָאָה, וְכָל שֶׁאֵינוֹ בְּבִיאָה – אֵינוֹ בַּהֲבָאָה.

The Sages taught: A ritually impure person **is exempt from** the mitzva of **appearance, as it is written: "And there shall you come," "and there you shall bring." Anyone** included **in coming is** also **included in** the obligation of **bringing** offerings; **and anyone not** included **in coming is not** included **in** the obligation of **bringing** either.

רַבִּי יוֹחָנָן בֶּן דַּהֲבַאי אוֹמֵר מִשּׁוּם רַבִּי יְהוּדָה: סוּמָא בְּאַחַת מֵעֵינָיו פָּטוּר מִן הָרְאִיָּיה, שֶׁנֶּאֱמַר: ״יִרְאֶה״ ״יֵרָאֶה״ – כְּדֶרֶךְ שֶׁבָּא לִרְאוֹת כָּךְ בָּא לֵירָאוֹת, מָה בָּא לִרְאוֹת בִּשְׁתֵּי עֵינָיו – אַף לֵירָאוֹת בִּשְׁתֵּי עֵינָיו.

Rabbi Yoḥanan ben Dehavai says in the name of Rabbi Yehuda: One who is blind in one of his eyes is exempt from the mitzva of **appearance, as it is stated:** "Three times a year all your males **shall appear** [*yera'e*] before the Lord God" (Exodus 23:17). Since there are no vowels in the text, this can be read as: All your males **will see** [*yireh*] the Lord God. This teaches that **in the same manner that one comes to see, so he comes to be seen: Just as one comes to see with both his eyes, so too** the obligation **to be seen** applies only to one who comes **with both his eyes.** Therefore, one who is blind in one eye is exempt from the mitzva of appearance in the Temple.

רַב הוּנָא, כִּי מָטֵי לְהַאי קְרָא ״יִרְאֶה״ ״יֵרָאֶה״ בָּכֵי, אָמַר: עֶבֶד שֶׁרַבּוֹ מְצַפֶּה לוֹ לִרְאוֹתוֹ יִתְרַחֵק מִמֶּנּוּ? דִּכְתִיב: ״כִּי תָבוֹאוּ לֵרָאוֹת פָּנָי מִי בִקֵּשׁ זֹאת מִיֶּדְכֶם רְמֹס חֲצֵרָי״.

The Gemara relates that **when Rav Huna reached this verse,** which can be read as: **"Will see"** [*yireh*] and **"shall appear"** [*yera'e*],[N] **he cried. He said:** Can it happen to **a slave whose master expects to see him,** that the master **will** eventually **distance himself from him** and not want him anymore? **As it is written: "When you come to appear before Me, who has required this at your hand, to trample My courts?"** (Isaiah 1:12).

רַב הוּנָא כִּי מָטֵי לְהַאי קְרָא בָּכֵי: ״וְזָבַחְתָּ שְׁלָמִים וְאָכַלְתָּ שָּׁם״, עֶבֶד שֶׁרַבּוֹ מְצַפֶּה לֶאֱכוֹל עַל שֻׁלְחָנוֹ יִתְרַחֵק מִמֶּנּוּ? דִּכְתִיב: ״לָמָּה לִּי רֹב זִבְחֵיכֶם יֹאמַר ה׳״.

Similarly, when Rav Huna reached this verse, he cried: "And you shall sacrifice peace-offerings, and you shall eat there" (Deuteronomy 27:7). Can it happen to **a slave whose master expects** him **to eat at his table,** that his master **will** eventually **distance himself from him? As it is written: "To what purpose is the multitude of your offerings to Me? says the Lord"** (Isaiah 1:11).

NOTES

Delicate – מְפַנְקֵי: Some explain that this refers to delicate people who are not used to walking barefoot. Since it is prohibited for one to enter the Temple while wearing shoes, which is considered trampling the sacred courtyards, he is exempt from ascending for the pilgrimage Festivals (Rashi). Alternatively, the term refers to those who are so frail they are not used to walking at all. Since they walk in a feeble manner, even were they to reach the Temple, their arrival would be deemed trampling on the sacred (Rambam; *Siaḥ Yitzḥak*).

The uncircumcised as the ritually impure – לְעָרֵל כְּטָמֵא: The Gemara indicates that the uncircumcised are exempt from the mitzva of appearance because the Torah equates them with the ritually impure concerning the prohibition against eating sacred meat. Some commentaries are puzzled by this claim, as there are several verses that explicitly state that the uncircumcised are prohibited from eating sacred food, e.g., the Paschal offering. If the explanation of the Gemara is accepted, these verses are superfluous, as this *halakha* can also be derived from that of the ritually impure. One answer is that there is a difference between one who willfully remains uncircumcised and someone uncircumcised for health reasons, who cannot be compared to a ritually impure person (*Tosafot*). Others maintain that the Gemara here is not referring to the prohibition against eating sacred meat at all. Rather, an uncircumcised man is considered repulsive, like the ritually impure, and therefore he too is kept at a distance (Rambam; see *Yevamot* 72b, *Nedarim* 31a).

When he reached this verse, will see, shall appear – כִּי מָטֵי לְהַאי קְרָא ״יִרְאֶה״ ״יֵרָאֶה״: The commentaries are perplexed by the mention of the derivation of: "Will see," "shall appear," in this context, as it is apparently irrelevant to the topic at hand. Indeed, certain versions of the text state only: "Will see." Some maintain that Rav Huna does not accept the idea that this verse comes to exclude one who does not have two eyes. Instead, he explains that just as God wants the Jewish people to ascend to see Him, so too He wants to see them (*Petaḥ Einayim*). Others state similarly that Rav Huna learns from this verse only that the Jewish people are beloved by God to such an extent that He wants to see them and to be seen by them (Maharsha).

HALAKHA

The uncircumcised and the ritually impure with regard to the mitzva of appearance – עָרֵל וְטָמֵא בִּרְאִיָּיה: The uncircumcised and the ritually impure are exempt from the mitzva of appearance, as stated in the *baraita* (Rambam *Sefer Korbanot*, *Hilkhot Ḥagiga* 2:1).

רַבִּי אֶלְעָזָר כִּי מָטֵי לְהַאי קְרָא בָּכֵי: "וְלֹא יָכְלוּ אֶחָיו לַעֲנוֹת אֹתוֹ כִּי נִבְהֲלוּ מִפָּנָיו". וּמַה תּוֹכֵחָה שֶׁל בָּשָׂר וָדָם – כָּךְ, תּוֹכֵחָה שֶׁל הַקָּדוֹשׁ בָּרוּךְ הוּא – עַל אַחַת כַּמָּה וְכַמָּה! רַבִּי אֶלְעָזָר כִּי מָטֵי לְהַאי קְרָא בָּכֵי: "וַיֹּאמֶר שְׁמוּאֵל אֶל שָׁאוּל לָמָּה הִרְגַּזְתַּנִי לְהַעֲלוֹת אוֹתִי". וּמַה שְׁמוּאֵל הַצַּדִּיק הָיָה מִתְיָירֵא מִן הַדִּין, אָנוּ – עַל אַחַת כַּמָּה וְכַמָּה!

The Gemara similarly relates: **When Rabbi Elazar reached this verse, he cried: "And his brethren could not answer him, for they were affrighted at his presence"** (Genesis 45:3). He said, in explanation of his emotional reaction: **If the rebuke of** a man **of flesh and blood was such** that the brothers were unable to respond, when it comes to **the rebuke of the Holy One, Blessed be He, all the more so.**[N] **When Rabbi Elazar reached this verse, he cried: "And Samuel said to Saul: Why have you disquieted me, to bring me up"** (I Samuel 28:15).[NB] He said: **If Samuel the righteous was afraid of judgment**[N] when he was raised by necromancy, as he thought he was being summoned for a Divine judgment, **all the more so** that **we** should be afraid.

שְׁמוּאֵל מַאי הִיא? דִּכְתִיב: "וַתֹּאמֶר הָאִשָּׁה אֶל שָׁאוּל אֱלֹהִים רָאִיתִי עוֹלִים", "עוֹלִים" – תְּרֵי מַשְׁמַע, חַד – שְׁמוּאֵל, וְאִידָּךְ – דַּאֲזַל שְׁמוּאֵל וְאַתְיֵיהּ לְמֹשֶׁה בַּהֲדֵיהּ. אֲמַר לֵיהּ: דִּלְמָא חַס וְשָׁלוֹם לְדִינָא מִתְבָּעֵינָא, קוּם בַּהֲדַאי דְּלֵיכָּא מִילְּתָא דִּכְתַבְתְּ בְּאוֹרַיְיתָא דְּלָא קַיֵּימְתִּיהָ.

The Gemara asks: In the case of **Samuel, what is it** that he feared? **As it is written: "And the woman said to Saul, I see a godlike being coming up** [*olim*] **out of the earth"** (I Samuel 28:13). ***"Olim,"*** in the plural form, **indicates** that there were **two** of them. **One** of them was **Samuel, but the other,** who was he? The Gemara explains **that Samuel went and brought Moses with him.**[N] **He said** to Moses: **Perhaps, Heaven forbid, I was summoned for judgment** by God; **stand with me** and testify on my behalf **that there is nothing that you wrote in the Torah that I did not fulfill.**

רַבִּי אַמִי כִּי מָטֵי לְהַאי קְרָא בָּכֵי: "יִתֵּן בֶּעָפָר פִּיהוּ אוּלַי יֵשׁ תִּקְוָה", אֲמַר: כּוּלֵּי הַאי – וְאוּלַי?! רַבִּי אַמִי כִּי מָטֵי לְהַאי קְרָא בָּכֵי: "בַּקְּשׁוּ צֶדֶק בַּקְּשׁוּ עֲנָוָה אוּלַי תִּסָּתְרוּ בְּיוֹם אַף ה'", אֲמַר: כּוּלֵּי הַאי – וְאוּלַי?! רַבִּי אַסִי, כִּי מָטֵי לְהַאי קְרָא בָּכֵי: "שִׂנְאוּ רָע וְאֶהֱבוּ טוֹב וְהַצִּיגוּ בַשַּׁעַר מִשְׁפָּט אוּלַי יֶחֱנַן ה' [אֱלֹהֵי] צְבָאוֹת", כּוּלֵּי הַאי – וְאוּלַי?!

When Rabbi Ami reached this verse, he cried: "Let him put his mouth in the dust, perhaps there may be hope" (Lamentations 3:29). **He said:** A sinner suffers through **all this** punishment and only **perhaps**[N] there may be hope? **When Rabbi Ami reached this verse, he cried: "Seek righteousness, seek humility; perhaps you shall be hidden on the day of the Lord's anger"** (Zephaniah 2:3). **He said: All of this** is expected of each individual, and only **perhaps** God's anger may be hidden? Likewise, **when Rabbi Asi reached this verse, he cried: "Hate the evil, and love the good, and establish justice in the gate; perhaps the Lord, the God of hosts, will be gracious"** (Amos 5:15). **He said: All of this, and only perhaps?**

רַב יוֹסֵף כִּי מָטֵי לְהַאי קְרָא בָּכֵי: "וְיֵשׁ נִסְפֶּה בְּלֹא מִשְׁפָּט" אֲמַר: מִי אִיכָּא דְּאָזֵיל בְּלָא זִמְנֵיהּ? אִין, כִּי הָא דְּרַב בֵּיבָי בַּר אַבַּיֵי הֲוָה שְׁכִיחַ גַּבֵּיהּ מַלְאַךְ הַמָּוֶת. אֲמַר לֵיהּ לִשְׁלוּחֵיהּ: זִיל אַיְיתִי לִי מִרְיָם מְגַדְּלָא שֵׂיעָר נְשַׁיָּא. אֲזַל אַיְיתֵי לֵיהּ מִרְיָם מְגַדְּלָא דַּרְדְּקֵי.

When Rav Yosef reached this verse, he cried: "But there are those swept away without justice" (Proverbs 13:23). **He said: Is there one who goes before his time** and dies for no reason? The Gemara answers: **Yes, like this** incident **of Rav Beivai bar Abaye, who would be frequented** by the company **of the Angel of Death**[N] and would see how people died at the hands of this angel. The Angel of Death **said to his agent: Go and bring me,** i.e., kill, **Miriam the raiser,** i.e., braider, **of women's hair. He went,** but instead **brought him Miriam,** the **raiser of babies.**

אֲמַר לֵיהּ: אֲנָא מִרְיָם מְגַדְּלָא שֵׂיעָר נְשַׁיָּא אֲמָרִי לָךְ! אֲמַר לֵיהּ: אִי הָכִי אַהַדְרַהּ! אֲמַר לֵיהּ: הוֹאִיל וְאַיְיתִיתָהּ – לֶיהֱוֵי לְמִנְיָינָא. אֶלָּא הֵיכִי יְכַלְתְּ לַהּ? הֲוַת נְקִיטָא מְתָארָא בִּידָהּ, וַהֲוַת קָא שָׁגְרָא

The Angel of Death **said to him: I told you** to bring **Miriam,** the **raiser of women's hair.** His agent **said to him: If so, return her** to life. **He said to him: Since you** have already **brought her, let her be counted**[N] toward the number of deceased people. Apparently, this woman died unintentionally. Rav Beivai asked the agent: **But** as her time to die had not yet arrived, **how were you able** to kill **her?** The agent responded that he had the opportunity, as **she was holding a shovel in her hand and** with it **she was lighting**

NOTES

If the rebuke of flesh and blood was such, the rebuke of the Holy One…all the more so – וּמַה תּוֹכֵחָה שֶׁל בָּשָׂר וָדָם, כָּךְ תּוֹכֵחָה שֶׁל הַקָּדוֹשׁ בָּרוּךְ הוּא עַל אַחַת כַּמָּה וְכַמָּה: The Maharsha notes that the Torah does not in fact record that Joseph rebuked his brothers. Therefore, he explains this statement as follows: If Joseph's brothers, who merely feared the possibility of rebuke, were unable to respond, all the more so when a man stands before God. However, others write that the midrash indicates that Joseph actually reprimanded his brothers (Riaf; *Iyyun Ya'akov*).

Disquieted me to bring me up – הִרְגַּזְתַּנִי לְהַעֲלוֹת אוֹתִי: In the Jerusalem Talmud the verse is explained in two ways. The phrase "disquieted me" might indicate anger, i.e., Samuel is saying: Is it not enough that you transgressed the Torah, now you are also using me to commit the sin of resurrection by means of necromancy? Alternatively, the term "disquieted" denotes fear, as in several other places (e.g., Deuteronomy 2:25). If so, Samuel is saying that he feared being resurrected.

Was afraid of judgment – הָיָה מִתְיָירֵא מִן הַדִּין: Some write that although Samuel did not believe he was being called to the ultimate Day of Judgment, nevertheless, as this incident occurred within a year of his death, he feared that he was perhaps being called to the court of heaven before arriving at his resting place in the Garden of Eden (*Yeshuot Meshiḥo*).

And he brought Moses with him – וְאַתְיֵיהּ לְמֹשֶׁה בַּהֲדֵיהּ: Some explain that the phrase: "I see a godlike being [*elohim*]," itself alludes to this explanation, as only Moses of all the prophets and righteous people is described by the Torah as "*elohim*" (Exodus 7:1). This term can mean a judge or leader, but is also a name of God.

All this and only perhaps – כּוּלֵּי הַאי וְאוּלַי: The commentaries explain that the Sages cried because these verses describe the highest qualities of modesty and humility as well as other admirable qualities. If even one who possesses these is not guaranteed salvation, what will be the fate of others? (Maharsha).

He would be frequented by the Angel of Death, etc. – הֲוָה שְׁכִיחַ גַּבֵּיהּ מַלְאַךְ הַמָּוֶת וכו': The commentaries explain that Rav Beivai was well versed in esoteric matters. They further suggest that this might have been a dream or a vision (*ge'onim*). This story teaches the important idea that some people die not as a result of their sins but simply due to circumstances, or, in the terms of the Gemara, a mistake of the agent. However, God does not deprive anyone of his reward in the World-to-Come, and his suffering and untimely death are taken into account. Some suggest that the agent of the Angel of Death does not always act upon the will of God. Furthermore, sometimes one dies for a specific sin even if it is not one that normally renders him deserving of death by the hands of Heaven (*Zohar*, *Parashat Vayera*).

Let her be counted – לֶיהֱוֵי לְמִנְיָינָא: Let her be counted only among the dead, not among those who were liable to receive the death penalty (*Tosefot Rid*).

BACKGROUND

And Samuel said to Saul, Why have you disquieted me to bring me up – וַיֹּאמֶר שְׁמוּאֵל אֶל שָׁאוּל לָמָּה הִרְגַּזְתַּנִי לְהַעֲלוֹת אוֹתִי: Although some early authorities maintain that magical powers do exist, other commentaries explain Samuel's appearance after death as a miraculous event arranged by God rather than by the necromancy of the medium of En-Dor (Rav Hai Gaon; Rav Sa'adia Gaon). The purpose of this miracle was to convey a specific message to Saul by the only means available. In contrast, some claim that the medium of En-Dor was a woman experienced in deceptive methods who recognized Saul beneath his disguise and decided to provide him with a purported prophecy of destruction that would discourage him, leading to his ultimate defeat and death (*Midrash Shlomo*).

וּמְחַרְיָא תַּנּוּרָא. שְׁקַלְתָּא וְאַנַּחְתָּא אַגַּבָּהּ דְּכַרְעָהּ, קְדַחָא וְאִיתְּרַע מַזָּלָהּ, וְאַיְיתִיתָהּ.

and sweeping the oven. She took the fire **and set it on her foot; she was scalded and her luck suffered,** which gave me the opportunity, **and I brought her.**

אֲמַר לֵיהּ רַב בֵּיבָי בַּר אַבַּיֵי: אִית לְכוּ רְשׁוּתָא לְמֶיעְבַּד הָכִי? אֲמַר לֵיהּ: וְלָא כְּתִיב ״וְיֵשׁ נִסְפֶּה בְּלֹא מִשְׁפָּט״? אֲמַר לֵיהּ: וְהָכְתִיב: ״דּוֹר הוֹלֵךְ וְדוֹר בָּא״!

Rav Beivai bar Abaye said to the Angel of Death: Do **you have the right to act in this** manner, to take someone before his time? The Angel of Death **said to him: And is it not written: "But there are those swept away without justice"** (Proverbs 13:23)? Rav Beivai **said to him: And isn't it written: "One generation passes away, and another generation comes"** (Ecclesiastes 1:4), which indicates that there is a predetermined amount of time for the life of every generation.

אֲמַר: דְּרָעֵינָא לְהוּ אֲנָא עַד דְּמָלוּ לְהוּ לְדָרָא, וַהֲדַר מַשְׁלִימְנָא לֵיהּ לְדוּמָה. אֲמַר לֵיהּ: סוֹף סוֹף, שָׁנֵיהּ מַאי עָבְדַתְּ? אֲמַר: אִי אִיכָּא צוּרְבָא מֵרַבָּנַן דְּמַעֲבִיר בְּמִילֵּיהּ מוֹסִיפְנָא לְהוּ לֵיהּ, וְהָוְיָא חִלּוּפֵיהּ.

He said to him: **I shepherd them,**[N] not releasing them **until** the years of **the generation are completed, and then I pass them on to** the angel **Duma** who oversees the souls of the dead. Rav Beivai **said to him: Ultimately, what do you do with his extra years,** those taken away from this individual? The Angel of Death **said** to him: **If there is a Torah scholar who disregards his** personal **matters,** i.e., who overlooks the insults of those who wrong him, **I add those** years **to him and he becomes** the deceased's **replacement** for that time.

רַבִּי יוֹחָנָן כִּי מָטֵי לְהַאי קְרָא בָּכֵי: ״וַתְּסִיתֵנִי בוֹ לְבַלְּעוֹ חִנָּם״ עֶבֶד שֶׁרַבּוֹ מְסִיתִין לוֹ וְנִיסַּת, תַּקָּנָה יֵשׁ לוֹ? רַבִּי יוֹחָנָן כִּי מָטֵי לְהַאי קְרָא בָּכֵי: ״הֵן בִּקְדֹשָׁיו לֹא יַאֲמִין״, אִי בִּקְדוֹשָׁיו לֹא יַאֲמִין – בְּמַאן יַאֲמִין?

§ The Gemara returns to the previous topic. **When Rabbi Yoḥanan reached this verse, he cried,** as God said to the Satan about Job: **"Although you did incite Me against him, to destroy him without cause"** (Job 2:3). Rabbi Yoḥanan said: With regard to **a slave whose master** is one whom others **incite** to act harshly'against the slave **and** the master **is incited**[N] to do so, **is there a remedy for** the slave? Additionally, **when Rabbi Yoḥanan reached this verse, he cried: "Behold He puts no trust in His sacred ones"** (Job 15:15), saying: **If He does not place trust in His sacred ones, in whom** does **He place trust?**

יוֹמָא חַד הֲוָה קָא אָזֵיל בְּאוֹרְחָא, חַזְיֵיהּ לְהַהוּא גַּבְרָא דַּהֲוָה מְנַקֵּיט תְּאֵנֵי, שָׁבֵיק הָנָךְ דְּמָטוּ, וְשָׁקֵיל הָנָךְ דְּלָא מָטוּ. אֲמַר לֵיהּ: לָאו הָנֵי מַעֲלָן טְפֵי? אֲמַר לֵיהּ: הָנֵי לְאוֹרְחָא בָּעֵינַן לְהוּ, הָנֵי – נַטְרָן, וְהָנֵי – לָא נַטְרָן. אֲמַר: הַיְינוּ דִּכְתִיב ״הֵן בִּקְדוֹשָׁיו לֹא יַאֲמִין״.

The Gemara relates: **One day** Rabbi Yoḥanan **was walking along the road, and he saw a certain man who was picking figs** in an unusual manner: **He left the ones that had reached** the stage of ripeness **and took those that had not** yet **reached** that state. Rabbi Yoḥanan **said to him: Aren't these** ripe ones **much better? He said to him: I need these** dates **for the road; these** that are not yet ripe **will be preserved, and these** that are already ripe **will not be preserved.** Rabbi Yoḥanan **said: This is** the same **as is written: "Behold He puts no trust in His sacred ones"**; there are righteous people whom God takes from this world before their time, as He knows that in the future they will stumble.

אִינִי? וְהָא הַהוּא תַּלְמִידָא דַּהֲוָה בְּשִׁיבָבוּתֵיהּ דְּרַבִּי אֲלֶכְּסַנְדְּרִי וְשָׁכֵיב אַדְּזוּטָר, וַאֲמַר: אִי בָּעֵי הַאי מֵרַבָּנַן הֲוָה חַיֵּי. וְאִם אִיתָא – דִּלְמָא מֵ״הֵן בִּקְדוֹשָׁיו לֹא יַאֲמִין״ הֲוָה? הַהוּא מְבַעֵט בְּרַבּוֹתָיו הֲוָה.

The Gemara asks: **Is that so? But there was a certain student in the neighborhood of Rabbi Alexandri, and he died while** he was still **young. And** Rabbi Alexandri **said: If this** young **Sage had wanted, he would have lived,** i.e., his actions caused him to die young. **And if it is so,** as Rabbi Yoḥanan suggested, **perhaps** this student was **from** those concerning whom it is written: **"Behold he puts no trust in his sacred ones,"** and it was not his sins that caused his death. The Gemara answers: **That** student **was** one who acted **irreverently toward his teachers,** and Rabbi Alexandri,knew of his improper behavior.

רַבִּי יוֹחָנָן כִּי מָטֵי לְהַאי קְרָא בָּכֵי: ״וְקָרַבְתִּי אֲלֵיכֶם לַמִּשְׁפָּט וְהָיִיתִי עֵד מְמַהֵר בַּמְכַשְּׁפִים וּבַמְנָאֲפִים וּבַנִּשְׁבָּעִים לַשָּׁקֶר וּבְעוֹשְׁקֵי שְׂכַר שָׂכִיר״, עֶבֶד שֶׁרַבּוֹ מְקָרְבוֹ לְדוּנוֹ, וּמְמַהֵר לַהֲעִידוֹ, תַּקָּנָה יֵשׁ לוֹ?

When Rabbi Yoḥanan reached this verse, he cried: "And I will come near to you to judgment; and I will be a swift witness against the sorcerers, and against the adulterers, and against false witnesses, and against those who oppress the hireling in his wages, the widow, and the fatherless, and who turn aside the convert from his right, and do not fear Me, says the Lord" (Malachi 3:5). He said: With regard to **a slave whose master comes near to him to judge him and is swift to testify** against him, is **there a remedy for him?**

NOTES

I shepherd them – דְּרָעֵינָא לְהוּ אֲנָא: This cryptic idea is based on the verse: "Like sheep they are appointed for the netherworld; death shall be their shepherd; and the upright shall have dominion over them in the morning; and their form shall be for the netherworld to wear away, that there be no habitation for it" (Psalms 49:15). The verse depicts death as a shepherd for the souls until they arrive in the netherworld. Furthermore, the verse also alludes to the idea that Torah scholars who are willing to bear insults are granted extra years, as: "The upright shall have dominion over them" (*Petaḥ Einayim*, citing Rabbi Yitzḥak Luria).

Others incite him and he is incited – מְסִיתִין לוֹ וְנִיסַּת: Some commentaries note that according to the midrashic tradition that Job was one of Pharaoh's advisors, he deserved to be punished, as he should have protested against Pharaoh's evil ways (*Turei Aven*). Even so, it is possible that the incitement mentioned here refers to the unnecessarily harsh manner of his punishment. Others say that this statement in is accordance with the opinion of Rabbi Yoḥanan (*Bava Batra* 16a) that Job lived in a later time period and was not guilty of sin (see *Iyyun Ya'akov*).

אָמַר רַבִּי יוֹחָנָן בֶּן זַכַּאי: אוֹי לָנוּ שֶׁשָּׁקַל עָלֵינוּ הַכָּתוּב קַלּוֹת כַּחֲמוּרוֹת.

With regard to that same verse, **Rabbi Yoḥanan ben Zakkai said: Woe to us, as the verse weighs lenient** mitzvot **for us like** more **stringent** mitzvot, as it lists both those who violate sins punishable by death, e.g., sorcerers and adulterers, with those who violate apparently less severe sins, e.g., those who withhold payment from a hired worker.

אָמַר רֵישׁ לָקִישׁ: כָּל הַמַּטֶּה דִּינוֹ שֶׁל גֵּר – כְּאִילּוּ מַטֶּה דִּינוֹ שֶׁל מַעְלָה, שֶׁנֶּאֱמַר: "וּמַטֵּי גֵר" – וּמַטִּי כְּתִיב. אָמַר רַבִּי חֲנִינָא בַּר פָּפָּא: כָּל הָעוֹשֶׂה דָּבָר וּמִתְחָרֵט בּוֹ – מוֹחֲלִין לוֹ מִיָּד, שֶׁנֶּאֱמַר: "וְלֹא יְרֵאוּנִי", הָא יְרֵאוּנִי – מוֹחֲלִין לָהֶם מִיָּד.

Reish Lakish said: Anyone who distorts the judgment of a convert,[N] it is considered **as if he distorted the judgment of** the One **above, as it is stated: "And who turn aside [*umattei*] the convert"** (Malachi 3:5). This term **is written** as: ***Umatti,***[N] turn Me aside, i.e., one who distorts the judgment of a convert it considered as though he distorts the judgment of God, as it were. **Rabbi Ḥanina bar Pappa said: Anyone who does something** sinful **and regrets it,**[N] **he is forgiven immediately, as it is stated: "And do not fear Me"** (Malachi 3:5), which indicates that if **they** do **fear Me** and are embarrassed to sin before God, **they are forgiven immediately.**

רַבִּי יוֹחָנָן כִּי מָטֵי לְהַאי קְרָא בָּכֵי: "כִּי אֶת כָּל מַעֲשֶׂה הָאֱלֹהִים יָבִיא בְמִשְׁפָּט עַל כָּל נֶעְלָם", עֶבֶד שֶׁרַבּוֹ שׁוֹקֵל לוֹ שְׁגָגוֹת כִּזְדוֹנוֹת תַּקָּנָה יֵשׁ לוֹ?

Additionally, **when Rabbi Yoḥanan reached this verse, he cried: "For God shall bring every work into the judgment concerning every hidden thing"** (Ecclesiastes 12:14). He said: With regard to **a slave whose master weighs his unwitting** sins **like intentional** ones,[N] i.e., God punishes him even for an action that was hidden from him, **is there a remedy for him?**

מַאי "עַל כָּל נֶעְלָם"? אָמַר רַב: זֶה הַהוֹרֵג כִּינָּה בִּפְנֵי חֲבֵרוֹ וְנִמְאָס בָּהּ. וּשְׁמוּאֵל אָמַר: זֶה הָרָק בִּפְנֵי חֲבֵירוֹ וְנִמְאָס.

The Gemara asks: **What** sin is the verse referring to when it states: **"Concerning every hidden thing"? Rav said: This** is referring to **one who kills a louse in the presence of another and** his friend **is disgusted by it.** God judges him for the unintentional discomfort he caused. **And** similarly, **Shmuel said: This** is referring to **one who spits in the presence of another** and his friend **is disgusted** by his action.

מַאי "אִם טוֹב וְאִם רָע"? אָמְרִי דְּבֵי רַבִּי יַנַּאי: זֶה הַנּוֹתֵן צְדָקָה לְעָנִי בְּפַרְהֶסְיָא. כִּי הָא דְּרַבִּי יַנַּאי חַזְיֵיהּ לְהַהוּא גַּבְרָא דְּקָא יָהֵיב זוּזָא לְעָנִי בְּפַרְהֶסְיָא, אֲמַר לֵיהּ: מוּטָב דְּלָא יְהַבְתְּ לֵיהּ מֵהַשְׁתָּא דִּיהַבְתְּ לֵיהּ וְכִסַּפְתֵּיהּ.

The Gemara asks: **What** is the meaning of the end of that verse: **"Whether it be good, or whether it be evil"** (Ecclesiastes 12:14)? This verse indicates that God judges man harshly even for the good deeds he performs. The Sages **from the school of Rabbi Yannai say: This** verse is referring to **one who gives charity to a poor person in public.**[N] Although he performed a good deed, he embarrassed the pauper, **as in this case of Rabbi Yannai,** who **saw a certain man who was giving a dinar to a poor person in public. He said to him:** It would have been **better had you not given it to him than** what you did, as **now you gave it to him and embarrassed him.**

NOTES

Anyone who distorts the judgment of a convert – כָּל הַמַּטֶּה דִּינוֹ שֶׁל גֵּר: The same applies to one who distorts the judgment of any Jew. However, one who distorts the judgment of a convert receives a harsher punishment. Furthermore, one is punished for distorting the judgment of a Jew only if he himself actually performs the act, whereas in the case of a convert one is punished even if he indirectly causes a distortion in judgment (*Turei Aven*).

It is written, *Umatti* – וּמַטִּי כְּתִיב: Apparently, there is no special exposition here from the manner in which the term is written, as both readings: *Umatti* and *Umattei*, are written the same way. Some explain that the term is read: *Umattei*, whereas it is written: *Umatti* (Rabbeinu Ḥananel; see Maharsha). Others note that the rest of the sinners listed in the verse are preceded by the letter *bet*, which means against. However, this prefix is missing in the case of one who turns aside a convert, which indicates that it is as if he is exploiting God Himself (*Iyyei HaYam*).

Anyone who does something and regrets it – כָּל הָעוֹשֶׂה דָּבָר וּמִתְחָרֵט בּוֹ: A similar statement appears in *Berakhot* (12b): One who commits an act of transgression and is ashamed of it, all of his transgressions are forgiven. Apparently, there is a difference between one who is ashamed by his sins and one who merely regrets his sins; in the former case, all of his transgressions are forgiven, and in the latter case, only that particular transgression is forgiven (*Dikdukei Soferim*).

Weighs his unwitting sins like intentional ones – שׁוֹקֵל לוֹ שְׁגָגוֹת כִּזְדוֹנוֹת: This is puzzling; is it possible that God would judge man's unwitting sins as though they were intentional? One explanation is that Rabbi Yoḥanan does not mean that God equates the two; rather, the point is that God does not discount unwitting transgressions (*Mesillat Yesharim*).

One who gives charity to a poor person in public – הַנּוֹתֵן צְדָקָה לְעָנִי בְּפַרְהֶסְיָא: The commentaries explain that this applies specifically to one who gives a small gift to the poor (Meiri). One version of the text supports this interpretation, as it reads: One who gives a *peruta* to the poor, an insignificant sum. Others explain that this refers to one who gives money to a poor person who did not request it, and therefore this public donation is a source of embarrassment (*Gilyonei Yoel*).

דְּבֵי רַבִּי שֵׁילָא אָמְרִי: זֶה הַנּוֹתֵן צְדָקָה לְאִשָּׁה בַּסֵּתֶר, דְּקָא מַיְיתֵי לַהּ לִידֵי חֲשָׁדָא. רָבָא אָמַר: זֶה הַמְשַׁגֵּר לְאִשְׁתּוֹ בָּשָׂר שֶׁאֵינוֹ מְחוּתָּךְ בְּעַרְבֵי שַׁבָּתוֹת.

The Sages from **the school of Rabbi Sheila say: This** verse is referring to **one who gives charity to a woman in private, as he subjects her to suspicion,**[N] for people might think that he is engaging her services as a prostitute. **Rava said: This** is referring to **one who sends his wife meat that is not sliced,** i.e., that has not yet had the prohibited sciatic nerve removed, **on Shabbat eve.** Since she is in a hurry she might not notice and will perhaps cook the prohibited meat.

וְהָא רָבָא מְשַׁגֵּר! שָׁאנֵי בַּת רַב חִסְדָּא דְּקִים לֵיהּ בְּגַוָּוהּ דִּבְקִיאָה.

The Gemara asks: **But** yet **Rava** himself would **send** this type of meat to his wife on Shabbat eve. The Gemara answers: **The daughter of Rav Ḥisda,** Rava's wife, **is different, as he was certain about her that she was an expert** in this matter. Rava trusted that his wife would realize the sciatic nerve had not been removed even when she was in a hurry on Shabbat eve.

רַבִּי יוֹחָנָן כִּי מָטֵי לְהַאי קְרָא בָּכֵי: ״וְהָיָה כִּי תִמְצֶאןָ אוֹתוֹ רָעוֹת רַבּוֹת וְצָרוֹת״ עֶבֶד שֶׁרַבּוֹ מַמְצִיא לוֹ רָעוֹת וְצָרוֹת תַּקָּנָה יֵשׁ לוֹ?

Additionally, **when Rabbi Yoḥanan reached this verse, he cried: "Then it shall come to pass, when many evils and troubles are come upon them"** (Deuteronomy 31:21). He said: With regard to **a slave whose master brings upon him evils and troubles, is there a remedy for him?**

מַאי ״רָעוֹת וְצָרוֹת״? אָמַר רַב: רָעוֹת שֶׁנַּעֲשׂוֹת צָרוֹת זוֹ לְזוֹ, כְּגוֹן זִיבּוּרָא וְעַקְרַבָּא.

The Gemara asks: **What** is the verse referring to when it states: **"Evils and troubles"? Rav said: Evils that become troubles for one another,**[N] i.e., the remedy for one problem has a deleterious effect on the other. **For example,** one who is stung by a **hornet and a scorpion.** The sting of a hornet must be treated only with a cold ointment, while that of a scorpion must be treated with a hot ointment. As these medicaments are mutually exclusive, one cannot treat both stings at the same time.

וּשְׁמוּאֵל אָמַר: זֶה הַמַּמְצִיא לוֹ מָעוֹת לֶעָנִי בִּשְׁעַת דּוּחְקוֹ. אָמַר רָבָא: הַיְינוּ דְּאָמְרִי אִינָשֵׁי ״זוּזָא לְעַלְלָא לָא שְׁכִיחָא, לְתַלְיָתָא – שְׁכִיחַ״.

And Shmuel said: This verse is referring to **one who provides money to a poor person**[N] as a loan **during his exigent** financial **circumstances,** but immediately after the borrower is released from the initial pressure by receiving the loan, the lender begins to demand repayment, subjecting the recipient to further pressure. **Rava said** that **this** explains the folk saying **that people say: A dinar for produce is not found; for hanging** it can be **found.** A poor person cannot find money to buy basic necessities; however, when the lenders hang on and pressure him he must come up with the money somehow.

״וְחָרָה אַפִּי בוֹ בַיּוֹם הַהוּא וַעֲזַבְתִּים וְהִסְתַּרְתִּי פָנַי מֵהֶם״, אָמַר רַב בַּרְדְּלָא בַּר טַבְיוּמֵי אָמַר רַב: כָּל שֶׁאֵינוֹ בְּהֶסְתֵּר פָּנִים – אֵינוֹ מֵהֶם, כָּל שֶׁאֵינוֹ בְּ״וְהָיָה לֶאֱכוֹל״

On the same topic the Gemara states: **"Then My anger shall be kindled against them in that day, and I will forsake them, and I will hide My face from them,** and they shall be devoured" (Deuteronomy 31:17). **Rav Bardela bar Tavyumei said** that **Rav said: Anyone who is not subject to** His **hiding of the face,** i.e., whose prayers are invariably answered, **is not from** the Jewish people, as the verse states about the Jewish people that God will hide His face from them as a result of their sins. Similarly, **anyone** who **is not subject to: "And they shall be devoured,"** i.e., gentiles do not steal his money,

NOTES

Subjects her to suspicion – מַיְיתֵי לַהּ לִידֵי חֲשָׁדָא: Some commentaries ask why the Gemara is concerned only about suspicions concerning her and not him, as presumably he would be suspected of sinning as well (*Turei Aven*; *Zekher LaḤagiga*). One answer is that as he gave the charity secretly, his identity remains unknown. In contrast, if a poor woman suddenly comes into possession of money, people will suspect her of earning it by immoral means (*Iyyei HaYam*).

Evils and troubles – רָעוֹת וְצָרוֹת: This idea, that the verse is referring to evils that become troubles for one another, is derived from the unusual phrasing of the verse, as in Hebrew the term "many" appears between "evils and troubles." This indicates that "troubles" is an adjective of "evils." Rashi explains that "troubles" connotes proximity, i.e., one experiences many hardships without respite (see *Tzlaḥ*).

One who provides money to a poor person – הַמַּמְצִיא לוֹ מָעוֹת לֶעָנִי: The commentaries contrast this idea with a statement of the Sages that one who loans money to a poor person in his time of need is praiseworthy (*Tosafot*). One explanation is that sometimes when a poor person borrows money in his time of need he must provide a substantial collateral, which he would not need to do if he were more comfortable (*Tosefot Rid*). Others suggest that this refers to one who gives enough money so that the recipient no longer has the status of a poor person to whom it is required to give charity, while still leaving him in dire financial straits (*Or Zarua*; see Jerusalem Talmud, *Pe'a*, chapter 1).

אֵינוֹ מֵהֶם. אֲמָרוּ לֵיהּ רַבָּנַן לְרָבָא: מָר לָא בְּהֶסְתֵּר פָּנִים אִיתֵיהּ, וְלָא בִּ״וְהָיָה לֶאֱכוֹל״ אִיתֵיהּ! אֲמַר לְהוּ: מִי יָדְעִיתוּ כַּמָּה מְשַׁדַּרְנָא בְּצִנְעָא בֵּי שָׁבוּר מַלְכָּא? אֲפִילּוּ הָכִי יְהַבוּ בֵּיהּ רַבָּנַן עֵינַיְיהוּ. אַדְּהָכִי שְׁדוּר דְּבֵי שָׁבוּר מַלְכָּא וּגְרַבוּהוּ. אֲמַר, הַיְינוּ דְּתַנְיָא, אָמַר רַבָּן שִׁמְעוֹן בֶּן גַּמְלִיאֵל: כָּל מָקוֹם שֶׁנָּתְנוּ חֲכָמִים עֵינֵיהֶם – אוֹ מִיתָה אוֹ עוֹנִי.

is not from among them.[N] **The Sages said to Rava: Master, you are not subject to** His **hiding** of the face, as your prayers are heard, **and you are not subject to: "And they shall be devoured,"** as the authorities take nothing from you. **He said to them: Do you know how many** gifts **I send in private to the house of King Shapur?**[P] Although it might seem that the monarchy does not take anything from me, in actuality I am forced to give many bribes. **Even so, the Sages looked upon** Rava **with suspicion. In the meantime,** messengers **from the house of King Shapur sent** for him **and imprisoned him** to extort more money from him. Rava **said: This is as it is taught** in a *baraita* that **Rabban Shimon ben Gamliel said: Wherever the Sages looked upon** someone, it resulted in **either death or poverty.**

״וְאָנֹכִי הַסְתֵּר אַסְתִּיר פָּנַי בַּיּוֹם הַהוּא״, אָמַר רָבָא, אָמַר הַקָּדוֹשׁ בָּרוּךְ הוּא: אַף עַל פִּי שֶׁהִסְתַּרְתִּי פָּנַי מֵהֶם – ״בַּחֲלוֹם אֲדַבֶּר בּוֹ״. רַב יוֹסֵף אָמַר: יָדוֹ נְטוּיָה עָלֵינוּ, שֶׁנֶּאֱמַר: ״וּבְצֵל יָדִי כִּסִּיתִיךָ״.

With regard to the verse: **"And I will hide my face in that day"** (Deuteronomy 31:18), **Rava said** that **the Holy One, Blessed be He, said: Even though I hid my face from them** and My Divine Presence is not revealed, nevertheless: **"I speak with him in a dream"** (Numbers 12:6).[N] **Rav Yosef said: His hand is outstretched,** guarding **over us, as it is stated: "And I have covered you in the shadow of my hand"** (Isaiah 51:16).

רַבִּי יְהוֹשֻׁעַ בֶּן חֲנַנְיָה הֲוָה קָאֵי בֵּי קֵיסָר. אַחֲוֵי לֵיהּ הַהוּא מִינָא: עַמָּא דְּאַהַדְרִינְהוּ מָרֵיהּ לְאַפֵּיהּ מִינֵּיהּ. אַחֲוֵי לֵיהּ: יָדוֹ נְטוּיָה עָלֵינוּ. אֲמַר לֵיהּ קֵיסָר לְרַבִּי יְהוֹשֻׁעַ: מַאי אַחֲוֵי לָךְ? עַמָּא דְּאַהַדְרִינְהוּ מָרֵיהּ לְאַפֵּיהּ מִינֵּיהּ, וַאֲנָא מַחֲוֵינָא לֵיהּ: יָדוֹ נְטוּיָה עָלֵינוּ.

The Gemara relates: **Rabbi Yehoshua ben Ḥananya**[P] **was standing** in the **house of the Caesar. A certain heretic,** who was also present, **gestured to him,** indicating that his was **the nation whose Master,** God, **turned His face** away **from it.** Rabbi Yehoshua **gestured to him** that **His hand is outstretched over us** in protection. **The Caesar said to Rabbi Yehoshua: What did he gesture to you,** and how did you respond? He replied: He indicated that mine is **the nation whose Master turned His face from it, and I gestured to him** that **His hand is outstretched over us.**

אֲמָרוּ לֵיהּ לְהַהוּא מִינָא: מַאי אַחֲוֵית לֵיהּ? עַמָּא דְּאַהַדְרִינְהוּ מָרֵיהּ מִינֵּיהּ. וּמַאי אַחֲוֵי לָךְ? לָא יָדַעְנָא. אֲמָרוּ: גַּבְרָא דְּלָא יָדַע מַאי מַחֲווּ לֵיהּ, בְּמָחוֹג יַחֲוֵי קַמֵּי מַלְכָּא?! אַפְּקוּהוּ וְקַטְלוּהוּ.

The members of the Caesar's household **said to that heretic: What did you gesture to him?** He said to them: I gestured that his is **the nation whose Master has turned** His face **from it.** They asked: **And what did he gesture to you?** He said to them: **I don't know;** I did not understand. **They said:** How can **a man who does not know what** others **gesture to him** dare to **gesture in the presence of the king? They took him out and killed him.**

NOTES

Is not from them – אֵינוֹ מֵהֶם: These statements teach that one should not question the ways of God, as the current era, since the destruction of the Temple, is one in which God's face is hidden (Meiri). Some commentaries write that God acts in this manner out of love for the Jewish people by exacting punishment for their sins a little at a time, and not leaving it all for the Day of Judgment, after which no further atonement is possible (*Turei Aven*).

I speak with him in a dream – בַּחֲלוֹם אֲדַבֶּר בּוֹ: Some explain that there is a state of revelation in which God approaches man face to face, which starkly contrasts with the current situation in which He hides and does not reveal Himself to the world at all. Rava teaches that even so, a minor form of revelation is possible even nowadays through dreams. Similarly, the Gemara in tractate *Berakhot* (55b) teaches that some dreams are a minor prophecy (*Otzar HaKavod*). Alternatively, Rav Yosef considers God's hiding of His face as part of the punishment of exile, and he adds that nevertheless God still protects the Jewish people (see Maharsha).

PERSONALITIES

King Shapur – שָׁבוּר מַלְכָּא: King Shapur, or Shavor Malka, was the name of several Persian kings. The Gemara is apparently referring to the second King Shapur, who lived from 303–380 CE, during the period of the third and fourth generations of *amora'im* in Babylonia. He was a zealous supporter of Zoroastrianism, a religion he tried to impose on the minorities under his rule, especially Christians. During his reign, the Jewish community suffered from taxes, levies, and various decrees. When the Persian army was stationed in the city of Meḥoza, the local population, most of which was comprised of Jews, was obliged to maintain it.

Bas-relief sculpture depicting the triumph of King Shapur over the Roman emperor Valerian

Rabbi Yehoshua ben Ḥananya – רַבִּי יְהוֹשֻׁעַ בֶּן חֲנַנְיָה: Rabbi Yehoshua ben Ḥananya the Levite was one of the leading Sages in the generation after the destruction of the Second Temple. Earlier, Rabbi Yehoshua served as one of the Levite singers in the Temple. After its destruction, he was among the students who accompanied their teacher, Rabban Yoḥanan ben Zakkai, to Yavne. Unlike his colleague Rabbi Eliezer, Rabbi Yehoshua entirely adhered to the opinion of his teacher and Beit Hillel.

Rabbi Yehoshua was recognized by Jews and gentiles alike as a leading scholar not only in Torah matters but in general knowledge as well. He was renowned as an expert in science, from astronomy to zoology. Rabbi Yehoshua was unimpressive in appearance, and the Talmud quotes the Caesar's daughter as exclaiming that his brilliant knowledge was contained in an ugly vessel.

Despite living a life of poverty working as a blacksmith, Rabbi Yehoshua was widely recognized as one of the leading religious authorities. Although he disagreed with many of Rabban Gamliel's rulings, he accepted the authority of the *Nasi*. Ultimately, he was appointed leader of the Sages after Rabban Gamliel's death.

כִּי קָא נָיְחָא נַפְשֵׁיהּ דְּרַבִּי יְהוֹשֻׁעַ בֶּן חֲנַנְיָה אֲמָרוּ לֵיהּ רַבָּנַן: מַאי תֶּיהֱוֵי עֲלַן מִמִּינָאֵי? אֲמַר לָהֶם: ״אָבְדָה עֵצָה מִבָּנִים נִסְרְחָה חָכְמָתָם״. כֵּיוָן שֶׁאָבְדָה עֵצָה מִבָּנִים – נִסְרְחָה חָכְמָתָן שֶׁל אוּמּוֹת הָעוֹלָם.

The Gemara relates: **When Rabbi Yehoshua ben Ḥananya was dying, the Sages said to him: What will become of us, from** the threat of **the heretics,** when there is no scholar like you who can refute them? **He said to them** that the verse states: **"Is wisdom no more in Teiman? Has counsel perished from the prudent? Has their wisdom vanished?"** (Jeremiah 49:7). He explained: **Since counsel has perished from the prudent,** from the Jewish people, the **wisdom of the nations of the world has vanished** as well, and there will be no superior scholars among them.

וְאִי בָּעֵית אֵימָא מֵהָכָא: ״וַיֹּאמֶר נִסְעָה וְנֵלֵכָה וְאֵלְכָה לְנֶגְדֶּךָ״.

And if you wish, say instead that the same idea can be derived **from here: "And he said: Let us take our journey, and let us go, and I will go corresponding to you"** (Genesis 33:12). Just as the Jewish people rise and fall, so too, the nations of the world simultaneously rise and fall, and they will never have an advantage.

רַבִּי אִילָא הֲוָה סָלֵיק בְּדַרְגָּא דְּבֵי רַבָּה בַּר שֵׁילָא. שְׁמָעֵיהּ לְיַנוּקָא דַּהֲוָה קָא קָרֵי: ״כִּי הִנֵּה יוֹצֵר הָרִים וּבוֹרֵא רוּחַ וּמַגִּיד לְאָדָם מַה שֵּׂיחוֹ״. אֲמַר: עֶבֶד שֶׁרַבּוֹ מַגִּיד לוֹ מַה שֵּׂיחוֹ, תַּקָּנָה יֵשׁ לוֹ?! מַאי ״מַה שֵּׂיחוֹ״? אֲמַר רַב: אֲפִילּוּ שִׂיחָה יְתֵירָה שֶׁבֵּין אִישׁ לְאִשְׁתּוֹ מַגִּידִים לוֹ לְאָדָם בִּשְׁעַת מִיתָה.

The Gemara relates that **Rabbi Ila was ascending the stairs in the house of Rabba bar Sheila,** a children's teacher. **He heard a child**[N] **who was reading** a verse out loud: **"For, lo, He Who forms the mountains, and creates the wind, and declares to man what is his speech"** (Amos 4:13). Rabbi Ila **said:** With regard to **a servant whose master declares to him what is his** proper **speech, is there a remedy for him?** The Gemara asks. **What** is the meaning of the phrase: **"What is his speech"? Rav said: Even frivolous speech**[H] **that is between a man and his wife** before engaging in relations **is declared to a person at the time of death,** and he will have to account for it.

אִינִי? וְהָא רַב כָּהֲנָא הֲוָה גָּנֵי תּוּתֵי פּוּרְיֵיהּ דְּרַב, וּשְׁמָעֵיהּ דְּסָח וְצָחַק וְעָשָׂה צְרָכָיו. אֲמַר: דָּמֵי פּוּמֵיהּ דְּרַב כְּמַאן דְּלָא טְעֵים לֵיהּ תַּבְשִׁילָא. אֲמַר לֵיהּ: כָּהֲנָא, פּוּק, לָאו אוֹרַח אַרְעָא!

The Gemara asks: **Is that so?** Is it prohibited for a man to speak in this manner with his wife? **Wasn't Rav Kahana lying beneath Rav's bed, and he heard** Rav **chatting and laughing** with his wife, **and performing his needs,** i.e., having relations with her. Rav Kahana **said** out loud: **The mouth of Rav is like** one who **has never eaten a cooked dish,** i.e., his behavior is lustful. Rav **said to him: Kahana, leave,** as this is **not proper conduct.** This shows that Rav himself engaged in frivolous talk before relations.

לָא קַשְׁיָא; כָּאן – דְּצָרִיךְ לְרַצּוּיַהּ, הָא – דְּלָא צָרִיךְ לְרַצּוּיַהּ.

The Gemara answers: This is **not difficult. Here,** where this type of speech is permitted, it is referring to a situation **where he must appease** his wife before relations, and therefore this speech is appropriate. However, **this** statement, that it is prohibited, is referring to a situation **where he doesn't need to appease her.** In these circumstances, it is prohibited to engage in excessively lighthearted chatter with one's wife.

״וְאִם לֹא תִשְׁמָעוּהָ בְּמִסְתָּרִים תִּבְכֶּה נַפְשִׁי מִפְּנֵי גֵוָה״. אָמַר רַב שְׁמוּאֵל בַּר אִינְיָא מִשְּׁמֵיהּ דְּרַב: מָקוֹם יֵשׁ לוֹ לְהַקָּדוֹשׁ בָּרוּךְ הוּא וּמִסְתָּרִים שְׁמוֹ. מַאי ״מִפְּנֵי גֵוָה״? אָמַר רַב שְׁמוּאֵל בַּר יִצְחָק: מִפְּנֵי גַּאֲוָותָן שֶׁל יִשְׂרָאֵל שֶׁנִּיטְּלָה מֵהֶם וְנִתְּנָה לְגוֹיִם. רַבִּי שְׁמוּאֵל בַּר נַחְמָנִי אָמַר: מִפְּנֵי גַּאֲוָותָהּ שֶׁל מַלְכוּת שָׁמַיִם.

The verse states: **"But if you will not hear it, my soul shall weep in secret** [*bemistarim*] **for your pride"** (Jeremiah 13:17). **Rav Shmuel bar Inya said in the name of Rav: The Holy One, Blessed be He, has a place** where He cries, **and its name is Mistarim. What** is the meaning of **"for your pride"?**[N] **Rav Shmuel bar Yitzḥak said:** God cries **due to the pride of the Jewish people, which was taken from them and given to** the gentile **nations. Rav Shmuel bar Naḥmani said:** He cries **due to the pride of the kingdom of Heaven,** which was removed from the world.

וּמִי אִיכָּא בְּכִיָּה קַמֵּיהּ הַקָּדוֹשׁ בָּרוּךְ הוּא? וְהָאָמַר רַב פַּפָּא: אֵין עֲצִיבוּת לִפְנֵי הַקָּדוֹשׁ בָּרוּךְ הוּא, שֶׁנֶּאֱמַר: ״הוֹד וְהָדָר לְפָנָיו עֹז וְחֶדְוָה בִּמְקוֹמוֹ״. לָא קַשְׁיָא: הָא – בְּבָתֵּי גַּוָּאֵי, הָא – בְּבָתֵּי בָּרָאֵי.

The Gemara asks: **But is there crying before the Holy One, Blessed be He? Didn't Rav Pappa say: There is no sadness before the Holy One, Blessed be He, as it is stated: "Honor and majesty are before Him; strength and gladness are in His place"** (1 Chronicles 16:27)? The Gemara responds: This is **not difficult. This** statement, that God cries, is referring to **the innermost chambers,** where He can cry in secret, whereas **this** statement, that He does not cry, is referring to **the outer chambers.**[N]

NOTES

He heard a child, etc. – שְׁמָעֵיהּ לְיַנוּקָא וכו׳: But is it possible that Rabbi Ila was unfamiliar with this verse until he heard it from a child? Some suggest that the child read the verse with a slight error, which accentuated this particular interpretation. Specifically, he read *siḥo*, which clearly refers to speech, rather than *"seiḥo,"* which bears other meanings, e.g., actions (see Ibn Ezra on Amos 4:13; see also Riaf and *Iyyun Ya'akov*).

For your pride [*geva*] – מִפְּנֵי גֵוָה: *Geva* is explained as a form of *ga'ava*, pride, i.e., God cries over the degradation of the exalted. The two explanations mentioned in the Gemara are similar to one another, as God Himself is the pride of the Jewish people (see Deuteronomy 33:29; Psalms 89:18), while the fall of the Jewish people is considered the degradation of the glory of the heavens (see *Otzar HaKavod*; Maharsha).

This is referring to the outer chambers – הָא בְּבָתֵּי בָּרָאֵי: Rashi explains that that God cries in the innermost chambers, whereas He does not cry in the outer chambers. Some commentaries suggest the opposite explanation, apparently based on a textual variant (Rabbeinu Ḥananel). According to this interpretation, there is always strength and gladness in God's inner chambers, whereas in the outer chambers He cries. Many commentaries understand similarly, that in the inner presence of God there is no sadness at all, as crying always relates to the external reality of the world.

HALAKHA

Frivolous speech – שִׂיחָה יְתֵירָה: A man should not act frivolously with his wife and should not defile his mouth with idle talk, even in private conversations between the two of them. Furthermore, he should not speak of other matters with her while engaged in marital relations. However, it is permitted to talk with her about issues related to intercourse. If they had quarreled beforehand, he may converse with her so as to appease her, as indicated by both the *baraita* and Rav's behavior (*Shulḥan Arukh, Even HaEzer* 25:2).

וּבְבָתֵּי בְּרָאֵי לָא? וְהָא כְּתִיב: ״וַיִּקְרָא אֲדֹנָי ה׳ צְבָאוֹת בַּיּוֹם הַהוּא לִבְכִי וּלְמִסְפֵּד וּלְקׇרְחָה וְלַחֲגוֹר שָׂק״! שָׁאנֵי חוּרְבַּן בֵּית הַמִּקְדָּשׁ, דַּאֲפִילּוּ מַלְאֲכֵי שָׁלוֹם בָּכוּ, שֶׁנֶּאֱמַר: ״הֵן אֶרְאֶלָּם צָעֲקוּ חוּצָה מַלְאֲכֵי שָׁלוֹם מַר יִבְכָּיוּן״.

The Gemara asks: **And doesn't** God cry **in the outer chambers? Isn't it written: "And on that day the Lord, the God of hosts, called to weeping, and to mourning, and to baldness, and to girding with sackcloth"** (Isaiah 22:12)? The Gemara responds: **The destruction of the Temple is different, as even the angels of peace cried, as it is stated: "Behold, their valiant ones cry without; the angels of peace weep bitterly"** (Isaiah 33:7).

״וְדָמֹעַ תִּדְמַע וְתֵרַד עֵינִי דִּמְעָה כִּי נִשְׁבָּה עֵדֶר ה׳״ אָמַר רַבִּי אֶלְעָזָר: שָׁלֹשׁ דְּמָעוֹת הַלָּלוּ לָמָּה? אַחַת – עַל מִקְדָּשׁ רִאשׁוֹן; וְאַחַת – עַל מִקְדָּשׁ שֵׁנִי; וְאַחַת – עַל יִשְׂרָאֵל שֶׁגָּלוּ מִמְּקוֹמָן. וְאִיכָּא דְּאָמְרִי: אַחַת עַל בִּיטּוּל תּוֹרָה.

The verse continues: **"And my eye shall weep sore, and run down with tears, because the Lord's flock is carried away captive"** (Jeremiah 13:17). **Rabbi Elazar said: Why these three** references to **tears** in the verse? **One is for the First Temple; one is for the Second Temple; and one is for the Jewish people who were exiled from their place. And there are** those **who say:** The last **one is for** the unavoidable **dereliction** of the study **of Torah** in the wake of the exile.

בִּשְׁלָמָא לְמַאן דְּאָמַר עַל יִשְׂרָאֵל שֶׁגָּלוּ – הַיְינוּ דִּכְתִיב: ״כִּי נִשְׁבָּה עֵדֶר ה׳״. אֶלָּא לְמַאן דְּאָמַר עַל בִּיטּוּל תּוֹרָה, מַאי ״כִּי נִשְׁבָּה עֵדֶר ה׳״! כֵּיוָן שֶׁגָּלוּ יִשְׂרָאֵל מִמְּקוֹמָן – אֵין לְךָ בִּיטּוּל תּוֹרָה גָּדוֹל מִזֶּה.

The Gemara asks: **Granted, according to the one who said** that the last tear is **for the Jewish people who were exiled, this is as it is written: "Because the Lord's flock is carried away captive." However, according to the one who said** that this tear is **for the dereliction** of the study **of Torah, what is** the meaning of: **"Because the Lord's flock is carried away captive"?** The Gemara answers: **Since the Jewish people were exiled from their place, there is no greater** involuntary **dereliction** of the study **of Torah than** that which was caused **by this.**

תָּנוּ רַבָּנַן: שְׁלֹשָׁה הַקָּדוֹשׁ בָּרוּךְ הוּא בּוֹכֶה עֲלֵיהֶן בְּכָל יוֹם: עַל שֶׁאֶפְשָׁר לַעֲסוֹק בַּתּוֹרָה וְאֵינוֹ עוֹסֵק, וְעַל שֶׁאִי אֶפְשָׁר לַעֲסוֹק בַּתּוֹרָה וְעוֹסֵק, וְעַל פַּרְנָס הַמִּתְגָּאֶה עַל הַצִּבּוּר.

The Sages taught that there are **three** types of people **for whom the Holy One, Blessed be He, cries**[N] **every day: For one who is able to engage in Torah** study **and does not engage** in it; **and for one who is unable to engage in Torah** study and nevertheless he endeavors and **engages** in it;[N] **and for a leader who lords over the community.**

רַבִּי הֲוָה נָקֵיט סֵפֶר קִינוֹת וְקָא קָרֵי בְּגַוֵּיהּ. כִּי מְטָא לְהַאי פְּסוּקָא: ״הִשְׁלִיךְ מִשָּׁמַיִם אֶרֶץ״ – נְפַל מִן יָדֵיהּ. אֲמַר: מֵאִיגְּרָא רָם לְבֵירָא עֲמִיקְתָּא.

The Gemara relates: **Rabbi** Yehuda HaNasi **was holding** the **book of Lamentations and was reading from it. When he reached the verse: "He has cast down from heaven to earth** the beauty of Israel" (Lamentations 2:1), in his distress the book **fell from his hand. He said: From a high roof to a deep pit,** i.e., it is terrible to tumble from the sky to the ground.

רַבִּי וְרַבִּי חִיָּיא הָווּ שָׁקְלִי וְאָזְלִי בְּאוֹרְחָא. כִּי מָטוּ לְהַהוּא מָתָא אָמְרִי: אִיכָּא צוּרְבָא מֵרַבָּנַן הָכָא, נֵיזִיל וְנִיקַבֵּיל אַפֵּיהּ. אָמְרִי: אִיכָּא צוּרְבָא מֵרַבָּנַן הָכָא, וּמְאוֹר עֵינַיִם הוּא. אֲמַר לֵיהּ רַבִּי חִיָּיא לְרַבִּי: תִּיב אַתְּ, לָא תְּזַלְזֵל בִּנְשִׂיאוּתָךְ. אֵיזִיל אֲנָא וְאַקְבִּיל אַפֵּיהּ.

§ The Gemara relates: **Rabbi** Yehuda HaNasi **and Rabbi Ḥiyya were walking along the road. When they arrived at a certain city, they said: Is there a Torah scholar here whom we can go and greet?** The people of the city **said: There is a Torah scholar here but he is blind. Rabbi Ḥiyya said to Rabbi** Yehuda HaNasi: **You sit here; do not demean your** dignified status as *Nasi* to visit someone beneath your stature. **I will go and greet him.**

NOTES

Three for whom the Holy One, Blessed be He, cries – שְׁלֹשָׁה הַקָּדוֹשׁ בָּרוּךְ הוּא בּוֹכֶה עֲלֵיהֶן: The reason for this crying is unclear. One explanation is that God decrees one's life path from the outset, whether he will be wealthy or poor, of a lowly or high status. Occasionally, it is decreed that a certain individual will be rich and therefore will have ample time to study Torah. However, he fails to utilize this opportunity. Conversely, if one is decreed for financial struggles there is no expectation that he will have time for Torah study, and yet some manage to do so regardless. The same applies to one who was granted a position of greatness that he uses improperly. In all these cases, God cries over the decree (*Mishḥat Aharon*).

For one who is unable to engage in Torah study…and engages in it – עַל שֶׁאִי אֶפְשָׁר לוֹ לַעֲסוֹק בַּתּוֹרָה וְעוֹסֵק: Why does God cry over this individual? He should rejoice over him (see Maharsha). Some explain that God does not cry for him, but for those who had the ability to support him and failed to do so (*Gilyonei Yoel*). Alternatively, this does not refer to one who is unable to study due to financial difficulties but to one who is hampered by intellectual deficiencies. He strives to learn on a level beyond his ability but is unable to understand his studies (*Zekher LaḤagiga*).

תְּקָפֵיהּ וַאֲזַל בַּהֲדֵיהּ. כִּי הָווּ מִיפַּטְרִי מִינֵּיהּ, אֲמַר לְהוּ: אַתֶּם הִקְבַּלְתֶּם פָּנִים הַנִּרְאִים וְאֵינָן רוֹאִין – תִּזְכּוּ לְהַקְבִּיל פָּנִים הָרוֹאִים וְאֵינָן נִרְאִין. אֲמַר לֵיהּ: אִיכּוּ הָשְׁתָּא מְנַעֲתָּן מֵהַאי בִּירְכְּתָא.

Rabbi Yehuda HaNasi **grabbed him and went with him** anyway, and together they greeted the blind scholar. **When they were leaving him, he said to them: You greeted** one who is **seen and does not see; may you be worthy to greet** the One Who **sees and is not seen.** Rabbi Yehuda HaNasi **said to** Rabbi Ḥiyya: **Now, if** I had listened to you and not gone to greet him, **you would have prevented me from receiving this blessing.**

אֲמָרוּ לֵיהּ: מִמַּאן שְׁמִיעָא לָךְ? מִפִּרְקֵיהּ דְּרַבִּי יַעֲקֹב שְׁמִיעַ לִי. דְּרַבִּי יַעֲקֹב אִישׁ כְּפַר חִיטַיָּא הֲוָה מַקְבִּיל אַפֵּיהּ דְּרַבֵּיהּ כָּל יוֹמָא. כִּי קָשׁ אֲמַר לֵיהּ: לָא נִצְטַעֵר מָר, דְּלָא יָכֵיל מָר.

They said to the blind scholar: **From whom did you hear**[N] that we are worthy of this blessing? He said to them: **I heard** it **from the instruction of Rabbi Ya'akov, as Rabbi Ya'akov of the village of Ḥitiyya would greet his teacher every day. When** Rabbi Ya'akov **grew elderly,** his teacher **said to him: Do not despair, my Master, that my Master is unable** to make the effort to greet me. It is better that you should not visit me.

אֲמַר לֵיהּ: מִי זוּטָר מַאי דִּכְתִיב בְּהוּ בְּרַבָּנַן: ״וִיחִי עוֹד לָנֶצַח לֹא יִרְאֶה הַשָּׁחַת כִּי יִרְאֶה חֲכָמִים יָמוּתוּ״? וּמָה הָרוֹאֶה חֲכָמִים בְּמִיתָתָן יִחְיֶה, בְּחַיֵּיהֶן – עַל אַחַת כַּמָּה וְכַמָּה!

Rabbi Ya'akov **said to him: Is it** a **minor** matter, **that which is written about the Sages: "That he should still live always, that he should not see the pit. For he sees that wise men die"** (Psalms 49:10–11)? In this regard an *a fortiori* reference applies: **Just as one who sees Sages in their death will live, all the more so** one who sees them **in their lifetime.** From here the blind scholar learned the importance of greeting Torah scholars, which is why he blessed the Sages who came to greet him.

רַב אִידִי אֲבוּהּ דְּרַבִּי יַעֲקֹב בַּר אִידִי הֲוָה רָגִיל דַּהֲוָה אָזֵיל תְּלָתָא יַרְחֵי בְּאוֹרְחָא וְחַד יוֹמָא בְּבֵי רַב. וְהָווּ קָרוּ לֵיהּ רַבָּנַן ״בַּר בֵּי רַב דְּחַד יוֹמָא״. חֲלַשׁ דַּעֲתֵיהּ. קָרֵי אַנַּפְשֵׁיהּ: ״שְׂחוֹק לְרֵעֵהוּ אֶהְיֶה״ וגו׳. אֲמַר לֵיהּ רַבִּי יוֹחָנָן: בְּמָטוּתָא מִינָּךְ לָא תַּעֲנִישׁ לְהוּ רַבָּנַן.

The Gemara relates: **Rav Idi, father of Rabbi Ya'akov bar Idi, would regularly travel three months on the road** to reach the study hall **and** as he would immediately travel back again to arrive home for the festival of *Sukkot*, he spent only **one day in the school of Rav. And the Sages would** disparagingly **call him: A student** of Torah **for one day. He was offended** and **read** the following verse **about himself: "I am as one that is a laughingstock to his neighbor,** a man who calls upon God, and He answers him" (Job 12:4). **Rabbi Yoḥanan said to him: Please do not punish the Sages,** i.e., do not take offense and be harsh with them, as this will cause them to be punished by God.

נְפַק רַבִּי יוֹחָנָן לְבֵי מִדְרְשָׁא וְדָרַשׁ: ״וְאוֹתִי יוֹם יוֹם יִדְרֹשׁוּן וְדַעַת דְּרָכַי יֶחְפָּצוּן״. וְכִי בַּיּוֹם דּוֹרְשִׁין אוֹתוֹ וּבַלַּיְלָה אֵין דּוֹרְשִׁין אוֹתוֹ? אֶלָּא לוֹמַר לְךָ: כָּל הָעוֹסֵק בַּתּוֹרָה אֲפִילּוּ יוֹם אֶחָד בַּשָּׁנָה – מַעֲלֶה עָלָיו הַכָּתוּב כְּאִילּוּ עָסַק כָּל הַשָּׁנָה כּוּלָּהּ.

Rabbi Yoḥanan left Rav Idi and went **to the study hall and taught: "Yet they seek Me daily, and delight to know My ways"** (Isaiah 58:2). **But is** it possible that only **during the day they seek Him and at night they do not seek Him?** What is the meaning of daily? **Rather,** this verse comes **to say to you** that with regard to **anyone who engages in Torah** study **even one day a year, the verse ascribes him** credit **as though he engaged** in Torah study **the entire year.**

וְכֵן בְּמִדַּת פּוּרְעָנוּת, דִּכְתִיב: ״בְּמִסְפַּר הַיָּמִים אֲשֶׁר תַּרְתֶּם אֶת הָאָרֶץ״. וְכִי אַרְבָּעִים שָׁנָה חָטְאוּ? וַהֲלֹא אַרְבָּעִים יוֹם חָטְאוּ! אֶלָּא לוֹמַר לְךָ: כָּל הָעוֹבֵר עֲבֵירָה אֲפִילּוּ יוֹם אֶחָד בַּשָּׁנָה – מַעֲלֶה עָלָיו הַכָּתוּב כְּאִילּוּ עָבַר כָּל הַשָּׁנָה כּוּלָּהּ.

And the same applies **to the attribute of punishment, as it is written: "After the number of the days in which you spied out the land,** even forty days, for every day a year, shall you bear your iniquities" (Numbers 14:34). **But did they sin** for **forty years? Didn't they sin** for only **forty days? Rather,** this comes **to say to you** that **anyone who transgresses a sin even one day a year, the verse ascribes him** liability **as though he transgressed the entire year.**

״אֵי זֶהוּ קָטָן? כָּל שֶׁאֵינוֹ יָכוֹל לִרְכּוֹב עַל כְּתֵפוֹ שֶׁל אָבִיו״. מַתְקִיף לָהּ רַבִּי זֵירָא:

§ The mishna taught: **Who is a minor** who is exempt from the mitzva of appearance in the Temple? Any child **who is unable to ride on his father's shoulders** and ascend from Jerusalem to the Temple Mount. **Rabbi Zeira strongly objects to this:**

NOTES

From whom did you hear – מִמַּאן שְׁמִיעָא לָךְ: One version of the text cites this question in the singular form, i.e., Rabbi Ḥiyya asked Rabbi Yehuda HaNasi where he learned the importance of the mitzva to greet a Torah scholar (*Dikdukei Soferim*). The story is much simpler according to this version, which resolves several of the difficulties raised by the commentaries.

עד הכא מאן אתייה?

Who brought him to here, all the way to Jerusalem? If the father could bring his child to Jerusalem, why can't he bring him to the Temple Mount?

אמר ליה אביי: עד הכא, דמיחייבא אימיה בשמחה – אייתיתיה אימיה. מכאן ואילך, אם יכול לעלות ולאחוז בידו של אביו מירושלים להר הבית – חייב; ואי לא – פטור.

Abaye said to him: With regard to the way **to here, as his mother is also obligated in rejoicing**[NH] on the Festival, **his mother brought him** when she herself ascended to the capital. **From this point forward, if he is able to ascend and hold his father's hand from Jerusalem to the Temple Mount,**[N] **he is obligated, and if not, he is exempt.**

השיב רבי תחת בית הלל: לדברי בית שמאי, "וחנה לא עלתה כי אמרה לאישה עד יגמל הנער והביאותיו", והא שמואל דיכול לרכוב על כתיפו של אביו הוה!

It is taught in a *baraita* that **Rabbi** Yehuda HaNasi **responded in place of Beit Hillel,** that **according to the statement of Beit Shammai** that a child who is unable to ride on his father's shoulders is not obligated in the mitzva of appearance, they must explain a verse that deals with Hanna, Samuel's mother: **"But Hanna did not ascend, for she said to her husband: Until the child is weaned, when I will bring him"** (I Samuel 1:22). **But Samuel was able to ride on his father's shoulders.** The age of weaning is twenty-four months, before which Samuel was already old enough to ride on his father's shoulders, and yet he was not ready to ascend to the Tabernacle. This shows that only a child who is able to walk on his own is obligated in the mitzva of appearance.

אמר ליה אבוה: ולטעמיך, תיקשי לך חנה גופה, מי לא מיחייבא בשמחה? אלא, חנה מפנקותא יתירתא חזייא ביה בשמואל, וחשא ביה בשמואל לחולשא דאורחא.

Rabbi Yehuda HaNasi's **father said to him: According to your reasoning, ask about Hanna herself: Wasn't she obligated in rejoicing?** Why didn't she travel to the Tabernacle to fulfill a mitzva in which she herself was obligated? **Rather, Hanna saw in Samuel** the need for **extra pampering, and she was concerned about Samuel** lest he experience **weakness from the journey.** Since she was unable to bring him, she herself did not come.

בעי רבי שמעון: קטן חיגר לדברי בית שמאי וסומא לדברי שניהם, מהו?

Rabbi Shimon raises a dilemma:[N] With regard to **a minor** who is **lame** and yet he is able to ascend on his father's shoulders, **according to the statement of Beit Shammai, and** likewise a minor who is **blind** but is able to hold his father's hand and ascend, **according to the statements of both** Beit Shammai and Beit Hillel, **what is the** *halakha*? Are these children obligated in the mitzva of appearance?

היכי דמי? אילימא בחיגר שאינו יכול להתפשט, וסומא שאינו יכול להתפתח, השתא גדול פטור, קטן מיבעיא?! לא צריכא, בחיגר שיכול להתפשט, וסומא שיכול להתפתח, מאי?

The Gemara inquires: **What are the circumstances** of this case? **If we say** that it is referring **to a lame** minor **who cannot be healed, and a blind** child **who cannot develop** sight, what is the dilemma? **Now,** if **an adult** in this state **is exempt, is it necessary** to ask about **a minor?** Since this minor will never be obligated in the mitzva, even when he is an adult, there is no need to train him in its performance. The Gemara explains: **No;** it is **necessary** to ask with regard **to a lame** minor **who can be healed and a blind** minor **who can develop** sight. **What** is the *halakha*? Since the minor might eventually be obligated, is it necessary to train him at this point?

NOTES

As his mother is obligated in rejoicing – דמיחייבא אימיה בשמחה: The obligation of women in the mitzva of rejoicing on the Festival is derived from the verse: "And you shall rejoice, you, and your household" (Deuteronomy 14:26). However, the manner of the fulfillment of this mitzva in practice is unclear. Rashi says that this mitzva is not related to the offerings; rather, husbands must ensure that their wives rejoice on the Festival. Naturally, women should be with their husbands on the Festival so that they can enable them to rejoice. Some commentaries indicate that the mitzva is for women to participate in the Festival peace-offerings (*Tosafot*). However, even *Tosafot* agree that the obligation to bring the offerings does not apply to women themselves. Rather, their husbands must bring these offerings and thereby cause their wives to rejoice. Yet others maintain that women are personally obligated to bring the Festival peace-offering, and they must ascend to the Temple for that reason (see HALAKHA).

To ascend…from Jerusalem to the Temple Mount – לעלות...מירושלים להר הבית: In the Jerusalem Talmud a question is raised concerning the distance one must be able to walk for him to be obligated to ascend to the Temple. Is it measured from the city wall or from some other spot? The conclusion of the Gemara there is that the measurement is from the Siloam pool, i.e., one who is able to walk from the Siloam pool to the Temple Mount is obligated in the mitzva of appearance.

Rabbi Shimon raises a dilemma, etc. – בעי רבי שמעון וכו׳: A similar problem is cited in the Jerusalem Talmud with regard to a deaf minor, although there the dilemma is attributed to an *amora*. The Gemara there asks how it can even be suggested that a minor might be obligated in a mitzva from which an adult is exempt. The answer given is that the verse from which the obligation of minors is derived: "All your males" (Exodus 23:17), is unrelated to the verse that serves as the source for the *halakha* that certain people are exempt from the obligation to ascend to the Temple. Therefore, it is possible that these exemptions do not apply to minors.

HALAKHA

As his mother is obligated in rejoicing – דמיחייבא אימיה בשמחה: One of the mitzvot of the pilgrimage Festivals is to sacrifice regular peace-offerings, in addition to the Festival peace-offerings. These regular offerings are called the peace-offerings of rejoicing, and women are also obligated in this mitzva. Some maintain that women are not obligated to bring this offering at all; rather, they need only fulfill the mitzva to rejoice, i.e., when a woman ascends with her husband to the Temple, he must enable her to rejoice (Ra'avad). There is a dispute with regard to the opinion of the Rambam, as some (*Lehem Mishne*) say he rules that women are obligated to bring the offering, whereas others (*Kesef Mishne*) maintain that according to the opinion of the Rambam women fulfill the mitzva by means of their husbands' peace-offerings of rejoicing (Rambam *Sefer Korbanot*, *Hilkhot Hagiga* 1:1).

אמר אביי: כל היכא דגדול מיחייב מדאורייתא – קטן נמי מחנכינן ליה מדרבנן; כל היכא דגדול פטור מדאורייתא – מדרבנן קטן נמי פטור.

Abaye said: Anywhere that an adult is obligated by Torah law, one must **also train a minor** in that state of health **by rabbinic law. Anywhere that an adult is exempt**[NH] **by Torah law, a minor** in that same state **is also exempt by rabbinic law.** Since in this current condition an adult would be exempt, there is no obligation to train this minor either, despite the fact that he might become obligated in the future.

"בית שמאי אומרים הראייה שתי כסף" כו'.

§ The mishna taught that **Beit Shammai say:** The burnt-offering of **appearance,** brought by a pilgrim when he appears at the Temple on a Festival, must be worth at least **two silver** coins, and the Festival peace-offering must be worth at least one silver *ma'a* coin. And Beit Hillel say: The burnt-offering of appearance must be worth at least one silver *ma'a* and the Festival peace-offering at least two silver coins.

תנו רבנן, בית שמאי אומרים: הראייה שתי כסף, וההגיגה מעה כסף. שהראייה עולה כולה לגבוה, מה שאין כן בחגיגה. ועוד: מצינו בעצרת, שריבה בהן הכתוב בעולות יותר מבשלמים.

The Sages taught in a *baraita* that **Beit Shammai say:** The burnt-offering of **appearance** must be worth **two silver** coins, **and the Festival peace**-offering need be worth only one **silver** ***ma'a.*** The reason the burnt-offering must be worth more is **that** the burnt-offering of **appearance** goes **up entirely to God, which is not so with regard to the Festival peace**-offering, as parts of **a peace**-offering are eaten by its owner while other portions are consumed by the priests. **And furthermore,** another reason for this difference is that **we find with regard to** the festival of **Assembly,**[N] i.e., *Shavuot,* **that the verse includes more burnt**-offerings **than peace**-offerings. The sacrificial requirement consists of one bull, two rams, and seven sheep as burnt-offerings, but only two sheep for peace-offerings.

ובית הלל אומרים: הראייה מעה כסף וחגיגה שתי כסף. שחגיגה ישנה לפני הדיבור, מה שאין כן בראייה. ועוד: מצינו בנשיאים שריבה בהן הכתוב בשלמים יותר מבעולות.

And Beit Hillel say: The burnt-offering of **appearance** must be worth **one silver** ***ma'a*** **and the Festival peace**-offering must be worth **two silver** coins. The reason for this difference is **that the Festival peace**-offering **existed before the speech**[N] of God, i.e., before the giving of the Torah on Mount Sinai, **which is not so with regard to** the mitzva of **appearance. And furthermore,** another reason is that **we find with regard to** the offerings of the princes during the dedication of the Tabernacle **that the verse includes more peace**-offerings **than burnt**-offerings. Each prince brought one cow, a ram, and a sheep as burnt-offerings, but two cows, two rams, five goats, and five sheep as peace-offerings.

ובית הלל, מאי טעמא לא אמרי כבית שמאי? דקא אמרת ראייה עדיפא, דעולה כולה לגבוה – אדרבה, חגיגה עדיפא, דאית בה שתי אכילות. ודקא אמרת ניליף מעצרת – דנין קרבן יחיד מקרבן יחיד, ואין דנין קרבן יחיד מקרבן צבור.

The Gemara asks: **And Beit Hillel, what is the reason** that **they do not say in accordance with** the opinion of **Beit Shammai?** Beit Hillel would respond to both claims of Beit Shammai. With regard to **that which you said,** that the burnt-offering of **appearance is superior because it** goes **up entirely to God, on the contrary, the Festival peace**-offering **is superior,**[N] **as it has two consumptions,** by God on the altar and by people. **And** with regard to **that which you said** that **we derive** this *halakha* **from** the festival of **Assembly,** i.e., *Shavuot,* one could argue instead that **one** should **derive** the *halakhot* of **the offering of an individual from** another **offering of an individual,** i.e., the princes; **and one does not derive** the *halakhot* **of the offering of an individual from the communal offering** of *Shavuot.*

ובית שמאי, מאי טעמא לא אמרי כבית הלל? דקאמרת חגיגה עדיפא דישנה לפני הדיבור – ראייה נמי ישנה לפני הדיבור.

The Gemara asks the reverse question: **And what is the reason** that **Beit Shammai do not say in accordance with** the opinion of **Beit Hillel?** Beit Shammai would respond to the arguments of Beit Hillel: **With regard to that which you said,** that **the Festival peace**-offering **is superior, as it existed before the speech** of God, the burnt-offering of **appearance also existed before the speech.** According to the opinion of Beit Shammai, the Jewish people sacrificed burnt-offerings at Mount Sinai before the giving of the Torah.

NOTES

Anywhere that an adult is exempt, etc. – כל היכא דגדול פטור וכו': Some commentaries cite this statement as proof of the following broad claim: Due to the fact that the mitzva to train children in the performance of mitzvot applies by rabbinic law, it does not include mitzvot that are themselves obligatory by rabbinic law, as that would be combining two rabbinic laws. Although the practice is to train minors in certain mitzvot that apply by rabbinic law, e.g., Hanukkah and the recitation of blessings, there is a specific reason in each of those cases. Others explain that a special *halakha* applies to this case, as the Sages did not require one to train a child who has a condition that would render even an adult exempt (see *Birkei Yosef* and *Yad David*).

We find with regard to the festival of Assembly, etc. – מצינו בעצרת וכו': On other Festivals the additional offerings consist solely of burnt-offerings, while no communal peace-offerings are brought at all. Why, then, didn't the Gemara cite these cases as evidence that the burnt-offering is superior? The commentaries explain that when no peace-offering is sacrificed at all there is no room for comparison. The only way to determine whether the burnt-offering is superior to the peace-offering is by a direct comparison between the two when both types of offerings are brought, and both are sacrificed only on *Shavuot* (*Turei Aven*).

Existed before the speech – ישנה לפני הדיבור: Rashi and others explain that the phrase: Before the speech, means before the giving of the Torah. Others explain that it means before God spoke to Moses from the Tent of Meeting (*Tosefot Rid*). According to this explanation, the Gemara is far more straightforward.

On the contrary, the Festival peace-offering is superior – אדרבה, חגיגה עדיפא: It is generally assumed that the burnt-offering is the most important offering, as it is entirely burnt. If so, it is unclear how it can be suggested that the Festival peace-offering is superior. Some commentaries explain that the Gemara is not asking which offering has a more sacred status, as that is certainly the burnt-offering. Rather, the issue is how much money must be spent on each of these offerings. Since the peace-offering is consumed by the owner as well, it is possible that it is appropriate to spend more on it (*Sefat Emet*).

HALAKHA

Anywhere that an adult is exempt – כל היכא דגדול פטור: With regard to a minor who is lame, deaf, or blind, even if he could potentially be healed his father is not obligated to bring him to the Temple in order to fulfill the mitzva to train him. The reason is that in any case where an adult is exempt by Torah law, one is exempt by rabbinic law from training a minor who has the same condition. This *halakha* is in accordance with the opinion of Abaye (Rambam *Sefer Korbanot, Hilkhot Ḥagiga* 2:3).

ודקאמרת ניליף מנשיאים – דנין דבר הנוהג לדורות מדבר הנוהג לדורות, ואין דנין דבר הנוהג לדורות מדבר שאינו נוהג לדורות.

And with regard to that which you said, that **one derives** the *halakhot* of these offerings **from** the offerings of **the princes,** one could argue that **one derives** the *halakhot* **of a matter that is performed in** all **generations,** i.e., the value of the different Festival offerings, **from** another **matter that is performed in** all **generations,** i.e., the offerings brought on *Shavuot*. However, **one does not derive** the *halakhot* **of a matter that is performed** in all **generations from a matter that is not performed in** all **generations,** as the offerings of the princes was a specific mitzva for the Tabernacle in the wilderness.

ובית הלל, מאי שנא חגיגה דישנה לפני הדיבור, דכתיב: ״ויזבחו זבחים שלמים״ – ראייה נמי, הכתיב: ״ויעלו עולות״!

The Gemara asks: **And** according to the opinion of **Beit Hillel, what is different** about **the Festival peace-offering, that it existed before the speech** of God, **as it is written: "And they sacrificed peace-offerings**[N] of bulls to the Lord" (Exodus 24:5)? The burnt-offering of **appearance** is **also** mentioned, as **isn't it written** in the same verse: **"And they sacrificed burnt**-offerings"?

קסברי בית הלל: עולה שהקריבו ישראל במדבר עולת תמיד הואי. ובית שמאי סברי: עולה שהקריבו ישראל במדבר עולת ראייה הואי.

The Gemara responds: **Beit Hillel hold** that **the burnt**-offering **that the Jewish people sacrificed in the desert** at Mount Sinai **was the daily burnt**-offering,[NB] which is a communal offering, as there were no individual burnt-offerings before the giving of the Torah. **And Beit Shammai hold** that **the burnt**-offering **that the Jewish people sacrificed in the desert** at Mount Sinai **was a** burnt-offering **of appearance,** which is an individual offering.

אמר אביי: בית שמאי, ורבי אלעזר, ורבי ישמעאל – כולהו סבירא להו: עולה שהקריבו ישראל במדבר עולת ראייה הואי. ובית הלל, ורבי עקיבא, ורבי יוסי הגלילי – כולהו סבירא להו: עולה שהקריבו ישראל במדבר עולת תמיד הואי.

Abaye said: Beit Shammai, Rabbi Elazar, and Rabbi Yishmael all hold that **the burnt**-offering **that the Jewish people sacrificed in the desert** at Mount Sinai **was a burnt**-offering **of appearance. And Beit Hillel, Rabbi Akiva, and Rabbi Yosei HaGelili all hold** that **the burnt**-offering **that the Jewish people sacrificed in the desert** at Mount Sinai **was a daily burnt**-offering, not an individual offering.

בית שמאי – הא דאמרן. רבי ישמעאל – דתניא, רבי ישמעאל אומר: כללות נאמרו בסיני

The Gemara explains the source for each opinion. **Beit Shammai** is **that which we said. Rabbi Yishmael, as it is taught** in a *baraita* that **Rabbi Yishmael says: General statements were said at Sinai,** i.e., Moses received general mitzvot at Sinai, including the Ten Commandments.

NOTES

And they sacrificed peace-offerings – ויזבחו זבחים שלמים: The connection between these offerings and the Festival peace-offering is explained in the Jerusalem Talmud: It is with regard to these, i.e., the Festival peace-offerings, that the verse states: "Let My people go, that they may hold a Festival for Me in the wilderness" (Exodus 5:1).

Was the daily burnt-offering – עולת תמיד הואי: Although this episode occurred before the giving of the Torah, when the daily burnt-offering was presumably commanded, it is possible that this mitzva was among those given at Mara even before the giving of the Torah (Meiri).

BACKGROUND

Daily burnt-offering – עולת תמיד: This refers to the daily offering of two lambs, one in the morning and one in the afternoon, sacrificed each day in the Temple (see Numbers 28:1–8).

Perek **I**
Daf **6** Amud **b**

ופרטות באהל מועד, ורבי עקיבא אומר: כללות ופרטות נאמרו בסיני, ונשנו באהל מועד, ונשתלשו בערבות מואב. ואי סלקא דעתך עולה שהקריבו ישראל במדבר עולת תמיד הואי,

And the details of the mitzvot, e.g., the particulars of the sacrificial process, were said to Moses at a later time **in the Tent of Meeting. And Rabbi Akiva says:** Both **general statements and the details** of mitzvot **were said at Sinai and** later **repeated in the Tent of Meeting, and** reiterated **a third time** by Moses to the Jewish people **in the plains of Moab,** as recorded in the book of Deuteronomy. **And if it enters your mind** to say that Rabbi Yishmael holds that **the burnt-offering that the Jewish people sacrificed in the desert** at Mount Sinai **was the daily burnt**-offering, rather than the burnt-offering of an individual, the following question arises:

מי איכא מידי דמעיקרא לא בעי הפשט וניתוח ולבסוף בעי הפשט וניתוח?

Is there any offering **that initially did not require skinning**[N] **and cutting** into pieces, as these details of the daily burnt-offering were transmitted later in the Tent of Meeting, **and ultimately,** when these details were added, the offering **required skinning and cutting?** It is not plausible that the details of a mitzva would change over time. Therefore, it is clear that according to the opinion of Rabbi Yishmael the Jews did not sacrifice the daily burnt-offering before the giving of the Torah, which means that the burnt-offering sacrificed at Mount Sinai must have been a burnt-offering of appearance.

NOTES

That initially did not require skinning – דמעיקרא לא בעי הפשט: Burnt-offerings did not require skinning or cutting into pieces before the giving of the Torah, as the details of the burnt-offering are presented as novel *halakhot* in Leviticus. No such requirements pertained to the burnt-offerings brought by the descendants of Noah either before the Torah was given or afterward. Many sources, such as the Jerusalem Talmud (*Megilla* 1:11), cite support for this claim from this verse: "Sacrificed burnt-offerings and sacrificed peace-offerings [*shelamim*]" (Exodus 24:5). They read the last word as: Complete [*sheleimim*], which indicates that these burnt-offerings were neither skinned nor cut into pieces.

רַבִּי אֶלְעָזָר דְּתַנְיָא: ״עוֹלַת תָּמִיד הָעֲשׂוּיָה בְּהַר סִינַי״, רַבִּי אֶלְעָזָר אוֹמֵר: מַעֲשֶׂיהָ נֶאֶמְרוּ בְּסִינַי, וְהִיא עַצְמָהּ לֹא קָרְבָה.

The Gemara cites the source for the opinion of **Rabbi Elazar. As it is taught** in a *baraita*: **"It is a daily burnt**-offering, **which was performed on Mount Sinai"** (Numbers 28:6). **Rabbi Elazar says:** The details of **its performance were said at Sinai, but it itself was not sacrificed** until the Tabernacle was erected. This indicates that the offering brought on Mount Sinai was a burnt-offering of appearance.

רַבִּי עֲקִיבָא אוֹמֵר: קָרְבָה וְשׁוּב לֹא פָּסְקָה. אֶלָּא מָה אֲנִי מְקַיֵּים: ״הַזְּבָחִים וּמִנְחָה הִגַּשְׁתֶּם לִי בַמִּדְבָּר אַרְבָּעִים שָׁנָה בֵּית יִשְׂרָאֵל״?

Rabbi Akiva says: It was sacrificed when they stood at Mount Sinai **and** its sacrifice **never ceased.** The Gemara asks: **But** if so, **how do I uphold,** i.e., how does Rabbi Akiva explain the following verse: **"Did you bring to Me sacrifices and offerings for forty years in the wilderness, house of Israel?"** (Amos 5:25). This verse indicates that they did not sacrifice these offerings.

שִׁבְטוֹ שֶׁל לֵוִי שֶׁלֹּא עָבְדוּ עֲבוֹדָה זָרָה, הֵן הִקְרִיבוּ אוֹתָהּ.

The Gemara answers: **The tribe of Levi,**[N] **which did not commit** the sin of **idol worship, sacrificed it** from their own funds. Since the rest of the Jewish people did not contribute the funds for the daily burnt-offering, it is as though they did not sacrifice this offering. This concludes the list of sources of the opinions of those Sages who hold that the daily burnt-offering was not sacrificed at Mount Sinai, and the offering that was sacrificed there was a burnt-offering of appearance.

בֵּית הִלֵּל – הָא דַּאֲמַרַן. רַבִּי עֲקִיבָא – הָא נַמִי דַּאֲמַרַן. רַבִּי יוֹסֵי הַגְּלִילִי – דְּתַנְיָא, רַבִּי יוֹסֵי הַגְּלִילִי אוֹמֵר: שָׁלֹשׁ מִצְוֹת נִצְטַוּוּ יִשְׂרָאֵל בַּעֲלוֹתָם לָרֶגֶל: רְאִיָּיה, וַחֲגִיגָה, וְשִׂמְחָה.

The Gemara cites the sources for the opinions that the daily burnt-offering was sacrificed at Mount Sinai. **Beit Hillel: That which we said. Rabbi Akiva: Also that which we said,** in the aforementioned dispute with Rabbi Elazar. **Rabbi Yosei HaGelili: As it is taught** in a *baraita* that **Rabbi Yosei HaGelili says: The Jewish people were commanded** to perform **three mitzvot when they ascended** to the Temple **for** the pilgrimage **Festivals:**[H] The burnt-offering of **appearance, and the Festival peace**-offering, **and the** peace-offering of **rejoicing.**

יֵשׁ בָּרְאִיָּיה שֶׁאֵין בִּשְׁתֵּיהֶן, וְיֵשׁ בַּחֲגִיגָה שֶׁאֵין בִּשְׁתֵּיהֶן, יֵשׁ בַּשִּׂמְחָה שֶׁאֵין בִּשְׁתֵּיהֶן. יֵשׁ בָּרְאִיָּיה שֶׁאֵין בִּשְׁתֵּיהֶן – שֶׁהָרְאִיָּיה עוֹלָה כּוּלָּהּ לַגָּבוֹהַּ, מַה שֶּׁאֵין כֵּן בִּשְׁתֵּיהֶן.

Rabbi Yosei HaGelili continues. **There is** an element **of the** burnt-offering of **appearance that is not** present **in the other two; there is** an element **of the Festival peace**-offering **that is not** present **in the other two;** and **there is** an element **of the** peace-offering of **rejoicing**[N] **that is not** present **in the other two.** He elaborates: **There is** an element **of the** burnt-offering of **appearance that is not** present **in the** other **two, as the** burnt-offering of **appearance goes up entirely to God, which is not so with regard to the other two,** as the majority portion of the other two offerings is eaten.

יֵשׁ בַּחֲגִיגָה מַה שֶּׁאֵין בִּשְׁתֵּיהֶן – שֶׁחֲגִיגָה יֶשְׁנָהּ לִפְנֵי הַדִּיבּוּר, מַה שֶּׁאֵין בִּשְׁתֵּיהֶן. יֵשׁ בַּשִּׂמְחָה מַה שֶּׁאֵין בִּשְׁתֵּיהֶן – שֶׁהַשִּׂמְחָה נוֹהֶגֶת בַּאֲנָשִׁים וּבְנָשִׁים, מַה שֶּׁאֵין בִּשְׁתֵּיהֶן.

There is an element **of the Festival peace**-offering **that is not** present **in the** other **two, as the Festival peace**-offering **existed before the speech** of God at Mount Sinai,[N] **which is not so with regard to** the other **two.** Finally, **there is** an element **of the** peace-offering of **rejoicing that is not** present **in the** other **two, as the** peace-offering of **rejoicing is performed by** both **men and by women, which is not so with regard to** the other **two.** This shows that Rabbi Yosei HaGelili holds that the burnt-offering of appearance was not sacrificed at Mount Sinai, which means that the burnt-offering mentioned in that context must have been the daily burnt-offering.

וְרַבִּי יִשְׁמָעֵאל, מַאי טַעְמָא קָא מוֹקְמַתְּ לֵיהּ כְּבֵית שַׁמַּאי? אִי סָלְקָא דַּעְתָּךְ עוֹלָה שֶׁהִקְרִיבוּ יִשְׂרָאֵל בַּמִּדְבָּר עוֹלַת תָּמִיד הֲוַאי – מִי אִיכָּא מִידֵּי דְּמֵעִיקָּרָא לָא בָּעֵי הֶפְשֵׁט וְנִיתּוּחַ וּלְבַסּוֹף בָּעֵי הֶפְשֵׁט וְנִיתּוּחַ?

The Gemara asks a question with regard to Abaye's explanation. **And** with regard to **Rabbi Yishmael, what is the reason** that **you established** his ruling **in accordance with** the opinion of **Beit Shammai** that the burnt-offering sacrificed at Mount Sinai was a burnt-offering of appearance? The explanation for his opinion was: **If it enters your mind** that the **burnt**-offering **the Jewish people sacrificed in the desert was a daily burnt**-offering, **is there any** offering **that initially did not require skinning and cutting** into pieces **and ultimately required skinning and cutting** into pieces?

NOTES

The tribe of Levi, etc. – **שִׁבְטוֹ שֶׁל לֵוִי וכו׳**: Some commentaries maintain that the Jewish people was partially excommunicated after the sin of the Golden Calf, and only the tribe of Levi, which did not sin, brought offerings in the Tabernacle (Rashi here and on *Yevamot* 72a). Others contend that it was not prohibited for the rest of the Jewish people to bring offerings due to their excommunication; however, as they were chastened before God it was inappropriate for them to do so (*Turei Aven*). Some explain that the Jewish people were barred from sacrificing offerings not because of the sin of the Golden Calf, for which they were forgiven after the building of the Tabernacle, but due to the sin of the spies (*Tosafot* on *Yevamot* 72a). Others say that for practical reasons they were unable to sacrifice offerings in the desert (Ibn Ezra on Amos 5:25).

There is an element of the peace-offering of rejoicing, etc. – **יֵשׁ בַּשִּׂמְחָה וכו׳**: The commentaries cite another difference mentioned in the *Tosefta*: The peace-offering of rejoicing is brought every day of the seven-day Festival, whereas the other two offerings are brought only once (*Tosafot*). Some say that this difference is not mentioned because it does not apply to *Shavuot*, which lasts only one day (*Sefat Emet*). In the Jerusalem Talmud additional differences between the peace-offering of rejoicing and the other two offerings are discussed. For example, one can fulfill the obligation to bring the peace-offering of rejoicing both with his own money and with the money of another, and one can fulfill this mitzva even with non-sacred meat, according to the opinion of Rabbi Yehoshua ben Levi.

As the Festival peace-offering existed before the speech – **שֶׁחֲגִיגָה יֶשְׁנָהּ לִפְנֵי הַדִּיבּוּר**: It is noted in the Jerusalem Talmud that the Festival peace-offering is brought when one ascends to the Temple, which was clearly not possible before the giving of the Torah, as the Jewish people had not yet been commanded about the pilgrimage Festivals. Nevertheless, the term Festival [*ḥagiga*] appears even before the giving of the Torah: "That they may hold a Festival [*veyaḥogu*] for Me in the wilderness" (Exodus 5:1).

HALAKHA

Three mitzvot of the pilgrimage Festival – **שָׁלֹשׁ מִצְוֹת בָּרֶגֶל**: The Jewish people were commanded to perform three mitzvot upon their ascent to the Temple for the pilgrimage Festivals: The burnt-offering of appearance, the Festival peace-offering, and the peace-offering of rejoicing, in accordance with the opinion of Rabbi Yosei HaGelili (Rambam *Sefer Korbanot*, *Hilkhot Ḥagiga* 1:1).

וְהָא רַבִּי יוֹסֵי הַגְּלִילִי דְּאָמַר עוֹלָה שֶׁהִקְרִיבוּ יִשְׂרָאֵל בַּמִּדְבָּר עוֹלַת תָּמִיד הֲוַאי, מֵעִיקָּרָא לָא בָּעֵי הֶפְשֵׁט וְנִיתּוּחַ וּלְבַסּוֹף בָּעֵי הֶפְשֵׁט וְנִיתּוּחַ.

But wasn't it **Rabbi Yosei HaGelili who said: The burnt**-offering **that the Jewish people sacrificed in the desert** at Mount Sinai **was the daily burnt**-offering? Nevertheless, he holds that **initially** it **did not require skinning and cutting** into pieces, **and ultimately** it **required skinning and cutting** into pieces.[N]

דְּתַנְיָא, רַבִּי יוֹסֵי הַגְּלִילִי אוֹמֵר: עוֹלָה שֶׁהִקְרִיבוּ יִשְׂרָאֵל בַּמִּדְבָּר אֵינָה טְעוּנָה הֶפְשֵׁט וְנִיתּוּחַ, לְפִי שֶׁאֵין הֶפְשֵׁט וְנִיתּוּחַ אֶלָּא מֵאֹהֶל מוֹעֵד וְאֵילָךְ! סְמֵי מִכָּאן רַבִּי יִשְׁמָעֵאל.

As it is taught in a *baraita* that **Rabbi Yosei HaGelili says: The burnt**-offering **that the Jewish people sacrificed in the desert did not require skinning and cutting** into pieces, **because** the requirement of **skinning and cutting** offerings applied **only from** the time God commanded this mitzva in **the Tent of Meeting and onward.** The Gemara concludes: There is no clear evidence as to what Rabbi Yishmael actually maintains in this regard, and therefore one should **delete Rabbi Yishmael from** this list **here,** i.e., the list of those who hold that the burnt-offering sacrificed in the desert was a burnt-offering of appearance.

בָּעֵי רַב חִסְדָּא, הַאי קְרָא הֵיכִי כְּתִיב? "וַיִּשְׁלַח אֶת נַעֲרֵי בְּנֵי יִשְׂרָאֵל וַיַּעֲלוּ עוֹלֹת" – כְּבָשִׂים; "וַיִּזְבְּחוּ זְבָחִים שְׁלָמִים לַה׳ פָּרִים"? אוֹ דִּלְמָא אִידִי וְאִידִי פָּרִים הֲווּ?

Rav Ḥisda raises a dilemma: This verse, how is it written, i.e., how should it be understood? Should the following verse be read as two separate halves, with the first part consisting of: **"And he sent the young men of the children of Israel, and they sacrificed burnt-offerings"** (Exodus 24:5), which were **sheep;** and the second part consisting of the rest of the verse: **"And they sacrificed peace-offerings** of **bulls to the Lord,"** i.e., these peace-offerings alone were bulls? **Or perhaps both of these** were **bulls,** as the term: "Bulls," refers both to the burnt-offerings and the peace-offerings.

לְמַאי נָפְקָא מִינַּהּ? מָר זוּטְרָא אָמַר: לְפִיסּוּק טְעָמִים.

The Gemara asks: **What is the practical difference** between the two readings? **Mar Zutra said:** The practical difference is with regard **to the punctuation of** the cantillation **notes,** whether there should be a break in the verse after: "And they sacrificed burnt-offerings," indicating that these offerings consisted of sheep; or whether it should read: "And they sacrificed burnt-offerings and sacrificed peace-offerings of bulls," as one clause.

רַב אַחָא בְּרֵיהּ דְּרָבָא אָמַר: לְאוֹמֵר "הֲרֵי עָלַי עוֹלָה כְּעוֹלָה שֶׁהִקְרִיבוּ יִשְׂרָאֵל בַּמִּדְבָּר". מַאי? פָּרִים הֲווּ אוֹ כְּבָשִׂים הֲווּ? תֵּיקוּ.

Rav Aḥa, son of Rava, said that the difference between these two readings of the verse is **for one who says** in the form of a vow: It is incumbent **upon me** to bring **a burnt**-offering **like the burnt**-offering **that the Jewish people sacrificed in the desert** at Mount Sinai. **What** is he required to bring? **Were they bulls** or **were they sheep?**[N] The Gemara does not provide an answer and states that the question **shall stand** unresolved.

תְּנַן הָתָם: אֵלּוּ דְּבָרִים שֶׁאֵין לָהֶם שִׁיעוּר:

We learned in a mishna **there** (*Pe'a* 1:1): **These are** the mitzvot **that have no measure:**[N]

NOTES

And ultimately it required skinning and cutting into pieces – וּלְבַסּוֹף בָּעֵי הֶפְשֵׁט וְנִיתּוּחַ: According to the opinion of Rabbi Yosei HaGelili, and perhaps according to the opinion of Rabbi Yishmael as well, the burnt-offering at Mount Sinai was the daily burnt-offering. Although the *halakhot* of this offering were explicated only later in the Tent of Meeting, the initial offering at Mount Sinai was a daily burnt-offering, not a free-will burnt-offering of appearance in honor of the giving of the Torah.

Were they bulls or were they sheep – פָּרִים הֲווּ אוֹ כְּבָשִׂים הֲווּ: Some commentaries attempt to prove that the first half of the verse can reasonably be explained as referring to sheep, which would mean that this offering is similar to the daily burnt-offering sacrificed in the Temple (Meiri).

That have no measure – שֶׁאֵין לָהֶם שִׁיעוּר: The following list (next *amud*) is not an exhaustive list of all the mitzvot that have no measure, with regard to neither a maximum nor a minimum measure (see Jerusalem Talmud). One common denominator of the mitzvot on this list is that the more often one performs them the greater the fulfillment of the mitzva. Other mitzvot, for which there is no benefit derived from increasing the number of times they are performed, are excluded from this list.

הַפֵּאָה, וְהַבִּכּוּרִים, וְהָרְאָיוֹן, וּגְמִילוּת חֲסָדִים, וְתַלְמוּד תּוֹרָה.

Produce in the corner of the field that must be left unharvested, **which is given to the poor** [*pe'a*];[H] **and the first fruits,** which are brought to the Temple;[H] **and the appearance** in the Temple on the pilgrimage Festivals;[H] **and acts of loving-kindness;**[H] **and Torah study.**[NH]

אָמַר רַבִּי יוֹחָנָן: כִּסְבוּרִין אָנוּ לוֹמַר הָרְאָיוֹן אֵין לוֹ שִׁיעוּר לְמַעְלָה, אֲבָל יֵשׁ לוֹ שִׁיעוּר לְמַטָּה. עַד שֶׁבָּא רַבִּי אוֹשַׁעְיָא בְּרַבִּי וְלִימֵּד: הָרְאָיוֹן אֵין לוֹ שִׁיעוּר לֹא לְמַעְלָה וְלֹא לְמַטָּה. אֲבָל חֲכָמִים אוֹמְרִים: הָרְאִיָּיה מָעָה כֶּסֶף, וְהַחֲגִיגָה שְׁתֵּי כֶסֶף.

Rabbi Yoḥanan said: We thought to say[N] **that the** mitzva of **appearance** in the Temple **does not have a maximum measure, but it does have a minimum measure; until Rabbi Oshaya the Distinguished** [*beRabbi*],[L] **came and taught: The** mitzva of **appearance has neither a maximum nor a minimum measure. However, the Rabbis say:** The burnt-offering of **appearance** must be worth one **silver** *ma'a* **and the Festival** peace-offering **two silver** coins.

מַאי הָרְאָיוֹן? רַבִּי יוֹחָנָן אָמַר: רְאִיַּית פָּנִים בָּעֲזָרָה, וְרֵישׁ לָקִישׁ אָמַר: רְאִיַּית פָּנִים בְּקָרְבָּן.

§ **What is** the mitzva of **appearance** to which this mishna is referring? **Rabbi Yoḥanan said:** It is the mitzva of **the appearance of** one's **face**[H] in the Temple **courtyard.** One may appear in the Temple as often as he likes over the course of a Festival. **And Reish Lakish said:** It is **the appearance of** one's **face** in the Temple **with an offering.** There is no measure in this regard, as every time one appears in the Temple during a Festival he must bring an offering.

בְּעִיקַּר הָרֶגֶל – כּוּלֵּי עָלְמָא לָא פְּלִיגִי דִּרְאִיַּית פָּנִים בְּקָרְבָּן. כִּי פְּלִיגִי – בִּשְׁאָר יְמוֹת הָרֶגֶל. כָּל הֵיכָא דַּאֲתָא וְאַיְיתֵי – כּוּלֵּי עָלְמָא לָא פְּלִיגִי דִּמְקַבְּלִינַן מִינֵּיהּ. כִּי פְּלִיגִי – דַּאֲתָא וְלָא אַיְיתֵי.

The Gemara explains: **On the main** i.e., on the first, day of **the pilgrimage Festival,**[NH] **everyone agrees that the appearance** of one's **face** must be accompanied **by an offering. When they disagree,** it is with regard **to the rest of the days of the pilgrimage Festival,** i.e., whether or not one who appears must sacrifice an offering. Furthermore, **anywhere,** i.e., in any case **that one comes and brings** an offering, **everyone agrees that we accept it from him. When they disagree,** it is **when he comes and does not bring** an offering. Is this man obligated to bring an offering or not?

NOTES

Acts of loving-kindness and Torah study – גְּמִילוּת חֲסָדִים וְתַלְמוּד תּוֹרָה: Some commentaries claim that these two mitzvot are distinct from the others on the list (*Turei Aven*). The other mitzvot are limited by a measure prescribed by the Sages, whereas the mitzvot of learning Torah and acts of loving-kindness, which one fulfills with his body and not with his possessions, have no prescribed measure at all.

We thought to say – כִּסְבוּרִים אָנוּ לוֹמַר: The phrasing of the Gemara indicates that Rabbi Yoḥanan changed his mind and holds in accordance with the opinion of Rabbi Oshaya. However, this is less clear in the Jerusalem Talmud, and some dispute this interpretation here as well. It is explained in the Jerusalem Talmud that Rabbi Yoḥanan and Rabbi Oshaya disagree over a fundamental point.

According to the opinion of Rabbi Oshaya, any measure not explicitly written in the Torah applies by rabbinic law, whereas Rabbi Yoḥanan holds that some measures are *halakhot* transmitted to Moses from Sinai. According to this explanation, the opinion of Reish Lakish is in accordance with that of Rabbi Oshaya. See *Tosafot* and Meiri, who discuss this issue at length.

On the main day of the pilgrimage Festival – בְּעִיקַּר הָרֶגֶל: The commentaries disagree over the meaning of this term. Some say it refers to the first day of the Festival, as the remaining days are considered merely redress with regard to the burnt-offering of appearance (see Rabbeinu Ḥananel). Others explain that it means the first day one comes to the Temple to sacrifice the burnt-offering of appearance, even if this is one of the intermediate days of the Festival (see Rambam and *Kesef Mishne*).

LANGUAGE

BeRabbi – בְּרַבִּי: This appellation, *beRabbi* or *beRibbi*, is an abbreviation for son of Rabbi [*ben Rabbi*]. However, already in the times of the *tanna'im* this term was used as an honorific for a distinguished Torah scholar, indicating that he is the son of great people or Sages. The label was applied whether the Sage in question was actually the son of Torah scholars, e.g., Rabbi Oshaya, son of Rabbi Ḥama ben Rabbi Kisa, or not. Occasionally, a Torah Sage was referred to simply as *BeRabbi*, without mention of his own name at all.

HALAKHA

The measure of produce of the corners – שִׁיעוּר פֵּאָה: There is no measurement for produce of the corners by Torah law, as one can fulfill his obligation by leaving even one stalk in his field. However, by rabbinic law one must leave no less than one-sixtieth of the field. It is appropriate to increase this amount in accordance with the size of the field, its current yield, and the requirements of the poor in that area (Rambam *Sefer Zera'im, Hilkhot Mattenot Aniyyim* 1:15).

The measure of the first fruits – שִׁיעוּר בִּיכּוּרִים: There is no measure for first fruits by Torah law, although by rabbinic law one must bring at least one-sixtieth of the harvest. One may render his entire field first fruits if he so desires (Rambam *Sefer Zera'im, Hilkhot Bikkurim* 2:17).

The measure of appearance – שִׁיעוּר הָרְאָיוֹן: By Torah law there is no fixed measure for the Festival offerings. However, the Sages declared that one should spend no less than one silver *ma'a* for the burnt-offering of appearance and no less than two silver *ma'a* for a Festival peace-offering. This is in accordance with the opinion of Rabbi Oshaya, Rabbi Yoḥanan's teacher (Rambam *Sefer Korbanot, Hilkhot Ḥagiga* 1:2).

Acts of loving-kindness – גְּמִילוּת חֲסָדִים: It is a positive mitzva by rabbinic law to visit the sick, comfort mourners, eulogize the deceased and arrange their funeral and burial, raise funds for brides in need, and increase the joy of a bride and groom. These and similar mitzvot are all acts of loving-kindness that have no specified measure. Although the mitzvot listed here apply by rabbinic law, nevertheless, they are included in the verse (Leviticus 19:18): "You shall love your neighbor as yourself" (Rambam *Sefer Shofetim, Hilkhot Evel* 14:1).

Torah study – תַּלְמוּד תּוֹרָה: There is no measure for the mitzva of Torah study, and one is obligated to learn Torah all the days of his life (*Shulḥan Arukh, Yoreh De'a* 246:3).

The appearance of one's face – רְאִיַּית פָּנִים: One who comes to the Temple courtyard during the Festival after having already sacrificed the burnt-offering of appearance is not obligated to bring another offering. However, if he does so it is accepted. This is because there is no measure for the number of burnt-offerings of appearance that one may bring (Rambam *Sefer Korbanot, Hilkhot Ḥagiga* 2:6).

Appearance on the main day of the pilgrimage Festival – רְאִיָּיה בְּעִיקַּר הָרֶגֶל: The mitzva of appearance is fulfilled by coming to the Temple and sacrificing a burnt-offering of appearance on the first day of a pilgrimage Festival. One may fulfill his obligation with either an animal offering or a bird-offering (see the *Kesef Mishne* with regard to the possibility of a burnt-offering of birds). One who comes to the Temple on the first day of the Festival without an offering has violated both a negative and a positive mitzva. The prohibition is: "And none shall appear before Me empty-handed" (Exodus 23:15). However, one is not flogged for this transgression, as it does not involve an action (Rambam *Sefer Korbanot, Hilkhot Ḥagiga* 1:1).

דְּרַבִּי יוֹחָנָן סָבַר: רְאִיַּית פָּנִים בָּעֲזָרָה, דְּכָל אֵימַת דְּאָתֵי לָא צָרִיךְ לְאַתּוּיֵי. רֵישׁ לָקִישׁ אָמַר: רְאִיַּית פָּנִים בְּקָרְבָּן, דְּכָל אֵימַת דְּאָתֵי צָרִיךְ לְאַתּוּיֵי.

The Gemara explains **that Rabbi Yoḥanan holds** that the mitzva is merely **the appearance of** one's **face in the** Temple **courtyard.** Therefore, one **doesn't need to bring** an offering **whenever he comes** to the Temple. **Reish Lakish said** that the mitzva is **the appearance of** one's **face with an offering,** which means that **whenever one comes he must bring** an offering with him.

אֵיתִיבֵיהּ רֵישׁ לָקִישׁ לְרַבִּי יוֹחָנָן: "וְלֹא יֵרָאוּ פָּנַי רֵיקָם"! אֲמַר לֵיהּ: בְּעִיקַּר הָרֶגֶל.

Reish Lakish raised an objection to the opinion of **Rabbi Yoḥanan.** The verse states: "Three times you shall keep a feast for Me in the year… **and none shall appear before Me empty-handed"** (Exodus 23:14–15). This verse indicates that one must bring an offering whenever he appears in the Temple. Rabbi Yoḥanan **said to him:** That obligation applies only **on the main** day of **the pilgrimage Festival,** but not on the rest of the Festival days.

אֵיתִיבֵיהּ: "וְלֹא יֵרָאוּ פָּנַי רֵיקָם" – בִּזְבָחִים. אַתָּה אוֹמֵר בִּזְבָחִים, אוֹ אֵינוֹ אֶלָּא בְּעוֹפוֹת וּמְנָחוֹת? וְדִין הוּא: נֶאֶמְרָה חֲגִיגָה לְהֶדְיוֹט וְנֶאֶמְרָה רְאִיָּיה לַגָּבוֹהַּ. מַה חֲגִיגָה הָאֲמוּרָה לְהֶדְיוֹט – זְבָחִים, אַף רְאִיָּיה הָאֲמוּרָה לַגָּבוֹהַּ – זְבָחִים.

Reish Lakish **raised an objection to** the opinion of Rabbi Yoḥanan from a *baraita*: **"And none shall appear**[N] **before Me empty-handed."** This teaches that Festival pilgrims must appear **with animal offerings.** Do **you say** that they must appear **with animal offerings, or** perhaps **it is only with bird**-offerings[N] **or meal**-offerings? **And it is** possible to determine the answer **by logical derivation: It is stated** that one must bring **a Festival peace**-offering **for a commoner**[N] to eat, **and** it **is stated** that one must bring a burnt-offering of **appearance,** which is **for God. Just as the Festival peace**-offering **that is stated for a commoner** is referring to **animal offerings, so too,** the burnt-offering of **appearance that is stated** to be sacrificed wholly **for God** is referring to **animal offerings.**

וּמַה הֵן זְבָחִים? עוֹלוֹת. אַתָּה אוֹמֵר עוֹלוֹת, אוֹ אֵינוֹ אֶלָּא שְׁלָמִים? וְדִין הוּא: נֶאֶמְרָה חֲגִיגָה לְהֶדְיוֹט, וְנֶאֶמְרָה רְאִיָּיה לַגָּבוֹהַּ, מַה חֲגִיגָה הָאֲמוּרָה לְהֶדְיוֹט – בָּרָאוּי לוֹ, אַף רְאִיָּיה הָאֲמוּרָה לַגָּבוֹהַּ – בָּרָאוּי לוֹ.

And what are these **animal offerings** that the Festival pilgrims sacrifice to God? **Burnt**-offerings. Do **you say** that they are **burnt**-offerings, **or** perhaps **it is only** that they are **peace-offerings? And it is** possible to determine the answer **by logical derivation: It is stated** that one must bring a **Festival peace**-offering **for a commoner, and it is stated** that one must bring a burnt-offering of **appearance,** which is solely **for God. Just as the Festival peace**-offering **that is stated for a commoner** is referring to an offering that is **fitting for him** to eat, i.e., a peace-offering, **so too,** the burnt-offering of **appearance that is stated** to be **for God** is referring to an offering that is **fitting for Him,** i.e., a burnt-offering, which is entirely consumed on the altar.

וְכֵן בְּדִין, שֶׁלֹּא יְהֵא שׁוּלְחָנְךָ מָלֵא וְשׁוּלְחַן רַבְּךָ רֵיקָם! אֲמַר לֵיהּ: בְּעִיקַּר הָרֶגֶל.

And similarly, one can learn **by logical derivation that your table should not be full** of meat **while your Master's table,** i.e., the altar, **is empty.** This indicates that one must sacrifice a burnt-offering whenever one appears in the Temple, which contradicts the opinion of Rabbi Yoḥanan. Rabbi Yoḥanan again **said to him:** This obligation applies only **on the main** day of **the pilgrimage Festival.**

אֵיתִיבֵיהּ, רַבִּי יוֹסֵי בְּרַבִּי יְהוּדָה אוֹמֵר: שָׁלֹשׁ רְגָלִים בַּשָּׁנָה נִצְטַוּוּ יִשְׂרָאֵל לַעֲלוֹת בָּרֶגֶל: בְּחַג הַמַּצּוֹת וּבְחַג הַשָּׁבוּעוֹת, וּבְחַג הַסּוּכּוֹת. וְאֵין נִרְאִין חֲצָאִין – מִשּׁוּם שֶׁנֶּאֱמַר "כָּל זְכוּרְךָ", וְאֵין נִרְאִין רֵיקָנִים – מִשּׁוּם שֶׁנֶּאֱמַר "וְלֹא יֵרָאוּ פָּנַי רֵיקָם"! אֲמַר לֵיהּ: בְּעִיקַּר הָרֶגֶל.

Reish Lakish **raised** another **objection to** the opinion of Rabbi Yoḥanan. **Rabbi Yosei, son of Rabbi Yehuda, says: Three times a year the Jewish people were commanded to ascend on the pilgrimage Festival: On Passover, on *Shavuot*, and on *Sukkot*. They may not appear partially,** i.e., only some of the people, **because it is stated: "All your males"** (Exodus 23:17). **And they may not appear empty-handed, because it is stated: "And none shall appear before Me empty-handed"** (Exodus 23:15). Rabbi Yoḥanan **said to him:** That too is referring to **the main** day of **the pilgrimage Festival.**

אֵיתִיבֵיהּ רַבִּי יוֹחָנָן לְרֵישׁ לָקִישׁ: "יִרְאֶה" "יֵרָאֶה" – מָה אֲנִי בְּחִנָּם אַף אַתֶּם בְּחִנָּם!

Rabbi Yoḥanan raised an objection to the opinion of **Reish Lakish** from a *baraita*: The verse states: "All your males shall appear." Although the verse as written can be read: **"Will see [*yireh*],"** it is actually read: **"Shall be seen [*yera'e*]."**[N] The *baraita* derives that **just as I,** God, come to see you **for free,** as He has no obligation to bring an offering when He comes to see us in the Temple, **so too, you** may come to see Me in the Temple **for free,** i.e., there is no requirement to bring an offering. The Gemara accepts this objection and therefore proceeds to explain the dispute between Rabbi Yoḥanan and Reish Lakish in a different manner.

NOTES

Reish Lakish raised an objection to the opinion of Rabbi Yoḥanan, And none shall appear – אֵיתִיבֵיהּ וְלֹא יֵרָאוּ: The commentaries point out that it is unclear what this *baraita* adds to the discussion, as the same objection against Rabbi Yoḥanan could be raised from the previously cited verse and the same answer would apply to this *baraita* as well (Rabbi Akiva Eiger). One answer is that the objection is not from the *halakha* of the *baraita*, but from the logical derivation it states below: That your table should not be full of meat while your Master's table is empty. This reasoning can be applied to all the days of the Festival, not only the first (*Siaḥ Yitzḥak*).

Or it is only with bird-offerings – אוֹ אֵינוֹ אֶלָּא בְּעוֹפוֹת: Many commentaries are puzzled by the Rambam's ruling that one can fulfill his obligation of the burnt-offering of appearance with a bird. Some early authorities claim that the Rambam had a different version of the Gemara here. That reading was likely similar to the version in the *Mekhilta*, which states: Perhaps it is only with money. According to this version, birds were never excluded from the burnt-offering of appearance. Others say that if one may bring only animals, it could turn out that he will sacrifice more burnt-offerings than peace-offerings, as each time he appears at the Temple he is obligated to sacrifice a burnt-offering. This is inappropriate according to the opinion of Beit Hillel. If it is permitted for one to use birds, there will still be more peace-offerings than burnt-offerings, at least in terms of the total amount of meat (*Tzlaḥ*). Another possible answer is that the last logical derivation: So too, the burnt-offering of appearance is for God and must be fitting for Him, includes birds, as they too are entirely burnt on the altar. Only meal-offerings are excluded, as they are eaten in part by the priests (*Porat Yosef*).

It is stated one must bring a Festival peace-offering for a commoner – נֶאֶמְרָה חֲגִיגָה לְהֶדְיוֹט: Some commentaries cite proof from the verse: "You shall keep it a feast" (Exodus 12:14), that the Festival peace-offering is meant to be eaten by the people and not consumed entirely on the altar (*Tosefot Yom Tov*).

Will see [*yireh*], shall be seen [*yera'e*] – יִרְאֶה, יֵרָאֶה: Some commentaries ask why Reish Lakish doesn't refute this proof by stating that a different *halakha* is learned from this verse, e.g., Rabbi Yoḥanan ben Dehavai's derivation that someone blind in one eye is excluded from this obligation (see 2a). They answer that when a term can be written and read in two different ways, and the way it is written and read are both used for *halakhot*, it is considered as though the two terms were juxtaposed. Consequently, there is no limit to the number of *halakhot* that can be derived from this juxtaposition, as whatever applies to one case applies equally to the other (*Siaḥ Yitzḥak*).

אֶלָּא: כָּל הֵיכָא דַּאֲתָא וְלָא אַיְיתֵי – דְּכוּלֵּי עָלְמָא לָא פְּלִיגִי דְּעָיֵיל, וּמִתְחֲזֵי וְנָפֵיק, כִּי פְּלִיגִי – דַּאֲתָא וְאַיְיתֵי.

Rather, with regard to **anywhere that one comes** to the Temple courtyard after the initial time on the first day of the Festival **and he does not bring** an offering, **everyone agrees that one enters,**[N] **appears, and exits** without having to bring an offering. **When they disagree** it is in a case **where one comes and brings** an offering.

רַבִּי יוֹחָנָן דְּאָמַר רְאִיַּית פָּנִים בָּעֲזָרָה; רְאִיַּית פָּנִים הוּא דְּאֵין לָהּ שִׁיעוּר, הָא לְקָרְבָּן – יֵשׁ לָהּ שִׁיעוּר. וְרֵישׁ לָקִישׁ אָמַר: רְאִיַּית פָּנִים בְּקָרְבָּן, דַּאֲפִילּוּ קָרְבָּן נַמִי אֵין לוֹ שִׁיעוּר.

The Gemara explains: **Rabbi Yoḥanan, who says** that the appearance mentioned in the mishna is referring to **the appearance of** one's **face in the** Temple **courtyard,** maintains that **it is** this **appearance** itself **that has no** maximum **measure,** i.e., one may appear as often as he wishes without an offering. However, **there is** a maximum **measure,** i.e., a limited number **of offerings,** that one may bring; only one burnt-offering of appearance per Festival. **And Reish Lakish said: The appearance of** one's **face** means **with an offering, as even offerings have no** maximum **measure.** One may bring as many offerings during the Festival as he wishes.

אֵיתִיבֵיהּ: ״הֹקַר רַגְלְךָ מִבֵּית רֵעֶךָ״! הָתָם בְּחַטָּאוֹת וַאֲשָׁמוֹת,

Rabbi Yoḥanan **raised an objection to** the opinion of Reish Lakish: **"Let your foot be seldom**[N] **in your neighbor's house,**[N] lest he be sated with you, and hate you" (Proverbs 25:17). It can be inferred from this verse that one should not bring extra gifts, i.e., offerings, to God. The Gemara responds: **There,** the verse is referring **to sin**-offerings **and guilt**-offerings, i.e., it is better not to sin in the first place.

כְּדְרַבִּי לֵוִי, דְּרַבִּי לֵוִי רָמֵי: כְּתִיב ״הֹקַר רַגְלְךָ מִבֵּית רֵעֶךָ״ וּכְתִיב ״אָבוֹא בֵיתְךָ בְעוֹלוֹת״! לָא קַשְׁיָא; כָּאן – בְּחַטָּאוֹת וַאֲשָׁמוֹת, כָּאן – בְּעוֹלוֹת וּשְׁלָמִים.

This explanation is **in accordance with** the opinion of **Rabbi Levi, as Rabbi Levi raised a contradiction** between two verses. **It is written: "Let your foot be seldom in your neighbor's house," and it is written: "I will come into Your house with burnt**-offerings, I will perform for You my vows" (Psalms 66:13). Rabbi Levi explained: This is **not difficult; here,** the verse is referring **to sin**-offerings **and guilt**-offerings, **and there,** it is referring **to burnt**-offerings **and peace**-offerings, concerning which one may bring as many as he likes.

תַּנְיָא נַמִי הָכִי: ״הֹקַר רַגְלְךָ מִבֵּית רֵעֶךָ״ – בְּחַטָּאוֹת וַאֲשָׁמוֹת הַכָּתוּב מְדַבֵּר. אַתָּה אוֹמֵר בְּחַטָּאוֹת וַאֲשָׁמוֹת, אוֹ אֵינוֹ אֶלָּא בְּעוֹלוֹת וּשְׁלָמִים? כְּשֶׁהוּא אוֹמֵר ״אָבוֹא בֵיתְךָ בְעוֹלוֹת אֲשַׁלֵּם לְךָ נְדָרָי״ – הֲרֵי עוֹלוֹת וּשְׁלָמִים אָמוּר. הָא מָה אֲנִי מְקַיֵּים ״הֹקַר רַגְלְךָ מִבֵּית רֵעֶךָ״ – בְּחַטָּאוֹת וַאֲשָׁמוֹת הַכָּתוּב מְדַבֵּר.

That opinion **is also taught** in a *baraita*: **"Let your foot be seldom in your neighbor's house." The verse is speaking of sin**-offerings **and guilt**-offerings. **Do you say** it is referring **to sin-offerings and guilt**-offerings, **or** perhaps **it is only** referring **to burnt**-offerings **and peace**-offerings? **When it says: "I will come into Your house with burnt**-offerings, **I will perform for You my vows," burnt**-offerings **and peace**-offerings **are mentioned,** as these are more pleasant to sacrifice to God. **How then do I uphold** the meaning of the verse: **"Let your foot be seldom in your neighbor's house"? The verse is speaking of sin**-offerings **and guilt**-offerings.

״וְאֵין נִרְאִין חֲצָאִין״ כו׳. סָבַר רַב יוֹסֵף לְמֵימַר: מַאן דְּאִית לֵיהּ עֲשָׂרָה בָּנִים לָא לִיסְקוּ הָאִידָּנָא חֲמִשָּׁה וּלְמָחָר חֲמִשָּׁה.

§ Earlier the *baraita* taught: The people **may not appear partially,** as the verse states: "All your males" (Exodus 23:17). **Rav Yosef thought to say: One who has ten sons**[N] should **not** let **five ascend now and** the other **five tomorrow.** Rather, they must all ascend to the Temple together.

NOTES

Everyone agrees that one enters, etc. – **דְּכוּלֵּי עָלְמָא לָא פְּלִיגֵי דְּעָיֵיל וכו׳:** This statement is problematic, as the previous discussion between the two *amora'im* indicates that they do dispute the case of one who appears in the Temple without bringing an offering. Some commentaries have a different version of the text, according to which anyone who comes to the Temple on the Festival is certainly obligated to bring an offering (Rabbeinu Ḥananel). The dispute according to this version is whether or not one who comes multiple times on the first day is obligated to bring another offering each time he comes. Conversely, others simply delete this line (*Benei Shmuel*).

Some explain that this is the style of the Gemara: occasionally it will attribute questions and answers to particular Sages, in this case Rabbi Yoḥanan and Reish Lakish, when really it is the Gemara itself discussing their opinions (*Siaḥ Yitzḥak*, citing *Yavin Shemua*).

Rabbi Yoḥanan an objection to the opinion of Reish Lakish, Let your foot be seldom – **אֵיתִיבֵיהּ: הֹקַר רַגְלְךָ:** It is unclear which Sage is raising this objection (see *Zekher LaḤagiga*, who discusses this at length). Some maintain that this question is asked of Reish Lakish, as according to his opinion one may come to the Temple as often as he wishes (*Petaḥ Einayim*).

Let your foot [*raglekha*] be seldom in your neighbor's [*re'ekha*] house – **הֹקַר רַגְלְךָ מִבֵּית רֵעֶךָ:** Although this verse from Proverbs has nothing to do with offerings per se, it is well-known that the book of Proverbs contains numerous parables, and therefore an apparently homiletic interpretation of a verse might well be its plain meaning. Additionally, the phrase: "Your foot [*raglekha*]," is similar to the word *regalim*, Festivals (Maharsha). Rabbi Levi maintains that the term *raglekha* is related to *hergel*, meaning customary practice (Meiri).

Rashi cites this verse as evidence that God considers the Jewish people His brethren and companions [*re'im*] (see Psalms 122:8). Others mention verses from Song of Songs in this connection, in which God refers to the Jewish people as: My lover, and: My friend [*re'i*], e.g., Song of Songs 5:16. Elsewhere Rashi quotes in this regard the verse "Your own friend [*re'ekha*], and your father's friend, forsake not" (Proverbs 27:10). In any case, the term neighbor [*re'a*] in this context means a shepherd and a provider, as is explained by the Sages in many instances (see *Otzar HaKavod*).

Who has ten sons – **דְּאִית לֵיהּ עֲשָׂרָה בָּנִים:** Some commentaries explain that according to the opinion of Rav Yosef, young children are also obligated in the mitzva of appearance, and therefore the father is obligated to bring all of his children with him. This explanation resolves Abaye's subsequent questions (*Zekher LaḤagiga*).

אָמַר לֵיהּ אַבַּיֵי: פְּשִׁיטָא, הֵי מִינַּיְיהוּ מְשַׁוֵּית לְהוּ פּוֹשְׁעִים וְהֵי מִינַּיְיהוּ מְשַׁוֵּית לְהוּ זְרִיזִין!

Abaye said to him: This **is obvious; which of** his sons would **he render sinners,** who are too lazy to ascend, **and which of them** would **he render vigilant,** eager to perform the mitzva at the first opportunity?

אֶלָּא קְרָא לְמַאי אֲתָא? לְכִדְאַחֵרִים. דְּתַנְיָא, אֲחֵרִים אוֹמְרִים: הַמְקַמֵּץ, וְהַמְצָרֵף נְחֹשֶׁת, וְהַבּוּרְסִי – פְּטוּרִין מִן הָרְאִיָּיה, שֶׁנֶּאֱמַר: ״כָּל זְכוּרְךָ״ – מִי שֶׁיָּכוֹל לַעֲלוֹת עִם כָּל זְכוּרְךָ, יָצְאוּ אֵלּוּ שֶׁאֵין יְכוֹלִין לַעֲלוֹת עִם כָּל זְכוּרְךָ.

Rather, for what purpose **does the verse: "**All your males,**" come?** It comes to teach **that which** ***Aḥerim*** taught. **As it is taught** in a *baraita*: ***Aḥerim*** **say** that **a scrimper,** one who gathers dog feces to give them to tanners for the purpose of tanning hides; **a melder of copper,** who purifies copper from dross; **and a tanner** of hides are all **exempt from** the mitzva of **appearance,** as their occupation inflicts upon them an unpleasant odor. **As it is stated: "All your males,"**[N] which indicates that only **one who is able to ascend with all your males** is obligated, **excluding these. As** people avoid their company, **they cannot ascend with all your males.**

מתני׳ עוֹלוֹת בַּמּוֹעֵד בָּאוֹת מִן הַחוּלִּין, וְהַשְּׁלָמִים מִן הַמַּעֲשֵׂר. יוֹם טוֹב הָרִאשׁוֹן שֶׁל פֶּסַח, בֵּית שַׁמַּאי אוֹמְרִים: מִן הַחוּלִּין, וּבֵית הִלֵּל אוֹמְרִים: מִן הַמַּעֲשֵׂר.

MISHNA **Burnt**-offerings that one sacrifices **on** the intermediate days of **the Festival** must **come from non-sacred** property, not from sacred property such as second-tithe money. **But the peace**-offerings may be brought **from the second tithe,**[NB] i.e., from money with which one redeemed second tithe, which is subsequently used to purchase food in Jerusalem. With regard to the Festival peace-offering sacrificed on **the first day of the festival of Passover, Beit Shammai say:** It must come **from non-sacred** property, **and Beit Hillel say:** It may be brought even **from the second tithe.**

יִשְׂרָאֵל יוֹצְאִין יְדֵי חוֹבָתָן בִּנְדָרִים וּנְדָבוֹת וּבְמַעְשַׂר בְּהֵמָה, וְהַכֹּהֲנִים בְּחַטָּאוֹת וַאֲשָׁמוֹת וּבַבְּכוֹר וּבֶחָזֶה וָשׁוֹק, אֲבָל לֹא בָּעוֹפוֹת וְלֹא בַּמְּנָחוֹת.

In general, **Israelites fulfill their obligation**[N] to eat peace-offerings of rejoicing **with** their voluntary **vows and gift** offerings donated during the year and sacrificed on the Festival; **and** likewise **with animal tithes.**[B] **And the priests** fulfill their obligation of rejoicing **with** the meat of **sin**-offerings **and guilt**-offerings **and with firstborn** offerings, as the priests receive a portion of these, **and with the breast and thigh** of peace-offerings, to which they are also entitled. **However,** they do **not** fulfill their obligation **with birds,** e.g., a bird sacrificed as a sin-offering, **nor with meal**-offerings, as only the eating of meat constitutes rejoicing.[H]

NOTES

As it is stated, All your males – **שֶׁנֶּאֱמַר, כָּל זְכוּרְךָ:** In the Jerusalem Talmud the exemption of men who are engaged in these occupations is derived from a different verse: "When all of Israel come to appear before the Lord" (Deuteronomy 31:11). This indicates that anyone who cannot come together with the rest of the Jewish people is exempt from ascending to Jerusalem on the pilgrimage Festivals. The Gemara there adds that in addition to people who have an offensive odor, those afflicted with contagious diseases are also exempt.

Peace-offerings from the second tithe – **שְׁלָמִים מִן הַמַּעֲשֵׂר:** The term peace-offerings can be interpreted in several ways in this context. It might be referring solely to Festival peace-offerings. If so, the mishna first mentions items concerning which there is no dispute, as burnt-offerings must come from non-sacred property and peace-offerings of rejoicing may come from second tithe. Subsequently, it discusses Festival peace-offerings, about which there is a dispute. It is also possible that the term peace-offerings serves as a general heading, after which the mishna distinguishes between different types of peace-offerings (*Siaḥ Yitzḥak*).

Israelites fulfill their obligation, etc. – **יִשְׂרָאֵל יוֹצְאִין יְדֵי חוֹבָתָן וכו׳:** Rashi notes that the term Israelites is unusual in this context, as this obligation applies equally to priests. He explains that it was necessary to state Israelites, as only priests can fulfill their obligation of peace-offerings of rejoicing with the offerings mentioned subsequently. However, some commentaries explain that the ruling of the mishna is in accordance with the opinion that priests are not obligated in animal tithes. If so, the term Israelites is precise (see *Yad David*).

BACKGROUND

The tithe – **הַמַּעֲשֵׂר:** In this context the term: Tithe, refers to the second tithe that is set aside after *teruma* has been given to the priests and the first tithe to the Levites. Second tithe was given during the first, second, fourth, and fifth years of the Sabbatical cycle. After second tithe was set aside, it was brought to Jerusalem to be eaten there by its owner. If the journey to Jerusalem was so long that it would be difficult to transport all the second-tithe produce, or if the produce became ritually impure, it could be redeemed for an equivalent sum of money. If the owner redeemed his own produce, he had to add one-fifth of its value. This redemption money was brought to Jerusalem, where it was spent on food. Second tithe could be redeemed only with minted coins bearing an imprint; unstamped coins and promissory notes could not be used. Today, second tithe is still redeemed, but only for a nominal sum, as in the absence of the Temple it is no longer brought to Jerusalem. The *halakhot* of second tithe are discussed in tractate *Ma'aser Sheni*.

Animal tithes – **מַעְשַׂר בְּהֵמָה:** On three occasions each year, the owner of a herd of kosher animals was required to gather all the animals born during the preceding period into an enclosure and let them out one by one. These animals were passed "under the shepherd's rod" (Leviticus 27:32), and every tenth animal was marked with red paint to indicate that it was sacred. The sacred animals were called animal tithes. If it was fit to be sacrificed, the animal tithe was brought to the Temple and sacrificed in a manner similar to that of a peace-offering. Its blood was sprinkled on the altar, and its meat was eaten by its owner. The details of the *halakhot* of animal tithes are elucidated in tractate *Bekhorot*.

HALAKHA

Peace-offerings of rejoicing – **שַׁלְמֵי שִׂמְחָה:** One fulfills his obligation of eating peace-offerings of rejoicing not only with peace-offerings themselves, but with any offering that may be eaten. Consequently, Israelites fulfill their obligation with vow offerings, gift offerings, and animal tithes. Priests may fulfill their obligation even with sin-offerings, guilt-offerings, firstborn offerings, and the breast and thigh they receive from other offerings. However, they do not fulfill their obligation by eating bird-offerings or meal-offerings (Rambam *Sefer Korbanot*, *Hilkhot Ḥagiga* 2:10).

גמ׳ אֶלָּא עוֹלוֹת, בַּמּוֹעֵד הוּא דְּבָאוֹת מִן הַחוּלִּין. הָא בְּיוֹם טוֹב – מִן הַמַּעֲשֵׂר. אַמַּאי? דָּבָר שֶׁבְּחוֹבָה הִיא, וְכָל דָּבָר שֶׁבְּחוֹבָה אֵינוֹ בָּא אֶלָּא מִן הַחוּלִּין!

GEMARA When the mishna states that **burnt**-offerings sacrificed **during the** intermediate days of **the Festival may come from non-sacred** property, this leads to the surprising conclusion that **on the Festival** they may even come **from the** second **tithe.**[N] The Gemara asks: **Why** should this be the case? The burnt-offering **is an obligatory matter, and** there is a principle that **any obligatory matter** with regard to offerings **may come only from non-sacred** property that was consecrated expressly for this purpose alone, not from property that was previously consecrated for another purpose.

וְכִי תֵּימָא: הָא קָא מַשְׁמַע לָן דְּעוֹלוֹת, בַּמּוֹעֵד – בָּאוֹת, בְּיוֹם טוֹב – אֵינָן בָּאוֹת, כְּמַאן? כְּבֵית שַׁמַּאי?!

And if you would say that **this teaches us that burnt**-offerings **may come,** i.e., be sacrificed, **on** the intermediate days of **the Festival,** whereas **on the Festival they may not come** at all, **in accordance with whose** opinion is this mishna? It is **in accordance with** the opinion of **Beit Shammai.**

דִּתְנַן: בֵּית שַׁמַּאי אוֹמְרִים: מְבִיאִין שְׁלָמִים וְאֵין סוֹמְכִין עֲלֵיהֶן, אֲבָל לֹא עוֹלוֹת. וּבֵית הִלֵּל אוֹמְרִים: מְבִיאִין שְׁלָמִים וְעוֹלוֹת, וְסוֹמְכִין עֲלֵיהֶן!

As we learned in a mishna (*Beitza* 19a) that **Beit Shammai say: One brings peace**-offerings on a Festival, **but one does not place** his hands **on them,**[N] as placing one's hands on an animal on a Festival is prohibited by rabbinic law. **However,** one may **not** sacrifice **burnt**-offerings at all, as they are not eaten, and slaughtering is permitted on a Festival only for human needs. **And Beit Hillel say: One brings** both **peace**-offerings **and burnt**-offerings, **and one does place** his hands **on them.** It is unlikely that an anonymous mishna would follow the opinion of Beit Shammai, whose rulings are not accepted as *halakha*.

חַסּוּרֵי מִיחַסְּרָא וְהָכִי קָתָנֵי: עוֹלוֹת נְדָרִים וּנְדָבוֹת, בַּמּוֹעֵד – בָּאוֹת, בְּיוֹם טוֹב – אֵינָן בָּאוֹת, וְעוֹלַת רְאִיָּה – בָּאָה אֲפִילּוּ בְּיוֹם טוֹב. וּכְשֶׁהִיא בָּאָה – אֵינָהּ בָּאָה אֶלָּא מִן הַחוּלִּין. וְשַׁלְמֵי שִׂמְחָה בָּאִין אַף מִן הַמַּעֲשֵׂר. וַחֲגִיגַת יוֹם טוֹב הָרִאשׁוֹן שֶׁל פֶּסַח, בֵּית שַׁמַּאי אוֹמְרִים: מִן הַחוּלִּין. וּבֵית הִלֵּל אוֹמְרִים: מִן הַמַּעֲשֵׂר.

The Gemara answers: This mishna **is incomplete, and this** is what **it is teaching: Burnt**-offerings brought as a fulfillment of one's **vow or as gift** offerings **may come on** the intermediate days of **the Festival.** However, **on the Festival** itself **they may not come. And the burnt**-offering **of appearance comes even on the Festival, but when it comes, it may come only from non-sacred** property,[H] as it is obligatory. **And peace**-offerings **of rejoicing may come even from the** second **tithe.**[H] **And** with regard to **the Festival peace**-offering brought on **the first day of Passover, Beit Shammai say:** It may come only **from non-sacred** property, **and Beit Hillel say:** It may come even **from the** second **tithe.**

תַּנְיָא נַמִּי הָכִי: עוֹלוֹת נְדָרִים וּנְדָבוֹת, בַּמּוֹעֵד – בָּאוֹת, בְּיוֹם טוֹב – אֵינָן בָּאוֹת. וְעוֹלַת רְאִיָּה – בָּאָה אֲפִילּוּ בְּיוֹם טוֹב. וּכְשֶׁהִיא בָּאָה – אֵינָהּ בָּאָה אֶלָּא מִן הַחוּלִּין. וְשַׁלְמֵי שִׂמְחָה בָּאִין אַף מִן הַמַּעֲשֵׂר. וַחֲגִיגַת יוֹם טוֹב הָרִאשׁוֹן שֶׁל פֶּסַח, בֵּית שַׁמַּאי אוֹמְרִים: מִן הַחוּלִּין, וּבֵית הִלֵּל אוֹמְרִים: מִן הַמַּעֲשֵׂר.

That opinion **is also taught** in a *baraita*: **Burnt**-offerings brought as a fulfillment of one's **vow or** as **gift** offerings **may come on** the intermediate days of **the Festival.**[H] However, **on** the Festival itself **they may not come. And the burnt**-offering **of appearance comes even on the Festival, but when it comes it may come only from non-sacred** property. **And peace**-offerings **of rejoicing may come even from the** second **tithe. And** with regard to **the Festival peace**-offering brought on **the first day of the festival of Passover, Beit Shammai say:** It may come only **from non-sacred** property, **and Beit Hillel say:** It may come even **from the** second **tithe.**

NOTES

On the Festival they may come from the second tithe – הָא בְּיוֹם טוֹב מִן הַמַּעֲשֵׂר: Some commentaries contend that this inference, i.e., that one may not bring a burnt-offering from second-tithe money on the Festival itself, is imprecise. In fact, one may never bring a burnt-offering from second-tithe funds, as that money must be used for food, and one may not eat from a burnt-offering. Rather, the Gemara means that it is prohibited to use funds that were previously designated for any other purpose, e.g., for a gift offering.

But one does not place his hands on them – וְאֵין סוֹמְכִין עֲלֵיהֶן: This issue of placing one's hands on offerings on a Festival is one of the most ancient disputes (see 17a). Some suggest, based on the Gemara in tractate *Beitza* (20a), that this dispute is connected to Beit Shammai's opinion that there is no requirement to place one's hands on peace-offerings at all (*Turei Aven*). Furthermore, Beit Shammai hold that the placing of one's hands does not have to be performed immediately before slaughtering an offering, which means that it can be performed on the eve of the Festival.

HALAKHA

Burnt-offering of appearance from non-sacred property – עוֹלַת רְאִיָּה מִן הַחוּלִּין: The burnt-offering of appearance may come only from non-sacred property, like all other obligatory offerings (Rambam *Sefer Korbanot*, *Hilkhot Ḥagiga* 2:8).

Festival offerings on the pilgrimage Festival day – קָרְבְּנוֹת הָרֶגֶל בְּיוֹם טוֹב: Since burnt offerings of appearance, Festival peace-offerings, and peace-offerings of rejoicing are all obligations of the Festival day, one may bring them on the first day of the Festival. When doing so, one places his hands on them in the manner of a weekday. This is in accordance with the opinion of Beit Hillel (Rambam *Sefer Korbanot*, *Hilkhot Ḥagiga* 1:8–9).

Vow or gift offerings on the intermediate days of the Festival – נְדָרִים וּנְדָבוֹת בַּמּוֹעֵד: It is permitted to sacrifice voluntary vow offerings and gift offerings on the intermediate days of a Festival. Furthermore, it is permitted on these days to bring obligatory offerings that have no set time (Rambam *Sefer Korbanot*, *Hilkhot Ḥagiga* 1:10).

מַאי שְׁנָא חֲגִיגַת יוֹם טוֹב הָרִאשׁוֹן שֶׁל פֶּסַח? אָמַר רַב אַשִׁי: הָא קָא מַשְׁמַע לַן, חֲגִיגַת חֲמִשָּׁה עָשָׂר – אִין, חֲגִיגַת אַרְבָּעָה עָשָׂר – לָא.

The Gemara asks: **What is different** about **the Festival peace-offering** brought on **the first day of the festival of Passover? Rav Ashi said: This** emphasis on the specific date **teaches us** that for **the Festival peace-offering of the fifteenth,** i.e., the pilgrimage Festival offerings brought on the first day of Passover, **yes,** this restriction applies; however, for **the Festival peace-offering of the fourteenth, no,** this limitation is not in force. If the Paschal lamb was too small for a group, they would bring an additional peace-offering so that the Paschal lamb could be eaten when one was full. This offering was called the Festival peace-offering of the fourteenth of Nisan. Since this offering is not obligatory, everyone agrees that it may be purchased with second-tithe money.

Perek **I**
Daf **8** Amud **a**

אַלְמָא קָסָבַר: חֲגִיגַת אַרְבָּעָה עָשָׂר לָאו דְּאוֹרָיְיתָא.

Apparently, he holds that **the Festival peace-**offering **of the fourteenth**[NH] does **not** apply **by Torah law,** and therefore one may bring it even from second-tithe funds.

אָמַר מָר: בֵּית הִלֵּל אוֹמְרִים: מִן הַמַּעֲשֵׂר. אַמַּאי? דָּבָר שֶׁבְּחוֹבָה הוּא, וְכׇל דָּבָר שֶׁבְּחוֹבָה אֵינוֹ בָּא אֶלָּא מִן הַחוּלִּין! אָמַר עוּלָּא: בְּטוֹפֵל.

§ **The Master said** in the *baraita* that **Beit Hillel say:** Festival peace-offerings may be brought even **from the** second **tithe.** The Gemara asks: **Why? It is an obligatory matter, and any obligatory matter may come only from non-sacred** property. **Ulla said:** This is referring to a case **where one combines,**[H] i.e., the offering is purchased with a combination of second-tithe funds and non-sacred money. The Gemara adds that *amora'im* dispute the details of this *halakha.*

חִזְקִיָּה אָמַר: טוֹפְלִין בְּהֵמָה לִבְהֵמָה וְאֵין טוֹפְלִין מָעוֹת לְמָעוֹת. וְרַבִּי יוֹחָנָן אָמַר: טוֹפְלִין מָעוֹת לְמָעוֹת וְאֵין טוֹפְלִין בְּהֵמָה לִבְהֵמָה.

Ḥizkiya said: One may combine one **animal with** another **animal.** If one has a large household for which one animal will not suffice, he brings one animal for the Festival offering from non-sacred money and he may combine funds of second tithe to purchase a second animal. Since he has fulfilled his obligation of the Festival offering by bringing one animal from non-sacred money, he may bring the others from second tithe or animal tithes. **But one may not combine money with** other **money,** i.e., one may not combine second-tithe funds with non-sacred money toward the purchase of one animal for the Festival offering. **And Rabbi Yoḥanan said:** One may **combine money with** other **money, but one may not combine** one **animal with** another **animal.**

תַּנְיָא כְּווֹתֵיהּ דְּחִזְקִיָּה, תַּנְיָא כְּווֹתֵיהּ דְּרַבִּי יוֹחָנָן. תַּנְיָא כְּווֹתֵיהּ דְּרַבִּי יוֹחָנָן: ״מִסַּת״ – מְלַמֵּד שֶׁאָדָם מֵבִיא חוֹבָתוֹ מִן הַחוּלִּין. וּמִנַּיִן שֶׁאִם רָצָה לְעָרֵב מְעָרֵב? תַּלְמוּד לוֹמַר: ״כַּאֲשֶׁר יְבָרֶכְךָ ה׳ אֱלֹהֶיךָ״.

The Gemara comments: **It is taught** in a *baraita* **in accordance with** the opinion of **Ḥizkiya,** and **it is taught** in another *baraita* **in accordance with** the opinion of **Rabbi Yoḥanan.** The Gemara elaborates: **It is taught** in a *baraita* **in accordance with** the opinion of **Rabbi Yoḥanan: "After the measure** of the gift offering of your hand" (Deuteronomy 16:10). This **teaches that a person brings his obligatory** offering **from non-sacred** property. **And from where** is it derived **that if one wishes to mix**[N] he may **mix? The verse states: "As the Lord your God blesses you"** (Deuteronomy 16:10), i.e., one may use any money with which God has blessed him, even second tithe. The term: Mix, means combining money from different sources.

תַּנְיָא כְּווֹתֵיהּ דְּחִזְקִיָּה: ״מִסַּת״ – מְלַמֵּד שֶׁאָדָם מֵבִיא חוֹבָתוֹ מִן הַחוּלִּין. בֵּית שַׁמַּאי אוֹמְרִים: יוֹם רִאשׁוֹן מִן הַחוּלִּין, מִכָּאן וְאֵילָךְ מִן הַמַּעֲשֵׂר. וּבֵית הִלֵּל אוֹמְרִים: אֲכִילָה רִאשׁוֹנָה מִן הַחוּלִּין, מִכָּאן וְאֵילָךְ מִן הַמַּעֲשֵׂר.

It is taught in a *baraita* **in accordance with** the opinion of **Ḥizkiya: "After the measure"** (Deuteronomy 16:10). This **teaches that a person brings his obligatory** offering **from non-sacred** property. Beit Shammai and Beit Hillel disagree with regard to this issue, as **Beit Shammai say:** On **the first day** one may bring only **from non-sacred** property. **From this** point **forward** one may buy the animal **from the second-tithe** money. **And Beit Hillel say: The first eating** must be **from non-sacred** property. **From this** point **forward** one may bring **from the** second-**tithe** money. The phrase: The first eating, means the first animal that one eats, which is in accordance with Ḥizkiya's opinion.

NOTES

The Festival peace-offering of the fourteenth – חֲגִיגַת אַרְבָּעָה עָשָׂר: The Sages dispute the nature of this unique offering. According to the mishna (*Pesaḥim* 69b), the Festival peace-offering of the fourteenth of Nisan is merely an optional addition to the Paschal offering, brought only so that each individual will eat the Paschal lamb on a full stomach if one lamb or ewe is not enough for all the members of the group. This additional offering may also be brought from cattle. The commentaries note that with regard to this offering the Sages were stringent and stipulated that it may be eaten only for one day and one night, to prevent people from confusing the meat of the Paschal lamb with that of the Festival peace-offering (Meiri, citing the Jerusalem Talmud). Since this offering is optional, it is not brought at all when Passover eve occurs on Shabbat. However, some Sages maintain that the Festival peace-offering of the fourteenth applies by Torah law, and therefore it overrides Shabbat (see *Pesaḥim* 70b). Support is derived for this opinion from the verse "And you shall sacrifice the Paschal offering to the Lord your God, of the sheep and the cattle" (Deuteronomy 16:2). Since the Paschal offering may be brought only from sheep, the term "cattle" must be referring to the additional Festival offering that is brought on the fourteenth.

That if one wishes to mix – שֶׁאִם רָצָה לְעָרֵב: The commentaries explain that the term mix applies only to money, i.e., it is permitted to buy one animal with a combination of money from different funds. However, this term is not applicable to animals (*ge'onim*; Rashi). Accordingly, the phrase: First eating from non-sacred property, refers to an animal purchased exclusively with non-sacred property, as in that case there is a recognizable difference between the first eating and the second.

HALAKHA

The Festival peace-offering of the fourteenth – חֲגִיגַת אַרְבָּעָה עָשָׂר: The Festival peace-offering of the fourteenth of Nisan is optional, and therefore one does not fulfill his obligation of the Festival peace-offering with it. However, he does fulfill his obligation of the peace-offering of rejoicing with it (Rambam *Sefer Korbanot, Hilkhot Ḥagiga* 2:10).

From which funds may one bring Festival peace-offerings – מִמָּה מְבִיאִים שַׁלְמֵי חֲגִיגָה: It is permitted to bring Festival peace-offerings from second-tithe funds combined with non-sacred money, provided that there is enough non-sacred money to purchase a proper measure of meat for the first eating. The *halakha* is in accordance with the opinions of Beit Hillel, Rabbi Yoḥanan, and Ulla (Rambam *Sefer Korbanot, Hilkhot Ḥagiga* 2:8).

HALAKHA

Festival peace-offerings from the second tithe – שַׁלְמֵי חֲגִיגָה מִן הַמַּעֲשֵׂר: Although one can fulfill his obligation to bring a Festival peace-offering with funds from animal tithes, one may not bring this offering on the Festival itself. Instead, he should wait until the intermediate days of the Festival, lest one separate the tithe on the Festival. This opinion is in accordance with that of Rav Ashi (Rambam *Sefer Korbanot*, *Hilkhot Ḥagiga* 2:9).

LANGUAGE

Red dye [*sikrata*] – סִקְרָתָא: Similar to the Hebrew *serak*, meaning rouge. Apparently, this dye was created from minerals, possibly lead oxide.

וּשְׁאָר כׇּל יְמוֹת הַפֶּסַח – אָדָם יוֹצֵא יְדֵי חוֹבָתוֹ בְּמַעְשַׂר בְּהֵמָה. בְּיוֹם טוֹב מַאי טַעְמָא לָא?

The *baraita* concludes: All this applies on the first day of the Festival. **But** with regard to **all the other days of Passover,**[N] on which one is obligated to bring peace-offerings of rejoicing, **a person fulfills his obligation** even **with animal tithes,**[N] and certainly with funds of second tithe.[H] The Gemara asks: **What is the reason that one does not** fulfill his obligation with animal tithes **on the Festival?**

אָמַר רַב אַשִׁי: דִּלְמָא אָתֵי לְעַשּׂוּרֵי בְּיוֹם טוֹב, וְאִי אֶפְשָׁר לְעַשֵּׂר בְּיוֹם טוֹב מִשּׁוּם סִקְרָתָא.

Rav Ashi said: There is a concern that if one requires additional animals, **perhaps he may come to separate tithes on the Festival** itself, **and one may not separate tithes on the Festival due to the red dye** [***sikrata***].[BL] Every tenth animal is marked with red dye, and as it is prohibited to dye on a Festival due to the labor of writing, one may not separate tithes on a Festival.

מַאי מַשְׁמַע דְּהַאי "מִסַּת" לִישָּׁנָא דְּחוּלִּין הוּא? דִּכְתִיב: "וַיָּשֶׂם הַמֶּלֶךְ אֲחַשְׁוֵרוֹשׁ מַס עַל הָאָרֶץ".

The Gemara asks: **From where may it be inferred that this: "After the measure** [***missat***],"[N] mentioned in the verse, **is a term for non-sacred** property? The Gemara answers: **As it is written: "And the king Ahasuerus laid a tribute** [***mas***] **upon the land"** (Esther 10:1), which is clearly referring to a tribute of non-sacred property.

"יִשְׂרָאֵל יוֹצְאִין יְדֵי חוֹבָתָן בִּנְדָרִים וּנְדָבוֹת". תָּנוּ רַבָּנַן: "וְשָׂמַחְתָּ בְּחַגֶּךָ" – לְרַבּוֹת כׇּל מִינֵי שְׂמָחוֹת לְשִׂמְחָה. מִכָּאן אָמְרוּ חֲכָמִים: יִשְׂרָאֵל יוֹצְאִין יְדֵי חוֹבָתָן בִּנְדָרִים וּנְדָבוֹת וּבְמַעְשַׂר בְּהֵמָה,

§ The mishna stated that **Israelites fulfill their obligation** to eat peace-offerings of rejoicing **with** their **vow** offerings **and gift** offerings. **The Sages taught** that the verse: **"And you shall rejoice in your feast"** (Deuteronomy 16:14) comes **to include all types of rejoicing as** constituting a fulfillment of the mitzva of **rejoicing. From here the Sages stated: Israelites fulfill their obligation** to eat peace-offerings of rejoicing **with** their **vow** offerings **and gift** offerings **and** likewise **with animal tithes.**

וְהַכֹּהֲנִים בְּחַטָּאת וְאָשָׁם וּבִבְכוֹר וּבְחָזֶה וָשׁוֹק. יָכוֹל אַף בְּעוֹפוֹת וּבִמְנָחוֹת – תַּלְמוּד לוֹמַר: "וְשָׂמַחְתָּ בְּחַגֶּךָ",

And the priests fulfill their obligation of rejoicing **with** the meat of **sin**-offerings **and guilt**-offerings, **and with firstborn** offerings, **and with the breast and thigh**[B] of peace-offerings. One **might** have thought that they can fulfill their obligation **even by** eating **bird**-offerings **and meal**-offerings. Therefore, **the verse states: "And you shall rejoice in your feast."**

BACKGROUND

Due to the red dye – מִשּׁוּם דְּסִקְרָתָא: The proper method of tithing animals is described in several places. The owner would allow to pass through a narrow opening all the young sheep and cattle that were born in the course of one year and count them. Every tenth animal passing by would be marked with dye, in fulfillment of the verse: "Whatsoever passes under the shepherd's rod" (Leviticus 27:32).

Breast and thigh – חָזֶה וָשׁוֹק: The breast and thigh refer to sections of the peace-offering that are given to the priests as one of the twenty-four priestly gifts (see Leviticus 7:29–34). In contrast to some of the other priestly gifts, which may be eaten only by male priests inside the precincts of the Temple, the breast and thigh may be eaten by male or female members of the priestly family throughout the city of Jerusalem. This difference stems from the fact that the breast and thigh come from the portion that belongs to the one who brought the offering, whereas the priest's portion of a sin-offering, for example, comes from the part that is set aside for God.

NOTES

But all the other days of Passover – וּשְׁאָר כׇּל יְמוֹת הַפֶּסַח: Although this *halakha* is not limited to Passover, as the same applies on *Sukkot*, this *baraita* specifies Passover because the mishna dealt with this Festival. The mishna chose the example of Passover so as to distinguish this offering from the Festival peace-offering of the fourteenth of Nisan (*Zekher LaHagiga*).

With animal tithes – בְּמַעְשַׂר בְּהֵמָה: The halakhic authorities ask why it is permitted to bring an animal tithe for the purpose of the Festival peace-offering *ab initio*. The commentaries on the Rambam write that although according to some opinions second-tithe money is consecrated property and therefore should not be used for personal consumption, the animal tithe actually belongs to its owners (*Leḥem Mishne*).

From where may it be inferred that this…measure [*missat*] – מַאי מַשְׁמַע דְּהַאי מִסַּת: In the Jerusalem Talmud a different *halakha* is derived from the term measure, i.e., that it is permitted to bring the Festival peace-offering from second-tithe money. This is based on a verbal analogy between the term *missat* stated with regard to the Festival peace-offering and the phrase: "Carry it [*se'eto*]" (Deuteronomy 14:24), which appears in connection with second tithe. A similar verbal analogy is based on the term rejoicing, which features in both of these contexts. Furthermore, the Gemara there cites in this context the verse: "Benjamin's tribute [*masat Binyamin*]" (Genesis 43:34), as there too the term means an addition beyond the basic amount.

מִי שֶׁחֲגִיגָה בָּאָה מֵהֶם, יָצְאוּ אֵלּוּ שֶׁאֵין חֲגִיגָה בָּאָה מֵהֶם.

This teaches that eating **those** animals **from which the Festival peace-offering may come,**[N] i.e., sheep and cattle, is a fulfillment of the mitzva of rejoicing. This **excludes these,** i.e., bird-offerings and meal-offerings, **from which the Festival peace-offering may not come.**[NH]

רַב אַשִׁי אָמַר: מִ״וְשָׂמַחְתָּ״ נָפְקָא, יָצְאוּ אֵלּוּ שֶׁאֵין בָּהֶן שִׂמְחָה.

Rav Ashi said: There is no need to derive this *halakha* from "And you shall rejoice in your feast" by explaining that the word feast is referring to the Festival peace-offering. Rather, this *halakha* is **derived** simply **from** the phrase **"And you shall rejoice."** This **excludes those** bird-offerings and meal-offerings **that do not have** an element of **rejoicing,** as the joy of eating is provided only by animal meat.

וְרַב אַשִׁי, הַאי ״בְּחַגֶּךָ״ מַאי עָבֵיד לֵיהּ? הַהוּא לְכִדְרַב דָּנִיאֵל בַּר קְטִינָא. דְּאָמַר רַב דָּנִיאֵל בַּר קְטִינָא אָמַר רַב: מִנַּיִן שֶׁאֵין נוֹשְׂאִין נָשִׁים בַּמּוֹעֵד – שֶׁנֶּאֱמַר: ״וְשָׂמַחְתָּ בְּחַגֶּךָ״ – וְלֹא בְּאִשְׁתְּךָ.

The Gemara asks: **And what does Rav Ashi do with** the phrase: **"In your feast"?** The Gemara answers: **That** phrase comes to teach **in accordance with** the statement **of Rav Daniel bar Ketina. As Rav Daniel bar Ketina said** that **Rav said: From where is it derived that one may not marry a woman on the intermediate days of the Festival? As it is stated: "And you shall rejoice in your feast,"** indicating that one should rejoice only in your feast **and not with your wife.**[NH]

מַתְנִי׳ מִי שֶׁיֵּשׁ לוֹ אוֹכְלִים מְרוּבִּים וּנְכָסִים מוּעָטִים – מֵבִיא שְׁלָמִים מְרוּבִּים וְעוֹלוֹת מוּעָטוֹת. נְכָסִים מְרוּבִּים וְאוֹכְלִין מוּעָטִין – מֵבִיא עוֹלוֹת מְרוּבּוֹת וּשְׁלָמִים מוּעָטִין.

MISHNA One who has many eaters, i.e., members of his household, **and a small** amount of **property, may bring many peace-offerings and few burnt-**offerings, so he can feed the members of his household with the peace-offerings. If one has **much property and few eaters, he** should **bring many burnt-**offerings **and few peace-**offerings.

זֶה וָזֶה מוּעָט – עַל זֶה נֶאֱמַר: ״מָעָה כֶּסֶף״ ״שְׁתֵּי כֶסֶף״. זֶה וָזֶה מְרוּבִּים – עַל זֶה נֶאֱמַר: ״אִישׁ כְּמַתְּנַת יָדוֹ כְּבִרְכַּת ה׳ אֱלֹהֶיךָ אֲשֶׁר נָתַן לָךְ״.

If both **these and those,** his property and the members of his household, **are few, with regard to this** individual **it is stated** in the mishna (2a) that the Sages established the smallest amount of one **silver *ma'a*** for the burnt-offering of appearance in the Temple and **two silver** coins for the Festival peace-offerings. **If both** his eaters and his property **are many, with regard to this** individual **it is stated: "Every man shall give as he is able,**[N] **according to the blessing of the Lord your God, which He has given you"** (Deuteronomy 16:17).[H]

גְּמָ׳ שְׁלָמִים מְרוּבִּים מֵהֵיכָא מַיְיתִי? הָא לֵית לֵיהּ! אָמַר רַב חִסְדָּא: טוֹפֵל וּמֵבִיא פַּר גָּדוֹל. אֲמַר לֵיהּ רַב שֵׁשֶׁת: הֲרֵי אָמְרוּ טוֹפְלִין בְּהֵמָה לִבְהֵמָה!

GEMARA With regard to the mishna's statement that one who has many eaters and a small amount of property may bring many peace-offerings, the Gemara asks: **From where can he bring many peace-**offerings? **He does not have** much property. **Rav Ḥisda said: He combines** his property with the second-tithe money **and brings a large bull.** In this way he will have a lot of meat from the peace-offering. **Rav Sheshet said to him:** The Sages **said** that **one may combine an animal with** another **animal.**

מַאי קָאָמַר לֵיהּ? אִילֵימָא הָכִי קָאָמַר לֵיהּ: הֲרֵי אָמְרוּ טוֹפְלִין בְּהֵמָה לִבְהֵמָה אֲבָל לֹא מָעוֹת לְמָעוֹת – וְלֵימָא לֵיהּ: אֵין טוֹפְלִין מָעוֹת לְמָעוֹת! אֶלָּא הָכִי אֲמַר לֵיהּ: הֲרֵי אָמְרוּ אַף טוֹפְלִין בְּהֵמָה לִבְהֵמָה!

Since Rav Sheshet's objection is unclear, the Gemara asks: **What is he saying to** Rav Ḥisda? **If we say** that **he was saying to him as follows: They said** that one may only **combine an animal with** another **animal, but** one may **not** combine **money with** other **money** to purchase one large bull, then **let him** simply **say: One may not combine money with** other **money. Rather, this is what he said to him:** The Sages **said** that **one may even combine an animal with** another **animal.** Why did you, Rav Ḥisda, limit him to the purchase of one large animal? Why not also suggest that this individual may bring other animals from second-tithe money?

NOTES

Those from which the Festival peace-offering may come – מִי שֶׁחֲגִיגָה בָּאָה מֵהֶם: This does not mean that all the details of the *halakhot* of peace-offerings of rejoicing are precisely the same as those of Festival peace-offerings. Rather, it simply means that the animals that can be used for Festival peace-offerings are also those suitable for peace-offerings of rejoicing (*Zekher LaḤagiga*).

From which the Festival peace-offering may not come – שֶׁאֵין חֲגִיגָה בָּאָה מֵהֶם: In the Jerusalem Talmud this *halakha* is derived from the chapter that deals with the ceremony on Mount Gerizim and Mount Ebal. Indeed, several *halakhot* pertaining to the Festival peace-offering are derived from these verses. It is stated there: "And you shall sacrifice [*vezavaḥta*] peace-offerings" (Deuteronomy 27:7), and sacrificing [*zeviḥa*] refers only to animal offerings, not bird-offerings or meal-offerings.

In your feast and not with your wife – בְּחַגֶּךָ וְלֹא בְּאִשְׁתְּךָ: Why does the term "your feast" specifically exclude a wife? Some commentaries explain that this is because the phrase "you and your household," i.e., husband and wife together, is mentioned in connection with the mitzva of rejoicing on the Festival. Therefore, it is necessary to state that the rejoicing of the Festival must be focused on the Festival itself, not on one's new wife (*Zekher LaHagiga*).

Every man shall give as he is able, etc. – אִישׁ כְּמַתְּנַת יָדוֹ וגו׳: Rashi explains that the phrase "every man shall give as he is able" refers to multiple burnt-offerings, while "according to the blessing of the Lord" means peace-offerings. Others interpret in the opposite manner: "Every man shall give as he is able" refers specifically to peace-offerings, as one not only brings these as offerings, but he also gives them to the members of his household to eat (Maharsha).

HALAKHA

From which the Festival peace-offering may not come – שֶׁאֵין חֲגִיגָה בָּאָה מֵהֶם: The Festival peace-offering must be an animal (Rambam *Sefer Korbanot, Hilkhot Ḥagiga* 1:1).

One may not marry…on the intermediate days of the Festival – אֵין נוֹשְׂאִים בַּמּוֹעֵד: One may not marry on the intermediate days of a Festival, even if he does not celebrate the marriage with a feast (*Magen Avraham*), nor may one perform levirate marriage during the intermediate days of a Festival. However, it is permitted to betroth a woman on these days, provided that he does not celebrate by holding a betrothal feast at the home of his betrothed, although he may do so in another place. Furthermore, it is permitted to remarry one's divorced wife on the intermediate days of the Festival (*Shulḥan Arukh, Oraḥ Ḥayyim* 546:1–2 and *Even HaEzer* 64:6).

Peace-offerings and burnt-offerings on the pilgrimage Festival – שְׁלָמִים וְעוֹלוֹת בָּרֶגֶל: One who has a large household and few possessions brings many Festival peace-offerings and few burnt-offerings of appearance in the Temple. If his household is small but he has many possessions, he brings many burnt-offerings of appearance and few Festival peace-offerings. If he has a small household and few possessions, he offers the minimum value of each offering: One silver *ma'a* for a burnt-offering of appearance and two silver coins for a Festival peace-offering. If he has a large household and is wealthy, with regard to him the verse states: "According to the blessing of the Lord your God, which He has given you" (Rambam *Sefer Korbanot, Hilkhot Ḥagiga* 1:11).

כְּמַאן? דְּלָא כְּחִזְקִיָּה וּדְלָא כְּרַבִּי יוֹחָנָן!

The Gemara asks: **In accordance with whose** opinion did Rav Sheshet say this? It is **not in accordance with** the opinion of **Ḥizkiya,** who said that one may combine only one animal with another animal, **and not in accordance with** the opinion of **Rabbi Yoḥanan,** who said that one may combine only money with other money.

וְכִי תֵּימָא אָמוֹרָאֵי הוּא דִּפְלִיגִי, מַתְנִיָּיתָא לָא פְּלִיגִי – וְהָא קָתָנֵי: אֲכִילָה רִאשׁוֹנָה מִן הַחוּלִּין!

And if you would say: It is the ***amora'im*** **who disagree,** whereas **the** ***baraitot*** that were cited in support of their opinions **do not disagree**[N] **and** therefore Rav Sheshet may present his own opinion on the matter, this cannot be the case, as the *baraita* **teaches: The first eating** must come **from non-sacred** property. In other words, the first animal one eats must come entirely from non-sacred property, and combining is permitted only for the second animal. This indicates that although one may combine an additional animal with that first one, one may not combine money with other money to purchase even one animal.

מַאי אֲכִילָה רִאשׁוֹנָה? שִׁיעוּר דְּמֵי אֲכִילָה רִאשׁוֹנָה מִן הַחוּלִּין.

The Gemara explains. **What is** the meaning of: **The first eating?** This means that when one combines non-sacred money with second-tithe money, **the monetary** value **of** the required **measure** of the **first eating** from the offering must come **from non-sacred** funds. However, the remaining value of that animal may come from second-tithe funds. Therefore, according to the opinion of Rav Sheshet, one may combine an animal with another animal, i.e., by purchasing two separate animals, one from non-sacred funds and one from second-tithe money. Another option is to purchase one animal with combined funds, provided that the first eating is from non-sacred funds.

אָמַר עוּלָּא אָמַר רֵישׁ לָקִישׁ: הִפְרִישׁ עֶשֶׂר בְּהֵמוֹת לַחֲגִיגָתוֹ, הִקְרִיב חָמֵשׁ בְּיוֹם טוֹב רִאשׁוֹן – חוֹזֵר וּמַקְרִיב חָמֵשׁ בְּיוֹם טוֹב שֵׁנִי. רַבִּי יוֹחָנָן אָמַר: כֵּיוָן שֶׁפָּסַק – שׁוּב אֵינוֹ מַקְרִיב.

§ **Ulla said** that **Reish Lakish said:** If one **separated ten animals for** the purpose of **his Festival peace**-offering, and **he sacrificed five** of them **on the first** day of **the Festival, he may return and sacrifice**[N] the remaining **five on the second day of the Festival,** or on any of the other days. There is no concern for the prohibition of: "You shall not add" (Deuteronomy 13:1), as though he were celebrating the first day twice, because the remaining offerings merely complete the first day's offerings. **Rabbi Yoḥanan said: Since he stopped** after the first five offerings on the day on which he first brought the Festival peace-offerings, **he may no longer sacrifice** the remaining animals on the other days, as that would be considered celebrating an extra day.

אָמַר רַבִּי אַבָּא: וְלָא פְּלִיגִי: כָּאן – בִּסְתָם, כָּאן – בִּמְפָרֵשׁ.

Rabbi Abba said: And these *amora'im* **do not disagree,** as they are referring to different circumstances. **Here,** Rabbi Yoḥanan is speaking of a case **where one did not specify** when he intended to sacrifice these offerings, and therefore it is assumed that he meant to sacrifice them all on the first day. **There,** Reish Lakish is referring to a case **where one explicitly** said at the outset that he intended to bring them on all the days of the Festival (Rabbeinu Ḥananel).

הַאי סְתָם הֵיכִי דָּמֵי? אִילֵימָא דְּלֵיכָּא שְׁהוּת בַּיּוֹם לִקְרֵב, הַאי דְּלָא אַקְרְבִינְהוּ – דְּלֵיכָּא שְׁהוּת בַּיּוֹם.

The Gemara asks: With regard to **this** case where he **did not specify, what are the circumstances? If we say that there was no time** left **in the day to sacrifice,** i.e., he brought all his animals on the first day and realized that there was not enough time to sacrifice all of them, one can assume that the reason **that he did not bring them is that there was no time** left **in the day.** If so, his offering on another day is certainly considered merely the completion of the obligations of the first day. In this case his bringing of the additional offerings is not prohibited.

וְאֶלָּא דְּלֵית לֵיהּ אוֹכְלִין, הַאי דְּלָא אַקְרְבִינְהוּ – דְּלֵית לֵיהּ אוֹכְלִין!

But rather, you must say that this is referring to a case **where he does not have** enough **eaters** in his household, and as one may not have leftovers, he did not sacrifice the remaining offerings. Here too, the fact **that he did not sacrifice them is because he does not have** enough **eaters.** Again, this cannot be the case in which it is prohibited to sacrifice the extra offerings.

NOTES

The *baraitot* do not disagree – מַתְנִיָּיתָא לָא פְּלִיגִי: Rashi explains that the *baraitot* disagree only with regard to combining animals, not combining money. Others maintain that the *baraitot* do not disagree at all, as each is dealing with a particular circumstance that does not negate the other (*Tosefot Rid*). According to this opinion, from the fact that one *baraita* is apparently referring to money in particular, the Gemara infers that the other *baraita* refers specifically to animals (see *Turei Aven*).

He may return and sacrifice – חוֹזֵר וּמַקְרִיב: There are three main explanations of the dispute between Reish Lakish and Rabbi Yoḥanan. Some say that they are arguing over one's obligation, i.e., is one obligated to sacrifice the animals that he did not bring on the first day, or perhaps this is merely optional (Meiri). Others maintain that the question is whether he is permitted to return and sacrifice more after he stopped, or whether any further sacrifice of these offerings violates the prohibition: Do not add to the mitzvot (Rashi; Rambam). According to these two opinions, the term: The second day of the Festival, is actually referring to all the remaining days of the Festival, including the intermediate days. The third opinion is that the issue being debated is whether the remaining animals are considered part of the obligatory Festival peace-offering, and therefore it would be permitted to sacrifice them on the last day of the Festival, or whether they are gift offerings, which means that one may not sacrifice them on a Festival day (Rabbeinu Ḥananel). See *Tosafot* and Meiri, who maintain that the Jerusalem Talmud supports this last interpretation.

לָא צְרִיכָא, דְּאִיכָּא שְׁהוּת בַּיּוֹם וְאִית לֵיהּ אוֹכְלִין. מִדְּבְקַמָּא לָא אַקְרְבִינְהוּ – שְׁמַע מִינָּהּ שִׁיּוּרֵי שָׁיְירִינְהוּ.

The Gemara answers: **No,** it is **necessary** to teach this ruling **only** in a case **where there is time** left **in the day and he has eaters** in his household. **From** the fact **that he did not sacrifice them on the first** day of the Festival, one can **conclude from** it that **he left them** intentionally. Therefore, he is no longer permitted to sacrifice them on the other days of the Festival.[NH]

וְהָכִי נַמִּי מִסְתַּבְּרָא, דְּכִי אֲתָא רָבִין אָמַר רַבִּי יוֹחָנָן: הִפְרִישׁ עֶשֶׂר בְּהֵמוֹת לַחֲגִיגָתוֹ, הִקְרִיב חָמֵשׁ בְּיוֹם טוֹב רִאשׁוֹן – חוֹזֵר וּמַקְרִיב חָמֵשׁ בְּיוֹם טוֹב שֵׁנִי. קַשְׁיָין אַהֲדָדֵי!

The Gemara comments: **So too, it is reasonable** that Rabbi Yoḥanan agrees that if one specifies his intentions he may sacrifice the offerings on the remaining days, **as when Ravin came** from Eretz Yisrael to Babylonia he said that **Rabbi Yoḥanan said:** If **one separated ten animals for his Festival peace-offering,** and **he sacrificed five on the first day of** the **Festival, he may return and sacrifice** the other **five on the second** day of the **Festival.** These two statements of Rabbi Yoḥanan, cited by Ulla and Ravin respectively, apparently **contradict each other.**

אֶלָּא לָאו שְׁמַע מִינָּהּ: כָּאן – בִּסְתָם, כָּאן – בִּמְפָרֵשׁ? שְׁמַע מִינָּהּ.

Rather, isn't it correct to **conclude from** this contradiction that this statement **here** is dealing with a case **where** one **did not specify,** whereas **there** it is referring to a situation **where** one stated his intentions **explicitly?** The Gemara concludes: **Indeed, conclude from** here that it is so.

אִיתְּמַר נַמִּי, אָמַר רַב שֶׁמֶן בַּר אַבָּא אָמַר רַבִּי יוֹחָנָן:

It **was also stated** that **Rav Shemen bar Abba said** that **Rabbi Yoḥanan said:**

NOTES

May he sacrifice the rest or not – מַקְרִיב אוֹ אֵינוֹ מַקְרִיב הַשְּׁאָר: In the Jerusalem Talmud this dispute between Rabbi Yoḥanan and Reish Lakish is compared to the dispute between Ḥizkiya and Rabbi Yoḥanan with regard to combining. Since Rabbi Yoḥanan holds that one may combine money from one source with money from a different source, he evidently maintains that the sacrifice of each animal partially fulfills the obligation of the Festival peace-offering. Consequently, one may sacrifice these animals on the second Festival day, i.e., the first intermediate Festival day. However, according to the opinion that one may combine only one animal with another, as the remaining animals are no longer considered full-fledged Festival peace-offerings, their sacrifice does not override the Festival day.

HALAKHA

One who did not sacrifice all the offerings he separated – מִי שֶׁלֹּא הִקְרִיב כָּל הַקָּרְבָּנוֹת שֶׁהִפְרִישׁ: If one separated many animals for his Festival peace-offering but sacrificed only some of them on the first Festival day, he may not go back and sacrifice the rest, as he left them over by choice. However, if he could not sacrifice them that same day due to time constraints, he may sacrifice them the following day. This is in accordance with the opinion of Rabbi Yoḥanan, as the *halakha* follows his opinion when he disagrees with Reish Lakish (Rambam *Sefer Korbanot, Hilkhot Ḥagiga* 2:7).

Perek **I**
Daf **9** Amud **a**

לֹא שָׁנוּ אֶלָּא שֶׁלֹּא גָּמַר, אֲבָל גָּמַר – חוֹזֵר וּמַקְרִיב.

They taught that one may sacrifice the Festival peace-offering on the first Festival day but not on all seven days, as recorded in the *baraita* on this *amud* below, **only** in a case **where he did not finish. However, if he finished, he may go back and sacrifice.**

מַאי גָּמַר? אִילֵימָא גָּמַר קָרְבְּנוֹתָיו – מַאי מַקְרִיב? אֶלָּא שֶׁלֹּא גָּמַר הַיּוֹם, אֲבָל גָּמַר הַיּוֹם – חוֹזֵר וּמַקְרִיב.

The Gemara asks: **What is** the meaning of the term: **Finish,** in this context? **If we say** it means that he **finished** sacrificing all of **his offerings, what is** he going back to **sacrifice? Rather,** it means **that** if **the day did not end** and he still has offerings left over, he may not return to sacrifice those on other Festival days. **However, if the day ended** and he had not finished sacrificing his offerings, **he may go back and sacrifice** them. This shows that Rabbi Yoḥanan concedes that in these circumstances it is permitted to sacrifice Festival peace-offerings during the remaining days of the Festival.

מתני׳ מִי שֶׁלֹּא חַג בְּיוֹם טוֹב הָרִאשׁוֹן שֶׁל חָג – חוֹגֵג אֶת כָּל הָרֶגֶל, וְיוֹם טוֹב הָאַחֲרוֹן שֶׁל חָג.

MISHNA With regard to **one who did not celebrate** by bringing **the Festival** peace-offering **on the first day of the festival** of *Sukkot*, he **may celebrate** and bring it during **the entire** remaining days of **the pilgrimage Festival,**[N] **and** even **on the final day of the Festival,** i.e., on the Eighth Day of Assembly.[H]

HALAKHA

One who did not celebrate on the first day – מִי שֶׁלֹּא חַג בָּרִאשׁוֹן: One who did not bring his obligatory burnt-offering of appearance and Festival peace-offering on the first day of a Festival may sacrifice them on the remaining days of the Festival (Rambam *Sefer Korbanot, Hilkhot Ḥagiga* 1:4).

NOTES

May celebrate during the entire pilgrimage Festival, etc. – חוֹגֵג אֶת כָּל הָרֶגֶל וכו׳: Some commentaries point out an apparent contradiction: The first use in the mishna of the term festival refers solely to the festival of *Sukkot*, not including the Eighth Day of Assembly. However, when it states a few lines later: If the Festival passed and he did not celebrate by bringing the Festival peace-offering, the term apparently includes even the Eighth Day of Assembly (*Turei Aven*).

The *Turei Aven* explains that in each instance the term Festival refers only to the first seven days, as the status of the eighth day is different from the rest: One who was not fit to sacrifice an offering during the first seven days may not do so on the eighth day, which serves merely as redress for the missed offerings of one who was qualified to offer at that time. This is true even according to the opinion that each day is available for redress for the others. Others claim that the Eighth Day of Assembly is a separate Festival, and therefore one is obligated to bring a separate Festival peace-offering for this day even if he was exempt during the entire festival of *Sukkot* (Ritva; see *Zekher LaḤagiga* at length).

עָבַר הָרֶגֶל וְלֹא חַג – אֵינוֹ חַיָּיב בְּאַחְרָיוּתוֹ. עַל זֶה נֶאֱמַר: "מְעֻוָּת לֹא יוּכַל לִתְקֹן וְחֶסְרוֹן לֹא יוּכַל לְהִמָּנוֹת".

If **the pilgrimage Festival passed and one did not celebrate**[H] by bringing **the Festival** peace-offering, **he is not obligated** to pay **restitution** for it. Even if he consecrated an animal for this purpose and it was lost, once the Festival is over he has no obligation to replace it, as he has missed the opportunity for performing this mitzva. And **about this it is stated: "That which is crooked cannot be made straight; and that which is wanting cannot be numbered"** (Ecclesiastes 1:15).[N]

רַבִּי שִׁמְעוֹן בֶּן מְנַסְיָא אוֹמֵר: אֵיזֶהוּ מְעֻוָּת שֶׁאֵינוֹ יָכוֹל לְהִתָּקֵן? זֶה הַבָּא עַל הָעֶרְוָה וְהוֹלִיד מִמֶּנָּה מַמְזֵר. אִם תֹּאמַר בְּגוֹנֵב וְגוֹזֵל – יָכוֹל הוּא לְהַחֲזִירוֹ וְיִתָּקֵן.

Rabbi Shimon ben Menasya says: Who is the **crooked that cannot be made straight? This** verse is referring to **one who engaged in intercourse with a woman forbidden to him and fathered a** *mamzer*[B] **with her.** This individual is unable to rectify his sin, because the status of the illegitimate child is permanent. And **if you say** that it is referring **to one who steals or robs,**[N] although he is crooked **he can return** what he stole **and** in this manner his sin **will be rectified.**

רַבִּי שִׁמְעוֹן בֶּן יוֹחַי אוֹמֵר: אֵין קוֹרִין מְעֻוָּת אֶלָּא לְמִי שֶׁהָיָה מְתוּקָּן בַּתְּחִילָּה וְנִתְעַוֵּות, וְאֵי זֶה? זֶה תַּלְמִיד חָכָם הַפּוֹרֵשׁ מִן הַתּוֹרָה.

Rabbi Shimon ben Yoḥai says: One calls crooked only someone who was initially straight and subsequently **became crooked. And who is this? This is a Torah scholar who leaves** his **Torah** study. Here is an example of something straight that became crooked.

גמ׳ מְנָהָנֵי מִילֵּי? אָמַר רַבִּי יוֹחָנָן מִשּׁוּם רַבִּי יִשְׁמָעֵאל: נֶאֱמַר "עֲצֶרֶת" בִּשְׁבִיעִי שֶׁל פֶּסַח, וְנֶאֱמַר "עֲצֶרֶת" בִּשְׁמִינִי שֶׁל חַג. מָה לְהַלָּן לְתַשְׁלוּמִין – אַף כָּאן לְתַשְׁלוּמִין.

GEMARA The mishna taught that if one did not bring his Festival peace-offering on the first day of the festival of *Sukkot*, he may bring it even on the Eighth Day of Assembly, despite the fact that it is a separate Festival. The Gemara asks: **From where are these matters** derived?[N] **Rabbi Yoḥanan said in the name of Rabbi Yishmael** that this *halakha* is derived by means of a verbal analogy. **It is stated: "Assembly"** (Deuteronomy 16:8), with regard **to the seventh day of Passover, and it is stated: "Assembly"** (Leviticus 23:36), with regard **to the eighth day of the festival** of *Sukkot*. **Just as there,** with regard to Passover, the day of assembly, i.e., the seventh day of Passover, is available **for redress,** as it is certainly part of the Festival, **so too here,** in the case of *Sukkot*, the Eighth Day of Assembly is available **for redress.**

מוּפְנֶה, דְּאִי לָאו מוּפְנֶה – אִיכָּא לְמִיפְרַךְ: מָה לִשְׁבִיעִי שֶׁל פֶּסַח – שֶׁכֵּן אֵינוֹ חָלוּק מִשֶּׁלְּפָנָיו, תֹּאמַר בִּשְׁמִינִי שֶׁל חַג שֶׁחָלוּק מִשֶּׁלְּפָנָיו.

The Gemara adds that the term assembly in each of these contexts is **free** for this verbal analogy, i.e., it is superfluous in both contexts. **As, if it is not free**[N] the verbal analogy **can be refuted,** because each context in which the term appears contains features that do not apply to the other one. **What** can one say **about the seventh** day **of Passover? That it is not distinct from** the days **preceding it** with regard to the Festival offerings and the prohibition against eating leavened bread. Can **you say** the same **with regard to the eighth** day **of the festival** of *Sukkot*, **which is distinct from** the days **preceding it,** i.e., that the Eighth Day of Assembly does not involve the same mitzvot as the festival of *Sukkot*?

לָאֵיי, אַפְנוּיֵי מוּפְנֶה. מִכְּדֵי, מַאי עֲצֶרֶת – עָצוּר בַּעֲשִׂיַּית מְלָאכָה. הָכְתִיב: "לֹא תַעֲשֶׂה מְלָאכָה"! "עֲצֶרֶת" דִּכְתַב רַחֲמָנָא לָמָּה לִי? אֶלָּא שְׁמַע מִינַּהּ לְאַפְנוּיֵי.

However, this is **not so** [*la'ei*],[L] as the term assembly is certainly **free. Now, what is** the meaning of: **"assembly** [*atzeret*]**"?** It means that one is **stopped** [*atzur*], i.e., prohibited, **from performing labor. But isn't it** already **written: "You shall not perform labor"** (Deuteronomy 16:8)? **Why** then **do I** need this term *atzeret* that **the Merciful One writes? Rather, learn from here** that it is **free** for the verbal analogy.

וְתַנָּא מַיְיתֵי לַהּ מֵהָכָא, דְּתַנְיָא: "וְחַגּוֹתֶם אוֹתוֹ חַג לַה׳ שִׁבְעַת יָמִים", יָכוֹל יְהֵא חוֹגֵג וְהוֹלֵךְ כׇּל שִׁבְעָה – תַּלְמוּד לוֹמַר: "אוֹתוֹ", אוֹתוֹ, אַתָּה חוֹגֵג, וְאִי אַתָּה חוֹגֵג כׇּל שִׁבְעָה. אִם כֵּן לָמָּה נֶאֱמַר "שִׁבְעָה" – לְתַשְׁלוּמִין.

The Gemara comments: **And a** *tanna* **cites** proof **from here, as it is taught** in a *baraita* with regard to a verse that deals with the festival of *Sukkot*: **"And you shall keep it a feast to the Lord seven days"** (Leviticus 23:41). One **might** have thought that one **may continue to celebrate** by bringing the Festival peace-offering **all seven** days of the Festival. Therefore, **the verse states: "It,"** which teaches: **It,** i.e., the first day of the Festival, **you shall celebrate** with these offerings, **and you may not celebrate all seven** days. **If so, why is "seven" stated? For redress,** i.e., if one failed to bring an offering on the first day he may do so all seven days.

HALAKHA

If the pilgrimage Festival passed and one did not celebrate – עָבַר הָרֶגֶל וְלֹא חַג: If one did not sacrifice the Festival offerings and the Festival passed, he is not obligated to make restitution for them. With regard to this situation the verse states: "That which is crooked cannot be made straight" (Rambam *Sefer Korbanot*, *Hilkhot Ḥagiga* 1:6).

NOTES

About this it is stated, that which is crooked, etc. – עַל זֶה נֶאֱמַר, מְעֻוָּת וכו׳: Since the neglect of any positive mitzva that has a limited time for its performance cannot be rectified, why is the verse interpreted with regard to this case in particular (*Turei Aven*)? The *Turei Aven* answers that this animal consecrated for the Festival peace-offering retains consecrated status and must be sacrificed as a gift offering. Consequently, the mishna stresses that even so, the obligation of the individual is no longer in effect, and therefore if the animal is lost or dies he has no obligation to bring another Festival peace-offering in its place.

One who steals or robs – גּוֹנֵב וְגוֹזֵל: Several commentaries provide suggestions as to why one might think that these individuals' sins cannot be rectified. One reason is that if they stole from the public they cannot make full restitution, even if there are various ways for the robber or thief to return the stolen property (Maharsha; see *Yad David*).

From where are these matters derived – מְנָהָנֵי מִילֵּי: This question refers only to the Eighth Day of Assembly; the Gemara does not explain from where this principle is derived with regard to the first seven days. Some explain that it is derived from the verse that deals with *Sukkot*: "And you shall keep it a Festival to the Lord seven days" (Leviticus 23:41). By juxtaposition, the same applies to the other two pilgrimage Festivals (Rabbeinu Ḥananel).

Free, as, if it is not free – מוּפְנֶה, דְּאִי לָא מוּפְנֶה: The terms used in a verbal analogy must be superfluous in their respective contexts, and therefore free for the analogy. If only one of the terms is extraneous, the Sages dispute the validity of the analogy. Rabbi Yishmael holds that it is entirely valid, whereas others invoke the principle: One can derive from a verbal analogy of this kind and one can refute it logically. In other words, one may reject it on the basis of a suitable challenge. Everyone agrees that this principle applies to a verbal analogy in which both words are necessary in their own contexts. In this specific case, some claim that the term assembly that appears in Deuteronomy is necessary for another *halakha* and therefore this verbal analogy is not completely free. Others explain that this verbal analogy is derived in accordance with the opinion of Rabbi Yishmael (see Rashash; Rabbi Shlomo Cohen).

BACKGROUND

Mamzer – מַמְזֵר: A *mamzer* is a child born from relations between a married woman and a man other than her husband, or between relatives who are forbidden to marry by Torah law, where the participants in such a relationship are subject to the punishment of *karet*. An exception to this principle is a menstruating woman, with whom sexual relations are forbidden under penalty of *karet*, but whose offspring is not a *mamzer*. The offspring of an unmarried couple is not a *mamzer*. A *mamzer* inherits his natural father and is halakhically considered his father's son in all respects. A *mamzer* may marry only a female *mamzer* or a convert. Likewise, a female *mamzer* may marry only a *mamzer* or a convert.

LANGUAGE

Not so [*la'ei*] – לָאֵיי: From the context, this term means: Therefore, or: Certainly this is so. However, its source is unknown. Some maintain that it is an amalgamation of the Aramaic term for no [*la*] and the Greek for son, υἱέ, *huye* (*Arukh*). If so, it means: No, my son.

וּמִנַּיִן שֶׁאִם לֹא חַג יוֹם טוֹב הָרִאשׁוֹן שֶׁל חָג שֶׁחוֹגֵג וְהוֹלֵךְ אֶת כָּל הָרֶגֶל וְיוֹם טוֹב הָאַחֲרוֹן? תַּלְמוּד לוֹמַר: "בַּחֹדֶשׁ הַשְּׁבִיעִי תָּחֹגּוּ אוֹתוֹ". אִי "בַּחֹדֶשׁ הַשְּׁבִיעִי" – יָכוֹל יְהֵא חוֹגֵג וְהוֹלֵךְ הַחֹדֶשׁ כּוּלּוֹ? תַּלְמוּד לוֹמַר: "אוֹתוֹ" – אוֹתוֹ אַתָּה חוֹגֵג, וְאִי אַתָּה חוֹגֵג חוּצָה לוֹ.

And from where is it derived **that if one did not celebrate** by bringing the Festival peace-offering **on the first day of the festival** of *Sukkot* **that he may continue to celebrate throughout the pilgrimage Festival and** even on **the last festival day** of *Sukkot*, which is the Eighth Day of Assembly? **The verse states: "You shall keep it in the seventh month"** (Leviticus 23:41), which indicates that one may bring the Festival offerings even after the seven days of the Festival. **If** the verse said only: **"In the seventh month,"** one **might** have thought that one may **continue to celebrate** by bringing the offering at any time during the rest of **the entire month.** Therefore, **the verse states: "It,"** indicating that **you celebrate it,** i.e., any of the Festival days, **and you may not celebrate outside of** these days.

וּמַאי תַּשְׁלוּמִין? רַבִּי יוֹחָנָן אָמַר: תַּשְׁלוּמִין לָרִאשׁוֹן. וְרַבִּי אוֹשַׁעְיָא אָמַר: תַּשְׁלוּמִין זֶה לָזֶה.

§ The Gemara asks: **What is** the meaning of the concept of **redress** mentioned in the *baraita*? The Gemara answers that **Rabbi Yoḥanan said:** The other days are **redress for the first** day. If one did not bring the Festival offering on the first day, he may still do so on the remaining days of the Festival. **And Rabbi Oshaya said:** The days are **redress for one another.** Each day can be considered the main day of obligation, i.e., if one did not bring the offering on the first available day he may do so on the remaining days.[H]

מַאי בֵּינַיְיהוּ? אָמַר רַבִּי זֵירָא: חִיגֵּר בְּיוֹם רִאשׁוֹן וְנִתְפַּשֵּׁט בְּיוֹם שֵׁנִי אִיכָּא בֵּינַיְיהוּ. רַבִּי יוֹחָנָן אָמַר: תַּשְׁלוּמִין לָרִאשׁוֹן, כֵּיוָן דְּלָא חֲזִי בָּרִאשׁוֹן – לָא חֲזִי בַּשֵּׁנִי. וְרַבִּי אוֹשַׁעְיָא אָמַר: תַּשְׁלוּמִין זֶה לָזֶה. אַף עַל גַּב דְּלָא חֲזִי בָּרִאשׁוֹן – חֲזִי בַּשֵּׁנִי.

The Gemara asks: **What is** the practical difference **between** these two explanations? **Rabbi Zeira said:** The practical difference **between them** is in a case of one who was **lame on the first day**[HN] of the Festival **and was healed on the second day. Rabbi Yoḥanan said** that the other days are **redress for the first** day; **since he was not fit,** i.e., was not qualified to sacrifice his offerings **on the first** day, **he is not fit** to do so even **on the second,** as the second day is redress for the first. The second day is not for those who were completely exempt on the first, but for those who were obligated to sacrifice but neglected to do so. **And Rabbi Oshaya said** that the days are **redress for one another.** Consequently, **even though he was not fit** to bring the offering **on the first** day, he is **fit** to do so **on the second.** Since a separate obligation applies on each day, even if one was unfit to bring the offering on the first day he must do so when he becomes fit.

וּמִי אָמַר רַבִּי יוֹחָנָן הָכִי?

The Gemara asks: **And did Rabbi Yoḥanan** actually **say this?** Rabbi Yoḥanan was involved in a dispute with regard to a nazirite. A nazirite who becomes ritually impure as a result of contact with a corpse must undergo a seven-day process of ritual purification, after which he must bring a set of offerings and restart counting the days of his nazirite period. Usually, a nazirite may bring one set of offerings even for many occurrences of ritual impurity. However, if he came into contact with a corpse for a second time on the eighth day after he first became ritually impure he must bring two sets of offerings, as the second impurity occurred at a time when he could have begun counting the days of his nazirite vow again. The *amora'im* dispute the details of this *halakha*.

וְהָאָמַר חִזְקִיָּה: נִטְמָא בַּיּוֹם – מֵבִיא, בַּלַּיְלָה – אֵינוֹ מֵבִיא.

The Gemara continues. **Didn't Ḥizkiya say** that if a nazirite **became ritually impure on** the eighth **day**[N] itself, **he brings** a second set of offerings? However, if he became ritually impure **on the** previous **night**[H] **he does not bring** an additional set of offerings, because he could not have brought the offering at night. Although seven complete days have passed, as he did not yet have the opportunity to bring the offering, it is as though his seven days were not yet complete. Consequently, he may still bring one set of offerings for the two instances of ritual impurity.

HALAKHA

The nature of the days of redress – מַהוּת יְמֵי הַתַּשְׁלוּמִין: Any offerings sacrificed after the first day of the Festival are considered redress for the first day (Rambam *Sefer Korbanot, Hilkhot Ḥagiga* 1:6). This ruling is in accordance with the opinion of Rabbi Yoḥanan, despite the fact that Rabbi Oshaya was his teacher, as the Gemara discusses Rabbi Yoḥanan's opinion in a manner that indicates that this is the *halakha* (*Kesef Mishne*). Some explain that the Rabbi Oshaya mentioned here is a different *amora*, who was not Rabbi Yoḥanan's teacher (*Leḥem Mishne*).

One who was lame on the first day – חִיגֵּר בְּיוֹם רִאשׁוֹן: One who was lame or blind on the first Festival day is exempt from the mitzva of appearance in the Temple. Even if he was healed after the first day he is still not obligated, as the remaining days of the Festival are merely redress for the first day. The *halakha* is in accordance with the opinion of Rabbi Yoḥanan (Rambam *Sefer Korbanot, Hilkhot Ḥagiga* 2:5).

He became ritually impure in the day or at night – נִטְמָא בַּיּוֹם וּבַלַּיְלָה: One who became ritually impure on the first night of the Festival is exempt from appearing in the Temple even if he was purified the following day. However, if he became ritually impure on the first day of the Festival he is obligated to bring his burnt-offering of appearance as well as his Festival peace-offering sometime during the Festival, when he is purified. The *halakha* is in accordance with the opinion of Ḥizkiya, who was Rabbi Yoḥanan's teacher. Furthermore, the conclusion of the Gemara indicates that Rabbi Yoḥanan conceded to Ḥizkiya's opinion (Rambam *Sefer Korbanot, Hilkhot Ḥagiga* 2:5).

NOTES

One who was lame on the first day – חִיגֵּר בְּיוֹם רִאשׁוֹן: The commentaries discuss whether this dispute also applies to one who was a minor on the first day and became an adult during the Festival. Was he never obligated in this mitzva, or was his obligation merely delayed until later in the Festival? (see *Petaḥ Einayim*).

A nazirite became ritually impure on the eighth day – נִטְמָא בַּיּוֹם: Many commentaries maintain that this dispute refers to a nazirite (Rashi; *Tosafot*; Rabbeinu Ḥananel; Rabbeinu Gershom Meor HaGola on *Keritot* 8a). Others contend that this dispute also concerns the Festival peace-offering itself: If one became ritually impure on the first night he has no further obligation, despite the fact that he could not have sacrificed the offering at that time (Rambam; Meiri). This explains why the Rambam rules in accordance with the opinion of Rabbi Yoḥanan as opposed to that of Rabbi Oshaya, as Ḥizkiya agrees with Rabbi Yoḥanan's ruling, which means that Rabbi Yoḥanan's ruling is the majority opinion (see *Sefat Emet*).

וְרַבִּי יוֹחָנָן אָמַר: אַף בַּלַּיְלָה נַמִּי מֵבִיא!

And Rabbi Yoḥanan said: Even if the nazirite became ritually impure **on the night** on which the eighth day begins, **he also brings** a second set of offerings. Rabbi Yoḥanan maintains that this nazirite is effectively ready to begin counting the days of his vow again, as only the technicality that one may not bring offerings at night prevents him from doing so. This shows that according to the opinion of Rabbi Yoḥanan, even when one is incapable of sacrificing his offerings, his obligation remains intact. So too, in the case of a lame person, his obligation to bring the Festival offering applies in theory even on the first day, which means that he should be able to bring the offerings at a later date during the Festival.

אָמַר רַבִּי יִרְמְיָה: שָׁאנֵי טוּמְאָה דְּיֵשׁ לָהּ תַּשְׁלוּמִין בְּפֶסַח שֵׁנִי.

Rabbi Yirmeya said: The case of one who cannot bring an offering due to **ritual impurity is different.** He is not completely disqualified, **as there is redress for** ritual purity. This can be demonstrated from the *halakha* **of the second *Pesaḥ*.** Just as one who is ritually impure and may not sacrifice the Paschal offering has the opportunity to redress the situation by means of the second *Pesaḥ*, so too, anyone who cannot bring an offering due to impurity may redress this at a later date.

מַתְקִיף לָהּ רַב פַּפָּא: הָנִיחָא לְמַאן דְּאָמַר: פֶּסַח

Rav Pappa strongly objects to this reasoning: **This works out well according to the one who said** that **the second *Pesaḥ***

Perek **I**
Daf **9** Amud **b**

שֵׁנִי תַּשְׁלוּמִין דְּרִאשׁוֹן הוּא. אֶלָּא לְמַאן דְּאָמַר שֵׁנִי רֶגֶל בִּפְנֵי עַצְמוֹ הוּא – מַאי אִיכָּא לְמֵימַר?

is redress for the first Paschal offering. According to this opinion, it is clear that ritual impurity does not nullify one's obligation. **However, according to the one who said** that **the second *Pesaḥ*[HN] is a separate pilgrimage Festival,** established for those who were unable to sacrifice the Paschal offering at the proper time, **what is there to say?** In that case, Rav Yirmeya's answer does not apply, and therefore it remains unclear that Rabbi Yoḥanan holds that one who is not obligated in the Festival offerings on the first day is exempt during the remaining days.

אֶלָּא אָמַר רַב פַּפָּא: קָסָבַר רַבִּי יוֹחָנָן לַיְלָה אֵינוֹ מְחוּסַּר זְמַן. וּמִי אָמַר רַבִּי יוֹחָנָן הָכִי?

Rather, Rav Pappa said: Rabbi Yoḥanan holds that **night** is **not** considered part of a date **whose time has not yet** arrived. Although one may not sacrifice offerings at night, the date itself has arrived and his period of impurity is complete, which is why any further impurity requires a second set of offerings. Consequently, Rabbi Yoḥanan's opinion with regard to a lame person does not contradict his ruling concerning a nazirite. The Gemara asks: **And did Rabbi Yoḥanan** actually **say this,** that night is not considered part of a date whose time has not yet arrived?

HALAKHA

The second *Pesaḥ* – פֶּסַח שֵׁנִי: The second *Pesaḥ* is a separate Festival, not merely redress for the first *Pesaḥ*. Furthermore, the second *Pesaḥ* offering overrides Shabbat. One who neglects to bring this offering when he is obligated to do so is liable to receive *karet* (Rambam *Sefer Korbanot*, *Hilkhot Korban Pesaḥ* 5:1).

NOTES

The second *Pesaḥ* – פֶּסַח שֵׁנִי: The *halakha* of the second *Pesaḥ* is stated explicitly in the Torah (Numbers 9:9–14). One who was ritually impure or far from Jerusalem at the time for the sacrificing of the Paschal offering must sacrifice that offering one month later, on the fourteenth of Iyyar. The *tanna'im* dispute whether the second *Pesaḥ* is merely redress for the Paschal offering's omission, or whether it is a separate Festival that is incumbent only upon one who did not sacrifice the Paschal offering (*Pesaḥim* 93a). The practical differences between these opinions concern two main areas: What is the *halakha* if someone intentionally refrained from bringing the Paschal offering. Does he have an opportunity for rectification on the second *Pesaḥ*? If the second *Pesaḥ* is redress for the first, an intentional sinner does not have recourse to this option. Furthermore, what happens if one who is obligated to observe the second *Pesaḥ* intentionally neglects this offering? If it is considered a Festival in its own right he is liable to receive *karet* for this willful sin. Likewise, there is a difference with respect to one who was not obligated to bring a Paschal offering on the fourteenth of Nisan but who is obligated to perform mitzvot at the time of the second *Pesaḥ*, e.g., a convert or a minor. If the second *Pesaḥ* is redress for the first, he does not bring this offering.

וְהָאָמַר רַבִּי יוֹחָנָן: רָאָה אַחַת בַּלַּיְלָה וּשְׁתַּיִם בַּיּוֹם – מֵבִיא;

But didn't Rabbi Yoḥanan say: A *zav* at the end of his seven-day purification process who **saw**[N] that he experienced **one** emission **at night**[H] **and** then **two in the day brings** additional offerings for the second impurity? Had he experienced the emissions before he became ritually pure, he would have been required to bring only one set of offerings. However, once his purification is complete he must bring a separate set. In this case, the first emission occurred before he was able to sacrifice the offerings for his initial period of impurity. Nevertheless, as the two subsequent sightings occurred during the day, and they alone would suffice to confer upon him the status of a *zav*, they combine with the one from the previous night and he is required to bring new offerings.

שְׁתַּיִם בַּלַּיְלָה וְאַחַת בַּיּוֹם – אֵינוֹ מֵבִיא. וְאִי סָלְקָא דַּעְתָּךְ קָסָבַר רַבִּי יוֹחָנָן לַיְלָה אֵינוֹ מְחוּסַּר זְמַן, אֲפִילּוּ שְׁתַּיִם בַּלַּיְלָה וְאַחַת בַּיּוֹם מֵבִיא!

However, if he saw **two** emissions **at night and one in the day, he does not bring** additional offerings, because at night he could not yet sacrifice the offerings owed due to his current status, and without those two new sightings he would not become a *zav* again. **And if it enters your mind that Rabbi Yoḥanan holds that night is not** considered a date **whose time has not yet** arrived, then **even** in the case where he saw **two** emissions **at night and one in the day he** should have to **bring** another set of offerings. He already reached the date of sacrificing the previous offerings before these new emissions occurred. This indicates that Rabbi Yoḥanan holds that night is considered part of a date whose time has not yet arrived.

כִּי קָאָמַר רַבִּי יוֹחָנָן – לְדִבְרֵי הָאוֹמֵר לַיְלָה מְחוּסַּר זְמַן. לְדִבְרֵי הָאוֹמֵר? פְּשִׁיטָא! שְׁתַּיִם בַּיּוֹם וְאַחַת בַּלַּיְלָה אִיצְטְרִיכָא לֵיהּ.

The Gemara answers: **When Rabbi Yoḥanan said** this statement, he spoke **according to the one who says** that **night**[H] is considered part of a date **whose time has not yet** arrived.[N] However, he himself maintains that even if a *zav* saw all three emissions at night he must bring another offering. The Gemara asks: If he spoke only **according to the one who says** that opinion, it **is obvious** that no new offerings are required; what novel idea did Rabbi Yoḥanan intend to express? The Gemara answers: Nevertheless, **it was necessary for him** to teach the case of a *zav* who saw **two in the day and one at night.**

סָלְקָא דַּעְתָּךְ אָמֵינָא כְּאַתְקַפְתָּא דְּרַב שֵׁישָׁא בְּרֵיהּ דְּרַב אִידִי. קָא מַשְׁמַע לָן כְּדְרַב יוֹסֵף.

The Gemara elaborates: It was necessary for Rabbi Yoḥanan to say this, lest it **enter your mind to say** in the manner **of the strong objection of Rav Sheisha, son of Rav Idi** (see *Keritot* 8a), who holds that there is no reason to distinguish between a *zav* seeing one or two emissions at night. Therefore, Rabbi Yoḥanan **teaches us** that the *halakha* **is in accordance** with the opinion **of Rav Yosef,** that the first sighting confers merely the status of ritual impurity of one who has a seminal emission, and he is not yet classified as a *zav*. Consequently, there is a difference between one who experienced one emission at night and one who experienced two.

״עָבַר הָרֶגֶל וְלֹא חַג אֵינוֹ חַיָּיב בְּאַחֲרָיוּתוֹ. וְעַל זֶה נֶאֱמַר: ׳מְעֻוָּת לֹא יוּכַל לִתְקֹן וְחֶסְרוֹן לֹא יוּכַל לְהִמָּנוֹת׳״.

§ The mishna taught that if **the pilgrimage Festival passed and one did not celebrate** it by sacrificing **a Festival** peace-offering, **he is not obligated** to pay **restitution for it. And about this it is stated: "That which is crooked cannot be made straight; and that which is wanting cannot be numbered"** (Ecclesiastes 1:15).

אֲמַר לֵיהּ בַּר הֵי הֵי לְהִלֵּל: הַאי ״לְהִימָּנוֹת״? לְהִמָּלְאוֹת מִיבְּעֵי לֵיהּ! אֶלָּא זֶה שֶׁמְּנוּהוּ חֲבֵירָיו לִדְבַר מִצְוָה וְהוּא לֹא נִמְנָה עִמָּהֶן.

The Sage **bar Hei Hei**[P] **said to Hillel** that if this is the correct interpretation of the verse, **this** term: **"Be numbered [*lehimanot*]"**[N] is apparently inappropriate. **It should have** said: **Be filled. Rather, this** verse is referring to one **whose friends reached a consensus [*manuhu*]** with regard **to a matter of a mitzva and he was not part of their consensus,** and therefore he missed his opportunity to join them in the performance of the mitzva.

NOTES

Saw – רָאָה: This refers to a *zav*, a man suffering from gonorrhea. The *halakhot* of the severe ritual impurity caused by this condition are detailed in the Torah (Leviticus 15:1–15) and in tractate *Zavim*. The *zav* becomes ritually impure as a result of the secretion of a white, pus-like discharge from his penis. A man who sees, i.e., experiences, a discharge of that kind on one occasion becomes ritually impure for one day, like a man who discharges semen. If he experiences a second discharge on the same day or the following day, or a prolonged initial discharge, he contracts the more severe ritual impurity of a *zav*, which lasts seven days. If he experiences a third discharge within the next twenty-four hours, he is obligated to bring a pair of doves as part of his purification process, one for a sin-offering and the other for a burnt-offering.

Night is part of a date whose time has not yet arrived – לַיְלָה מְחוּסַּר זְמַן: It is clear that one may not sacrifice offerings at night. However, some Sages maintain that this is merely a technical issue, which does not negate the fact that the same status applies to the night as it does to the following day. Conversely, others maintain that since one may sacrifice offerings only from the following morning, no obligations concerning that offering exist at night. Nazirites are included among those ritually impure people who have completed their purification process but have not yet brought their offerings and therefore lack atonement, as their purity is determined not only by a particular date but also by an offering. With regard to these individuals, there are practical ramifications to this apparently theoretical issue: Are events that occur at night related to the following day or not?

Be numbered – לְהִימָּנוֹת: Some explain that the mishna is referring to one who failed to arrive and be counted as part of a communal prayer, which is something wanting that cannot be numbered (Maharsha).

HALAKHA

Who saw one emission at night, etc. – רָאָה אַחַת בַּלַּיְלָה וכו׳: If a *zav* whose secretions ceased and who counted seven clean days subsequently experienced an emission on the eighth night and two more on the eighth day, these sightings combine and he is obligated to bring a second set of offerings. If he experienced two sightings of a *zav* on the eighth night and one on the eighth day, these sightings do not combine and he is not obligated to bring a second set. The *halakha* is in accordance with the opinion of Rabbi Yoḥanan (Rambam *Sefer Korbanot*, *Hilkhot Meḥusrei Kappara* 3:5).

Night – לַיְלָה: Night is considered part of a date whose time has not yet arrived, as one cannot sacrifice an offering at night (Rambam *Sefer Korbanot*, *Hilkhot Meḥusrei Kappara* 3:4).

PERSONALITIES

Bar Hei Hei – בַּר הֵי הֵי: The tradition is that this Sage and his colleague ben Bag Bag were converts. Some say they were converted by Hillel the Elder, against the advice of Shammai, as related in *Shabbat* 30b. The name bar Hei Hei alludes to his status as a convert, as the letter *hei* was added to the name of Abraham, considered the first convert (see 3a). It is also likely that he was called by this name to hide his identity from the government. Bar Hei Hei is cited at the end of *Avot* (chapter 5) as the author of the saying: According to the exertion is the reward, which fits in well with the story cited here.

תניא נמי הכי: "מעות לא יוכל לתקון" – זה שביטל קריאת שמע של שחרית, או קריאת שמע של ערבית, או שביטל תפלה של שחרית, או תפלה של ערבית, "וחסרון לא יוכל להימנות" – זה שנמנו חביריו לדבר מצוה והוא לא נמנה עמהן.

This explanation **is also taught** in a *baraita*. The meaning of the verse "That which is crooked cannot be made straight; and that which is wanting cannot be numbered" is as follows: **"That which is crooked cannot be made straight"** is referring to **one who omitted the recitation of the morning *Shema* or the recitation of the evening *Shema*, or who omitted the morning prayer or the evening prayer.**[H] **"And that which is wanting cannot be numbered"** is referring to **one whose friends reached a consensus** with regard **to a matter of a mitzva and he was not part of their consensus.**

אמר ליה בר הי הי להלל: מאי דכתיב: "ושבתם וראיתם בין צדיק לרשע בין עובד אלהים לאשר לא עבדו"? היינו "צדיק" היינו "עובד אלהים", היינו "רשע" היינו "אשר לא עבדו"! אמר ליה: "עבדו" ו"לא עבדו" – תרווייהו צדיקי גמורי נינהו. ואינו דומה שונה פרקו מאה פעמים לשונה פרקו מאה ואחד.

The Gemara records another discussion between bar Hei Hei and Hillel. **Bar Hei Hei said to Hillel: What is** the meaning of that **which is written: "Then you shall again discern between the righteous and the wicked, between he who serves God and he who does not serve Him"** (Malachi 3:18). There are two redundancies here: **"The righteous"** is the same as **"he who serves God,"** and **"the wicked"** is the same as **"he who does not serve Him."** Hillel **said to him:** The one **"who serves Him"** and the one **"who does not serve Him" are both** referring to **completely righteous people. But** the verse is hinting at a distinction between them, as **one who reviews his studies one hundred times is not comparable to one who reviews his studies one hundred and one** times.[N]

אמר ליה: ומשום חד זימנא קרי ליה "לא עבדו"? אמר ליה: אין. צא ולמד משוק של חמרין: עשרה פרסי – בזוזא, חד עשר פרסי – בתרי זוזי.

Bar Hei Hei **said to him: And due to one** extra **time** that he did not review, **the verse calls him** a person **"who does not serve Him"? He said to him: Yes. Go and learn from the market of donkey drivers.** One can hire a driver to travel up to **ten parasangs for one dinar.** However, he will travel **eleven parasangs** only **for two dinars.** This shows that any departure beyond the norm is considered a significant difference.

אמר ליה אליהו לבר הי הי ואמרי לה לרבי אלעזר: מאי דכתיב: "הנה צרפתיך ולא בכסף בחרתיך בכור עוני"? מלמד שחזר הקדוש ברוך הוא על כל מדות טובות ליתן לישראל, ולא מצא אלא עניות. אמר שמואל ואיתימא רב יוסף, היינו דאמרי אינשי: יאה עניותא ליהודאי כי ברזא סומקא לסוסיא חיורא.

The Gemara relates that **Elijah** the prophet **said to bar Hei Hei, and some say** that he said this **to Rabbi Elazar: What is** the meaning of that **which is written: "Behold, I have refined you, but not as silver;**[N] **I have tried you in the furnace of affliction** [oni]" (Isaiah 48:10)? This **teaches that the Holy One, Blessed be He, sought after all good character traits to impart** them **to the Jewish people, and He found only poverty** [*aniyut*] capable of preventing them from sin. **Shmuel said, and some say it was Rav Yosef:** This explains the folk saying **that people say: Poverty is good for the Jewish people like a red bridle** [*barza*][NL] **for a white horse.** Just as a red bridle accentuates the white color of the horse, so the challenge of poverty draws out the purity of the Jewish people.

"רבי שמעון בן מנסיא אומר: אי זה הוא "מעות לא יוכל לתקון" – זה הבא על הערוה והוליד ממנה ממזר", וכו׳. הוליד – אין, לא הוליד – לא?

§ The mishna taught that **Rabbi Shimon ben Menasya says: Who is the crooked that cannot be made straight? This** verse is referring to **one who engaged in intercourse with a woman forbidden to him and fathered a *mamzer* with her.** The Gemara infers from the mishna: If **he fathers a child, yes,** this verse applies, as he cannot remedy the situation; if **he does not father a child, no,** the verse does not apply, as he can make amends.

והא תניא, רבי שמעון בן מנסיא אומר: גונב אדם – אפשר שיחזיר גנבו ויתקן, גוזל אדם – אפשר שיחזיר גזלו ויתקן, אבל הבא על אשת איש ואסרה לבעלה – נטרד מן העולם והלך לו.

The Gemara asks: **Isn't it taught** in a *baraita* that **Rabbi Shimon ben Menasya says:** If **a person steals it is possible that he** might **return his stolen property and be made straight;** if **a person robs** from another **it is possible that he** might **return his robbed property and be made straight. However, one who has sexual relations with a married woman** with her consent and thereby **renders her forbidden to her husband is banished from the world and passes away.** There is no way for him to rectify the situation and achieve atonement, because a married woman who willingly has sexual relations with another man is permanently forbidden to her husband.

HALAKHA

One who omitted a prayer – מי שביטל תפלה: One who intentionally failed to pray cannot redress this omission. If he wishes, he may recite a voluntary prayer without adding a novel element to his prayer, despite the fact that generally one may recite a voluntary prayer only if he adds a novel aspect to his prayers, i.e. something reflecting his personal needs (see *Berakhot* 29b). This is the case provided that he prays shortly after the missed prayer. Some say he is not permitted to pray voluntarily without adding a new element to his prayer (*Baḥ*). Others distinguish between one who intentionally missed the afternoon prayer, who may pray the evening prayer twice, and one who omitted the evening and morning prayers, in which case he must add a novel element if he adds a voluntary prayer (*Ateret Zahav*). According to the *Kaf HaḤayyim*, nowadays one should not recite a voluntary prayer at all (*Shulḥan Arukh, Oraḥ Ḥayyim* 108:7).

NOTES

One hundred, and one hundred and one – מאה ומאה ואחת: One who regularly reviews his studies one hundred times and no more is called "he who does not serve Him." This is because true service of God involves performing actions beyond one's regular routine. Many commentaries suggest that there are special meanings to this extra review. Some interpret the term: One, as a reference to the lofty soul of a human being, the divine spark within him, beyond the regular service of God (see Maharsha). Others interpret this statement based on the numerical value of Hebrew letters: The number one hundred has the same numerical value as one of the names of Satan, *Sam*, whereas one hundred and one represents Michael, the protecting angel of Israel (Maharsha; Riaf).

I have refined you but not as silver – צרפתיך ולא בכסף: Rashi apparently interprets this phrase as: And not as silver is refined. Others explain: I have chosen for you the proper remedy and it is not with silver. Rather, the remedy is through a lack of silver, i.e., money (Maharsha). According to this interpretation, the two halves of the verse bear parallel meanings.

Like a red bridle – כי ברזא סומקא: Some explain that this bridle is not pretty in its own right, but becomes a beautiful decoration when placed upon a white horse. Similarly, although poverty is not inherently appealing, it serves to elevate the Jewish people.

LANGUAGE

Bridle [*barza*] – ברזא: Apparently derived from the Aramaic, meaning strap or halter. Others say it is from the Greek βυρσίνη, *bursinè*, meaning a leather mat placed on a horse (see *Arukh*).

רַבִּי שִׁמְעוֹן בֶּן יוֹחַי אוֹמֵר: אֵין אוֹמֵר ״בַּקְּרוּ גָּמָל״, ״בַּקְּרוּ חֲזִיר״. אֶלָּא: ״בַּקְּרוּ טָלֶה״. וְאֵי זֶה? זֶה תַּלְמִיד חָכָם שֶׁפֵּירַשׁ מִן הַתּוֹרָה.

Rabbi Shimon ben Yoḥai says: Someone who wants to examine an animal for blemishes to bring it as an offering **does not say: Inspect the camel, or: Inspect the pig,** as these are inherently disqualified for the altar. **Rather,** he says: **Inspect the lamb.** Similarly, the term: "Crooked," applies only to one who was previously straight. **And who is this? This is a Torah scholar who leaves** his **Torah** study.

רַבִּי יְהוּדָה בֶּן לָקִישׁ אָמַר: כָּל תַּלְמִיד חָכָם שֶׁפֵּירַשׁ מִן הַתּוֹרָה עָלָיו הַכָּתוּב אוֹמֵר: ״כְּצִפּוֹר נוֹדֶדֶת מִן קִנָּהּ כֵּן אִישׁ נוֹדֵד מִמְּקוֹמוֹ״, וְאוֹמֵר: ״מַה מָּצְאוּ אֲבוֹתֵיכֶם בִּי עָוֶל כִּי רָחֲקוּ מֵעָלָי״?!

Rabbi Yehuda ben Lakish said: Any Torah scholar who leaves the Torah, about him the verse says: "As a bird that wanders[N] **from her nest, so is a man who wanders from his place"** (Proverbs 27:8). **And it says: "What unrighteousness have your fathers found in Me, that they are gone far from Me?"** (Jeremiah 2:5). This indicates that the punishment is greater for one who was close to God and became distant from Him. In any case, there is a contradiction here, as in the mishna Rabbi Shimon ben Menasya says that the act of one who fathers an illegitimate child is crooked and cannot be straightened, whereas in the *baraita* he says the same applies to anyone who has forbidden sexual relations, regardless of whether or not he fathers a child.

לָא קַשְׁיָא; כָּאן – בַּאֲחוֹתוֹ פְּנוּיָה, כָּאן – בְּאֵשֶׁת אִישׁ. וְאִי בָּעֵית אֵימָא: הָא וְהָא בְּאֵשֶׁת אִישׁ, וְלָא קַשְׁיָא; כָּאן

The Gemara answers: This is **not difficult. Here,** the mishna is dealing with a case where he had forbidden sexual relations **with his unmarried sister.** Although the intercourse itself is a severe sin, if he does not sire a child it can be rectified through repentance. **There,** in the *baraita*, it is referring to a case where he sinned **with a married woman,** causing irreparable damage to her marriage. **And if you wish, say** instead: **This and that** are both referring **to a married woman. And** it is **not difficult. Here,** the mishna is dealing

Perek **I**
Daf **10** Amud **a**

בְּאוֹנֶס, כָּאן – בְּרָצוֹן. וְאִיבָּעֵית אֵימָא: הָא וְהָא בְּאוֹנֶס, וְלָא קַשְׁיָא: כָּאן – בְּאֵשֶׁת כֹּהֵן, כָּאן – בְּאֵשֶׁת יִשְׂרָאֵל.

with a rape, in which case it is not prohibited for the woman to return to her husband. **There,** it is referring to a woman who had relations **willfully,** and therefore she is forbidden to her husband. **And if you wish, say** that **this and that** are both dealing **with a rape, and** it is still **not difficult. Here,** where the transgression cannot be rectified, it is referring **to** one who raped **the wife of a priest,** as it is forbidden for a priest to have relations with his wife once she has intercourse with any other man, even unwillingly. **There,** it is referring **to** one who raped **the wife of an Israelite,** in which case there is no prohibition against her returning to her husband.

״וְלַיּוֹצֵא וְלַבָּא אֵין שָׁלוֹם״, אָמַר רַב: כֵּיוָן שֶׁיּוֹצֵא אָדָם מִדְּבַר הֲלָכָה לִדְבַר מִקְרָא – שׁוּב אֵין לוֹ שָׁלוֹם.

Since the Gemara mentioned a Torah scholar who abandons the study of Torah, it cites a relevant verse: **"Neither was there any peace to him that went out or came in** due to the adversary" (Zechariah 8:10). **Rav said: Once a person leaves** the study **of *halakha*,** i.e., Mishna and Gemara, even **for** the study **of the Torah** itself, **he will no longer have peace.**[N] The verses of the Torah are often obscure and it is difficult to learn *halakha* directly from them without the aid of the interpretations of the Talmud.

וּשְׁמוּאֵל אָמַר: זֶה הַפּוֹרֵשׁ מִתַּלְמוּד לְמִשְׁנָה, וְרַבִּי יוֹחָנָן אָמַר: אֲפִילּוּ מִתַּלְמוּד לְתַלְמוּד.

And Shmuel said: This is referring to **one who leaves** the study **of Talmud to** learn **Mishna.** Whereas the reasoning of the Talmud is relatively clear, the Mishna cites legal rulings without explaining their reasoning. **And Rabbi Yoḥanan said:** The verse applies **even** to one who leaves the study **of** one **Talmud for** the other **Talmud,**[N] i.e., who leaves off his study of the Jerusalem Talmud to begin the Babylonian Talmud, as he will encounter difficulties with the new style of learning.

NOTES

As a bird that wanders, etc. – כְּצִפּוֹר נוֹדֶדֶת וכו׳: A Sage is constantly reciting Torah, just as a bird is always chirping and singing. One who abandons the study hall may continue to speak, but no longer talks of Torah; this is like a bird that has wandered from its place (Maharsha).

Once a person leaves the study of *halakha* for the study of the Torah he will no longer have peace – כֵּיוָן שֶׁיּוֹצֵא אָדָם מִדְּבַר הֲלָכָה לִדְבַר מִקְרָא שׁוּב אֵין לוֹ שָׁלוֹם: If one who is familiar with the Sages' explanations of Torah verses studies the simple meaning of the verses, he will find it difficult to reconcile many of the rabbinic interpretations with the text itself. On occasion there are even rabbinic explanations of certain verses that uproot the plain meaning of the text, to the extent that the ruling of the Sages stands in direct opposition to the apparent meaning of the verse. One example of this is the interpretation of "An eye for an eye" (Exodus 21:24) as requiring monetary payment. Rav is suggesting that these experiences can be disturbing to a student of *halakha*, who must come to accept that rabbinic traditions often differ from the plain meaning of the verse, despite the saying of the Sages that a verse always maintains its plain meaning (*Midrash Shlomo*).

Talmud for Talmud – מִתַּלְמוּד לְתַלְמוּד: Rashi explains that this is referring to a change from the Jerusalem Talmud to the Babylonian Talmud, which has more complex reasoning and is more confusing. Others maintain the opposite, that this refers to a change from the Babylonian Talmud to the Jerusalem Talmud, whose methodologies of learning are not identical (Rabbeinu Ḥananel). Others likewise explain that this refers to a change from the detailed Babylonian Talmud, with its well-defined, conceptual analysis, to the shorter and more obscure discussions of the Jerusalem Talmud (*Tosefot Rid*).

מתני׳ היתר נדרים פורחין באויר ואין להם על מה שיסמכו.

MISHNA

Incidental to the Festival peace-offering, the mishna describes the nature of various areas of Torah study. The *halakhot* of the **dissolution of vows,** when one requests from a Sage to dissolve them, **fly in the air**[N] **and have nothing to support them,** as these *halakhot* are not mentioned explicitly in the Torah. There is only a slight allusion to the dissolution of vows in the Torah, which is taught by the Sages as part of the oral tradition.

הלכות שבת חגיגות והמעילות – הרי הם כהררים התלוין בשערה, שהן מקרא מועט והלכות מרובות. הדינין והעבודות, הטהרות והטמאות, ועריות – יש להן על מה שיסמכו, והן הן גופי תורה.

The *halakhot* **of Shabbat, Festival peace-offerings, and misuse** of consecrated property **are like mountains suspended by a hair,**[N] **as they** have **little** written about them in **the Torah, and** yet the details of their *halakhot* **are numerous.** The details of **monetary law,** sacrificial **rites, ritual purity and impurity, and** the *halakhot* of **those with whom relations are forbidden** all **have something to support them,** i.e., there is ample basis in the Torah for these *halakhot,* **and these are the essential parts of Torah.**

גמ׳ תניא, רבי אליעזר אומר: יש להם על מה שיסמכו, שנאמר: ״כי יפליא״ ״כי יפליא״ שתי פעמים, אחת הפלאה לאיסור ואחת הפלאה להיתר.

GEMARA

It is taught in a *baraita* that **Rabbi Eliezer said:** The *halakhot* of the dissolution of vows[N] **have something to support them,**[N] **as it is stated: "When** a man shall **clearly utter** a vow" (Leviticus 27:2), and: **"When** either man or woman shall **clearly utter** a vow" (Numbers 6:2), i.e., the words "clearly utter" appear **twice. One clear utterance is for prohibition,**[N] i.e., when one states his intention to accept the vow, **and one clear utterance is for dissolution,** when he provides the Sage with a reason why the vow should no longer apply. This is an allusion in the Torah to the annulment of vows.

רבי יהושע אומר: יש להם על מה שיסמכו, שנאמר: ״אשר נשבעתי באפי״ – באפי נשבעתי, וחזרתי בי.

Rabbi Yehoshua likewise **says:** These *halakhot* **have something to support them, as it is stated: "Wherefore I swore in My wrath"** (Psalms 95:11), meaning: **In my wrath I swore, and I retracted.**[N] This is the basis for the dissolution of vows, in which the one who uttered the vow tells the Sage that he regrets it, as he did so in a moment of anger.

רבי יצחק אומר: יש להם על מה שיסמכו, שנאמר: ״כל נדיב לבו״. חנניה בן אחי רבי יהושע אומר: יש להם על מה שיסמכו, שנאמר: ״נשבעתי ואקיימה לשמור משפטי צדקך״.

Rabbi Yitzḥak says: These *halakhot* **have something to support them, as it is stated: "Whoever is of a willing heart,** let him bring it" (Exodus 35:5). This verse indicates that as long as one retains the same desire to fulfill the vow, he must continue to fulfill it, but if he regrets taking the vow he may arrange for it to be dissolved. **Ḥananya, son of Rabbi Yehoshua's brother,** also **says: They have something to support them, as it is stated: "I have sworn, and have fulfilled it, to observe your righteous ordinances"** (Psalms 119:106). This verse indicates that certain oaths need not be fulfilled, i.e., those that have been dissolved.

אמר רב יהודה אמר שמואל: אי הואי התם אמרי להו: דידי עדיפא מדידכו, שנאמר: ״לא יחל דברו״, הוא אינו מוחל, אבל אחרים מוחלין לו. אמר רבא: לכולהו אית להו פירכא, לבר מדשמואל דלית ליה פירכא.

Rav Yehuda said that **Shmuel said: If I had been there,**[N] sitting with those Sages, I would have **said to them:** My source **is better than yours, as it is stated: "He shall not nullify his word"** (Numbers 30:3), from which it may be inferred: **He himself cannot nullify his word; however, others,** i.e., a Sage, **may nullify** it **for him** by dissolving his vow. **Rava said: For all of** the suggested sources for the dissolution of vows **there is** a possible **refutation, except for that of Shmuel, for which there is no refutation.**

דאי מדרבי אליעזר – דלמא כדרבי יהודה שאמר משום רבי טרפון. דתניא, רבי יהודה אומר משום רבי טרפון: לעולם אין אחד מהם נזיר, שלא ניתנה נזירות אלא להפלאה.

Rava elaborates. **As, if** it is derived **from** the statement **of Rabbi Eliezer, perhaps** the phrase: "Clearly utter" should be understood **in accordance with** the opinion of **Rabbi Yehuda, who said** an alternative interpretation **in the name of Rabbi Tarfon. As it is taught** in a *baraita* with regard to two people who are arguing whether or not someone who passed before them is a nazirite, each of them declaring that if he is correct he himself will become a nazirite, **Rabbi Yehuda says in the name of Rabbi Tarfon: Actually, neither of them is a nazirite, as naziriteship is effected only by** means of a **clear utterance** and neither party is certain they will be a nazirite at the time of their utterance. He derives this *halakha* from this phrase: "Clearly utter."

NOTES

Fly in the air – פורחין באויר: The difference between *halakhot* described as flying in the air and those defined as mountains suspended by a hair is that the former are not based on any explicit Torah source, as they are all derived from subtle allusions. By contrast, those *halakhot* described as mountains suspended by a hair do have an explicit source in the Torah, but the source does not include the many details of the *halakhot* (see *Turei Aven*).

Mountains suspended by a hair – הררים התלוין בשערה: Some commentaries explain that this refers to two mountains hanging by one thread, which do not fall or crash into each other (Maharsha).

The dissolution of vows – היתר נדרים: The Torah does delineate the *halakhot* of the annulment of vows (Numbers, chapter 26): A father can annul his daughter's vows and a husband has the power to annul his wife's vows. However, the Torah does not say that one who regrets his vow may request that a Sage dissolve it. Although the Sages dispute the parameters of this *halakha*, they all agree in principle that dissolution can be performed, notwithstanding the fact that at the time of his vow this individual intended to accept it upon himself and he was of sound mind and free to make informed decisions.

The ***halakhot*** **have something to support them** – יש להם על מה שיסמכו: This does not mean that these *halakhot* are mentioned explicitly in the Torah. Rather, the idea is that they can be derived directly from the verses (Meiri). Some commentaries maintain that these *halakhot* are supported by a verbal analogy, which is a traditionally acceptable mode of derivation (*Turei Aven*).

Clear utterance is for prohibition – הפלאה לאיסור: Some commentaries maintain that this concept of a clear utterance for prohibition concerns a different issue, i.e., that the vows of a minor one year before he or she reaches majority are of substance (*Tosefot Rid*).

In my wrath I swore and I retracted – באפי נשבעתי וחזרתי בי: The commentaries raise a difficulty: This verse is apparently referring to God's oath, in the wake of the sin of the spies, that He would not bring that generation of Jews into Eretz Yisrael. If so, the statement of Rabbi Yehoshua is puzzling, as God did not retract this vow (*Tosafot*). Rashi explains that Rabbi Yehoshua maintains that the mention of God's anger indicates that He could have retracted the vow because it was uttered in anger, although He chose not to do so. *Tosafot* answer that the verse is referring to the World-to-Come, as indicated by its continuation: "Into My rest." If so, it is reasonable to suggest that God did retract His vow and that generation merited the World-to-Come.

If I had been there – אי הואי התם: In the Jerusalem Talmud a reference to the dissolution of vows is derived from the fact that the topic of vows was taught "to the heads of the tribes" (Numbers 30:2). It can be inferred from this verse that vows may be dissolved by those heads of tribes. Some explain that although the Babylonian Talmud accepts that this *halakha* is derived from the verse in this manner, it is nevertheless correct to say that these *halakhot* fly in the air, as this entire issue is not explicitly mentioned in the Torah (*Siaḥ Yitzḥak*).

אִי מִדְּרַבִּי יְהוֹשֻׁעַ – דִּלְמָא הָכִי קָאָמַר: בְּאַפִּי נִשְׁבַּעְתִּי וְלָא הֲדַרְנָא בִּי. אִי מִדְּרַבִּי יִצְחָק – דִּלְמָא לְאַפּוֹקֵי מִדִּשְׁמוּאֵל. דְּאָמַר שְׁמוּאֵל: גָּמַר בְּלִבּוֹ – צָרִיךְ שֶׁיּוֹצִיא בִּשְׂפָתָיו, וְהָא קָא מַשְׁמַע לָן: דְּאַף עַל גַּב דְּלָא הוֹצִיא בִּשְׂפָתָיו.

Similarly, if it is derived from the statement of Rabbi Yehoshua, **perhaps this is what** the verse **is saying: In my wrath I swore and I do not take it back**, despite the fact that it was stated in a moment of anger. **If** it is derived **from** the statement **of Rabbi Yitzḥak, perhaps** the phrase "a willing heart" comes **to exclude** the statement **of Shmuel, as Shmuel said: If one decided in his heart** but did not verbalize a vow, it is insufficient, as **he must verbally express it. And** therefore **this** phrase **teaches us that even though he did not verbally express** the vow he is still obligated to fulfill it.[H]

אִי מִדַּחֲנַנְיָה בֶּן אֲחִי רַבִּי יְהוֹשֻׁעַ – דִּלְמָא כְּרַב גִּידֵּל אָמַר רַב. דְּאָמַר רַב גִּידֵּל אָמַר רַב: מִנַּיִן שֶׁנִּשְׁבָּעִין לְקַיֵּים אֶת הַמִּצְוָה? שֶׁנֶּאֱמַר: "נִשְׁבַּעְתִּי וָאֲקַיֵּימָה לִשְׁמוֹר מִשְׁפְּטֵי צִדְקֶךָ".

Finally, **if** it is derived **from** the statement **of Rabbi Ḥananya, son of Rabbi Yehoshua's brother, perhaps** the phrase "and fulfilled it" should be explained **in accordance with** the opinion **of Rav Giddel**, who said that **Rav said** a different interpretation of this verse. **As Rav Giddel said** that **Rav said: From where** is it derived **that** although one is already obligated to fulfill all mitzvot **one may take an oath to fulfill a mitzva,**[HN] and this is not considered an oath taken in vain? **As it is stated: "I have sworn, and have fulfilled it, to observe Your righteous ordinances"** (Psalms 119:106).

אֶלָּא דִּשְׁמוּאֵל לֵית לֵיהּ פִּירְכָא. אֲמַר רָבָא וְאִיתֵּימָא רַב נַחְמָן בַּר יִצְחָק: הַיְינוּ דְּאָמְרִי אֱינָשֵׁי: טָבָא חֲדָא פִּלְפַּלְתָּא חֲרִיפְתָּא מִמְּלֵי צַנָּא דְּקָרֵי.

Rav concludes. **However,** for **Shmuel's** source **there is no refutation. Rava said,** and **some say** it was **Rav Naḥman bar Yitzḥak** who said: **This** explains the folk saying **that people say: One spicy pepper is better than a basketful of squash,** as the single pepper has more flavor than all the squash combined.

"הִלְכוֹת שַׁבָּת" מִיכְתַּב כְּתִיבָן! לָא צְרִיכָא, לְכִדְרַבִּי אַבָּא. דְּאָמַר רַבִּי אַבָּא: הַחוֹפֵר גּוּמָא בְּשַׁבָּת וְאֵין צָרִיךְ אֶלָּא לַעֲפָרָהּ – פָּטוּר עָלֶיהָ.

§ The mishna stated that **the *halakhot* of Shabbat** are like mountains suspended by a hair. The Gemara asks: But the *halakhot* of Shabbat **are written,** i.e., the prohibition against performing labor is explicit in the Torah. The Gemara answers: **No,** it is **necessary** to say this **in accordance with** the opinion **of Rabbi Abba. As Rabbi Abba said: One who digs a hole**[N] **on Shabbat**[H] **only** because he **needs its dirt** and not for the hole itself **is exempt from** liability for that act, as this is not the labor of digging prohibited on Shabbat by Torah law.

כְּמַאן? כְּרַבִּי שִׁמְעוֹן, דְּאָמַר: מְלָאכָה שֶׁאֵינָהּ צְרִיכָה לְגוּפָהּ פָּטוּר עָלֶיהָ.

The Gemara asks: **In accordance with whose** opinion did Rabbi Abba issue this ruling? It is **in accordance with** the opinion of **Rabbi Shimon, who said:** One who performs on Shabbat **a labor** that is **not necessary for its own sake,** i.e., he performs the labor for a purpose other than the direct result of the action, is **exempt from** liability **for it.**

אֲפִילּוּ תֵּימָא לְרַבִּי יְהוּדָה, הָתָם – מְתַקֵּן, הָכָא – מְקַלְקֵל הוּא.

The Gemara offers an alternative possibility. This ruling can be explained **even if you say** that Rabbi Abba holds **in accordance with** the opinion of **Rabbi Yehuda,** that one is liable for a labor that is not necessary for its own sake. **There,** in other cases, Rabbi Yehuda deems one liable because his purpose is **creative. Here,** where one is digging the hole for the dirt, the purpose **is destructive,** as the action damages the ground. Therefore, Rabbi Yehuda concedes that in this case he is exempt.

מַאי כַּהֲרָרִין הַתְּלוּיִין בְּשַׂעֲרָה?

The Gemara returns to the mishna. **What** then does the mishna mean by the phrase: **Like mountains suspended by a hair?**

NOTES

One may take an oath to fulfill a mitzva – נִשְׁבָּעִין לְקַיֵּים אֶת הַמִּצְוָה: Some commentaries explain that one may take an oath to fulfill a mitzva, even by mentioning God's name, and this is not considered taking God's name in vain (Rashi; *Tosafot*). According to the opinion of Rashi, it is even a mitzva to undertake this type of oath. Some further maintain that this oath is effective to the extent that if one does not fulfill the mitzva concerning which he took the oath, he is flogged like one who violates a regular oath (Ran, *Nedarim* 7b; see *Turei Aven*).

One who digs a hole – הַחוֹפֵר גּוּמָא: The commentaries note that the particulars of this *halakha* are not essential for this discussion (*Siaḥ Yitzḥak*). The main point is that the Torah does not explicitly state that one is not liable for a destructive act on Shabbat, even when it is a complete act of labor. Everyone agrees with this *halakha* in principle, even Rabbi Yehuda, and even those who maintain that one is liable for digging a hole in this manner (see Meiri).

HALAKHA

He decided in his heart and did not verbally express it – גָּמַר בְּלִבּוֹ וְלֹא הוֹצִיא בִּשְׂפָתָיו: A vow or oath takes effect only if one decides upon the oath in his heart and gives it verbal expression (*Shulḥan Arukh, Yoreh De'a* 210:1, 239:1).

Taking an oath to perform mitzvot – נִשְׁבָּעִין עַל הַמִּצְוֹות: One is permitted to take an oath that he will perform a mitzva, despite the fact that he is obligated by oath to do so from the time of the acceptance of the Torah on Mount Sinai (Rambam *Sefer Hafla'a, Hilkhot Shevuot* 11:3).

One who digs a hole on Shabbat – הַחוֹפֵר גּוּמָא בְּשַׁבָּת: One who digs a hole on Shabbat but requires only its dirt has performed a destructive act for which he is not liable. This is in accordance with the opinion of Rabbi Abba (Rambam *Sefer Zemanim, Hilkhot Shabbat* 1:17).

מְלֶאכֶת מַחֲשֶׁבֶת אָסְרָה תּוֹרָה, וּמְלֶאכֶת מַחֲשֶׁבֶת לָא כְּתִיבָא.

The Gemara answers: **The Torah prohibited** only planned, **creative labor**[NH] on Shabbat. An act of labor that is not intended, or whose result is unintended, or whose consequence is destructive, is not included in this category. Therefore, one who performs labor in this manner is exempt. **And** limitation of the prohibition against **creative labor is not written** anywhere in the Torah with regard to the laws of Shabbat. Admittedly, this principle is written in connection with the Tabernacle, and there is an established exegetical link between the building of the Tabernacle and Shabbat. Nevertheless, as this fundamental principle concerning the *halakhot* of Shabbat does not appear explicitly, it is compared to mountains suspended by a hair.

"חֲגִיגוֹת": מִיכְתַּב כְּתִיבָן! לָא צְרִיכָא, לְכִדְאָמַר לֵיהּ רַב פַּפָּא לְאַבַּיֵי: מִמַּאי דְּהַאי "וְחַגּוֹתֶם אוֹתוֹ חַג לַה'" זְבִיחָה? דִּלְמָא חוֹגוּ חַגָּא קָאָמַר רַחֲמָנָא!

§ The mishna taught that the *halakhot* of **Festival peace**-offerings are like mountains suspended by a hair. The Gemara asks: But **they are written** in the Torah. The Gemara answers: **No,** it is **necessary** to say this **in accordance with that which Rav Pappa said to Abaye: From where** is it derived **that this** verse: **"And you shall celebrate it as a Festival** [*veḥagotem*] **to the Lord"** (Leviticus 23:41), is referring to **an animal offering? Perhaps the Merciful One** is simply **saying: Celebrate a Festival.**[N]

אֶלָּא מֵעַתָּה, דִּכְתִיב: "וְיָחוֹגּוּ לִי בַּמִּדְבָּר" הָכִי נַמִי דְּחוֹגּוּ חַגָּא הוּא? וְכִי תֵּימָא הָכִי נַמִי – וְהָכְתִיב: "וַיֹּאמֶר מֹשֶׁה גַּם אַתָּה תִּתֵּן בְּיָדֵינוּ זְבָחִים וְעוֹלוֹת"!

Abaye responded: **However, if that is so,** consider **that it is written:** "Let My people go, **that they may hold a feast** [*veyaḥogu*] **to Me in the wilderness**" (Exodus 5:1). **So too,** the meaning of this verse **is that** they will merely **celebrate a Festival,** and not bring an offering. **And if you would say that is** indeed **so,** that this means that they should celebrate a Festival, **but isn't it written: "And Moses said: You must also give into our hand sacrifices and burnt**-offerings, that we may sacrifice to the Lord our God" (Exodus 10:25)? This shows that the command is referring to offerings.

דִּלְמָא הָכִי קָאָמַר רַחֲמָנָא: אִכְלוּ וּשְׁתוּ וְחוֹגּוּ חַגָּא קַמַּאי. לָא סָלְקָא דַּעְתָּךְ, דִּכְתִיב: "וְלֹא יָלִין חֵלֶב חַגִּי עַד בֹּקֶר", וְאִי סָלְקָא דַּעְתָּךְ דְּחוּגָּא הוּא – תַּרְבָּא לְחַגָּא אִית לֵיהּ?!

The Gemara raises a difficulty. But **perhaps this is what the Merciful One said:** Slaughter animals so that you can **eat, drink, and celebrate a Festival before Me,** but no offerings are necessary. The Gemara answers: This **cannot enter your mind, as it is written: "The fat of My Festival feast** [*ḥagi*] **shall not remain all night until the morning"** (Exodus 23:18). **And if it enters your mind** to say **that it is** referring to a regular **Festival feast** and not an offering, **does a Festival feast have** forbidden **fats?**

וְדִלְמָא הָכִי קָאָמַר רַחֲמָנָא: חֵלֶב הַבָּא בִּזְמַן חַג – לֹא יָלִין?

The Gemara asks: **But perhaps this is what the Merciful One states** in the Torah: The **fats** of gift offerings **that are brought during a Festival may not remain all night.** If so, the phrase "My Festival feast" is not referring to a type of offering at all, but to a particular time.

אֶלָּא מֵעַתָּה: הַבָּא בִּזְמַן חַג – הוּא דְּלֹא יָלִין, הָא דְּכָל הַשָּׁנָה כּוּלָּהּ יָלִין? "כָּל הַלַּיְלָה עַד הַבֹּקֶר" כְּתִיב!

The Gemara answers: **However, if that is so,** this verse indicates that it is only those fats **that are brought during a Festival**[N] **that may not remain overnight.** It may be inferred from here **that** fats which are brought **throughout the year may remain all night. But it is written** about burnt-offerings: "On its firewood upon the altar **all night into the morning"** (Leviticus 6:2). This shows that burnt-offerings must burn upon the altar all night.

דִּלְמָא, אִי מֵהַהוּא הֲוָה אָמֵינָא: הַהוּא לַעֲשֵׂה. כְּתַב רַחֲמָנָא הַאי לְלָאו!

The Gemara further asks: **Perhaps if** this *halakha* was derived **from that** verse, **I would say that** verse serves as the source **of a positive mitzva.** Therefore, **the Merciful One writes this** verse: "Shall not remain all night," **as a prohibition** as well.

לְלָאו כְּתַב קְרָא אַחֲרִינָא: "וְלֹא יָלִין מִן הַבָּשָׂר אֲשֶׁר תִּזְבַּח בָּעֶרֶב בַּיּוֹם הָרִאשׁוֹן לַבֹּקֶר". וְדִלְמָא לַעֲבוֹר עָלָיו בִּשְׁנֵי לָאוִין וַעֲשֵׂה!

The Gemara responds. With regard **to the prohibition** against leaving over an offering on a Festival, **another verse was written: "Neither shall any of the flesh, which you sacrifice the first day at evening, remain all night until the morning"** (Deuteronomy 16:4). The Gemara asks: **But perhaps** the verse: "Shall not remain all night" comes to teach that one who does so **violates two prohibitions and a positive mitzva.**

NOTES

Planned, creative labor – מְלֶאכֶת מַחֲשֶׁבֶת: A large proportion of the *halakhot* of Shabbat are derived by juxtaposition with the instructions of the building of the Tabernacle (see Exodus, chapter 35). This juxtaposition teaches that forms of labor that are prohibited on Shabbat are derived from the various forms of labor performed in the Tabernacle. With regard to the labor of the Tabernacle it is stated: "Creative labor [*melekhet maḥshevet*]" (Exodus 35:33), from which it is derived that the labors prohibited on Shabbat must be purposeful and creative. Many fundamental *halakhot* of Shabbat observance involve this principle, e.g., an act of labor is prohibited only when it is performed with forethought. Even the *tanna'im* who disagree over several cases related to this topic merely debate the scope of this definition, not the principle itself.

Celebrate a Festival – חוֹגוּ חַגָּא: Rashi explains that the term Festival might simply mean a time of celebration and rejoicing. Others suggest that the phrase: Celebrate a Festival [*ḥogu ḥagga*], might be associated with dance [*ḥog*], i.e., they should perform joyous dances in honor of the occasion (*Tosafot*; *Tosefot Yom Tov*).

However, if that is so, those that are brought during a Festival, etc. – אֶלָּא מֵעַתָּה, הַבָּא בִּזְמַן חַג וכו׳: The commentaries ask: Even if this verse is not referring to the Festival as a particular date in time, but is speaking of the Festival offering as per its plain meaning, the same problem still remains: The verse indicates that the prohibition against leaving over until the morning applies only to this offering, which is not the case. The answer is that if the verse is referring to the Festival offering, one can say that it is dealing with the *halakhot* of a peace-offering, and is simply adding to what is stated elsewhere with regard to a burnt-offering. In contrast, if the term Festival is a designation of time, then the verse apparently limits the prohibition against leaving over any offering to the time of the Festival (*Tosafot*, as explained by *Sefat Emet*).

HALAKHA

Planned, creative labor – מְלֶאכֶת מַחֲשֶׁבֶת: The Torah prohibits on Shabbat only creative, purposeful, and productive labor (Rambam *Sefer Zemanim*, *Hilkhot Shabbat* 1:9).

אֶלָּא: אָתְיָא "מִדְבָּר" "מִדְבָּר". כְּתִיב הָכָא: "וְיָחוֹגּוּ לִי בַּמִּדְבָּר", וּכְתִיב הָתָם: "הַזְּבָחִים וּמִנְחָה הִגַּשְׁתֶּם לִי בַּמִּדְבָּר", מַה לְּהַלָּן זְבָחִים – אַף כָּאן זְבָחִים.

Rather, the Gemara rejects this explanation in favor of the claim that the source for a Festival peace-offering **comes** from a verbal analogy between the term **"wilderness"** stated here and the term: **"wilderness"** stated elsewhere. **It is written here: "They shall make an offering to Me in the wilderness"** (Exodus 5:1), **and it is written there: "Did you bring to Me sacrifices and offerings** forty years **in the wilderness,** house of Israel?" (Amos 5:25). **Just as there** it is referring to actual **animal offerings, so too here,** it is referring to **animal offerings,** not merely the celebration of a Festival.

וּמַאי כַּהֲרָרִין הַתְּלוּיִין בְּשַׂעֲרָה? דִּבְרֵי תוֹרָה מִדִּבְרֵי קַבָּלָה לָא יָלְפִינַן.

The Gemara asks: **And** in light of this verbal analogy, in **what** way is this *halakha* **like mountains suspended by a hair?** The Gemara answers: The textual evidence is not that strong, as generally **one does not derive Torah matters from texts of the tradition,**[N] i.e., Prophets and Writings. Since the prophets were not permitted to introduce new *halakhot,* as the Torah is the only authoritative source in that regard, this verbal analogy does not carry the same weight as a *halakha* derived from the Torah itself.

"מְעִילוֹת": מִיכְתַּב כְּתִיבָן! אֲמַר רָמִי בַּר חָמָא: לָא נִצְרְכָא אֶלָּא לְכִדְתְנַן: הַשָּׁלִיחַ שֶׁעָשָׂה שְׁלִיחוּתוֹ – בַּעַל הַבַּיִת מָעַל. לֹא עָשָׂה שְׁלִיחוּתוֹ – שָׁלִיחַ מָעַל.

§ The mishna taught that the details of the *halakhot* of **misuse** of consecrated property[N] are like mountains suspended by a hair. The Gemara asks: But **they are written** in the Torah (Leviticus 5:14–16). **Rami bar Ḥama said:** This statement **is necessary only for that which we learned** in a mishna (*Me'ila* 20a): With regard to **an agent who performs his agency,**[H] e.g., when a homeowner sends someone to buy an object with consecrated money and the agent does as he was instructed, **the homeowner has misused** consecrated property and must bring an offering for the actions of the agent performed on his behalf. However, if the agent **did not perform his agency,** but in some way acted on his own account, **the agent has misused** consecrated property, and he is the one obligated to bring the offering.

וְכִי עָשָׂה שְׁלִיחוּתוֹ אַמַּאי מָעַל? וְכִי זֶה חוֹטֵא וְזֶה מִתְחַיֵּיב?! הַיְינוּ כַּהֲרָרִין הַתְּלוּיִין בְּשַׂעֲרָה.

The Gemara explains: **And when he performed his agency, why** is the owner considered to have **misused** consecrated property? **And is it** possible **that this one sins and that one is rendered liable?** Since this *halakha* is counterintuitive, it is not apparent from the verses. **This is** what the mishna was referring to when it said that these *halakhot* are **like mountains suspended by a hair.**

אֲמַר רָבָא: וּמַאי קוּשְׁיָא? דִּלְמָא שָׁאנֵי מְעִילָה, דְּיָלְפָא "חֵטְא" "חֵטְא" מִתְּרוּמָה, מַה הָתָם שְׁלוּחוֹ שֶׁל אָדָם כְּמוֹתוֹ – אַף כָּאן שְׁלוּחוֹ שֶׁל אָדָם כְּמוֹתוֹ?

Rava said: And what is the logical **difficulty** with this *halakha*? **Perhaps** the transgression of **misuse** of consecrated property **is different, as it is derived** through a verbal analogy from the parallel term **"sin"** (Leviticus 5:6) and **"sin"** (Numbers 18:9), **from** the case of *teruma*: **Just as there,** with regard to *teruma*, the legal status of **a person's agent is like** that of **himself,**[H] and therefore the agent may separate *teruma* on behalf of the owner of the produce, **so too here,** with regard to misuse of consecrated property, the legal status of **a person's agent is like** that of **himself,** which means that when the agent properly performs his agency the owner is liable.

HALAKHA

An agent with regard to misuse of consecrated property – שָׁלִיחַ בִּמְעִילָה: With regard to one who unwittingly takes a consecrated object and gives it to an agent for a mundane purpose, if the agent performs his agency properly, the homeowner is liable for misuse of consecrated property and he must bring a guilt offering. If the agent deviates from his agency and acts on his own accord, he is liable (Rambam *Sefer Avoda, Hilkhot Me'ila* 7:1).

A person's agent is like that of himself – שְׁלוּחוֹ שֶׁל אָדָם כְּמוֹתוֹ: One may appoint an agent to separate *terumot* and tithes on his behalf (*Shulḥan Arukh, Yoreh De'a* 331:29).

NOTES

Torah matters from texts of the tradition [*divrei kabbala*] – דִּבְרֵי תוֹרָה מִדִּבְרֵי קַבָּלָה: The books of the Prophets and the books of the Writings are sometimes referred to as texts of the tradition, which literally means: Received matters. Some explain that this is because all the prophets received their prophetic status from Moses, the father of all prophets (*Shita Mekubbetzet*). Alternatively, the prophets passed down the tradition from the time of Joshua (*Maḥzor Vitri*). Others say that this appellation refers to the fact that every prophet receives the prophecy his generation requires (Rashi). Some read the phrase as: *Divrei kevala*, matters of complaint, as the prophets mainly complain and protest over the sins of the Jewish people (*Shita Mekubbetzet*, citing Rabbeinu Peretz). Although many halakhic concepts are derived from the statements of the prophets, verbal analogies derived from the Prophets do not have the same status as do those derived from the Torah itself. Therefore, this is not a full-fledged verbal analogy.

Misuse of consecrated property – מְעִילָה: The *halakhot* of misuse of consecrated property are detailed extensively in tractate *Me'ila*. The essential point is that it is prohibited to use a consecrated object for one's own purpose. However, one is liable to bring an offering for this misuse only when the action is performed unwittingly, as offerings generally atone for unwitting sins. This obligation applies not only when one forgets that a certain item was consecrated, but also when he was not aware of its consecrated status at all. Furthermore, this *halakha* is one of the few instances in which one is liable for a transgression performed by his agent, despite the principle that there is no agent for transgression. The Sages explain this principle in the following terms: If one is confronted with a command of his teacher and an opposing command of a student, whose command should he follow? In other words, one must never follow the instructions of another when they conflict with the will of God. However, with regard to misuse of consecrated property, this reasoning does not apply, as one is liable to bring an offering only when the act is performed unwittingly. See *Turei Aven* and *Siaḥ Yitzḥak*, who debate at length the various opinions in this regard.

אֶלָּא אֲמַר רָבָא: לָא נִצְרְכָא אֶלָּא לְכִדְתַנְיָא: נִזְכַּר בַּעַל הַבַּיִת וְלֹא נִזְכַּר שָׁלִיחַ – שָׁלִיחַ מָעַל. שָׁלִיחַ עַנְיָא מַאי קָא עָבֵיד? הַיְינוּ כַּהֲרָרִין הַתְּלוּיִין בְּשַׂעֲרָה.

Rather, Rava said: The mishna's statement with regard to mountains **is necessary only for that which is taught** in a *baraita*: If, after he sent an agent to use a consecrated object, **the homeowner remembered**[H] that it was a consecrated item **and the agent did not remember, the agent has misused** consecrated property despite the fact that he was merely performing his agency. This is because one is liable for the misuse of consecrated property only if he acted unwittingly. In this instance, **what did the poor agent do?**[N] He simply performed his agency on behalf of the owner, and yet because the owner remembered about the consecrated object, the agent is liable. **This is** what the mishna is referring to when it says that these *halakhot* are **like mountains suspended by a hair.**

אֲמַר רַב אַשִׁי: מַאי קוּשְׁיָא? דִּלְמָא מִידֵּי דַּהֲוָה אַמּוֹצִיא מְעוֹת הֶקְדֵּשׁ לְחוּלִּין?

Rav Ashi said: And **what is** the logical **difficulty** with this *halakha*? **Perhaps** this **is just as it is with** regard to **one who spends consecrated money for non-sacred** purposes. Although this individual did not know that the money was consecrated, he is nevertheless obligated to bring an offering. Here too, once the owner canceled the agency upon realizing the money was consecrated, the agent unwittingly misused consecrated property, and therefore he is liable.

אֶלָּא אֲמַר רַב אַשִׁי: לָא נִצְרְכָא אֶלָּא לְכִדְתְנַן: נָטַל אֶבֶן אוֹ קוֹרָה שֶׁל הֶקְדֵּשׁ – הֲרֵי זֶה לֹא מָעַל, נְתָנָהּ לַחֲבֵירוֹ – הוּא מָעַל, וַחֲבֵירוֹ לֹא מָעַל. מִכְּדִי מִישְׁקַל שְׁקָלָהּ, מַה לִּי הוּא וּמַה לִּי חֲבֵירוֹ? הַיְינוּ כַּהֲרָרִין הַתְּלוּיִין בְּשַׂעֲרָה.

Rather, Rav Ashi said: The mishna **is necessary only for that which we learned** in a mishna (*Me'ila* 19b): If one **picked up a consecrated stone or beam,**[H] **he has not misused** consecrated property merely by this action. However, if he **gave it to another, he has misused** consecrated property **and the other** person **has not misused** consecrated property. The Gemara analyzes this case: **Since he picked it up, what** difference **is** there **to me** if **he** keeps it, **and what** difference **is** there **to me** if he gives it to **another?** What is the basis for the distinction between the two cases? Rather, **this is** the case the mishna is referring to when it says that these *halakhot* are **like mountains suspended by a hair.**

וּמַאי קוּשְׁיָא? דִּלְמָא כִּדְשְׁמוּאֵל, דְּאָמַר שְׁמוּאֵל: הָכָא

The Gemara raises a difficulty. **What is** the logical **difficulty** with this *halakha*? **Perhaps** it should be explained **in accordance with** the opinion **of Shmuel, as Shmuel said: Here,** this mishna is not referring to an ordinary person who picked up a consecrated stone for himself.

HALAKHA

The homeowner remembered – נִזְכַּר בַּעַל הַבַּיִת: If one unwittingly sends consecrated money with an agent to buy an object for him, and subsequently remembers that this money is consecrated property, the agent is liable, as he acted unintentionally. The homeowner is considered to have acted intentionally and therefore is not liable for misuse of consecrated property (Rambam *Sefer Avoda, Hilkhot Me'ila* 7:5).

One picked up a consecrated stone or beam – נָטַל אֶבֶן אוֹ קוֹרָה שֶׁל הֶקְדֵּשׁ: With regard to one who picks up a consecrated stone or beam, if they are in his domain, i.e., in a case where he was the one who consecrated them (Ra'avad), or if they are in in the Temple treasury, he is not liable for misuse of consecrated property until he uses the stone or beam. If he removes the stone or beam from his domain or that of the treasury, or from the domain of the one who consecrated them, he is considered to have misused consecrated property at that point (Rambam *Sefer Avoda, Hilkhot Me'ila* 6:7–8).

NOTES

The poor agent, etc. – שָׁלִיחַ עַנְיָא וכו׳: The agent is liable in this instance, as the *halakha* of misuse of consecrated property applies only to an act performed unwittingly. Since the owner became aware that the object was consecrated, the agent alone is considered to have performed the unwitting act. Likewise, if the agent was reminded, the one who received the money he took from the homeowner would be liable when he uses it. With regard to other *halakhot*, one might consider this case as involving circumstances beyond the agent's control. However, in this area of *halakha* one is liable even if he had no knowledge that the object was consecrated.

Perek **I**
Daf **11** Amud **a**

בְּגִזְבָּר הַמְּסוּרוֹת לוֹ אַבְנֵי בִנְיָן עָסְקִינַן, דְּכָל הֵיכָא דְּמַנְחָה – בִּרְשׁוּתָא דִּידֵיהּ מַנְחָה.

Rather, **we are dealing with the treasurer** of the Temple, **to whom the** consecrated **building stones were transferred** for safekeeping. The reason for the exemption is **that anywhere that** the stone **is resting, it is** considered to be **resting within his domain.** Consequently, he is not liable for picking up the stone or beam, as he is permitted to carry it. However, he does not have permission to give it to someone else, and therefore when he hands it over to someone else he has misused consecrated property. If so, this *halakha* is also perfectly logical and should not be considered like mountains suspended by a hair.

אֶלָּא מִסֵּיפָא: בְּנָאָהּ בְּתוֹךְ בֵּיתוֹ – הֲרֵי זֶה לֹא מָעַל, עַד שֶׁיָּדוּר תַּחְתֶּיהָ בְּשָׁוֶה פְּרוּטָה. מִכְּדִי, שַׁנּוּיֵי שַׁנְּיָיהּ, מַה לִּי דָּר וּמַה לִּי לֹא דָּר? הַיְינוּ כַּהֲרָרִין הַתְּלוּיִין בְּשַׂעֲרָה.

Rather, the comparison of these *halakhot* to mountains suspended by a hair is based **on the latter clause** of that same mishna: **If he built** the stone **into his house,**[H] **he has not misused** consecrated property **until he dwells under it** an amount of time **that is worth a *peruta*.**[N] **Since he has changed** the stone by incorporating it into his house, **what** difference **is** there **to me** if **he dwelt** there, **and what** difference **is** there **to me** if he did **not dwell** there? Apparently, **this is** the *halakha* considered **like mountains suspended by a hair.**

HALAKHA

He built the stone into his house – בְּנָאָהּ בְּתוֹךְ בֵּיתוֹ: One who inserted a consecrated stone or beam into his house has misused consecrated property. If he placed it on top of his window and did not attach it, he misuses the stone or beam only if he derives benefit worth a *peruta* by dwelling under it. The *halakha* is in accordance with the opinion of Rav (Rambam *Sefer Avoda, Hilkhot Me'ila* 6:8).

NOTES

Worth a *peruta* – בְּשָׁוֶה פְּרוּטָה: Some commentaries maintain that as soon as one derives a *peruta* of benefit he is liable for misuse of consecrated property, but the stone or the beam retains its sanctified status (*Tosafot*). Others hold that once he violates the prohibition the stone or beam loses its sanctified status, as one cannot violate the prohibition against misuse twice with the same object.

וּמַאי קוּשְׁיָא? דִּלְמָא לְכִדְרַב, דְּאָמַר רַב: כְּגוֹן שֶׁהִנִּיחָהּ עַל פִּי אֲרוּבָּה. אִי דָּר בֵּיהּ – אִין. לָא דָּר בֵּיהּ – לָא.

The Gemara rejects this claim. **And what is** the logical **difficulty** with this *halakha*? **Perhaps** it is stated **in accordance with** the opinion **of Rav. As Rav said:** This mishna is referring to a case **where he placed** the stone **over a window,** but he did not make any adjustment to the stone itself. **If he dwelt in** the house, **yes,** he has misused consecrated property, as he derived benefit from it. If **he did not dwell in it, no,** he has not misused consecrated property, as he gained no benefit from the stone.

אֶלָּא לְעוֹלָם כִּדְרָבָא. וּדְקָא קַשְׁיָא לָךְ מִידֵּי דַּהֲוָה אַמּוֹצִיא מְעוֹת הֶקְדֵּשׁ לְחוּלִּין – הָתָם מֵידַע יָדַע דְּאִיכָּא זוּזֵי דְּהֶקְדֵּשׁ, אִיבַּעְיָא לֵיהּ לְעַיּוּנֵי. הָכָא – מִי יָדַע? הַיְינוּ כַּהֲרָרִין הַתְּלוּיִין בְּשַׂעֲרָה.

Rather, the reason is **actually in accordance with** the aforementioned opinion **of Rava,** who holds that the innovative element of this *halakha* involves a case where the homeowner remembered, which caused the agent to misuse consecrated property. **And** with regard to that **which** posed **a difficulty for you,** i.e., that the *halakha* here should be **just as it is** with regard to **one who spends consecrated money for non-sacred** purposes, the two cases are not identical. **There,** in the case that Rava mentioned, the agent **knew that he** also **had consecrated coins** and therefore **he should have examined** carefully whether this money was consecrated. **Here, did** the agent **know** that there was a possibility that the money was consecrated? **This is** why this *halakha* is **like mountains suspended by a hair.**

״מִקְרָא מוּעָט וַהֲלָכוֹת מְרוּבּוֹת״. תָּנָא: נְגָעִים וְאֹהָלוֹת – מִקְרָא מוּעָט וַהֲלָכוֹת מְרוּבּוֹת. נְגָעִים מִקְרָא מוּעָט? נְגָעִים מִקְרָא מְרוּבֶּה הוּא! אָמַר רַב פַּפָּא, הָכִי קָאָמַר: נְגָעִים – מִקְרָא מְרוּבֶּה וַהֲלָכוֹת מוּעָטוֹת. אֹהָלוֹת – מִקְרָא מוּעָט וַהֲלָכוֹת מְרוּבּוֹת.

§ The mishna explained that those matters that are like mountains suspended by a hair have **little** written about them in **the Torah, and** yet the details of their ***halakhot*** **are numerous.** A Sage **taught** in the *Tosefta*: The *halakhot* of **leprosy and** the *halakhot* of ritual impurity imparted by **tents**[N] in which a corpse lies have **little in the Torah and** their ***halakhot*** **are numerous.** The Gemara asks: With regard to **leprosy,** is there **little** about their *halakhot* in **the Torah? Leprosy is** something about which there are **numerous** details stated in **the Torah** (see Leviticus, chapters 13–14). **Rav Pappa said** that **this is what** the mishna **is saying: Leprosy has numerous** details in **the Torah but** relatively **few** ***halakhot***. In contrast, the case of ritual impurity imparted by **tents** has **little** in **the Torah but numerous** ***halakhot***.

וּמַאי נָפְקָא מִינָּהּ? אִי מִסְתַּפְּקָא לָךְ מִילְּתָא בִּנְגָעִים – עַיֵּין בִּקְרָאֵי. וְאִי מִסְתַּפְּקָא לָךְ מִילְּתָא בְּאֹהָלוֹת – עַיֵּין בְּמַתְנִיתִין.

The Gemara asks: **And what is the practical difference** whether there are numerous or few references to a particular *halakha* in the Torah? The Gemara answers: **If you are uncertain** about **a matter with** regard to the *halakhot* of **leprosy, delve into the verses,** as it is treated extensively there. **And if you are uncertain** about **a matter with** regard to the *halakhot* of the ritual impurity imparted by **tents, delve into the Mishna,** as these *halakhot* are not sufficiently explicated in the Torah.

״דִּינִין״ מִיכְתַּב כְּתִיבָן! לָא נִצְרְכָא אֶלָּא לְכִדְרַבִּי.

§ The mishna taught that **monetary law** is one of those matters that have something to support them in the Torah. The Gemara asks: Monetary laws **are written** in the Torah; why does the mishna merely say it has something to support it? The Gemara answers: This **is necessary only** according to the opinion **of Rabbi** Yehuda HaNasi.

דְּתַנְיָא, רַבִּי אוֹמֵר: ״נֶפֶשׁ תַּחַת נָפֶשׁ״ – מָמוֹן. אַתָּה אוֹמֵר מָמוֹן. אוֹ אֵינוֹ אֶלָּא נֶפֶשׁ מַמָּשׁ? נֶאֶמְרָה נְתִינָה לְמַטָּה וְנֶאֶמְרָה נְתִינָה לְמַעְלָה. מַה לְּהַלָּן מָמוֹן – אַף כָּאן מָמוֹן.

The Gemara elaborates. **As it is taught** in a *baraita* that **Rabbi** Yehuda HaNasi **says:** "But if any harm follow, then you shall give **life for life**"[N] (Exodus 21:23). This verse is referring to a payment of **money. Do you say money,** or perhaps **it is solely an actual life** that is demanded? The term **giving is stated below:** "You shall give life for life," **and giving is stated above,** in the previous verse: "And he shall give as the judges determine" (Exodus 21:22). **Just as there,** the giving is in the form of **money, so too here,** it is referring to a payment of **money.** Although this *halakha* is not explicit in the Torah, the verses lend support to it.

NOTES

Leprosy and tents – נְגָעִים וְאֹהָלוֹת: These two topics are not mentioned in the mishna because their basic *halakhot* appear in the Torah. The main difference between them is that the *halakhot* of leprosy are described extensively in the Torah (Leviticus, chapters 13–14), whereas many details of the *halakhot* of impurity imparted by tents are left unexplained (Numbers 19:14–15). These *halakhot* are clarified mainly in the Mishna, not in the Torah.

NOTES

Life for life – נֶפֶשׁ תַּחַת נֶפֶשׁ: Rabbi Yehuda HaNasi cites this *halakha* in particular, rather than mentioning the derivation that "an eye for an eye" (Exodus 21:24) means money. This is because the concept of "an eye for an eye" as referring to monetary compensation is unanimously accepted, as it is clear from the continuation of the discussion in the Torah and from elsewhere that in that case one must make monetary restitution. However, with regard to an act of killing that is not completely intentional, the *tanna'im* disagree whether or not the punishment is in accordance with the plain meaning of the verse. Therefore, it is necessary to derive the *halakha* by means of a verbal analogy.

"עֲבוֹדוֹת" מִיכְתַּב כְּתִיבָן! לָא נִצְרְכָא אֶלָּא לְהוֹלָכַת הַדָּם. דְּתַנְיָא: "וְהִקְרִיבוּ" – זוֹ קַבָּלַת הַדָּם.

§ The mishna stated that the *halakhot* of sacrificial **rites** have something to support them. The Gemara asks: Sacrificial rites **are written** explicitly in the Torah. The Gemara answers: It **is necessary** to state that sacrificial rites have merely something to support them **only with regard to** the rite of **carrying the blood** to the altar. **As it is taught** in a *baraita*: "And Aaron's sons, the priests, **shall offer** the blood" (Leviticus 1:5); **this is** referring to **collecting the blood,** which is the stage before carrying the blood to the altar.

וְאַפְּקָהּ רַחֲמָנָא בִּלְשׁוֹן הוֹלָכָה, דִּכְתִיב: "וְהִקְרִיב הַכֹּהֵן אֶת הַכֹּל וְהִקְטִיר הַמִּזְבֵּחָה" וְאָמַר מָר: זוֹ הוֹלָכַת אֵבָרִים לַכֶּבֶשׁ,

And the Merciful One expressed collecting the blood **in the language of carrying,** i.e., by means of the term offer. **As it is written: "And the priest shall offer the whole, and make it smoke upon the altar"** (Leviticus 1:13). **And the Master said** that this term, "offer," is not referring to sacrificing on the altar, as that is expressed by the phrase: "Make it smoke upon the altar." Rather, **this is** referring to **carrying the limbs to the ramp** next to the altar, from where it is placed on the altar itself.

לְמֵימְרָא דְּהוֹלָכָה לָא תַּפְקָהּ מִכְּלַל קַבָּלָה.

Evidently, the Torah is referring to collecting the blood with the same terminology it used when referring to carrying. **That is to say that carrying should not be excluded from the category of collecting.**[N] In other words, all the *halakhot* that pertain to collecting the blood of offerings, e.g., that it must be performed by a priest with his right hand, apply equally to carrying the blood.

"טְהָרוֹת". מִיכְתַּב כְּתִיבָן! לָא נִצְרְכָא אֶלָּא לְשִׁיעוּר מִקְוֶה, דְּלָא כְּתִיבָא. דְּתַנְיָא: "וְרָחַץ אֶת בְּשָׂרוֹ בַּמַּיִם" – בְּמֵי מִקְוֶה. "אֶת כׇּל בְּשָׂרוֹ" – מַיִם שֶׁכׇּל גּוּפוֹ עוֹלֶה בָּהֶן. וְכַמָּה הֵן? אַמָּה עַל אַמָּה בְּרוּם שָׁלֹשׁ אַמּוֹת. וְשִׁיעֲרוּ חֲכָמִים: מֵי מִקְוֶה אַרְבָּעִים סְאָה.

§ The mishna further taught that the *halakhot* of **ritual purity** have something to support them. The Gemara again asks: But ritual purity **is written** explicitly in the Torah. The Gemara answers: The observation that the *halakhot* of ritual purity merely have something to support them **is necessary only for** the minimum **measure of a ritual bath,**[N] **which is not written** explicitly in the Torah. **As it is taught** in a *baraita*: **"And he shall bathe his flesh in water"** (Leviticus 14:9). This means **in the water of a ritual bath.**[NH] And it is stated: "And he shall wash **all his flesh** in water" (Leviticus 15:16), which indicates that it must contain **water in which his whole body can enter. And how much** water **is this? One cubit by one cubit with a height of three cubits. And the Sages estimated** that the measure for **ritual bath water** is **forty *se'a*.**[B]

"טְמֵאוֹת" מִיכְתַּב כְּתִיבָן! לָא נִצְרְכָא אֶלָּא לְכַעֲדָשָׁה מִן הַשֶּׁרֶץ, דְּלָא כְּתִיבָא. דְּתַנְיָא: "בָּהֶם".

§ The mishna stated that the *halakhot* of **ritual impurity** also have something to support them. Once again the Gemara asks: Ritual impurity **is written** explicitly in the Torah. The Gemara answers: This **is necessary only with regard to the** size **of a lentil-bulk from a creeping animal,**[H] **which is not written. As it is taught** in a *baraita* with regard to a verse that deals with creeping animals: "Whoever touches **them** when they are dead shall be impure" (Leviticus 11:31).

יָכוֹל בְּכוּלָּן – תַּלְמוּד לוֹמַר "מֵהֶם". יָכוֹל בְּמִקְצָתָן – תַּלְמוּד לוֹמַר "בָּהֶם".

One **might** have thought that only someone who touches **an entire,** whole creeping animal becomes ritually impure. **The verse states:** "And upon whatever any **of them** falls, when they are dead, it shall be impure" (Leviticus 11:32). "Of them" indicates that this *halakha* applies even if one comes into contact with a part of them. One **might** have thought that even **some of them** suffices to impart impurity. **The verse states: "Them,"** i.e., all of them. This conclusion apparently contradicts the first ruling.

הָא כֵּיצַד? עַד שֶׁיִּגַּע בְּמִקְצָתוֹ שֶׁהוּא כְּכוּלּוֹ. שִׁיעֲרוּ חֲכָמִים בְּכַעֲדָשָׁה, שֶׁכֵּן חוֹמֶט תְּחִלָּתוֹ בְּכַעֲדָשָׁה. רַבִּי יוֹסֵי בְּרַבִּי יְהוּדָה אוֹמֵר: כִּזְנַב הַלְּטָאָה.

How can this apparent contradiction be resolved? One does not become impure **until he touches some of it that is like the whole,** i.e., a significant amount. And **the Sages estimated** this measure as the size **of a lentil-bulk.** The reason is **that** in **its early** stages, **the *ḥomet*,**[B] the smallest of these creeping animals, is the size **of a lentil-bulk. Rabbi Yosei, son of Rabbi Yehuda, says:** The size of a lentil-bulk is that **of a lizard's tail,** which is considered a part that is like the whole. The tail of a lizard can be cut off easily, and as it continues to twitch even after it has been cut off, it has the appearance of life. Consequently, it is fitting to label it as a part that is like the whole.

NOTES

Collecting and carrying – קַבָּלָה וְהוֹלָכָה: There are four regular sacrificial rites pertaining to offerings: Slaughtering the animal, collecting its blood in a vessel, carrying the blood to the altar, and sprinkling the blood on the altar. Although collecting the blood is not mentioned explicitly as a unique rite, it is a necessary stage in the process of the Temple service described in the Torah. Conversely, the carrying of the blood is not an essential rite in practical terms; if the offering was slaughtered close to the altar it is possible to sprinkle the blood immediately without carrying it. In fact, Rabbi Shimon maintains that carrying is not an essential rite at all, and the *halakhot* pertaining to other sacrificial rites do not apply to it. Consequently, it is possible that the claim of the Gemara is not unanimous (see *Turei Aven*). Some say that even Rabbi Shimon concedes that as carrying is necessary on Yom Kippur, this action has the same status as the other rites, and therefore the Gemara here is in accordance with the opinions of all the *tanna'im* (*Siaḥ Yitzḥak*).

The measure of a ritual bath – שִׁיעוּר מִקְוֶה: Apparently, the measure of a ritual bath is derived from the Torah itself, as it says that one must immerse his whole body in water and he cannot be ritually purified any other way. If so, the measure is clearly the amount required to fit one's body. Nevertheless, there is a novelty to the established measure of the Sages: Even someone of short stature who can immerse his entire body in a volume of less than forty *se'a* does not fulfill his obligation in this manner, as the measure of a ritual bath is a *halakha* transmitted to Moses from Sinai.

In water, in the water of a ritual bath – בַּמַּיִם בְּמֵי מִקְוֶה: Rashi writes here that this comes to exclude water that does not gather on its own but was drawn. Others explain that it serves to emphasize that the water must be gathered in one place (*Tosafot*). In *Eiruvin* 4b Rashi explains that the phrase: Water of a ritual bath, comes to exclude spring water, i.e., for most ritual impurity there is no need for spring water in particular, as the water of any ritual bath is sufficient (see *Turei Aven*).

HALAKHA

Water of a ritual bath – מֵי מִקְוֶה: A menstruating woman and anyone else ritually impure with a stringent level of impurity, i.e., who were rendered impure by contact with the dead, purify themselves by immersing their entire body at one time in a spring or ritual bath containing at least forty *se'a* of water (*Shulḥan Arukh*, *Yoreh De'a* 201:1).

Ritual impurity imparted by a creeping animal – טוּמְאַת הַשֶּׁרֶץ: The remains of a creeping animal impart ritual impurity only if it is the size of a lentil-bulk. If one touches many creeping animals at the same time, which together are the size of a lentil-bulk, he is rendered ritually impure (Rambam *Sefer Tahara*, *Hilkhot She'ar Avot HaTumot* 4:2).

BACKGROUND

Forty *se'a* – אַרְבָּעִים סְאָה: This is the minimum volume of water necessary for a ritual bath; it is the equivalent of 80 *hin* or 5,760 egg-bulks. The forty-*se'a* measure is the basis of all modern halakhic calculations of the various measures of volume. According to the Na'e scale, a ritual bath must contain 332 ℓ of water. According to the opinion of the Ḥazon Ish, the required volume is 573 ℓ.

Ḥomet – חוֹמֶט: The *ḥomet* is mentioned in the Torah's list of ritually impure creeping animals (Leviticus 11:30); however, its identification is uncertain. According to the translation of the Septuagint the *ḥomet* is a type of lizard, whereas some commentaries maintain that it is a chameleon (Rav Se'adya Gaon). According to this interpretation, the Gemara here is apparently referring to the size of this reptile's eggs. Rashi explains that the *ḥomet* is a snail.

"עֲרָיוֹת": מִיכְתַּב כְּתִיבָן! לָא נִצְרְכָא

§ The mishna further taught that the *halakhot* of those with whom relations are forbidden have something to support them. The Gemara asks: The *halakhot* of **those with whom relations are forbidden are written** explicitly in the Torah. The Gemara answers: This **is necessary only**

Perek **I**
Daf **11** Amud **b**

לְבִתּוֹ מֵאֲנוּסָתוֹ דְּלָא כְּתִיבָא.

with regard **to his daughter** born **from the woman he raped,**[N] **which is not written** explicitly in the Torah. It is forbidden for this man to have sexual relations with this daughter, despite the fact that she is not the daughter of his wife, as he did not marry her mother.

דְּאָמַר רָבָא, אֲמַר לִי רַבִּי יִצְחָק בַּר אַבְדִּימִי: אָתְיָא "הֵנָּה" "הֵנָּה",

As Rava said: Rabbi Yitzḥak bar Avdimi said to me that this *halakha* is **derived** by means of a verbal analogy between the term **they** [*hena*], an unusual form of this word, written in one context, and the same term, **they,** written elsewhere. As it is written: "The nakedness of a woman and her daughter…you shall not take…they [*hena*] are near kinswomen; it is lewdness" (Leviticus 18:17). And it is written: "The nakedness of your son's daughter, or of your daughter's daughter, even their nakedness you shall not uncover; for they [*hena*] are your own nakedness" (Leviticus 18:10). This indicates that every daughter, even from the rape of a woman who is not one's wife, is forbidden, just like one's daughter from his wife.

אָתְיָא "זִימָּה" "זִימָּה".

Furthermore, the punishment for this transgression is **derived** from a verbal analogy between: "It is **lewdness** [*zima*]" (Leviticus 18:17), which is written with regard to a woman and her daughter, and the same term **"lewdness"** that appears elsewhere, as it is stated: "And if a man take with his wife also her mother, it is lewdness [*zima*]: They shall be burnt with fire, both he and they" (Leviticus 20:14).

"הֵן הֵן גּוּפֵי תוֹרָה": הָנֵי אִין, הָנָךְ לָא?! אֶלָּא, אֵימָא: הֵן וְהֵן גּוּפֵי תוֹרָה.

§ The mishna taught: **These** [*hen hen*] **are the essential parts of the Torah.**[N] The Gemara asks: **These,** the topics mentioned in the mishna, which are not written explicitly but for which there is ample basis in the Torah, **yes,** they are the essential parts of Torah, whereas **those** other categories listed in the mishna that are written explicitly, **no,** they are not essential? **Rather,** one must **say** that both **these and those** [*hen vehen*] **are the essential parts of the Torah.** Every part of the Torah is essential, whether or not it is written explicitly.

הדרן עלך הכל חייבין

NOTES

His daughter from the woman he raped – בִּתּוֹ מֵאֲנוּסָתוֹ: As stated in the Gemara, the prohibition against marrying a woman and her daughter, even if she is not his daughter, is explicit in the Torah. Similarly, the prohibition against marrying one's granddaughter is written in the Torah as well, and the verses do not distinguish whether or not she is his granddaughter from a woman he married. However, the Torah does not explicitly state that it is forbidden for one to have sexual relations with one's daughter, although, as Rashi explains, this is clearly understood to be the case. With regard to the possible distinction between the daughter of one's wife and the daughter of a woman he raped, there are certain sexual relationships that are forbidden only due to a familial relationship through marriage. Therefore, one might have thought that this distinction is valid.

These [*hen hen*] are the essential parts of the Torah – הֵן הֵן גּוּפֵי תוֹרָה: Some commentaries explain that the repetitious phrase *hen hen* is not a figure of speech but an inclusive expression that means: All the cases listed in the mishna, both those that have an explicit source and those that are based on mere textual allusion, are essential parts of the Torah (Rambam's Commentary on the Mishna).

Summary of **Perek I**

With regard to the question of who is obligated to ascend to the Temple on the pilgrimage Festivals, the Gemara established several general principles. First of all, as this is a positive, time-bound mitzva, only men are obligated to ascend to the Temple, in accordance with the verse: "All your males" (Exodus 23:17), which includes emancipated slaves. Children who have reached the age of training in mitzvot are obligated by rabbinic law. Excluded from this obligation are women and slaves, even if they are half-free. Second, one who is unable to ascend by foot, due to either illness or weakness, is likewise exempt from the mitzva. Furthermore, a man is who unable to arrive together with the rest of the Jewish people because everyone shuns his company is also exempt.

The Festival offerings must be worth a minimum amount. The burnt-offering of appearance must be at least one silver *ma'a* in value, while the Festival peace-offering must be worth no less than two *ma'a*. However, there is no set value for the other peace-offering brought on a Festival, the peace-offering of rejoicing. The obligatory offerings for which there is a fixed sum must be brought from non-sacred funds, although one can add money designated for other offerings to increase the size of the peace-offering.

The general obligation to rejoice on the pilgrimage Festivals applies to women as well as men. However, in the case of men this obligation is fulfilled in a defined manner, by eating the peace-offerings of rejoicing. This mitzva is performed through the consumption of any animal offering that may be eaten.

The main mitzva of Festival offerings applies on the first Festival day. However, one who neglected to sacrifice his offerings on the first day can redress this deficiency on the rest of the days of the Festival. In the case of *Shavuot*, redress can be performed even after the Festival, as will be explained in the next chapter.

Incidental to these *halakhot*, this chapter discussed two broader issues: Which transgressions of positive mitzvot and prohibitions can be remedied by means of repentance, and which cannot be fully atoned for through repentance alone. It also analyzed the relationship between those *halakhot* that are explained in great depth by the Sages and their sources in the Torah itself, especially those whose source verse is brief and obscure, occasionally no more than a mere allusion.

Image **Credits**

All images are copyright © Koren Publishers Jerusalem Ltd., except:
p215 © Bullenwächter/Andreas Franzkowiak, Halstenbek; **p225** © Fabienkhan.

My Notes

My Notes

My Notes

My Notes